ハンナ・アレント〈世界への愛〉

その思想と生涯

HANNAH ARENDT

中山 元
Nakayama Gen

新曜社

ハンナ・アレント〈世界への愛〉――その思想と生涯　目次

第一部　世界への愛

第二部　ユダヤ人女性としての闘い

装幀——難波園子

第一部　世界への愛

第一章　アレントと世界への愛

第一節　アモール・ムンディ

世界とは

アレントは主著とも言える『人間の条件』のタイトルとして、「世界への愛《アモール・ムンディ》」とすることを望んでいた(1)。このタイトルは、アレントのこの書物にたいする気持をじつによく表わしている。もちろん人間の本性ではなく条件を考察することを目指していることを示す『人間の条件』という英語版のタイトルも、この本の内容を的確に示している(2)。しかし人間が世界で生きるために服さざるをえない「条件」という、どちらかというと否定的な表現よりも、世界を「愛する」という肯定的な表現のほうが、アレントのこの書物にはふさわしい。この書物は、人間が世界を愛するためには何が必要であるか、世界を愛するために何をなすべきかを考察する書物なのだ。

それではアレントが愛する「世界《ムンドゥス》」とは何だろうか。ラテン語のムンドゥスは、ギリシア語のコスモスをうけついで、三つの意味をもつ。第一は宇宙であり、世界であり、地球である。これが基本的な意味である。第二は、この宇宙の反転したイメージのもとで、ローマなどの建物のドーム部分、地下とのコミュニケーションに使われた部分を指した。ここは天と地との間を結ぶ場所である。第三は汚れていないこと、清潔であること。これから派生して、女性の装身具を意味した。コスメティックという語はこの意味を継いだものだ。

アレントは「世界」という概念をそれほどきちんと定義していない(3)。世界はたんなる地球ではない。人々が住む空間であり、歴史的な蓄積と空間的な広がりをもつものとして考えられている。アレントの「世界」の概念は、歴史性、持続性、他者性という三つの特徴をそなえている。ちょっと無理があるが、こじつければ、ムンドゥスの三つの意味に対応させることもできる。天としての世界の歴史と、地としての大地の持続と、装う者としての他者である。

アレントの「世界」の第一の特徴である歴史性とは、世界とは過去において存在し、未来において存在しつづけるもの、そして人々を結びつける共通の絆となるものであるということだ。世界はまず共通世界なのだ。「共通世界とは、わたしたちが生まれるときにそこに入り、死ぬときにそこを去るところのもの」である。「それは、過去の方向においても、未来の方向においても、わたしたちの一生を超越している。つまり共通世界は、わたしたちがやってくる前からすでに存在し、わたしたちの短い一生の後にも存続するもの」なのである。

第二の特徴は持続性ということである。人間の生活は、「人間世界と事物世界に根ざしており、その世界を捨て去ることも、超越することもできない。すべての人間の活動は、事物と人間の環境の中で演じられる。生活はその環境のうちに場所をもち、この環境なしではいかなる意味ももたない。すべての人はこの環境としての世界のうちに生まれるのであり、この世界は本質的に人間によって存在する。人間が事物を製作することによって、人間が土壌と景観を世話する配慮をすることによって、人間の共同体において政治的な組織を組織する行動によって存在する」。この世界の重要な構成要素は、家とその財産、社会と国家である。

第三の他者性という特徴は、世界とは他者とともに作るものだということである。「それは、わたしたちが、現に一緒に住んでいる人々と共有しているだけでなく、以前にそこに住んでいた人々やわたしたちの後にやってくる人々とも共有しているものである」。他者とともにあること、それが世界の重要な特徴である。これは人々が他者の面前に「出現する世界」であり、「私が他者の眼の前に現われ、他者が私の目の前に現われる空間」である。

ハイデガーとアレントの世界の概念

このように世界は過去および未来において、人間が他者とともに作りだすものであると同時に、人間がそこに持続的に住みつづける歴史的な場でもある。世界なしでは人間の行動も生活もいかなる意味ももたない。このアレントの世界の概念は、アレントの師であるハイデガーが『存在と時間』で示した現存在と世界内存在の概念から大きな影響をうけているのは明らかだろう。

ハイデガーは世界の「前存在論的に実存的な意義」として、「世界は、われわれという公共的な世界であり、〈おのれのもの〉である最も身近な（家庭的な）環境世界である」[10]ことを指摘していた。

このハイデガーの「公共的な」とは、他者と共有するというほどの意味である。これはアレントの世界の概念の第三の特徴である他者性と同じ意味をもつ。ハイデガーにおいても世界は他者と共有した環境として考えられている。ただしアレントの世界の概念は、このハイデガーの世界概念との外見の共通性とは裏腹に、これと明確に対立するものである。ハイデガーの現存在は、世界内存在として世界のうちに存在するが、この世界内存在は次の三つの特徴において、アレントの世界の概念と明確に異なる特徴をそなえている。第一に世界内存在は時間性の概念を基礎としているが、この時間は実存としての世界内存在が生きる時間であり、世界の過去の歴史とは断絶しうるものである。

第二に、ハイデガーの現存在は、死への先駆によって、この世界から超越することができる存在である。世界にあることは、本来的な自己のありかたから頽落したものである。だからアレントが指摘するように、この現存在は「自ら自身を世界の外へと引き離す死にあってのみ、人間は自ら自身であるという確信をえる」[11]のである。

第三に、ハイデガーの現存在は他者とともに生きるが、他者とともに生きるということは、世界において頽落して生きることであり、「世人の日常生活に巻き込まれているならば、もはや自己ではない」[12]のである。

ところがアレントの世界は、このような他者とともに頽落して生きる環境ではなく、人間が他の人々とともに生きることによって、自己のアイデンティティとリアリティを実現する場であり、他者とともに生きる喜びを味わう貴重な空間である。世界とは「万人の存在によって各人にそのリアリティが保証されている」[13]場であり、そこで誰もが「他人と共生する喜び」[14]を味わうことができる場だからである。

世界疎外

しかしアレントはこの重要な場である世界が、現代ではほとんど崩壊していると考える。世界はたしかに「人々が事物を生産することによって、人間が土壌と景観を世話することによって」持続性を確保するのではあるが、この世界は人間が他者とともに活動する公的な領域としてこそ、人々に「共生する喜び」を与えてくれるものなのだ。そして「このような共通世界は、ただそれが公的に現われている限りでのみ、世代の流れを超えて生きつづけることができる」[15]のである。人々に共通な世界は、公的に現われる領域としてしか存続することができないのだ。そしてアレントはつづけて「近代になって公的領域は失われてしまった」[16]と語るのである。すると、人々に共通な世界はもはや存在していないということになってしまう。ぼくたちが生まれてくるのは、それでは人々に共通な世界ではないのだろうか。

そう、人々に共通する公的な世界はほとんど失われてしまった、人々は世界から疎外された。これがアレントの時代診断である。それは近代になって公的な領域が失われてしまったからである。ぼくたちの生きている世界は、それではどのようなものだろうか。どうして公的な領域が失われたのだろうか。この公的な領域をふたたび確保して、世界疎外から抜けだし、人々の間に世界を作りだすためにはどのようにすればよいのだろうか。『人間の条件』と本書のテーマは、これらの問いを軸に展開されることになるだろう。

アレントは現代の社会では、公的な領域が失われてしまっていることを痛烈に指摘する。その世界疎外は、三つの局面で拡大していったとアレントは考える。第一の世界疎外は、近代の自然科学の誕生と宗教改革とともに発生した。自然科学が与えたまなざしは、人間が世界をみるまなざしを一変させ、自然を人間が働きかけ、改造できるものにした。そして宗教改革は人間をその生まれ育った共同体から追いだして、神の前に立たせたのである。神の前に立たされた人間に、住むべき世界はない。

第二の世界疎外は、消費社会と大衆社会とともにさらに深刻なものとなった。共同体から追いだされた人々は社会のうちで見捨てられ、孤独な群衆となった。群衆のうちの一人となった人間は、他の人々と共生し、ともに活動することにではなく、消費することに熱中するようになったのである。

第三の世界疎外は、アレントが経験した全体主義の嵐によって発生した。この全体主義の運動のうちで、人々は事物と同じように扱われ、その「根無し草」性が極限にまで進行したのである。

この『人間の条件』という書物は、全体主義の悪を考察した『全体主義の起原』の結論をうけて、もっとも深刻な世界疎外である全体主義をどのように批判し、克服するかという目的に貫かれている。以下では簡単に、この三つの世界疎外について検討してみることにしよう。

第一の世界疎外

アレントは近代初頭の三つの出来事が、近代を可能にすると同時に、第一の世界疎外をもたらしたと考えている。宗教改革による土地の収用、望遠鏡の発明、新世界の発見である。代表的な人名で語れば、ルター、ガリレオ、コロンブスである。

宗教改革がもたらしたのは、カトリック教会の所有する膨大な土地が収用され、生産活動のために投じられたことだった。マルクスはこの経緯について「民衆の暴力的な収奪のプロセスにとっておそるべき原動力となったのが、十六世紀の宗教改革と、それによる教会財産の大規模な強奪であった。宗教改革の時代に、カトリック教会はイングランドの土地のかなりの部分を封建的に所有していた。ところが宗教改革によって修道院などが廃止されたために、その土地の住民たちがプロレタリアートの世界に投げだされることになった[17]」と語っている。「教会の所有地は、古代的な土地所有のあり方を守る宗教的な砦であった。これが崩壊するとともに、古代的な土地所有のあり方はもはや維持できなくなった[18]」のだった。

この原初的な資本蓄積が、世界を決定的に疎外させるプロセスの始まりとなる。アレントは宗教改革が、「土地を収用し、一定の集団の人々から、彼らが世界にしめていた場所を奪い、彼らを生活の差し迫った必要性に直面させた。これによって富の原初的蓄積が行なわれ、同時にこの富を労働によって資本に転化する可能性が作りだされた。

これらはともに、資本主義経済の勃興を促す条件となった[19]」ことを指摘している。

これによって生みだされたのは、マルクスが『資本論』でまざまざと描きだしていたように、労働力を切り売りするしかない労働者の群であり、プロレタリアだった。「この疎外の第一段階の特徴は、次第に数を増しつつあった〈労働貧民〉が陥った過酷さ、不幸、物質的な悲惨であった。土地収用の結果として、これらの〈労働貧民〉は家族と財産という二重の保護を奪われた[20]」のである。

家族と財産は、世界を形成するための二つの重要な条件である。家族と財産があってこそ、世界のうちの公的な領域から個人の私的な領域が保護されるのである。家族とともにあることで人間はプライヴァシーを守ることができ、財産は家庭の存続を保証する。財産は「私的なものを隠して公的な領域から保護することのできる世界の中の場所[21]」なのである。「それは増大する富と専有が共通世界を消滅させる脅威を与え始めたときでさえ、共通世界との接触を保っていた[22]」ものである。これは「世界のうちでの安全性の確保[23]」という性格をそなえていたのだった。しかし人々の生を守っていた家族と財産が奪われることで、労働者たちは「同時に、世界にたいする配慮や世話からも遠ざけられた[24]」のである。

また望遠鏡の発明と新世界の発見は、人々のそれまでの世界にたいする見方を一変させるものだった。望遠鏡の発明は、地球の外から地球を眺めるという視点を与えた。人々が地球の外から地球を眺めることができるようになると、地球は世界ではなく、小さな球になったのである。「そして今、人間は、この地球の威厳のある外観と表面を、まるで自分の掌のようにくわしく知っている[25]」のである。

新世界の発見は、ほんらいは地球の生活圏を拡大するものであった。しかし「利用可能な地球の空間が無限であると見えた途端、今度は周知のような地球の縮小が始まった[26]」のだった。すべての土地が探索され、踏破されるとともに、世界の小ささが実感される。「わたしたちは地球を回る方法を知り、日と時間で人間の居住領域を区切る方法を知る前に、地球儀を居間に持ち込んで、自分の手でそれに触れ、自分の目の前でそれを回していたのである[27]」。

社会の勃興

第二の世界疎外は、大衆社会の形成によって促進された。共同体から追いだされて都市にやってきた人々は、そこで労働者階級を形成した。労働者はみずからを保護する家族を奪われていたため、新たに勃興してきた社会がその代わりに、労働者を保護するようになる。「以前は自然の連帯が家族を支配していたが、今度は社会的連帯がそれにとって代わり、非常に効果を発揮した(28)」。

そして社会が勃興したために、個人の私的な領域も、公的な領域も衰退することになる。「公的な共通世界が消滅したことは、孤独な大衆を形成する上で決定的な要素となった(29)」のだが、それは同時に「世界の中で私的に所有された分け前が失われた(30)」ということでもあった。

この大衆社会は、すべての人々が労働する社会であるが、機械の発明とオートメーションによって、やがては労働そのものが不要になる。オートメーションによって生まれる「〈労働する動物〉の余暇時間は、消費以外には使用されず、時間があまればあまるほど、その食欲は貪欲になり、渇望的になる(31)」。

この貪欲な消費欲は、やがては世界を崩壊させてしまう。持続的な物である作品までもが簡単に消費されるものとなり、世界を支える事物が消費の対象となって、消尽されるからである。こうして「世界の物が、すべて消費と消費による絶滅の脅威にさらされる(32)」ことになった。

全体主義による世界の消滅

この消費する孤独な大衆の世界の重要な特徴は、その「根無し草」的な性格にある。かつては孤独な人間は、世界のうちで他者と交わることで、初めて自己のアイデンティティを確保できた。孤独のうちでは、わたしは自分をそもそも一人の人間として、「ほんとうに一義的なものとして感じる(33)」ことはできない。「この一者として、交換不能なものとして、一義的なものとしてわたしを認め、私に話しかけ、それを考慮してくれることで、わたしのアイデンティティを確認してくれる他の人々との出会い(34)」だけが、わたしがアイデンティティをもつことを可能にしてくれるのである。

しかし世界から追いだされた人々は「見捨てられた状態」へと追い込まれる。この状態では「自分自身と世界の両方が、ということは、つまり真の思考能力と真の経験能力の両方がなくなってしまう[35]」のである。

この見捨てられた人々を組織したのが第三の世界疎外をもたらした全体主義だった。「現代人をあのように簡単に全体主義運動に奔《はし》らせ、全体主義支配にいわば慣らせてしまうものは、いたるところで増大しているこの〈見捨てられた〉状態なのである[36]」。全体主義はあたかも砂漠から吹き寄せる砂嵐でもあるかのように、「いたるところで終わりにさしかかっているようにみえるこの世界を、その終わりから新しい始まりが蘇るひまもないうちに、荒廃させようとしているのである[37]」。

このように全体主義は世界疎外の結果であり、その最終的な原因でもあった。ある意味では近代以降のたび重なる世界疎外の行き着いた結末でもある。アレントはこの世界疎外の最終局面を前にして、全体主義の復活を防ぐために、世界をふたたび取り戻すためにはどうすればよいかと考える。それがアレントの「世界への愛」である。

人々はこのような見捨てられた状態に置かれるべきではなく、世界を愛しながら、世界において他者とともに生きることを享受できるべきなのである。それでは世界と公的な領域を回復するにはどうすればよいだろうか。それが『人間の条件』を貫く重要な問いである。アレントは、全体主義のイデオロギーにおいて利用されたマルクスの労働の哲学を考察するうちに、マルクスの労働の概念では、人間の生命を維持するほんらいの労働と、世界の事物を作りだす仕事の概念が混同されていることを発見した。そして労働の概念を明確に確立し、それと異なる仕事と人間の活動の概念を明確にすることで、活動が行なわれる公的な領域をふたたび確立する可能性が生まれると考えた。『人間の条件』はこの労働、仕事、活動という三つの概念について考察するという形で、この課題を遂行する。そして公的な領域と私的な領域が明確に区別され、公的な世界が人々をまばゆい光で照らしだしていた古代ギリシアのポリスの世界を分析することで、この三つの概念を明確にしようとしたのである。

第二節　労働、仕事、活動

アレントの定義

ここで、この二つの領域にかかわる人間の活動性《アクティヴィティ》についてのアレントの有名な定義を確認しておこう。アレントは人間の活動生活《ウィタ・アクティウァ》を、思考活動を除いて、労働《レーバー》、仕事《ワーク》、活動《アクション》の三つに分類する。これらの三つの営みがすでに述べた世界の三つの特徴を支えるものとなる。この分類はさまざまな問題を含むが、まずアレントの定義を確認しよう。アレントの活動のこれらの定義は、世界とその公共性と重要なかかわりをもつのである(1)。

第一の営みである労働は、「人間の肉体の生物学的なプロセスに対応する活動性」(2)である。肉体の生物学的なプロセスとは、成長し、新陳代謝し、最後に死亡するプロセスであり、このプロセスを通じて人間は自己の肉体を養う必要がある。そのために必要とされるのが労働である。労働の人間的な条件は生命そのものである。この労働という営みは人間の生命を支えるという必須の条件を満たすことで、人間が世界の公的な空間に登場するための条件を作りだす。労働は人類が世代として継続性をもつための条件であり、世界の第一の特徴である歴史性が維持されるためのもっとも基本的な条件である。

ただし労働の産物は、食物などの形で世界のうちに「物」として登場するが、たちまち消費されて姿を消す。「それはたしかに人工物の形をとることによって、人工物の世界に束の間の場所を獲得するが、世界のいかなる部分よりも早く消滅する。世界性という観点から考えると、それはもっとも世界性がなく、同時に、すべての物のうちで、もっとも自然的である(3)」。労働は世界とのかかわりがもっとも少ないものである。

これにたいして第二の営みである仕事は、「人間存在の非自然性に対応する活動性(4)」である。労働が人間の肉体を維持することを目的とするのにたいして、仕事は「すべての自然環境と著しく異なる事物の〈人工的〉世界を作りだす(5)」ものである。人間の肉体はこの事物世界のうちに安住の地をみいだすが、「世界そのものはそれら個々の生命を超えて永続する」[6]のである。肉体を維持する労働と比較して、仕事は個々の肉体が生活する世界を作りだすのだ。この仕事の人間的な条件は世界の第二の特徴である持続性である。世界が世界であるのは、仕事によって作りだされた物が存在しつづけるからである。世界の特徴であるこの持続性は、仕事によって生まれる。

第三の営みである活動は、「事物あるいは事柄の介入なしに、人と人のあいだで直接に行なわれる唯一の活動性」[7]である。これは人間が複数の存在として共存するために必要となる営みであり、その人間的な条件は人間たちの複数性である。これは政治的な生活の最大の条件である。この複数性とは、人間が誰もが人間でありながら、同じ人がただの一人もいないことによって生まれたものである。

ただし活動はこのように世界のうちで公的な空間を作りだすものとして、世界にとってきわめて重要なものであり、世界の第三の特徴である他者性は、この営みによって担われる。活動がなければ、歴史的な共通世界も公的な空間も成立しないだろう。ただし活動は、人間の営みであるが、それは人間の思考や言論と同じように、記録され、記憶されることがなければ、姿を消してしまうものである。これらの営みは、「それぞれの過程が終わると同時にリアリティを失い、まるで存在しなかったかのように消滅する」[8]という性格のものである。活動とは、仕事の力を借りて記録され、永続的なものとならなければ、世界に残ることができないのである。活動はこのように世界の存続に重要な意味をもつものの、それに固有の欠陥がある。その欠陥について考えるためにも、労働、仕事、活動の三種類の営みの違いについて、さらに詳しく検討しておこう。

労働と仕事の違い

まず世界への関与の度合いを除くと、違いがあまり明確に思えないために、読者を困惑させがちな労働と仕事の違いを調べてみよう。アレントは、活動と比較すると、労働と仕事には大きな共通性があることを認めている。労働も仕事も、ふつうは同じ概念で考えられることが多いのである。しかしアレントはヨーロッパ系の言語ではどこでも、肉体を使ったきつい仕事を意味する労働と、価値のある仕事を意味する仕事を分けて、「語源的に無関係な二つの言葉をもっている」[9]ことを指摘する。ドイツ語ではアルバイテンとヘアシュテレン、フランス語ではトラヴァイエとウーヴレ、ギリシア語ではポイエインとエルガゼスタイである。ロックもまた労働と仕事について語りながら、「わが肉体の労働とわが手の仕事」[10]と明確に異なる言葉遣いをしていたのである。

この二つの系列の語では、労働は多くの場合、「労働する」という動詞的な名詞として使われており、労働の産物を示すことはない。これにたいして仕事のほうは、作品《ウーヴル》という語が示すように、労働の産物としての作品を示すことが多い。「生産物そのものは、必ず仕事を意味する言葉からとられている」[11]のである。

この労働と仕事の違いをアレントはさまざまな観点から考察する。第一に、労働はきつい肉体的で単純な仕事であるが、仕事は「手の仕事」といわれるように、個人のすぐれた技量を必要とする仕事である。古代ギリシアでは手仕事をする職人はバナウソスと呼ばれた。これは炉《バウノス》から生まれた語で、「主要な関心を市場ではなく、自分たちの技巧に向ける人々」[12]を意味する。

これにたいして近代の労働者が労働市場に持ち込んで売るのは「個人の技能ではなく、〈労働力〉である。この〈労働力〉は、マルクスが平均的な社会的な労働という概念で示したように、生きている人間なら誰でも、だいたい同じくらいの量をもっている」[13]ものであり、仕事の技能とは違って、個人的な差異はほとんどない。

第二に、労働は自然の必然性を相手にするために、必然性にしたがわざるをえない。これたいして仕事はみずからのある目的にしたがうものではあっても、少なくとも自然を利用するある程度の自由は確保している。しかし労働にはこのような自由はなく、必然的な活動である。古代にあっては「生命を維持するための必要物に奉仕するすべての職業は、奴隷的性格をもつ」[14]と考えられたのである。

アレントは古代において労働が軽蔑されたのは、古代の人々が労働のもつ「必然性という性格から自由になるために猛烈な努力」を傾けたためであり、仕事とは違って「痕跡も、記念碑も、記憶に値する偉大な作品も、なにも残さないような骨折り仕事にはとても堪えられない」[15]という嫌悪感のためだと語っている。

第三に、労働の産物は肉体の維持のために消費されてしまうが、仕事の産物は作品として残り、それが世界を形成する。労働の産物はそれほど多様なものではない。生命を維持するため必要なものは限られるからだ。しかし仕事のほうは「無限といってよいほど多種多様な物を製作する。このような物の総計が人間の工作物をなす(16)」のである。

第四に、労働はその産物が消費されてしまうという空虚さにもかかわらず、「強い緊迫感から生まれ、何ものにもまして強力な衝動の力に動かされている(17)」。これなしでは人々の生命が維持されないからである。これにたいして仕事では、工作者は自分の仕事の主人であり、「自己確証と満足を与えることができ、生命を貫く自信の源泉にさえなりうるものである(18)」。仕事においては人々はみずからの発意のもとで工夫をこらすのである。

第五に、労働は自然に働きかけてその産物を自然からうけとる。「〈労働する動物〉はたしかに、すべての生き物の支配者であり主人であろう。しかしそれでもやはり自然と地球の召使いにすぎない(19)」。これにたいして仕事は自然を破壊し、自然に暴力をふるう。「ただ〈工作者〉だけが、地球全体の支配者、あるいは主人としてふるまうのである(20)」。労働する人は自然の恩恵をうけるが、仕事をする〈工作者〉は、自然を自分にしたがわせるのである(21)。

第六に、労働者は「肉体の労働」をするとしても、やはり道具や機械を必要とする。工作者は労働者が仕事をしやすいように工夫して道具や機械を作りだし、提供する。工作者にとって道具や機械は、ある目的をはたすための手段にすぎない。「世界を建設するために道具や器具をもちいる(22)」のである。これにたいして、労働者は機械のリズムにあわせて作業をせざるをえない。「用具の運動を決定するのは、もはや肉体の運動ではなく、肉体の運動を強制する機械の運動である(23)」。

マルクスが指摘しているように、手工業やマニュファクチュアの段階までは、まだ労働者は道具や機械を利用していたが、大工業の時代には、機械が労働者を使うようになる。「マニュファクチュアと手工業の時代には、労働者は道具を自分に奉仕させたが、大工業時代には、労働者は機械に奉仕する。マニュファクチュアと手工業の時代には労働者が主体となって労働手段が動かされたが、大工業時代には労働者は労働手段の動きにしたがわねばならない。マニュファクチュアでは労働者は一つの生けるメカニズムの肢体を構成していたが、工場では一つの死せるメカニズムが労働者とは別の独立した形で存在しており、労働者は生ける付属品としてこのメカニズムに組み込まれている(24)」のである。アレントも同じように「道具はその手段的性格を失い、人間と用具の区別、用具と目的の間の明白な差異は曖昧になる[25]」ことを指摘する。そして「機械はさまざまな点で、人間の労働力の代わりに自然の巨大な力を利用するようになる[26]」のだった。

最後に、労働するとき人は世界を失う。労働にとって存在するのは世界ではなく、「環境[27]」である。労働は苦痛であり、苦痛は私的なものである。この苦痛という肉体的な知覚だけでは、世界の存在について感じることはできない。アレントはデカルトから始まる外的な世界への懐疑が、この肉体的な知覚の特性によるものだと考えている。「苦痛とそれに付随しておこる苦痛からの解放の経験は、世界からあまりに隔絶しているので、世界の物の経験をまったく含んでいない唯一の感覚的な経験である[28]」。この感覚は外的な世界のリアリティをまったく与えない。労働はつらい仕事であり、「この無世界性の経験、というよりはむしろ苦痛の中に現われる世界喪失に厳密に対応している活動力が、労働なのである[29]」という。

これにたいして工作者が作りだす作品は、世界を作りだす。「世界の物が人間から相対的に独立しているのはその耐久性のおかげである。しかも世界の物は、それを作り使用する人間の貪欲な欲求や欲望にたいし、少なくともしばらくの間は抵抗し、〈対立し〉、持ちこたえることができる。それは世界の物の〈客観性〉のためである[30]」。人間が世界の存在を確信することができるのは、この工作物のおかげなのである[31]。

活動の特徴

第三の活動は、労働や仕事とは明確に異なる政治的な意味をそなえている。アレントは活動のもっとも重要な要素として、言論をあげる。人は語ることによって活動するのである。そして語ることによって初めて、その人が「誰であるか」が明らかになる。言論によって初めて、その人が「何であるか」、すなわちどのような「特質、天分、能力、欠陥」のある人間であるかではなく、「誰であるか」、すなわちその人のもつ「ユニークな人格的なアイデンティティ[32]」が積極的に明らかになるのである。

この活動は、人間の複数性によって可能となり、必要となる。この人間の複数性には「平等と差異という二重の性格[33]」がある。たがいに平等な存在であるから理解しあえるのである。しかし人間たちがまったく等しい存在であり、そこに差異がなければ、言論と活動によってたがいに理解しあう必要はないだろう。

活動の第一の性格は、自発的なものであるということである。言葉と行為によって人々は共通世界のうちに登場する。アレントはこれを「第二の誕生[34]」と呼ぶ。生命としてこの世界に初めて誕生した人間は、言論や活動によって「みずから進んで何か新しいことを始めることで[35]」、第二の誕生を経験するのである。この世界への登場は「労働のように必要によって強制されたものではないし、仕事のように有用性によって促されたものでもない[36]」。これは自発的な性格のものである。

アレントはこの自発性が世界にある新しさをもたらすと考える。そもそも人間の誕生は、ある予測しがたいものが登場することであり、アレントはこの新しさは「奇蹟」としての性格をおびると考えている。「人間はほとんど不可能な事柄をなしうる[37]」のであり、「人間が一人一人誕生するごとに、なにか新しいユニークなものが世界に持ち込まれる[38]」のである。

第二に、活動は自由なものとして行なわれることで、労働や仕事とは異なる。労働や仕事には目的があるために、それに服従する。「労働と仕事は、必要かつ有益なものに奉仕し、そういうものを生み出すものである以上、人間の必要や欲望と関係のない自由なものではありえなかった[39]」のである。ところが活動は、このように自然や目的に従属することがなく、自由である。人々が自由であるのは、こうした公的な空間において行動することによってだからである。アレントにとって人間の自由は、自由な意志のような人間の内的な特性ではなく、「平等であるが、多様な同輩者たちの枠組みのもとで行動すること[40]」によって人々に示されるものなのである。

第三に、この活動と言論には暴露という性格がある。「人々は活動と言論において、自分が誰であるかを示し、そのユニークな人格的なアイデンティティを積極的に明らかにし、こうして人間世界にその姿を現わす[41]」のである。この暴露という性格のない活動や言論は、「目的のための手段[42]」に堕落してしまう。それはプロパガンダやたんなるおしゃべりになってしまうのだ。ただしおしゃべりにしても、そこには暴露という性格がつねに幽霊のようにつきまとっているのはたしかである。プロパガンダや宣伝も、その背後の意図を漏らしてしまうことが多いからである。

第四に、活動と言論は、人々の間に一つの網の目を作りだすものである。「ほとんどの言葉と行為は、活動し、語る行為者を暴露すると同時に、それに加えて、世界のある客観的なリアリティにかかわっている[43]」のであり、アレントはこのリアリティを「人間関係の〈網の目〉[44]」と呼ぶ。

第五に、活動と言論は人間の複数性という条件のために、他者との間で行なわれるものである。労働する者も仕事に従事する工作者も、一人で作業することができる。労働における分業は必須なものではない。畑を一人で耕す農夫は孤独である。しかし活動と言論は、孤独のうちでは行なわれることがない。仕事は「世界に取り囲まれ、世界と絶えず接触している。これにたいして活動と言論は、行為の網の目と他人の言葉に取り囲まれ、そのような行為の網の目や他人の言葉と絶えず接触している[45]」のである。

第六に、活動と言論は終りがないという性格がある。労働は生命の維持という目的が満たされれば、つづける理由はなくなる。また仕事は、作品が完成したところで終了する。作品は目的であり、終末である。これにたいして活動は終わることがない[46]。「活動は、人間関係の網の目という環境の中で行なわれる。この環境の中では一つ一つの反作用が一連の反作用となり、一つ一つの過程が新しい過程の原因となる。このために活動の結果には限界がないのである[47]」。

活動の欠陥

活動に固有なこうした特徴のために、生命を維持することで目的を果たす労働とも、作品を完成することで満たされる仕事とも異なる固有の欠陥点が活動にはそなわっている。アレントは活動には三つの重要な欠陥があると考えている。

まず第一に、活動にはその結果を「予測できない[48]」という性格がある。一つの反作用がどのような反作用をもたらすか、その活動を始めた行為者にもわからないのである。これは活動の重要な欠点の一つである。活動にはそのほかに、不可逆的なものであるという欠陥がある。というのは、活動の意味は、活動しているあいだには明らかにならないからである。「活動の意味が完全に明らかになるのは、ようやくその活動が終わってから(49)」なのである。そのために活動している者は、その活動を適切な方向に手直しすることができない。

第三の欠陥として、活動する者の匿名性があげられる。「活動と言論によって人間は自己自身を暴露するのであるが、その場合、その人は自分が何者であるかを知らないし、いかなる〈正体〉を暴露するのか、前もって予測することができない(50)」のである。活動にはこのように「活動結果の予測不可能性、活動過程の不可逆性、活動過程を作る者の匿名性という、三重の欠陥(51)」があるのである。

第三節　古代ギリシアの公的な領域と私的な領域

公的空間と活動

それでは公的な世界におけるこうした欠陥は、避けることのできないものだろうか。アレントはこの問いに導かれて、古代ギリシアのポリスの空間にたどりついた。古代のギリシアでは、公的な領域と私的な領域が明確に区別され、人々が活動する公的な世界が人々をまばゆい光で照らしだしていたのである。古代ギリシアのポリスは、まさにこの活動の欠陥と脆さを補うために創造されたのだった。ポリスは「この活動の脆さにたいするギリシア人の独創的で前哲学的な救済手段(1)」なのである。

人々はポリスの公的な空間において、人々にみられながら行動し、そして人々に自分のアイデンティティを示し、それを記憶してもらうことができるのである。このポリスにおいて、「すべての人が自らを際立たせ、行為と言葉によって、他人と異なるユニークな自分の〈正体〉を示す機会を増やすものと考えられた(2)」のである。

このポリスの役割についてはペリクレスが何よりも雄弁である。アテナイの民主政治の指導者だったペリクレスは、ペロポネソス戦争の戦没者を追悼する演説において、ホメロスのように勇敢な武勲を語り伝える詩人がいなくても、ポリスがあることで、「われらはおのれの果敢さによって、すべての海、すべての陸に道をうちひらき、地上のすみずみにいたるまで悲しみと喜びを永久にとどめる記念の塚を残している」(3)と語っていた。ポリスの公的な空間は、ポリスを守るために生命を落とした人々の行為を記憶し、記念する証人となる。「ポリスというのは、活動した人々が自分たちの行なった善い行為や悪い行為を、他者の援助をうけることなく永遠の記憶にとどめ、現在と将来にわたって称賛を呼び覚ますためのものであった」(4)のである。

この公的空間を形成する営みが活動である。「活動は、万人に共通の世界の公的な部分ともっとも密接な関係をもつだけでなく、そのような公的部分を構成する唯一の活動性でもある」(5)のである。このポリスの公的な空間は、市場《いちば》であるアゴラのようなたんに人々が集まる場所ではなく、ポリスにおいて「ともに行動し、ともに語るという目的のために共生する人々の間に生まれる」(6)ものであり、アレントはこの空間を「現われの空間」(7)と呼ぶ。人々は他者の前で語り、行動することで、舞台に登場した人物のようにスポットライトを浴び、人々の注目を集めるのである。

アレントのこの「現われの空間」の概念は、そして公的な活動そのものの概念は、他者のまなざしのもとで演じられる舞台での演技に似たイメージをかきたてる。ある論者が指摘するように(8)、アレントはこの現われの空間を「名優が演じる舞台」のように語っているのである。そしてアレントは、そもそもこの世界に生きるすべてのものが、いわば舞台に登場した俳優のように自分を示し、誇示するものであると考えている(9)。「生きている者は自分のためにしつらえられた舞台の上の俳優のように、自分がどう現象するかを決める(10)」というのである。公的な舞台に登場することは、世界のうちに生きる人間に不可欠な生き方とも言えるだろう。これはアレントにとって政治的な活動は、人間にとってたんなる一つの活動ではなく、自己の「誰」であるかを他者に示し、そのことによって自己のアイデンティティを確立するような実存的な意味をもつものだということを意味するものである。

古代ギリシアのアテナイのポリスにおいては、この「現われの空間」に姿を現わすことができたのは、アテナイの成人男性の市民だけであった。メトイコイと呼ばれた外国人の居留者も、奴隷も、職人も、そして女性も若者も市民権が認められず、この空間に現われることができない。そしてこの空間において活動する者でないかぎり、ポリスにおいて真の意味でのリアリティをもつことはできなかったのである。

現われの空間と権力

この現われの空間は、公的な領域とは区別して考えるべきである。この現われの空間は、古代ギリシアのポリスだけで生まれるものではなく、現代の日本でも形成されうるものだからだ。アレントは「現われの空間は、人々が言論と活動の様式をもって共生しているところでは必ず生まれる[11]」と指摘している。

そしてこの空間を作りだすのは権力である。アレントの権力の概念はきわめて肯定的なものである。ウェーバーは権力を、「ある社会的関係の内部で抵抗を排してまで自己の意志を貫徹するすべての可能性[12]」と定義した。これは他者の抵抗を排除することに、権力の特徴をみる考え方である。

これにたいしてアレントは、権力とは他者とともに協力して、現われの空間を作りだす営みだと考える。「権力は、活動し、語る人々の間に現われる潜在的な現われの空間、すなわち公的領域を存続させるものである[13]」。権力はこの空間を作りだし、この空間が権力を存続させる。「権力は、人々が共同で活動するとき人々の間に生まれ、人々が四散する瞬間に消えるものである[14]」。

アレントは権力《マハト》を身体的な力としての体力《シュテルケ》や実力《クラフト》と対比して考えている。身体的な力としての体力は個人ごとに異なる。これにたいして実力は、「人間だけがその仲間にたいして行使することができるものであり、一人または少数の人々が暴力手段を手にすることによって独占的に所有することのできるもの[15]」である。体力は所有できるものであり、実力は適用できるものである。しかし権力はこのような他者に行使される強制力ではない。それは人々が集まることで生まれるもの、「人々の共生によって存続するもの[16]」である。この共生に加わらない者は、「たとえどれほど体力が強くても、権力を失い、無力になる[17]」のである。

二人の個人が戦うとき、勝敗を決定するのは体力である。しかし二つの国が戦うとき、小国も大国を滅ぼすことができる。それは共生によって生まれる権力の大きさは国の大きさに比例しないからである。また物質的に強い実力をもつ支配者にたいして民衆が無暴力で抵抗するならば、「ほとんど抵抗しがたい権力を生みだすことがある[18]」と、アレントはガンジーの活動のことを考えながら語っている。

また権力は分割することができるが、体力は分割できない。権力を分割し、抑制するならば、権力はますます大きくなる可能性がある。これにたいして「個人の体力は拘束されて、多数者の潜在的な権力によって圧倒されるだろう[19]」。体力は権力には無力であり、権力に対抗できるのは実力だけである。実力は、暴政を作りだすことによって、この公的な空間における権力を滅ぼすことができるのである（なお権力と暴力の違いについては、本書の第四章第二節「マルクス論」のところで、マルクス主義の権力論との対比でさらに詳しく考察する）。

ポリスの公的な空間の成立と権力

このように、権力がこの公的な空間を作りだしたのだが、その権力はどのようにして生まれたのだろうか。アレントはポリスの形成についてはとくに考察していないが、それがある指導的な人物による創設であったと考えているようである。それは王政として始まったに違いない。

この「もっとも古く、もっとも初歩的な政治的組織形態である王政は、新しいことを始め、一緒に新しい企てを始めるという一般的な意味における活動の経験に根ざしている[20]」のである。アレントはあるとき、何らかの問題を解決するために多数の家の家長たちが集まって、政治体を設立することを決意したに違いないと考える。「この家長たちは、日々の私的関心を背後に追いやる決意をし、事業のつづくかぎり政体を形成する者たちである。彼らをともに駆り立てているのは、孤独で一人でいるときには満たされない活動への欲望である[21]」。

この家長たちは共同で活動するために、「王を求め、いわば創りだす。王は同等な者の第一人者として選びだされてリーダーになり、他の者は自由意志から忠誠心をもって王にしたがうのである[22]」。

アレントはギリシア語とラテン語は、「活動する」という事柄を示すために、「まったく異なる、しかし相互に関連する二つの動詞をもっている」[23]ことを指摘している。この二つの言葉は、王の営みと、その他の臣民の営みのそれぞれを指し示しているのである。王の営みは、アルケイン／アゲレ（導く）ことであった。これにたいして王の臣下になったその他の家長たちの営みは、プラッテイン／ゲレレ（達成する）ことであった。王が導きながら始めた営みを、その他の者たちが最後まで遂行し、その目的を達成するのである。

やがて王の営みの目的が最終的に実現された後は、この共同の営みの記憶のもとで、人々は共同体を形成して集まって生きるようになる。王もその営みを人々によって語り継がれることで、永続的な名誉を確保できるのである。そして「自分たちの行動が他のすべての人々にみられ、気づかれるこの共通世界においてのみ、彼らは死すべきものという私的な宿命を乗り越えることができる」[24]のである。

このようにして、人々の間で共同の活動を推進するための公的で狭義の政治的な空間としてのポリスが確立されたと考えられる。やがて王政から民主政へ移行するとともに、ポリスの政治的な機能は、かつてのように活動そのものを目指すものではなく、市民たち同士の関係を維持し、規制するものとなった。こうして指導者の営みは、市民を支配する支配者の営みとなり、服従者の営みは、市民の日常の営みとなる。民主政のポリスは市民が集まってともに暮らす空間である。この空間での営みは、最初に王が遂行することを求められた、創始し指導する活動ではなくなったのである。「人々がつねに一緒に生活することこそ、まさに都市国家の本質なのであって、たんに偉大な企てに加わるのではない。より狭義の、なれ親しんだ意味での政治的な事柄が生じるのは、これらの人々の間においてであり、しかも彼らの主要な経験はともに活動することよりも、むしろともに生活することに関係している」[25]のである。

アレントは活動を目的とした王政よりも、市民的な公共空間となったポリスのほうが優れている点として、その永続性をあげている。王政のポリスでは王の指導のもとに、人々は活動を行なう。王の指導のもとでの活動には、大きな欠点があった。活動のためだけに設立された共通領域そのものは、事業が終わった瞬間に消え去ってしまう性格のものなのである。しかしポリスがつくりだす「共通の公的世界は、始まりと終わりをもった時間のなかでの事業には制限されないで、それ自身永遠で、広大で永続する住処[26]」となるのであり、消滅することはない。この世界で展開される「活動は、見られ、記憶される[27]」のである。

だからもしもポリスが外的な目的のために何らかの活動を必要とする場合には、ポリスは公的な空間を一時的に中断して、「ふたたび古い王政形態の組織を想定し、市民は征服や防衛戦争の指導に際して自分たちが選んだ指導者、将軍《ストラテゴース》にしたがうだろう[28]」。

このようにポリスでは、指導者的な王の活動の後に、その営みを記憶する場として、さらに市民が現われの空間に登場する可能性を確保する場として、私的な領域と明確に異なる公的な領域が生まれたのだった。

ポリスの公的領域と私的領域の特徴

ポリスではこの現われの空間が公的な領域を作りだしたのだが、これに対立するのは私的な領域だった。この二つの領域はまったく異なる原理によって組織されている。私的な領域は家庭《オイコス》であり、公的な領域はポリスの空間である。

まず家庭の目的は生命の維持にある。私的な領域である家庭は、「個体の維持と種の生命の存続[29]」を目的とするものであり、個体の維持の任務を担う男性と、種の生命の生存の任務を担う女性との共同生活である[30]。この私的な領域である家庭は、「必然性によって生じたものであり、そのなかで行なわれるすべての行動は、必然性によって支配される[31]」ものである。

これにたいして公的な領域であるポリスは、自由民である市民が、共同体の維持のために力を合わせる自由な活動の領域である。ここで市民は法律という「都市の城壁[32]」に囲まれた自由な空間において、競争的な原理のもとで、みずからを輝かせようと努力する。その活動性は活動《プラクシス》と言論《レクシス》であり、アリストテレスはこれを「政治的な生活《ビオス・ポリティコス》[33]」と名づけた。

さらに家庭では家長は、家族の生活の必要をみたすために命令を下す立場にある。「家族は厳格な不平等の中心である[34]」。これにたいして古代ギリシアのポリスでは自由であるということは、生活の必要に従属せず、他者の命令に従属しないということだった。それだけではなく、「自分を命令する立場に置かない[35]」ことであった。ギリシアでは自由な市民は、命令されるのを嫌うだけでなく、命令することも嫌ったのである。

そのことは、ペルシアでカンビュセス王が殺害された後に、貴族たちのあいだで、どのような政体を選択するかが議論されたことを紹介しているヘロドトスの言葉からも明らかだろう。この議論で貴族のオタネスは、国家を大衆の統治にまかせるべきだとギリシア的なイソノミア（法の前の平等）を採用することを主張した。そして「わたしは人を支配することも、人に支配されることも望まない[36]」と語ったのだった。アレントはこれこそがギリシアの自由の理念であると指摘している。

ポリスにおける自由の概念

古代ギリシアのポリスにおいて、人々が自由をどのように考えていたかをまざまざと語っているものとして、クセノフォンがソクラテスの対話として記録している逸話は興味深い。友人のアリスタルコスが悩み顔なのでソクラテスが理由を尋ねると、彼は自分の家族たちを養うので大変だとこぼす。ソクラテスが、穀物加工業者のナウシキューデースは「自分および家の者たちを養うばかりか、その上たくさんの豚や牛まで飼い、たくさんの金を貯めて、しばしば重要な役儀の負担までしている[37]」と指摘すると、アリスタルコスは「それはこの人たちは異国の人間を奴隷に買ってきて、なんなりと適当な仕事をむりやりやらせるからであって、私の家にいるのは自由の身分の、しかも身内の者たちだ[38]」と答える。他人に命じられて仕事をするのは、自由人にふさわしくないというのである。

また、かつてソクラテスの弟子であったエウテーロスは、他人に命令されるよりも、肉体労働をするほうがましだとこぼしている。「人に頭をさげたりするよりは、これが一番よい方法と思っているのです[39]」という。老年になったら肉体労働はできないだろうとソクラテスが心配し、「仕事の監督をしたり、農作物のとりいれにあたったり、財産の管理を手伝ったり[40]」など、富裕な人で助手を探している人のところで働いてはどうかと忠告すると、「わたしは奴隷になることは堪えられません[41]」と一蹴するのである。他人に命令しながら働くのも、奴隷だということである。

アリストテレスはポリスにおいてこそ、市民は「善き生活」を送ることができると考えたが、アレントは「善き」生活というのは、「赤裸々な生活の必要を支配し、労働と仕事から自由であり、自己の生存のためにすべての生き物が生来必要とするものを克服しており、したがって、もはや生物学的な生命過程に拘束されていない[42]」ことを意味すると考える。

それには死を恐れない勇気が必要とされた。生命の安全が保証されたのは家族のもとにおいてであり、「政治的領域に入った者は誰でも、まず自分の生命を賭ける心構えがなければならない。生命に愛着しすぎれば、それは自由を妨げたし、それこそ奴隷のまぎれもない印であった[43]」からである。

奴隷への命令と自由人の説得

この公的な領域は自由人の作りだす空間であるから、この空間においてはたがいに命令するのではなく、言論によって説得する必要がある。「ポリスで生活するということは、何につけても力と暴力によらず、言葉と説得によって決定するという意味であった[44]」。命令するということは、「家長が絶対的な専制的な権利によって支配する家庭や家族の生活に固有のものであり、その専制政治はしばしば家族の組織に似ているアジアの野蛮な帝国の生活に固有のものであった[45]」のである。

プラトンは、自由人のための医者と奴隷のための医者には大きな違いがあることを指摘している。自由人の患者には説得し、奴隷の患者には命令するのである。「奴隷に対しては、通常ほとんど奴隷〔の医者〕が走りまわったり、あるいは施療所で待機したりしながら、その診療にあたっています。そして、そうした医者は誰も、一人ひとりの奴隷の病気それぞれについて、なにかの説明をあたえもしなければ、うけつけもしない。むしろ経験からしてよいと思われる処置を、あたかも正確な知識をもっているかのように、僭主さながらの横柄な態度で、一人の病人に指示しておいては、さっさと、病気にかかっている別の奴隷のもとへ立ち去ってゆく[46]」のである。医者は病人にたいして僭主のようにふるまい、処置を命じるだけなのである。

これにたいして自由人のための医者は、病人に病気について説明し、身内の人々ともよく話しあい、「なんらかのしかたで相手を同意させるまでは、処置の手を下さず、同意させたときでも、説得の手段によって、たえず病人の気持を穏やかにさせながら、健康回復の仕事を成しとげるべく努力する」のである(47)。自由人には命令せず、説得し、同意を求めるのである。この医者の態度は、アテナイにおける奴隷と自由人の扱いかたの違いを象徴するものだろう。

アゴーン

このようにアテナイでは自由人は対等な立場で扱われ、支配されず、支配しないことを目指した。ただしそれは誰もが平等であるということではない。誰もが勇気をもって政治的な空間に立ち現われ、自分の卓越さを人々に示し、競うこと、すなわち自分は他者よりも優れた存在であることを示すことが求められたのである。ポリスの空間は競争《アゴーン》の空間なのである。ギリシアでアレテーと呼ばれ、ローマでウィルトゥスと呼ばれた卓越さは、「いつの場合でも人が他人に抜きんでて、自分を他人から区別することのできる公的な領域に属することであった。公的領域で演じられるすべての活動性は、私的領域の活動性が及びもつかぬほどの卓越さをえることができる(48)」のである。

人間はポリス的な動物であると定義したアリストテレスは、ポリスを形成する目的は市民たちが善く生きられるようにすることであると指摘しながら、「ポリス的な共同体は、共に生きることのためではなく、立派な行為のためにあるとしなければならない。それゆえ、かかる共同体にもっとも多く貢献するところの者が、自由や生まれの点では等しいか優っていても市民としての徳《アレテー》の点では劣っている者よりも、また富の点では優っているが徳《アレテー》の点では劣っている者よりも、一層多くポリスに与かるのである(49)」と語っている。善き生活とは、立派な行為をすること、共同体にもっとも多く貢献する生活であり、市民はポリスでその功績を競いあうことが期待されているのである。

ペリクレスは、戦没者のための演説でアテナイの市民の行為が、「地上のすみずみにいたるまで悲しみと喜びを永久にとどめる記念の塚を残している(50)」と称えたのだった。この記念の塚を残し、「かれらの義務を戦の場で果たし(51)」、そのことによって人々の記憶に残り、称えられること、それが不死になる唯一の道だった。アレントはこの不死の願いについて、「ギリシア人の主要な関心事は、自分の周りには存在するものの、死すべき人間には所有できない不死に到達することであり、そのような不死にふさわしいものになることであった(52)」と指摘している。

アリストテレスもまた「人なれば人のことを、死すべき者なれば死すべき者のことを知慮するがよい(53)」という勧告にしたがうべきではなく、「できるだけ不死にあやかり、〈自己のうちの最高の部分〉に即して生きるべくあらゆる努力を怠ってはならない(54)」と語ったのだった。

アレントはこの競争《アゴーン》の精神こそが公的な領域を作りだすための重要な要素だったことを強調する。「公的領域そのものにほかならないポリスは、激しい競技精神《アゴーナル・スピリット》で満たされていて、どんな人でも自分をつねに他人と区別しなければならず、ユニークな偉業や成績によって、自分が万人の中の最良の者《アリステウエィン》であることを示さねばならなかった」のである(55)。この競争の精神は激しいものであり、たとえば血筋のよい貴族だったアルキビアデスは政治だけでなく、スポーツでも栄冠をえるために必死に努力していたのである。

「公的な」という概念の意味

この古代ギリシアのポリスに登場した公的な領域はやがて衰えてゆくが、実際にアテナイなどのポリスにおいて存立していたのであり、アレントはこのポリスを模範として、公的な領域の理念を示しているのである。この「公的な」という概念には二つの大きな意味がある。

第一に「公的なもの」とは「公に現われるものはすべて万人によって見られ、聞かれ、可能な限り最も広く公示されることを意味する。わたしたちにとっては現われ《アピアランス》がリアリティを形成する(56)」のである。これに比較すると、「魂の情熱、精神の思想、感覚の喜びのようなものでさえ、それらがいわば公的な現われに適合するように一つの形に変形され、非私人化され、非個人化されないかぎりは、不確かで、影のような存在にすぎない(57)」のである。この変形を巧みに行なうのが、工作者である詩人であり、作家である。誰もが生きながら自分の思想や感覚の確実さを実感しているが、それが表現されて公的なものとならないかぎりリアリティをもたないのである。

第二に「公的なもの」という語は、最初に考察した世界そのものを意味している。「世界のうちで共に生きるということは、本質的には、ちょうどテーブルがその周りに坐っている人々の真ん中《ビトゥイーン》に位置しているように、事物の世界がそれを共有している人々の真ん中《ビトゥイーン》にあるということを意味する。つまり世界はすべての介在者《イン・ビトゥイーン》と同じように、人々を結びつけると同時に人々を分離している」(58)のである。

このテーブルの比喩は巧みだ。テーブルがあるために、人々は相手と向き合う場を確保できる。そして他者を他者として遇することができる。人間関係がテーブルのおかげで成立する。しかしテーブルは人と人の間に介在することで、距離を作りだす。相手と接触するような近さにはない。今この瞬間にテーブルが消滅すると、相手はもはや向き合う他者ではなく、無関係な人になる。そして物理的な障害物がなくなると、接触を恐れて人々は遠ざかる。こうして、共通世界が消滅するのである。

「公的なもの」の第三の特徴は、それが複数の視点、複数の遠近法を可能にするものであり、同時にこの遠近法の複数性によって可能になっているということである。アレントは「公的領域のリアリティは、無数の遠近法とアスペクトが同時的に存在する場合に確証される。なぜならこのような無数の遠近法とアスペクトの中にこそ、共通世界がおのずとその姿を現わすからである」(59)と語っている。

相手との間に世界というテーブルが存在することで、たがいに相手と向き合うことが可能になるとともに、異なる遠近法とアスペクトが成立する。この遠近法のもとでは、世界のうちで異なる場所をしめている人々を統一する「共通の尺度や公分母」(60)のようなものは成立しない。もしもすべての人が同じようなまなざしで世界を眺めるならば、「画一主義」が支配することになり、「公的なもの」は消滅するだろう。「共通世界の終わりは、それがただ一つのアスペクトのもとで見られ、たった一つの遠近法において現われるときに、やってくる」(61)のである。

アレントはこの活動が行なわれる公的な空間を支える人間関係を「網の目《ウェブ》」(62)という言葉で呼ぶ。「厳密にいえば、人間事象の領域は、人間が共生しているところではどこにも存在している人間関係の網の目から成り立っている。言論による〈正体〉の暴露と活動による新しい〈始まり〉の開始は、つねにすでに存在している網の目の中で行なわれる」[63]のである。アレントはこの網の目の比喩を使うことで、人間が神の道具にすぎないというようなプラトンの考え方を否定し、人間の活動のもつ不可逆性、その未完了性、予測不可能性などを強調するのである。[64]すでに挙げた活動のもつ欠点は、この空間が網の目としての性格をもつことから生まれたものにほかならない。

私的な領域と財産

「私的な」という語は、英語ではプライヴェート、フランス語ではプリヴェ、ドイツ語ではプリヴァーテである。どれも引き離れた、孤独なという意味のラテン語のプリウスを語源とする。フランス語には、プリヴェという動詞があり、それは「奪う」ことを意味する。英語もディプライヴという動詞が「奪う」ことを意味する。私的であることは、何かを剝奪されたということである。私的な空間にいるということは、何かを奪われているということである。

それでは何を奪われているのだろうか。

アレントは、それは「真に人間的な生活に不可欠なものが〈奪われている〉ということを意味する」[65]と指摘する。すなわち「他人によって見られ聞かれていることから生まれるリアリティを奪われていること、物の共通世界の介在によって他人と結びつき分離されていることから生じる他人との〈客観的な〉関係を奪われていること、さらに生命そのものよりも永続的なものを達成する可能性を奪われている」[66]ということである。

しかしこの私的な領域は、個人の生存の重要な条件である財産を通じて、公的な領域と密接な結びつきをそなえている。財産を所有しているということは、公的な領域に現われるべき自由人の家庭が存在していることを示すからだ。公的な領域は、その根拠となる私的な領域の「家」とその財産なしでは、そもそも成立しえないのである。私生活はその意味では「神聖な」ものであり、それは「すべての生き物と同じように、冥府の暗闇からでて、そこに帰る死すべき人間の生と死の神聖さ、その始まりと終わりの神聖さに似ていた」[67]のである。私的な領域は市民の生存の根拠である。

この家とその財産は、公的な領域に登場する人間の生命と存在を守る砦として、貴重な意味をもっていた。それはその人間のプライヴァシーも守るものだった。奴隷は主人の目から隠れる場所をもたない。それと同じように、ポリスにおいて「自分自身の私的な場所をもたないことは、もはや人間でないことを意味した[68]」のである。私的な領域は市民のプライヴァシーの根拠である。その意味では私的な領域は聖なるものであり、公的な領域はその私的な領域によって支えられているのである。「この私生活の神聖さは、隠されたものの神聖さに似ている[69]」のである。

さらに財産と奴隷をもつということは、その市民が公的な場に登場する経済的な根拠だった。財産がない自由人は、奴隷と同じように生活の必要性に迫られて、生存するために働かざるをえなくなる。働く自由人は、ポリスで公的な活動に従事することができないのであり、その意味では奴隷と同じ身分に落ちたのである。財産をもつということは、「富によって、その所有者が自分で使用手段と消費手段をえる仕事にたずさわる必要がなくなり、公的な活動性の自由が確実に保証された[70]」ということである。私的な領域は市民が経済的に自立し、政治活動に参加する可能性を確保するための根拠である。公的な領域と私的な領域はたがいに支えあわなければならないのである。

第四節　思想と行動――ソクラテス

ポリスの市民の権利

このように、アテナイのポリスの公的な領域は、人々が自由に立ち現われて、みずからを輝かす空間であった。人々は民会に集まり、自由に発言した。アテナイでは、政治に参加するためにはアテナイ生まれの自由な成人男性でなければならなかった。これらの人々には、法の前の平等であるイソノミア、民会での発言の自由であるイセーゴリア、心に思うことを語る自由であるパレーシアが、習俗によって市民の権利として保証されていた。

イソノミアはすぐに理解できるように、貴族と平民の身分によって法律（ノモス）が同じように（イソス）適用されるということである。またイセーゴリアというのは、どの市民は等しく（イソス）語る（アゴレウエイン）権利をもっているということである。具体的には民会が始まるときに、触れ役がやってきて「誰かポリスのために役立つことを市民の前で発言しようとする者はないか」と、出席している市民たちに尋ねることになっていた。公的な事柄にたいする発言の権利と機会が、これによって確保されたのである。

これにたいして、パレーシアはすべてのこと（パーン）を語る（レーシス）権利であり、自分が真理と信じたことを話す権利である。これは相手が聞きたくないことを諫言するという意味でもあり、ときに危険をもたらすことがあった。たとえばソクラテスがアテナイの民衆にたいしてパレーシアを行使した例をみてみよう。

ソクラテスのパレーシアの実例

ソクラテスは『弁明』において、民衆にたいしてパレーシアを行使したことを回顧している。それは有名な紀元前四〇六年のアルギヌサイ沖海戦の後で、兵士たちの死体の処理をめぐって、十人の将軍たちが裁かれた裁判においてだった。この事件では、海戦に勝利したアテナイの将軍たちは、敵を追撃するために、漂流している味方の将兵を救い、死体を回収する作業を二人の将軍にゆだねて敵を追いかけた。しかし激しい嵐に襲われた二人の将軍は、兵士たちの死体を回収することができなかった。

そのために弾劾裁判が行なわれたが、原告となったのは回収と救助作業をゆだねられた二人の将軍だった。原告はみずからが裁かれるのを避けるために、残りの十人の将軍たちの弾劾裁判を始めたものらしい。原告側は裁判を有利に進めるために、一人ずつ裁くというアテナイの裁判の原則を踏みにじり、一括して将軍たちを裁判にかけることを提案した[2]。

アテナイで死体を葬らないということがどのように悲惨なことを意味したかは、命をかけて兄の遺体を弔おうとして罰されたアンチゴネーの例からも想像できるだろう。原告は民衆のこの感情に訴えかけ、違法な提案を通過させることに成功した。これにたいして、ソクラテスは当時の議員のうちで、ただ一人反対したのだった。『弁明』ではソクラテスはこうふりかえっている。「反対側に投票したのはただわたし一人だった。そして弁者たちはわたしを告発する気構えを示し、諸君はそれを促して叫び立てたけれども、わたしは投獄や死刑を恐れて、正しいことを議決しない諸君の味方になるよりも、むしろ法律と正義とに味方をして危険を冒さねばならないと考えた」[3]。この死刑を恐れずに自分の正しいと信じることを語る行為は、まさしくパレーシアの営みである[4]。

このようにポリスにおいて公的な領域で活動することは、つねに生命の危険をもたらすことだった。そして最後にソクラテスは自分の裁判においても、民衆の耳に快くないことを語りつづけて死刑になったのだった。公的な領域での活動は、このように危険な行為なのである。プラトンはソクラテスの実例を目にして、政治活動に携わることの危険性を実感し、哲学という思考の領域にとどまることを決めたのだった。

アリストテレスの『アテナイ人の国制』が証言しているように、アテナイでは平等な市民による民主政治が行なわれるように、巧みな制度が確立されていた。ペルシア戦争での勝利において、重装歩兵や船の漕ぎ手として戦った市民の重要性が認識され、市民にこうしたポリスの活動に参加する民主的な権利が保証されたのである。そしてペリクレスの次の追悼演説は、市民たちが民主政治によって確保された自由を誇りに思っていたことを雄弁に語っている。

「わがポリスにおいては、個人間に紛争が生ずれば、法律の定めによってすべての人に平等な発言が認められる。だが一個人が才能の秀でていることが世にわかれば、無差別なる平等の理を排し、世人の認めるその人の能力に応じて、公けの高い地位を授けられる。またたとえ貧窮に身を起こそうとも、ポリスに益をなす力をもつ人ならば、貧しさゆえに道を閉ざされることはない。われらはあくまでも自由に公けにつくす道をもち、また日々たがいに猜疑の眼を恐れることなく自由な生活を享受している」[5]。

ソクラテスの思想の核心

このようにソクラテスは、パレーシアという民主政治の原理を実行に移しながら、アテナイのポリスの公的な領域において活動すると同時に、そうした公的な領域で活動することの危険性を身をもって示したという意味で、民主政治の問題点を浮き彫りにした人物であった。ソクラテスとその弟子のプラトンには、アレントが重視した「現われの空間」としての公的な領域の問題が象徴的に示されているのである。そのためこの二人の哲学者にたいするアレントの姿勢も両義的なものとなる。ここではまずアレントがソクラテスの思想と行動をどのように評価しているかを、その真理の概念から検討してみよう。

プラトンの語ったソクラテスと、歴史的なソクラテスを区別するのは、なかなか困難である。歴史的なソクラテスを再構成するための史料が、プラトンの対話篇をのぞくと、クセノフォンの『ソクラテスの思い出』と『弁明』くらいしか残されていないからである。

アレントはそれでもあえて、プラトンと異なるソクラテスの思想的な核心をとりだそうとする。アレントは、ソクラテスとプラトンの哲学の違いは根本的に、真理の概念の違いと、その真理をみいだす方法の違いにあると考える。プラトンにとっては真理《アレーテイア》とは、隠されたもの《レーテー》のないもの、「イデアのイデアの像[6]」である太陽の光に照らしだされた事物の疑いのなさのようなものであった。「太陽の光の明るさのうちでは、諸々の成長しそして現前する物それ自身が、それ自身を直接に、陰影をとおしての表出を必要とせずに示す[7]」のである。これはすべての人に共通で、確実で、間違いのない客観的なものだった。しかしソクラテスにとって真理とは、客観的なものではなく、個々の人ごとに異なるものだった、とアレントは考える。

この個人の真理を現わすものが、個々の人々が抱く意見であるドクサである。ドクサとは、臆見、意見、名誉などの意味をもつ語であり、「ドケイ・モイ」、すなわち「わたしにはそう思われる」という表現から生まれた語と考えられる。これは「世界は誰にとっても、世界でのその人の位置に応じて異なったふうに開示される[8]」ことを意味する。

世界は多数者の住む場所であり、ライプニッツが語ったように、個々の人ごとに見える世界の描像は、その人ごとに異なる。人間が身体をもつ存在であり、同じ場所には一つの身体しか存在することができないのであるから、この世界の見え方という観点から考えるかぎり、世界の見え方に同じものは一つもない。そしてその個人にとっては、自分からみた世界は、他の人とは微妙に異なるものではあるが、この自分だけには真実なものである。この真理は他者と共有することができない性質のものである。

ソクラテスはこのことを前提とする。そしてソクラテスは相手のもつ真理を明らかにするために、問いかけという対話法を利用する。アレントが指摘するように、対話（ディアレゲスタイ）は、説得（ペイテイン）とは対照的な語り口である。説得は、多数者に向かって語りかけるが、対話は二人のあいだで行なわれる。説得は多数者にたいして、自分の考える真理を納得させ、おしつけるものである。だから説得は、「言葉のみによる暴力の行使[9]」という性格をそなえる。

これにたいして対話は、「誰もが独自のドクサをもち、世界にたいする独自の開口部をもつ[10]」ことを前提とする。そして問いかけの方法によって、そのドクサがどのようなものであるかを明らかにしようとする方法である。ソクラテスが相手に問いかけるのは、相手がどのようなドクサをもっているかを知るためであり、「共通世界における相手の位置を確かめる[11]」ためである。

重要なのは、このドクサはその人だけが所有しているものでありながら、その人は対話のうちでなければ、自分のドクサの真理を確認することができないことである。「誰も相手のドクサをあらかじめ知ることができないのとまったく同じように、誰も、独りでは、またなお一層の努力をしなければ、自分自身のドクサに内在する真理を知ることができない[12]」のである。

ソクラテスはみずからを産婆と自称していた。産婆になるためには二つのことが必要である。第一は、自分では子供を分娩する年齢でなくなっていることである。プラトンの対話篇『テアイテトス』でソクラテスは、「産婆のうちには、本人がまだ身籠もったり産んだりする能力がありながら、それでいて他人の出産を助けるような者は一人もいない[13]」と指摘している。

第二は、他人が子供を分娩することを助ける技術をそなえていることである。ソクラテスはまず、「婦人が身籠もっているかどうかを識別するのは、余人よりも産婆のほうがより的確である[14]」と指摘する。さらに「産婆は、簡単な薬を与えたり呪いを唱えたりして、陣痛を促進させたり、望むならそれを弱めたりすることができるし、また難産の婦人については、これを出産させることも、胎児が未熟で流産させたほうがいいと考えれば、胎児を流産させることもできる[15]」と説明している。

思想の産婆としてのソクラテスも、これと同じ資格をそなえている。ソクラテスは、みずからは真理を知らないと広言しているのであり、真理を産む人物とはならないのである。そして相手のドクサのもつ真理を相手よりも巧みに取りだすことができる。「自分自身は何も生みださないからこそ、他人の思考が産まれるのを助けるすべを知っている[16]」のである。

アレントは、産婆としてのソクラテスが対話術で目指したのは、その対話で何らかの真理を獲得することではなく、「市民一人ひとりが自らの真理を産みだすのに手を貸して、ポリスをもっと真実に溢れたものに[17]」することだったと考える。

そこにアレントはソクラテスとプラトンの「決定的な違い[18]」をみいだす。プラトンはドクサにすぎないものを破壊して、イデアとしての真理そのものに到達することを目指した。そして市民を説得すること、市民を教育することを望んでいた。しかしソクラテスが望んでいたのは、「市民のドクサを改良すること」、そして「市民をもっと真理にあふれたものとする[19]」ことであった。アレントによるとソクラテスは、個々の市民のもつ「ドクサそのものがもつ真理を明るみにだす[20]」ことを目指したのである。

プラトンの初期の対話篇は、明確な結論がでないことが多い。「勇気について」や「美について」の定義を求めながら、これらの対話は最後は結論なしで終わることが多い。それは、これらの対話篇が目的とするのが勇気についての正しい定義、すなわち真理を獲得するのではなく、「徹底的な対等性に基づくものであった[21]」ためであり、「その成果はあれやこれやの一般的真理をえるという結果によっては、量ることのできないものであった[22]」ためである。

ソクラテスとパレーシア

フーコーはかつてこのソクラテスの産婆としての営みを「すべてを語る」パレーシアの概念から分析したことがある[23]。フーコーはソクラテスが対話の相手にたとえば勇気について語るように求めるのは、勇気についての正しい定義を探すためではなく、「自分が語ることのできる理性的な物語《ロゴス》と、自分の生き方の間に、ある種の関係が構築されていることを示せるかどうか[24]」を吟味するためだったと指摘している。この対話では、ソクラテスに問いかけられた人は、「自分自身について、現在どんな仕方で生きているか、またどんな仕方で過去の生を生きてきたか[25]」をソクラテスに語り始めるのである。この対話は、定義や真理を求める対話であるよりも、「自分が正しく生きてきたかどうかという道徳性の吟味[26]」となるのであり、この対話のうちに、相手はみずからの真理を語りだすのである。

アレントが、ソクラテスの対話法は「ドクサそのものがもつ真理を明るみにだす」ことを目指すものだと語ったとき、フーコーとまったく同じことを考えていたのである。ただしフーコーはそれを道徳性の吟味という視点から考えていたが、アレントはそれをドクサの政治性という視点から考えた。市民が自分のドクサを語るということは、「政治的領域、すなわち誰であれ登場して自分が誰であるかを示すことのできる公的な領域[27]」で語るということだからである。「自分自身の意見を主張するということは、自分の正体を現わし、他の人から見られ、聞かれうるということ[28]」、すなわち公的な生活を送るということだったからである。

ただしアレントは、ソクラテスが裁判で有罪となったのは、ほんらいは市民にたいして言葉によって説得するという方法を採用せずに、裁判官である市民たちを相手に、この問いかけの対話法を採用したためだったのではないかと指摘している。この対話法のもとでは、ソクラテスの語る「真理は数ある意見の中の一つの意見、裁判官らの語る非真理とほぼ同等な価値しかもたないものになってしまった[29]」ために、裁判官に自分の無罪を説得することができなかったというのである。

プラトンはソクラテスの死刑に衝撃をうけて、哲学者になったのであるが、この失敗に終わったソクラテスの『弁明』を執筆した後に、『ファイドン』を「修正された弁明[30]」として書くことになる。この対話篇ではプラトンは最後に、悪人たちが死後の生を過ごす地獄タルタロスを描く。「多くの、しかも大それた神殿荒しとか、不正な殺しとか、たくさんの違法行為とか、そのほか、まさにこういったことどもをやってのけたものたちは、それにふさわしい運命によって、タルタロスに投げ込まれるのだ[31]」。悪人たちは自分が「不正を働いた相手を説得できるまでは[32]」、この地獄で苦しまなければならないとされている。悪人たちに、自分が危害を加えた相手を暴力ではなく言論によって

「説得」させる運命を与えるというこの措置は、いかにも意味深長である。

アレントは、プラトンの理論においては、この地獄は市民を「恐怖させるように計算されている[33]」ことに注目する。そしてソクラテスも、地獄の刑罰を恐れよと裁判官である市民を恐怖させていれば、プラトンのやったように言葉による暴力によって裁判官たちを説得でき、無罪になったに違いない、と指摘している。もちろんそのような手段に訴えたならば、ソクラテスはもはやソクラテスではなくなるだろうが。

ソクラテスの思考の力

アレントにとってソクラテスがもつもう一つ別の重要な意味は、ソクラテスが死刑にされた裁判での訴状のうちに現われている。ソクラテスは青年たちを惑わし、新しい神々を導入したことで訴えられていた。ソクラテスはこの時代のソフィストの一人として、「訴訟で弁論したり、あるいは逆に訴訟を提起したり、あるいは相手の議論をひっくりかえして、これを無効にするような術[34]」を教える者とみなされていたし、「ゼウスなんてものはいないのだ[35]」と断言する人物とみなされていたのである。

この時代は、ソフィストたちがそれまでの宗教的な常識も道徳的な常識も崩壊させてしまった時代である。こうした時代にあってソクラテスが教えたのは、すでに述べたように、自分のドクサ、意見について自分の力で考えることだった。これはある意味では危険なことである。伝統的な考え方から離れるということだからだ。

アレントが指摘するように、こうして「思考という、危険で成果のない営みの最後の、おそらく最大の危険性[36]」が生まれる。人々は古い価値を否定しても新しい価値を作りださずに、ニヒリズムに陥る可能性があり、古いポリスの伝統を破壊して、そのあとに空虚を残す可能性があるのである。実際にソクラテスの弟子たちは、「アテナイのポリスに深刻で現実的な脅威をもたらした[37]」のだった。

しかしアレントは、ソクラテスのもたらしたもの、すなわち自分の力で考えるということは、このような否定的な結果をもたらしただけではなく、道徳的に重要な役割を果たしたと考えている。それは伝統的な価値が崩壊した後に、判断力を行使して、何をなすべきか、何をなすべきできないかを決定することができるのは、自己との対話という形での思考だけだからである。

たしかに「価値、教義、理論、すべての確信などの吟味されていない思い込み[38]」はソクラテスの自己との対話によって破壊されるかもしれない。しかし「こうした思い込みを破壊する機能は、政治的な意味合いをおびる[39]」のである。この破壊によって、「別の人間的な能力、すなわち判断力を解放する機能を発揮する[40]」からである。

カントによると判断力には、一般的な概念が与えられていて、個別のものをこの一般的な概念に包摂する規定的な判断力と、一般的な概念なしで、個別のものを判断する判断力、「特殊的なものだけが与えられていて、これによって普遍的なものをみいだす[41]」反省的な判断力がある。

ソクラテスが既存の価値を破壊した後で人々に働かせるように求めるのは、この反省的な判断力である。「これは特殊な事例を一般的な規則のもとに包摂することなく判断する能力[42]」として、「人間の心的な能力のうちではもっとも政治的なものと呼ぶことができる[43]」のである。この能力こそ、既存の道徳が崩壊した後にも、死刑の脅しをもって悪を為すことを命じられても、「わたしにはこんなことはできない[44]」と断言する力をもたらすことができるものなのである。「思考は危機の稀な瞬間において、破滅的な結果を避けるために役立つもの[45]」なのである。

このソクラテスの思考の力への特別な信頼は、次の節で考察するように、思考においてつねに「一人のうちの二人」という性格が存在していることによって生まれるのである。この問題については、アイヒマン問題やハイデガーの問題とからめて、第二部でさらに詳しく考察したい[46]。

第五節　思考と行動――プラトン

単独性のありかた――孤独、孤立、孤絶

プラトンはソクラテス裁判の結果に衝撃をうけて、公的な活動の世界から撤退したが、それがプラトンの哲学にいくつかの歪みをもたらした、とアレントは考えている。この節では、アレントのプラトン批判を検討しながら、行動と思考の活動性の違いについて、そして公的で政治的な活動と私的で哲学的な思想の違いについて考えてみたい。

まず行動と思考の違いを、人間の単独性のありかたという観点から考えてみよう。これは哲学と政治の対立の原点にある違いを明らかにしてくれるだろう。アレントは単独性のありかたを三つの視点から考案する——孤独《ソリテュード》、孤立《ロンリーネス》、孤絶《アイソレーション》である。思考するために必要なのは、「孤独《ソリテュード》」である。人は多数の人々の間にあっては、哲学の思考をすることはできない。思考という営みには、他者から離れた距離が必要なのだ。

ただし孤独《ソリテュード》であるということは、「自分自身とともにある」(1)ということであり、完全に孤立していることではない。わたしのうちにもう一人のわたしがいて、つねに対話をつづけているのである。これは「一人のうちの二人」(2)であるということである。この「一人のうちの二人」とはどのようなことだろうか。

プラトンの『ゴルギアス』でソクラテスは、自己と矛盾したことを主張したり、考えたりすることは、「みずからと意見が違うことになり、その生涯のすべてにわたって、不協和な状態ですごす」(3)ようなことだと指摘する。そして「わたしのリュラ〔琴〕やわたしが〔資金的に〕後援している〔ギリシア悲劇の〕合唱団の調子があわず、不協和な状態にあっても、そして大多数の人々がわたしと意見があわずに、反対のことを言うとしても、そのほうが、わたしというたった一人の人間がわたし自身と不協和であり、矛盾したことを言うよりは、ましなのだ」(4)と語っている。思考するときには、自分の中の別の自分と対話するのであり、自分の中の別の自分と仲違いをすることはできないのである。

このようにわたしは孤独《ソリテュード》において沈黙のうちに思考しながら、このわたしのうちの自己と語りあう。「この自己はわたしに語りかけてきて、みずからの意見を語るのです。わたしは自分自身と語りあうのであり、自分自身をたんに意識しているだけではないのです。この意味ではわたしは一人ですが、わたしという一人のうちに二人の人がいるのです」(5)ということになる。

プラトンはこの自己との対話という思考のありかたを発見した。そしてこの思考は孤独《ソリテュード》のうちで行なわれる。「プラトンは、この対話の中に思考の本質があるとみていた。孤独にあるということは自分自身とともにあるという意味であるから、思考は、たしかにあらゆる活動性のうちでもっとも孤独なものではあるが、けっして同伴者や仲間を欠いているわけではない[6]」のである。

これにたいして活動は、他者との間で行なわれる。他者を欠いた活動はありえないのである。そのために大衆のうちにあっても、「ほかのものと接触することできない[7]」ときは、すなわち真の意味での他者を欠いているときは、「孤立《ロンリーネス》」の状態になる。大衆のうちでは孤独であることはできず、「群衆のうちで孤立していることは、孤独であるよりも辛い[8]」経験なのである。

最後に、人間が仕事という活動性のうちにあるときは、「孤絶《アイソレーション》」の状態にある。「どんな種類の仕事でも、仕事にたずさわっているときには孤絶しているのがふつうのありかたです[9]」とアレントは語る。「仕事に熱中しているときは、わたしの自分自身を含めて、ほかの人は仕事の邪魔になるだけです[10]」。わたしが「わたしの自分自身」に振り向くことも、仕事の邪魔になるのだ。あるいは活動を求めていて、何らかの理由で活動できないときにも、孤絶を強いられることがあることをアレントは指摘している。それが閑暇《スコレー》の状態である。

このように思考において人間は孤独であり、活動において人間は孤独でありえない。このありかたにおいて思考は活動とはきわめて対照的な活動性である。プラトンが指摘するように、思考する哲学者たちは、「人間どもの所行」〈タ・トーン・アントローポーン・プラーグマタ〉を上から眺めているだけで、とくに強い関心をもたない。そして「彼らと争って嫉妬や敵意にみたされる暇もない[11]」のである。アレントは「哲学者が政治にたいして、〈人間どもの所行〉といって敵意をもつのも、身体に対して敵意をもつのも、個人的な確信や信念にはあまり関係のないこと[12]」であり、思考する営みにとっては本質的なものであると指摘する。これは孤独のうちでの思考の性質によるのである。

大衆と哲学者

プラトンは、哲学者は真理を直観するが、大衆はただ影絵のようなものをみているだけの存在であると考えていた。『国家』の有名な洞窟の比喩では、プラトンは大衆と哲学者を対比して示している。大衆は、「洞窟《ほらあな》のような地下の住居に[13]」縛られて暮らしていて、背後にある光が作りだした虚妄の影を現実だと信じている。「このような人々が真実なものと信じるのは、それらの人工的なものの影以外の何ものでもない[14]」のである。彼らが「有るもの」と考えているのは、影であり、「生成するもの」[15]にすぎない。

これにたいして、ある人物をその暗い洞窟から引っぱりだしてみよう。そして彼を「力づくでデコボコの険しい上り道を引きずり、太陽の光のところまで引きずりだすまで放さないなら、引きずられている間は苦しがって、腹を立て、光のところへ出てきたときには、眼は光線でいっぱいになって、いま真実なものと言われているものを、一つも見ることができないだろう[16]」。初めの頃はまったく何も見ることもできないだろう。

それでもやがて眼が慣れてくるならば、太陽をみつめて、太陽こそが「自分たちが見ていたかのもの一切の原因であるということを推論できる[17]」ようになるだろう。しかしこの人がふたたび洞窟に降りてくるならば、暗闇の中で眼がよく見えなくなってしまうだろう。そして洞窟の中にいる人々に、洞窟の外でみた真実を指摘しても、人々の「物笑いの種になり、上に登っていって、眼を台なしにして帰ってきた[18]」と言われるに違いない。そして人々を「解放して上へと導いていこうと企てる人を、どうにかしてその手に捕らえて、殺すことができるなら、殺すだろう[19]」。

ここで語られているのが、ソクラテスの処刑であることは、ほぼ間違いのないことだろう。プラトンは、ポリスのアゴラで行なわれている公的な活動は、この洞窟の中で、生成するものを有るものと思い間違えて行なわれているにすぎず、真実である太陽の影のようなものにすぎないと指摘しているのである。真実を認識しているのは、孤独な思考のうちで太陽をみてきた哲学者であり、公共の場で活動している大衆は、影を眺めているにすぎないのである。この考え方は、公共性と人間の複数性の意味を否定するものであるのはたしかである。

プラトンはさらに、多くの人間は真実を認識することができず、人々の活動は「舞台の背後の見えざる手によって操られる操り人形の身振りのようなものに見え、したがって人間は、神の一種の玩具のように思われる[20]」と考えていた。プラトンは人間の思考の能力と情念の関係を考察するために、「わたしたち生き物はみな、神の操り人形であると考えてみるのです。もっとも神々の玩具として作られているのか、何か真面目な意図をもって作られているのかは論じないこととして[21]」と提案する。

そして別のところでは、これは提案ではなく現実だとされる。「すでに述べたように人間は神の玩具として作られたものであり、そしてじっさいにこれがまさに人間にとって最善のことなのです。ですからすべての男も女も、この役割にしたがって、できるだけ見事な遊びを楽しみながら、その生涯を送らなければなりません[22]」というのである。

この考え方は、洞窟の中で生きている人間は所詮、真実を認識することができないものだという諦念と結びついている。アレントは、ヘーゲルやカントの歴史哲学の根本のところにある「理性の狡智」の考え方は、このプラトンの「神の玩具」の概念の末裔であることを指摘する。プラトンが「活動する人々の背後にあって糸を引き、物語に責任をもつ舞台背後の活動者という隠喩を、最初に考えたというのは注目すべきことである[23]」という。

哲学者王の概念

ここでプラトンは、真実の太陽、真実在をみてきた哲学者が洞窟に降りてくるのは、きわめて苦痛なものと考えていることを確認しよう。それでも哲学者は、洞窟に降りてくる。そして大衆を教育しようとするのである。この真実在を直視するという経験は、思考だけにおいて可能となる経験である。思考のうちでのみ、哲学者は真理を直観するのだ。しかしそれは他者に伝えられなければならない。

そこで哲学者は工作者となり、その経験を言葉で表現し、他者に伝達し、他者を説得しなければならない。それは真実在をみつめて真理を理解した哲学者が、洞窟の中にいる人々を思いだして、「自分をその変身のゆえに〔真理を理解できて〕幸福だと思い、その人々を哀れむ[24]」からでもある。

しかし哲学者は大衆を説得することができない。プラトンは「大衆は愛知者であることはできない[25]」こと、「知を愛する人が彼らから非難されることも必然である[26]」ことを指摘する。哲学者もまた、ソクラテスと同じように大衆に理解されず、大衆から非難される運命なのである。

しかし哲学者がソクラテスと同じように毒杯を仰がないですむためには、どうすればよいだろうか。それは現在の政治家たちに代わって、哲学者が王になるか、王が哲学者になって、大衆を統治すればよいのだ。現在の政治家たちは、真実在を直観したことがなく、ただ影を眺めているだけである。「現在多くの国は、たがいに影について争いをし、支配のために、あたかも支配を非常に善いものであるかのように考えて、内輪もめをしている人々によって治められている[27]」のである。

しかし哲学者は、真実在を直観して、「幸福になる」経験をした人々である。「幸福な人々の島に移住させられたもののように考えて、みずから進んでは何もしようとしない[28]」人々である。哲学者たちは支配することを好まない。政治家たちと違って、支配を嫌ってさえいるのである。だからこのように「支配者となるべき人々が、支配者となることに最も熱心でない国が、最も善く、また最も内輪もめなしに治められる[29]」に違いない。

すると結論は、「哲学者たちが国々において王になるか、あるいは今日のいわゆる王や権力者たちが本当にそして十分に哲学をやるかのどちらかである。これらが、すなわち政治的権力と哲学が一緒のところで落ち合わねばならない。そして今日ではその両方のどちらか一方へ別々に進んでいる多くの人々が、そうするのを無理やりに妨げられ[30]」ねばならないということになる。「哲学者王」の理論である。プラトンは実際に、シラクサのディオニュソス二世に哲学の教育を与えて、「哲学者王」を作りだすことを試みることになる（もちろん失敗してひどい目にあうのだが）。

アレントの「哲学者王」の概念の批判

アレントは、プラトンのこの「哲学者王」の概念、すなわち哲学者が真実在を直観した経験に基づいて支配すべきであるという考え方は、西洋の伝統を貫くものであるが、いくつもの難点があることを指摘する。

第一にこの考え方は、公的な領域の活動に、工作者による製作という仕事の概念を適用しようとすることにほかならない。そうすれば、活動にそなわっていた三重の欠点、すなわち活動の結果の予測不可能性、活動プロセスの不可逆性、活動プロセスを作る者の匿名性という欠点が是正できると考えられたのである。

アレントは、この「哲学者王」という概念は、「人間どもの所行」の領域から「偶然性を取り除き、同時に、行為者が多数いることから必ず生じてくる道徳的無責任を取り除く」[31]ことを求めて考えられたものであることを指摘する。これは公的な領域における活動の代わりに、工作者の製作の営みをもちこもうとするものである。「製作の活動性では、他人から離れた唯一人の人間が、最初から最後まで自分の行為の主人にとどまることができるからである」[32]。ただしこの解決策は、公的な領域における活動のもたらす欠点を取り除くことはできても、複数の人間の予見不可能な行為という、活動のそもそもの意味を失わせるものであることは明らかである。

第二に、この「哲学者王」の概念は、人間の多数性のもたらす危険性を排除するために、「一人支配」[33]をもちこもうとするものである。プラトンの「哲学者王」は、「その〈叡智〉によって活動の難問を、あたかもそれが解決可能な認識の問題でもあるかのように解決する」[34]のである。アレントはアテナイのペイシストラトスの僭主政治が好ましい結果をもたらしたことを指摘しながら、この解決策が成功する場合もあることを認める。しかし問題はむしろこの種の統治形態が「あまりにうまく作用しすぎる」[35]ことである。これは公的領域の多数者による活動の意味を失わせてしまうのである。「活動の災いは、すべて、人間の多数性という条件から生じているのだが、この人間の多数性というのは、公的な領域である現われの空間にとっては必要不可欠な条件である。このために、この多数性を取り除こうとする企ては必ず、公的領域そのものを廃止しようとする企てにひとしいということになる」[36]のである。

第三の問題は、プラトンの「哲学者王」は、ポリスの大衆を「支配」することを目指すことである。公的な領域で生まれる権力は、多数の人々が活動し、みずからの卓越性を輝かそうとすることから生まれる。これにたいしてほんらいの意味での「支配」は、私的な領域で主人が奴隷や家族にたいして行なうものである。「哲学者王」は支配することを好まないために、その支配が最善であるとされていたが、これは私的な領域での力の行使を、公的な領域にもちこむことなのである。

プラトンは「ほんとうの王の術というものは、自身自身で行動するのではなくて、国における重大なことの始まりと端緒とを認識し、またその好機と好機でないことを認識して、行動することのできるもろもろの術を支配することにある。そして他の人々は、王に命ぜられたことをなさねばならない(37)」と語っている。これによると政治とは、公的な領域における活動ではなく、政治家の叡智が他の人々を支配して、他者はその命令を執行することになってしまう。そして「行なうべきことを知ることと、それを行なうこととは、まったく異なる作業となった(38)」のである。このように思考と行動が完全に分離された場合には、政治という公的な領域の営みから「活動そのものを完全に除外する(39)」ことになるのである。

公的領域と私的領域の混同

この「哲学者王」の第三の問題のところからも明らかなように、プラトンは公的な領域の活動を、私的な領域である家庭の内部での支配の問題として考えようとするのである。プラトンは対話篇『政治家』において、「われわれは政治家や王や奴隷および家長のすべてを同じものであり、同じものと呼ぼうか、それとも名前が呼ばれるかぎりそれだけの数の技術であると主張したものだろうか(40)」と問いかける。そして「大きな家の組織と小さな国の規模とは、支配という点で何らかの相違があることはあるまい(41)」と断言する。国家の支配も家庭の支配も、同じものとして考えることができるというのである。

そもそもプラトンは国家の問題、家庭の問題、人間の魂の問題をすべて同じものとして考えようとする。プラトンは個人の正義の問題を考えるためには、「よくは眼の利かない人々が小さな文字を遠くから読むことを命じられて、誰かがその時に、その同じ文字はどこかほかのより大きいもののうちに、より大きく書かれていることに気づいた場合(42)」と同じようにすることを勧めている。すなわち個人の正義の問題を考えるには、国家の正義の問題を考えることが役立つというのである。そして国家が愛知的な部分、気概的な部分、欲望的な部分で構成されているように、人間の魂もまた愛知的な部分、気概的な部分、欲望的な部分で構成されていると考えるのである。

このプラトンの方法はしかし、個人や家庭という私的な領域の問題を、公的な領域の問題と同じものだと考えることを意味している。これは私的な問題を公的な次元で考えるだけではなく、公的な問題を私的な次元で考えることを意味していた。アレントは、「プラトンが、公的問題における行動の規則は、うまく治められた家族の主人と奴隷の関係に求めらねばならないと主張したとき、それは事実上、〈人間どもの所行〉においては、活動はいかなる役割もはたすべきではないという意味であった[43]」と指摘する。

伝統的に古代ギリシアの政治的な「支配」の概念は、自己の支配の概念と密接に結びついている。自己を支配できる人間だけが、他者を支配できるとされているのである。王として他者を統治するためには、自己を支配していることが前提とされる。王であるためには「第一に自分自身のうちにあるものを支配し、これに隷属しないことによって自由人であること、そしてほんとうの意味で王たる慣習を身につける[44]」ことが必要なのである。これは公的な統治の能力が私的な倫理の問題と結びつけられることを意味した。

アレントが指摘するように、「プラトンと西洋の貴族的伝統において、他人を支配するのにもっともふさわしい適性を示す基準は、自己自身を支配する能力である。哲学者王がポリスに命令を下すように、魂は肉体に命令を下し、理性は情熱に命令を下す[45]」のである。そして国家の支配と個人の魂の支配が同じものとして考えられるとき、多数の人々による活動が行なわれる余地はまったくなくなるのである。

これは「知を命令と支配と同一視し、活動を服従および執行と同一視した[46]」ということであり、「これによって、以前の政治的領域における経験や区別はすべて覆された[47]」のである。そしてプラトンがどうしてこのような考え方をしたかが忘却されるにつれて、これが西洋の「政治思想の伝統全体にとって権威のあるものとなった[48]」のである。

製作とイデア

また「哲学者王」の第一の問題として、公的な領域における活動の代わりに製作の概念が持ち込まれたことが指摘されたが、これはプラトンの哲学の全体を貫く大きな問題である。プラトンは活動を支配によって置き換えたときに、その理由を説明するために、「製作の分野に事例を求めた[49]」からである。

すでに確認したようにプラトンは、国家を守護する部分を愛知的な部分と呼んだが、この愛知的な部分の特徴は、

「真実を見ることを愛する者[50]」であることである。そしてこの真実とはイデアのことである。「何か美そのものを信じ、それをも、それに与かる事物をもはっきりと見ることができて、与かる事物をそれだとも、またそれを与かる事物だとも考えない人[51]」が支配者たるにふさわしいのである。「美そのもの」がイデアであり、「与かる事物」が美しい事物である。そして愛知的な者はこのイデアを認識することができることによって支配者としてふさわしい者となるのである。これにたいして臆見の人々は、このイデアを認識することができず、「美しい事物は信ずるが、しかし美そのものは信じもせず、また誰かがそれの認識に導いてくれても、ついていくことができない者[52]」なのである。

この臆見の人物は、ポリスの現実の政治家たちであり、大衆である。それにたいして哲学者は、イデアを直視することで、真実そのものを認識しているのである。プラトンは「哲学者王」の概念を提起することで、このイデアを眺めた者こそが、国家を導くことができると主張した。このイデアを眺めて、現実の国家の政策を作るのである。

アレントは、このイデアを眺め、現実の事物を作りだすというのは、職人の仕事の段取りであることを指摘する。「すなわち製作過程では、第一に、あるべき生産物のイメージあるいは形《エイドス》を知覚し、次に手段を組織化し、仕事にとりかかる[53]」からである。

ベッドを作る職人はベッドのイデアに依拠すると考えるプラトンにとっては、ベッド一般のイデアが、作られる個々のベッドすべてを有用なものとする基準であり、かつその有用性を判断するための基準となる。この導きの役割をはたすイデアは、政治的な判断に「絶対的で客観的な確かさ[54]」をもたらすものなのである。アレントは、プラトンが「政治問題を製作として扱い、政治体を製作の形で支配するように提案した最初の人であった[55]」と指摘する。

またイデア論とは別に、プラトンは公的な領域における政治活動を、職人的な仕事の比喩で考えることが多かったことも確認しておく必要がある。たとえばプラトンは政治の技術を船の「舵取り」の比喩で語る。政治家の資質を問題にする際に、プラトンは「船乗りたちは、それぞれ舵をとらなければならないと思って、舵取りのことでお互いに内輪もめをやらかす、それだのに、いまだかつてその術を学んだこともない[56]」と、政治家のいいかげんさを指摘するのである。

英語やフランス語の「支配する」「統治する」という語、ガヴァーン、グーベルネは、ラテン語の「船を操縦する」（グヴェルナーレ）を語源とするが、それはさらにギリシア語の「舵を取る」（キュベルノー）を語源とする。古代のギリシアにおいて一般的な考え方ではあったが、プラトンはそれを哲学の用語として確立したのである。これも政治を活動ではなく、仕事の比喩で考えようとするプラトンの思考方法の特徴の一つである。

　このようにアレントのプラトン批判は、プラトンが公的な領域における活動に固有の「三重の欠点」を解決しようとして、活動を仕事の概念でおきかえようとしたことに重点を置く。プラトンのイデア論や「哲学者王」の概念の批判としては、きわめて異例なものであるが、それだけにユニークな批判になっているのは間違いのないところである。

第六節　ローマ共和国

ギリシアのポリスの欠陥

アレントは、ギリシアのポリスの競争《アゴーン》の精神がやがてはポリスを没落させることになったと考えている。古代ギリシアのポリスの空間にはいくつかの大きな欠点があった。

第一は、この空間からは外国人、未成年者、女性、奴隷が排除されていること、さらに奴隷制が前提となっていることである。とくに自由な市民は労働から解放されることで初めて公的な空間に参加できるのであるから、奴隷制は必須の前提であり、この制度なしでは、この公的な空間そのものが成立しない。

第二は、ギリシア人たちはこの公的な空間で、たがいに競いあうことを重視したことである。ポリスは、貴族が権力を握るか、市民が権力を握るかにかかわらず、「アゴーンの精神に鼓舞されているかぎり、貴族制的でありつづけた。その貴族的な特徴、つまりアリステウエインにおける無謀なまでに徹底した個人主義は、最終的にポリスに破滅をもたらした。それは市民の間に同盟関係を築くことをほとんど不可能にしたからである」[1]。

第三は、対外的な関係の構築が難しかったことである。この公的な空間は自由で平等な個人が参加して成立するものであった。すでに考察したように、この空間の内部では暴力ではなく説得によって、人々の統治が成立する仕組みになっていた。この空間では市民はたがいに統治するのであり、支配するのではなかった。

支配的な人間がポリスに登場することは、陶片追放《オストラシズム》で防がれていた。ギリシアのポリスは僭主の登場を恐れていたのである。しかしこれが対外的には困難な問題を引き起こした。アテナイなどのポリスが、同盟を結成して他のポリスやその他の外国を支配しようとしても、ポリスの内部に支配という機構が存在しないために、外部のポリスを支配することが困難だったのである。

アレントは、「ギリシア人の支配に関する無能力ほど、ギリシアの歴史の否定的な側面が示されているものはない(2)」と指摘している。アテナイはペロポネソス戦争の際に、メーロス島の人々に政治的な難題をふっかけて、結局は住民を奴隷にしてしまったのだった。トゥキュディデースの『戦史』に残されているアテナイとメーロスの論争は、アテナイの暴力ぶりとメーロス側の正論の空しさをありありと示している。

メーロスはスパルタの植民市であり、戦争の際にアテナイに同盟せず、中立を保っていた。アテナイはメーロスを征服すべく島を訪れてポリスの代表と議論をする。アテナイ側は、「この世で通じる理屈によれば、正義かどうかは双方の勢力が伯仲するときに定めがつくものであり、強者と弱者の間では、強き者がどれほど大きな得をするか、弱き者がいかなる譲渡をもって脱することができるか、その可能性しか問題となりえない(3)」と主張した。

これにたいしてメーロス側は、「われらを敵ではなく味方とみなし、平和と中立を維持させる、という条件をうけいれてもらえないだろうか(4)」という穏当な要求を提示する。しかしアテナイ側はたとえ憎まれても、「強力な支配者としての示しがつく(5)」ものであるとして一方的な決定を下し、メーロスとの戦争を開始する。そして籠城していた市民たちはやがて降伏し、アテナイは「逮捕されたメーロス人の成年男子全員を死刑に処し、婦女や子供らを奴隷にした。後日アテナイ人は自国からの植民五百名を派遣して、メーロスに植民市を築いた(6)」のだった。

アレントは、ギリシア人のこうした支配能力の欠如は、「結局は都市の破壊、男たちの虐殺、女たちと子供の奴隷化に終わった(7)」ことを指摘する。市民を殺戮したあとで自市の植民市とするのは、他国の支配の術に長けていた後のローマ人からみたら、驚くほどの政治的な能力の欠如にみえるだろう。征服と破壊では、公的な領域を形成することはできないのである。「公的領域における支配の不在こそが正確に、ギリシアの歴史の特別な残酷さを特徴づけている(8)」と言わざるをえない。

戦争と歴史の意味

ローマ人は、「ギリシア人の双子の民族であった(9)」とアレントは語っている。それはローマの建国の物語が、トロイア戦争のつづきだからである。ウェルギリウスは、トロイア陥落の後、アエネーイスが長年の放浪の後にいかにしてローマを新たなトロイアとして建国したかを物語る『アエネーイス』を著わした。この著作の冒頭で著者は、この書物は「トロイアの後裔が世界にひろく王となり、いくさに強く、そのはてはカルタゴの滅亡を来たすであろう宿命(10)」を物語るのだと宣言している。

ただしこのトロイア戦争の物語にたいするギリシアとローマの姿勢は対照的である。ギリシア人たちは、後にメーロス島で再現されるように、トロイアの男たちを殺戮し、女たちを奴隷として母国に連れ戻った。しかしローマ人は、敗れたトロイアの一族アエネーイスの流浪によって、母国が建設されたと考えるのである。アエネーイスは「旧来の客友関係の誼《よしみ》もあり(11)」、戦さで殺戮されることはなかったからである。

ギリシア人にとって、トロイア戦争はトロイアの崩壊で終了した。しかしローマ人にとっては、この崩壊は新たな始まりの端緒にすぎない。アレントは「彼らは意図的に、自分たちの政治的なものの起源を一つの敗北に定め、それが機縁になって未知の土地に新しい都市が建設された(12)」と考えたことを指摘する。

この戦争にたいするギリシア人とローマ人の姿勢の違いは、公的な事柄に対する二つの民族の姿勢の違いを象徴するものである。そのことを歴史の意味の問題、他民族の問題、法の問題として考えてみよう。

ギリシアにおいて歴史は、円環的なものとして考えられた。歴史書がギリシアにおいて書かれたのは、将来やがて同じ状態が登場するときに参考にできるようにと、考えられたからである。トゥキュディデースは『戦史』第一巻の序文で、次のように語っている。「やがて今後展開する歴史も、人間性のみちびくところふたたびかつての如き、つまりそれと相似た過程を辿るのではないか、と思う人々がふりかえって過去の真相を見極めようとするとき、私の歴史に価値を認めてくれればそれで十分であろう[13]」。それがこの書物の価値であると考えていたわけだ。

しかしローマ人はこのような円環的な歴史を想定しない。歴史は繰り返さない。歴史的事実は一回限りのものである。ただし新たな行為によって歴史の意味を変えることはできる、とローマ人は考える。アエネーイスはローマに新しい国家と公的な領域を建設して、新たな歴史を作りだそうとする。そしてそれによって過去の歴史をなかったことにしようとするのである。トロイアの王「ヘクトルの敗北とトロイアの破滅をなかったことにする[14]」ことを目指すのである。

たしかにトロイアは破壊され、トロイア人は絶滅した。この歴史的な事実は変えられない。しかし一人でも生き残っていて、トロイアにあった公的な領域を復活させれば、それは民族の絶滅ではないことになる。これは「過去の絶滅を覆すための炎がふたたび点火される[15]」ということである。

このように、かつて起きた絶滅をなかったことにして、歴史の意味を書き替えるということは、トロイアを絶滅させたギリシア人の行為を無効にすることであり、こうした絶滅の行為を否定するということである。アレントは、ある一つの民族が絶滅するならば、それは「たんに一つの民族なり国民なりが、あるいは一定数の個人が死滅するということではなく、むしろ私たちの〈共通世界〉の一部が破壊されるということであり、今まで現われていた世界の一側面が二度とふたたび現われえなくなるということなのである。それゆえ、絶滅は一つの世界の終わりというだけではなく、絶滅を行なう側もまた道連れにされるということである[16]」と語る。

条約と同盟

この歴史の意味にたいするユニークな姿勢から、ローマ人の他民族にたいする固有の姿勢が生まれることになる。ギリシアでは、ポリスの内部で自由で平等な市民たちだけが政治を行なっていた。そしてメーロス島への処分が象徴しているように、敵対する外国人は絶滅させ、そこに自国の自由人を移住させて、自国と同じような均質な空間を作りだそうとした。しかしローマ人にとって政治を行なうということは、自国と同質な人々との関係を作りだすことではなく、異質な人々と交渉し、協定を結び、同盟するということである。アレントはローマにおいてはギリシア人のポリス以上に、政治が重視されたことに注目する。「ローマ人はおそらくわたしたちが知っているもっとも政治的な民族(17)」なのである。

ギリシアは他のポリスとの間の同盟関係を構築するにも、市民の間の同盟関係を構築するにも拙《つたな》かったが、ローマは国の基礎を他民族との関係の上に築こうとした。ローマは「その建国時から、倒した敵との間に同盟を締結することに基礎を置いた(18)」のである。

アレントは、ローマ人にとって「政治は、都市に住む対等な市民たちの間ではなく、戦闘で初めて一緒になった見知らぬ対等ならざる人々の間に生長するものであった(19)」と指摘している。そして戦争の結果として、トロイアの場合のように「被征服民の絶滅ではなく、同盟と条約を生みだす(20)」ように、ローマ人は努力したのだった。ローマ人の戦争の目的は敵を絶滅することではない。かつての敵と同盟と条約を締結することで、「彼らは新しい何かを、新しい政治の舞台を手にいれたのであり、それを平和条約でたしかなものとした。このようにして昨日の敵が、明日の同盟国になったのである(21)」。

これは自分たちと異質な民族にたいするローマ的な英知であろう。今日の敵も同盟によって明日には味方になしうるという信念が、ローマを帝国にまで拡大させたのである。そこには、政治にたいするローマのユニークな考え方がある。ローマにとって政治の目的は、「人間と人間のあいだに生起して人間を越えて持続する世界(22)」を作りだすことである。「政治が破壊的になって世界を破壊にいたらしめるならば、政治みずからをも破壊し絶滅させてしまう(23)」からである。

ということは、「たがいに何かしら個別的な関係を持ち合いながら世界に存在する民族の数が多ければ多いほど、それらの間に生起する世界の数もますます多くなるし、世界はますます大きく豊かになるだろう(24)」ということである。これはギリシア人には考えられなかった発想だろう。

ローマの法の概念

ギリシア人にとって法とは、ポリスにとっての城壁のようなものだった。城壁があることでポリスの限界が定められ、その城壁の内部で政治的な活動も私的な活動も展開される。「法は都市の住民の性格を決定し、彼らを他のあらゆる都市の住民から切り離し、見分けがつくようにする[25]」ものであった。法によって、「その内部に多数の人間が自由に動き回るリアルな政治的な領域が創られる[26]」のである。

ギリシアのポリスでは、この法はポリスの立法者として働く一人の個人が作りだすものであり、この法によってそのポリスにアイデンティティが与えられる。だから法とは、「それによってポリスが永続的な生命を得るもの、それを廃止したらみずからのアイデンティティをも失ってしまうもの[27]」であった。だから立法は、政治の領域に属するものではない。「立法者はポリスの市民である必要すらない[28]」のである。

これにたいしてローマの法は、政治の領域において、人々の合意によって遂行される重要な活動である。たとえば「十二表法」は立法者として働く「一人の人間の手になるものではなく、敵対する二つの勢力、すなわち貴族と平民の間の契約である[29]」。だから法は契約として、「人間と人間をつなぐものであり、それは絶対的な命令でも暴力行為でもなく、相互の同意によって生まれるのである[30]」。ローマにとって法とは「持続するつながり[31]」なのである。

ローマ人にとっては法は何よりもこうした人為的なものであり、人間の自然の本性にそなわるものについて定めた自然法的なものではない。市民は法律に従う必要があるが、それは「すべての人間が、いわば生まれつき埋めこまれている良心の声に従って、もしくは天から下されて民族全体に広められた戒律として、同一のものの善悪を認識するという意味でそうするのではなく、あくまでも契約上のパートナーとのあいだの合意という意味で、そうするのである[32]」。

このギリシアとローマの法の概念の違いが、ギリシアとローマの運命を分けた。ギリシアは植民地を増殖させることはできたが、法を定めて契約関係を作りだし、「たがいに手を結んで永続的な同盟関係を結ぶということは決してできなかった[33]」のである。そしてマケドニアのアレクサンドロス大王の軍隊の前に、ほぼ個別に撃破されていったのだった。

これにたいしてローマは「法のおかげで行く先々で永続的なつながりをもち、同盟関係を築くことができた[34]」のである。そして法にも戦争にも限界というものがなかったために、「全世界を支配することを強いられた[35]」のだった。皮肉なことにローマ人たちは帝国を望んでいたわけではなかったのに、都市国家の形式のままで、帝国の主人にならざるをえなかった。そして「それは達成された途端に崩壊してしまいそうな支配にすぎなかった[36]」。そのためにローマ帝国は崩壊する。それとともに「世界全体を一つの中心に向かって組織化する[37]」ローマの組織方法の可能性も永遠に失われたのだった。

このようにローマは、他国との同盟関係をつうじて、政治というものの意味をギリシアとはまったく異なるものにした。もはや政治はポリスの内部で営まれるものだけではなく、他の民族との間で、共通の世界を作りだすための重要な手段となったのである。アレントにとってローマはその意味で、公的領域としての政治に、重要な新たな展開をもたらした民族だった。

第二章　キリスト教の世界と公的な領域

第一節　イエスの意味

イエスの三つの概念――約束、赦し、善行

このようにギリシアのポリスで生まれた公的な領域は、ローマ共和国において新たな展開を遂げ、西洋の共和主義的な政治理念の伝統を作りだすものとなった。そのためにはキケロとアウグスティヌスが重要な役割をはたす。ただこの伝統について考える前に、西洋のキリスト教世界の礎となったイエスにたいするアレントのまなざしをみておこう。

これまで考察してきたように、プラトンはギリシアのポリスの公的な領域のもたらす困難な問題を解決しようとして、かえって公的な領域の意味を否定する結果となったのだった。これにたいしてアレントは、イエスが語った「約束」という概念と「赦し」という概念が、この公的な領域の難問を解決するための重要な手がかりを示していると考えている。一方でイエスの「善行」の概念は、この公的な領域が人間の善き行ないと厳しい背反関係にあることを示すものである。

約束の能力

政治的な経験である活動には、すでに指摘された三重の欠陥があった。すなわち活動の結果の予測不可能性、活動プロセスの不可逆性、活動プロセスを作る者の匿名性という欠陥である。アレントは、約束の能力は、この第一の

欠陥、行為の結果が予測できず、行為者にとっても未来は混沌としたものであることに対処する能力であると指摘する。その未来の混沌を前にして、約束することは「自分自身を約束で拘束することにより、不確実性の大海（未来は本性上、そのようなものである）の中に、安全な小島を打ち立てるのに役立つ。このような小島がなければ、人間関係において耐久性はもとより、連続性さえ不可能である[1]」とアレントは考える。

イエスは多くのことを約束した。イエスの予言はすべて約束だったと言っても間違いではない。イエスは一二人の弟子たちを伝道に送りだすにあたって、彼らが迫害されるだろうと予言し、「わたしの名のために、あなたがたはすべての人に憎まれる。しかし、最後まで耐え忍ぶ者は救われる[2]」と約束する。約束とは、「同意された目的によって結ばれ、一緒になっている人々の団体の主権[3]」であり、人々を一つの団体に結びつける絆である。弟子たちはイエスの約束を信じて、彼につきしたがったのである。

人間を「約束することのできる動物[4]」と呼んだのはニーチェである。ニーチェは、約束をすることによって人間が初めて「自由な」存在となり、そして約束を守ることによって人間は「至高な個人[5]」になると考えた。アレントもまた、約束することによって、人間は初めて自分のアイデンティティを確立できると考える。「約束の実行に拘束されることがなければ、わたしたちは自分のアイデンティティを維持することができない。なぜならそうでなければ、わたしたちは何の助けもなく、進む方向もわからず、人間のそれぞれの孤独な心の暗闇の中をさまようように運命づけられ、矛盾と曖昧さの中にとらわれてしまうからである[6]」。

アレントは約束は、活動のもつ重要な「二重の暗闇[7]」に対処するはたらきをすると考えている。第一の暗闇は、人間は約束し、それを守ることをみずからに義務づけることなしには、自己を信じることができないという事実にかかわる。「人間は自分自身に頼ることができない、あるいは自分自身を完全に信じることができない[8]」からである。アレントはこれは、「人間が自由にたいして払う代償である[9]」と指摘している。人間は自由だから、約束を破ることができるとともに、みずからに約束を守ることを義務づけることもできる。約束によって人間はみずからのアイデンティティをたえず確立しつづけていくのである。

第二の暗闇は、「人間は自分の行為の結果について予め知ることができず、未来に頼ることができない[10]」ことにかかわる。それは活動がその結果を予測することのできない営みだからであるが、これに対処するために約束は、他者にたいしても約束を守ることを求める。そもそも人々が約束を守らないならば、公的な領域というものが成立することはないのである。

政治体は人々のあいだの暗黙的な契約によって成立する。約束と契約が、予測できない活動にある程度の予測可能性を与えるのである。アレントは活動が予測できないことは、「人間が多数性とリアリティにたいして支払う代償」であり、「万人の存在によって各人にそのリアリティが保証されている世界の中で、他人と共生する喜びにたいして支払う代償[11]」であると語っている。

赦しの能力

これにたいして赦しの能力は、行動の第二の欠陥、すなわち人間の行為が不可逆的なものであることに対処するものである。「自分の行なった行為から生じる結果から解放され、赦されることがなければ、わたしたちの活動能力はいわば、たった一つの行為に限定されるだろう。そして、わたしたちはそのたった一つの行為のために回復できなくなるだろう。つまり、わたしたちは永遠に、そのたった一つの行為の犠牲者となる[12]」からである。

イエスは人々を赦すことの重要性を強調した。イエスのところに中風の患者が床に寝かされたまま運びこまれると、イエスはその信仰の強さに喜んで、「子よ、元気を出しなさい、あなたの罪は赦される[13]」と告げた。一部の律法学者たちはこれを聞いて、赦すことができるのは神だけであり、人間であるイエスが赦すのは「神を冒瀆する」と考えた。イエスは彼らの心を見抜いて、「人の子が地上で罪を赦す権威をもっていることを知らせよう」と語って、病人に立ち上がって家に帰れと命ずる。病人はすっかり病いから癒えて、歩いて家に帰ったのである。

アレントは、イエスのこの奇蹟についてユニークな考え方を示す。まずイエスのこの言葉は一般に、預言者の宗教的な言葉としてうけとられているが、それよりもむしろ「イスラエルの公的権威に挑戦的な態度をとっていた彼の従者たちとの親密で小さな共同体の経験から生まれている[14]」と考えるのである。この赦しの言葉は宗教的な性格のものであるよりも、むしろ「真の政治的経験の一つであったことは確かである[15]」という。

アレントはイエスの赦しとは、宗教的なものではなく、使徒たちとの共同体のうちから生まれた政治的な意味をもつものであると考えるのである[16]。「赦しと約束というこの二つの能力は、ともに多数性に依存し、他人の存在と活動に依存している[17]」のである。そのためにアレントはイエスの赦しは、「神が人間を媒介にして赦すという類いのものではない。むしろ人間が神によって赦されることを望むならば、その前に人間がおたがいどうしで赦しあわなければならない[18]」ことを意味しているのだという。

たしかに福音書でイエスは、人間どうしの赦しについても語っている。ペトロが「主よ、兄弟がわたしに対して罪を犯したなら、何回赦すべきでしょうか。七回までですか[19]」と尋ねると、「七回どころか、七の七十倍までも赦しなさい[20]」と答える。そして主人に借金を帳消しにしてもらったのに、仲間にたいしては借金を厳しく取り立てようとして、相手を牢にいれた家来の譬えを語って聞かせる。そして「あなたがたの一人一人が、心から兄弟を赦さないなら、わたしの天の父もあなたがたに同じようになさるであろう[21]」と告げるのである。

イエスがこのように他人を赦せと語るのは、宗教的な罪の裁きと赦しは、最後の審判において、神がなす業《わざ》だと信じているからである。神は赦すべきものを赦し、罰すべきものを罰する。これは神の業である。これにたいして人間の世界においては、人々は裁くのではなく、たがいに赦しあわなければならない。それは誰もが自分には甘く、他者には厳しいものだからであり、自分のなしていることをほんとうの意味では知らないからである。

イエスは、裁くのは神にゆだねて、この世では人を裁いてはならないと語る。「人を裁くな。あなたがたも裁かれないようにするためである。あなたがたは、自分の裁く裁きで裁かれ、自分の量る秤《はかり》で量られる。あなたは兄弟の目にあるおが屑は見えるのに、なぜ自分の目の中にある丸太に気づかないのか[22]」。人々は、どれほど知に優れていると自負していても、「自分の目の中にある丸太」すら見ることができない存在である。だから他者の罪もまた赦すべきである、とイエスは訴える。

アレントは「罪は日常的な出来事であり、それは諸関係の網の目の中に新しい関係をたえず樹立しようとする活動の本性そのものから生じる。そこで、生活を続けてゆくためには、赦しと赦免が必要であり、人々を、彼らが知らずに行なった行為からたえず赦免しなければならない(23)」と指摘している。

善行の概念

公的な領域との関係でアレントがとくに注目するのが、善行にかんするイエスの言葉である。イエスは「見てもらおうとして、人の前で善行をしないように注意しなさい、さもないと、あなたがたの天の父のもとで報いをいただけないことになる(24)」と教える。人に見られて褒められようとして善行を行なうことは、偽善になるのである。誰にも知られない善行だけが善行なのである。

アレントは「善行は、それが知られ、公けになった瞬間から、ただ善のためにのみなされるという善の特殊な性格を失う(25)」と指摘する。たしかに公けの場で行なわれた善行は同胞愛の行為であり、連帯の行為であるだろう。しかし周知された瞬間から、それは「もはや善ではない(26)」のである。

イエスはさらに過激に語る。「施しをするとき、右の手のすることを左の手に知らせてはならない。あなたの施しを人目につかせないためである。そうすれば隠れたことを見ておられる父が、あなたに報いてくださる(27)」。イエスの語るように「右の手のすることを左の手に知らせない」ということ、これは善行をしていることをみずから意識することすら、好ましくないということである。善行する自分を誇りたくなるからである。

だからアレントが指摘するように、「自分が善行を行なっていると気づいている人は、もはや善人ではなく、せいぜい有益な社会人か、義務に忠実な教会の一員にすぎない(28)」のである。これは善き行ないのもつ巨大な逆説である。善は他者のために行なわれるべきである。しかしその行為が他者に知られたときには、もはや善ではなくなっている。善は意識的な行為として行なわれるべきである。しかしそれが主体に意識されたときには、もはや善ではなくなっている。これは純粋な贈与と同じ性格のアポリアなのだ。

贈与のアポリアと善行のアポリア

デリダは純粋な贈与がいかに不可能であるかを、詳しく語っている。贈与は無償で与える行為であって、いかなる返礼も期待してはならない。返礼を期待したとたんに、それは贈与ではなく、交換になってしまうだろう。

しかし無償で行なわれた贈与でも、それが贈与されたということだけで相手に負担を負わせるという問題がある。たとえ、相手に下心なしの好意を抱いていて、ただ純な気持から贈与したいと望み、まったく返礼を考えることなく、それを受け取ってほしいと感じていても、相手は贈与をうけたということだけで、送り主の気持を忖度《そんたく》し、下心を探らざるをえないものである。

そして贈与は、返礼したいという相手の意欲をかきたてる。相手は、何らかの返礼をせざるをえないという責務を感じる。その返礼は、等価交換という形ではなく、遠い将来の時点での返礼であるか、何らかの物質的ではない象徴的な返礼であるかもしれない。しかしそれは贈与に報いる行為であることに違いはない。

だから贈与が贈与として実行され、認識されたとたんに、贈与は純粋な贈与ではなくなってしまう。デリダが語るように、「もし受け取り手がそれを贈与として認めたならば、もしその贈与が贈与《プレゼント》として現前《プレザン》したならば、このことが認知されただけでその贈与を贈与でなくすのに十分です。なぜでしょうか。なぜなら、その認知は、物そのものの代わりに、一つの象徴的な等価物を返すからです[29]」。

この心理的なメカニズムは、受け手だけでなく、贈り手の側にも働く。贈り手は、受け手がまったくの返済の責務を感じないと信じることはできないからである。だから送り手は、いかにもつまらないものであるかのように、贈物をすることがある。そして自分の気持が純なものであることをあえて否定するような贈り方をすることがある。あたかもそれが贈与ではないかのように。それは贈り手の側もまた、贈与を受け取った相手の心の動きを当然に予測するからである。贈与を受けた側は、贈り手の下心は何だろうかと、相手の心の動きを探らざるをえないと考えるからである。

だから贈与がほんらいの贈与であるためには、贈り手にとっても、受け手にとっても、それが贈与であることが意識されてはならない。すなわち贈与は贈与として行なわれることはできないのである。贈与は贈与であることはできない。これが贈与のアポリアである。

善行もまた、この贈与のアポリアと同じアポリアのもとにある。善行のアポリアは、善行を行なう人は、他者にそれを知らせてはならず、みずからもそれを意識してはならないことにある。善行であることが相手に承認されて、相手が感謝したならば、善行をした者はすでにこの世でその報いをもらったのである。「はっきりあなたがたに言っておく。彼らはすでに報いをうけている[30]」。天で神がそれにさらに報いることはないだろう。

善行を行なった者も、その善行を意識して、誇ったり、善行をする自分を好ましく思ったりするならば、それはその善行の報いをすでにこの世でもらっているということである。天で神がそれにさらに報いることはないだろう。善行を行なったことを意識することすら、その善行を廃することになるのである。

この善行のアポリアは、孤独との関係で奇妙なねじれを作りだす。善行をする人は他者を必要とする。自己に善を行なうということは形容矛盾だからである。しかし「彼の生活は、他人とともにあり、他人のためにありながら、本質的に証言のないままにしておかねばならず、なによりもまず自分自身という同伴者を欠いている[31]」のである。

だから善行をしようとする人は、他者とともにありながら、その善なる行為を他人に気づかれてはならず、承認されてはならず、証言されてはならないという逆説的な立場に置かれるのである。他人とともに生きながら、さらにその行為をみずから記憶していることも許されない。「善行は行なわれた瞬間に忘却されなければならない。なぜなら記憶でさえ、善の善としての特質を滅ぼしてしまうからである[32]」。

善の無世界性

アレントは他者にたいして行なわれるべきでありながら、他者の承認を求めてはならない善のこのありかたを、善の無世界性と呼ぶ。善行は世界に背を向けているのである。そしてこの善のありかたがキリスト教の信仰にとって核心的なものであったがために、この無世界性はキリスト教に本質的なものであるとアレントは考える。

それが無世界性であるのは、善という行為が他者の目の前に「立ち現われる」ことが許されないためである。それは世界性をもちえないのである。それは公的領域に現われることができず、公的領域から身を隠す。善は「滅ぼされないためには絶対的に隠され、あらゆる現われを避けなければならない[33]」のである。だから「善を一貫した生活様式として実行しようとしても、それは公的領域の境界内では不可能であるばかりか、むしろ公的領域を破壊してしまう[34]」ことになる。

初期のキリスト教は、公的な領域を敵視していた。そしてキリスト教徒たちはローマ帝国の公的な祝祭に参加しないという理由で、そして公的な儀礼や祝祭で、皇帝の彫像に礼拝することを拒んだという理由で、反社会的であると非難されたのだった。初期の教父のテルトゥリアヌスは、こうした非難に対して、キリスト教徒はローマの迷信から生まれた「公共的見世物を拒絶する[35]」のだと語り、「わたしたちには国家ほど無縁なものはない。わたしたちが認める唯一にして万人の国家は、世界である[36]」と語ったのだった。

一部のキリスト教徒たちはさらに、徴兵されて兵士として戦うことを拒んだ。またローマ帝国で官吏となって公的な任務についた場合には宣誓を求められるが、これは「誓うなかれ」というイエスの教えに反することであった。キリスト教の救いは来世において行なわれるものであり、ローマ帝国の公的な生活は、キリスト教徒にとっては迷惑なものだったのである。

アレントはこの初期のキリスト教の姿勢は、イエスのこの善行の理論と密接な関係があると考えている。「初期のキリスト教は、できるかぎり公的領域から離れた生活を送ろうとする傾向をもっている。これは、ある種の信仰や期待とは一切関係がなく、ただ善行に献身しようとすれば当然現われる結果にすぎない[37]」のである。初期のキリスト教徒たちは、世界の終末が近いと考えていたので、公的な領域から身を隠して生きようとしたのである。それが魂の救済を確保するための何よりの近道だったのである。

第二節　エロスとアガペー

善への愛

このようにイエスの善行の教えはキリスト教の信徒たちに、天の神からの報いのまなざしに支えられて、公的な世界から身を隠すことを教えたのである。キリスト教の信徒たちは、他者のまなざしから切り離されて、孤立して生きることを勧められた。信徒たちは他者とともに生きる必要があり、そのことは望んでいるが、善行を他者にみられることは、信徒の善なる行為を無駄にしてしまうかもしれないという矛盾した状態のうちに生きることになる。

アレントは、この孤立の生はあまりに厳しいものであり、「多数性という人間の条件にあまりに矛盾しているので、長期間にわたってはとても堪えられるものではなく、それが人間存在を完全に滅ぼしてしまわないためには、善行を目撃する唯一の想像上の証人である神の同伴を必要とする」(1)と指摘している。神を媒介とすることで、信徒たちはたがいに善を行ないながらも、それを隠していることができる。信徒たちの善行は、他者にたいする愛のためではなく、善行を行なうことそのものへの愛によるものであり、善行は神を媒介とすることで初めて可能になる。善のアポリアのために、神を媒介とせず、他者への愛や他者への親切心のためなどで行なわれた善は、善であることをやめてしまうのである。

ところでこの善行の動機となるのは、善への愛である。「知への愛は哲学する活動性となり、善への愛は善行をなす活動性となる」(2)からである。ところでこの愛もまた世界の内部に現われる必要がある。アレントはこの愛の現われ方は世界にとって「きわめて否定的な性格をもっている」(3)ことを指摘する。「愛の活動性は、世界を見捨てて、世界の住民から身を隠す。そして世界が人々に与える空間を拒否し、とりわけすべての物、すべての人が、他人によって見られ、聞かれる世界の公的な部分を拒否する」(4)のである。このキリスト教の愛は、善行とともに人間の世界性を否定するきわめて特異な性格の無世界的な愛なのである。

天の梯子

ここでこのキリスト教的な無世界的な愛とギリシア的な愛を比較してみよう。そうすればこのキリスト教的な愛の異様さがはっきりとしてくるだろう。プラトンが描くエロスはもともとは、ある欠如を充足しようとする欲望である。プラトンは『饗宴』において、エロスを美しき神のように描きだす人々に反論して、エロスとは「第一に、あるものの恋であり、第二には、その人に今は欠如しているものへの愛である(5)」と指摘している。エロスはみずからが美しくないからこそ、美を好むというのである。

そして人間もまた誰もが、このエロスの神の働きで、美しいものを好むようになる。それでは人間はこのエロスの神に誘われて、なぜ美を好むのだろうか。対話篇『ファイドロス』によると、それは人間がかつて天上の神々のもとで美をみたことがあり、その記憶が残っているからである。「美はかのとき輝かしく見えた。かのときにこそ、幸福な合唱隊とともに恵まれた現われや景観を、われわれはゼウスに従いながら、他の人たちは神々のうちの他の神に従いながら見たのであり、秘儀のうちでもっとも恵まれたものと言われる秘儀を受けたのである(6)」とソクラテスは語る。

プラトンの語る神話では、魂の不死の理論が背景になっていて、天上で美をみた記憶がない人は、人間以外の動物に生まれ変わっているはずであり、人間であるからには、その記憶が残っているはずだとされている。ただし人間に生まれ変わっているのは幸福なことではあるが、この世では「牡蠣《かき》のようにその殻のなかに縛られてもち回っている肉体と呼ぶもののうちに葬られ(7)」ているのである。

そのために「秘儀を受けて時間が経った者、あるいは堕落してしまった者(8)」は、この世で美を見ても、天上の美へと向かおうとしない。美を眺めたならば「美そのものに向かって、この世よりかの世に速やかに運ばれる(9)」ことを願うべきであるのに、「快楽に身を委ね、四つ足の動物がやる仕方でおおいかぶさって子を産もうとし、暴慢と交わりながら、本性に反した快楽を追求することを恐れもしなければ恥じもしない(10)」のである。

ところが天上で美のイデアをよく眺めた者は、「美をよく模倣している神のような顔あるいは肉体の姿を見るときはいつでも、まず身をふるわせ、かのときの恐れのうちのあるものが彼に忍び込んでくる[11]」のを感じるのである。

そしてこの者はこの記憶に誘われて、天上の美そのものに運ばれようとする。それがエロスの秘儀である。対話篇『饗宴』でソクラテスは、かつてマンティネイアの神秘的な女性ディオティマからこのエロスの秘儀を授けられたことを語っている。ディオティマによると、人間は若い頃にはまず、「美しい身体に向かって進んでゆく[12]」ことから始める。そして「一つの身体を愛し、そこにおいて美しい言論を生まなければなりません[13]」。

次にその身体だけでなく、「すべての美しい身体を愛する人[14]」になり、さらに「魂のうちなる美を身体のうちなる美よりも貴重なものと考えなければなりません[15]」。そして身体にかんする美は取るに足らぬものとみなして、「事業や法律における美を観察[16]」する必要がある。そして「美を対象とする知[17]」へと、そして美のイデアそのものへと到達するのである。

この秘儀は天上の美のイデアに向かって一歩一歩登ってゆく「天の梯子」のようなものである。ディオティマはこの秘儀を要約して、「いわば梯子を用いて一つの身体から二つの身体へ、二つの身体からすべての美しい身体へ、美しい身体から美しい事業へ、事業から美しい諸学問へとのぼってゆき、最後に諸学問からかの美そのものについての学問に達し、ついに美そのものを認識する[18]」ようになると語っている。

プラトンのエロスの概念

このプラトンの美への愛は、エロスの働きによるものである。プラトンのエロスの概念の特徴は、ニーグレンにしたがって[19]、第一に欲望としての愛であること、第二に天上の神にいたる上昇の道であること、第三に自己中心的な愛であることが指摘できる。これらの三つの要素を順に確認してみよう。

第一に、エロスはすでに述べたように、「あるもの」への愛、みずからに欠如している「あるもの」を所有しようとする欲望である。欠如がなければ欲望は存在せず、満ち足りた状態であろう。また欲望が実現された場合には、エロスは満たされて姿を消すことになる。

ただしプラトンが二種類の欲望を区別していることに注意すべきだろう。感覚的で身体的な欲望は、「快楽に身を委ね、四つ足の動物がやる仕方でおおいかぶさって子を産もう」とするのである。この欲望は満たされれば解消されるだろう。しかし天上に向かおうとする欲望は、天の梯子をのぼって美そのものに触れようと努力する精神的な愛である。ただこの愛もまた、満たされれば解消されることになるだろう。「だが、人が地上にあるものどもから、正しく稚児を愛することを通じて上にのぼっていって、かの美を見始める時に、ほとんど終点に触れたと言えるでしょう[20]」。その後はもはや満たされた幸福な状態を維持するだけである。

第二に、これは人間が天上の神のところに登ろうとする愛である。神はただ愛される対象であって、人間を愛することはない。神々は美のイデアとともにあり、自足している。「神は人間たちと交わりません、神々と人間たちとの交際や談話は、人が目覚めているときでも眠っているときでも、このエロスを通じて行なわれるのです[21]」と言われているとおりである。

そしてこの愛の原動力となるのは、かつての美のイデアを眺めたときのことを想起する営みであるアナムネーシスである。このイデアの記憶がしっかりしている人は、美しい身体にたいする感覚的で現世的な欲望に捉えられることがなく、精神的な愛によって天を目指す梯子をのぼり始めることができる。これにたいして感覚的で現世的な欲望に捉えられている人は、この世で「子を産もうとし」、この世の牡蠣のような身体に縛られたままである。梯子を登る人は、この世の身体への愛を超越して、上昇の道をたどって天にいたろうとするのである。

第三に、このエロスの目的は幸福になることである。ディオティマはソクラテスに「恋する者はなぜ善いものを恋するのか」と尋ねる。ソクラテスは「それを所有するため」と答える。ディオティマはさらに「善いものを所有すると、どうなるか」と尋ねる。ソクラテスは「幸福になる」ためと答える。結論は、「というのは善いものの所有によって幸福な人々は幸福なのですから、そしてもはや、何かが生じてくるために、幸福であろうと欲する人はそれを欲するのかと、さらにそれ以上問うにはおよびませんね。その答えは完結しているようです[22]」というものである。幸福が究極の目的である。そしてここでエロスの欲望は完全に満たされる。エロスはその人が幸福になることを目的としているのである。だからプラトンのエロスは自己中心的な欲望、みずからが幸福になろうとする欲望である。

アガペーの特徴

これにたいしてキリスト教の愛アガペーは、エロスとまったく異なる性質の愛である。プラトンのエロスにおいては、愛は欠如を充足しようとする欲望であった。しかしキリスト教の愛はこのような種類の欲望ではない。キリスト教の愛アガペーの第一の特徴は、それが神によって自発的に人々に恵まれるということである。

そもそもヘブライの神は、閉じたオリンポスの世界の中で自足しているギリシアの神々ではなく、民を愛する神であった。神は、愛する対象が優れた価値をもつから愛するのではない。「申命記」は神が民を愛する理由について「あなたの神、主は地の面《おもて》にいるすべての民《たみ》の中からあなたを選び、御自分の宝の民とされた。主が心引かれてあなたたちを選ばれたのは、あなたたちが他のどの民よりも数が多かったからではない。あなたたちは他のどの民よりも貧弱であった。ただ、あなたたちに対する主の愛のゆえに、あなたたちの先祖に誓われた誓いを守られたゆえに、主は力ある御手をもってあなたたちを導き出し、エジプトの王、ファラオが支配する奴隷の家から救い出されたのである(23)」と語っている。

イエスはつねに自分が神から遣わされたと語っていた。それはヘブライの民にたいする神の愛のためである。イエスは「神の国は近づいた」と語り、悔い改めよと命じる。そして神は野の花にいたるまで愛していると告げる。そのような神が、民を愛さないわけがないではないかと。「なぜ、衣服のことで思い悩むのか。野の花がどのように育つのか、注意して見なさい。働きもせず、紡ぎもしない。しかし、言っておく。栄華を極めたソロモンでさえ、この花の一つほどにも着飾ってはいなかった。今日は生えていて、明日には炉に投げ込まれる野の草でさえ、神はこのように装ってくださる。ましてあなたがたにはなおさらのことではないか(24)」。

ギリシアのエロスは自分のもたないあるものを目にして、それを欲望する愛である。イエスの神のアガペーは、野の花にも、「どの民よりも貧弱な」民にも、分け隔てなく自発的に与えられる。「アガペーは自発的で、〈誘発されないもの〉である[25]」ことが、この愛の第一の特徴である。
人間たちもまた、このアガペーにならって、欲望することなく、誘発されることなく、自発的に愛することが求められる。ユダヤ教は隣人を愛することを求めたが、イエスは自分を愛してくれる隣人を愛するだけではなく、自分を憎む敵までも自発的に愛することを求めたのだった。「自分を愛してくれる人を愛したところで、あなたがたにどんな報いがあろうか。徴税人でも、同じことをしているではないか。自分の兄弟にだけ挨拶したところで、どんな優れたことをしたことになろうか。異邦人でさえ、同じことをしているではないか[26]」というわけである。

　第二にアガペーは、何よりも天なる神が下の大地の民と個人を愛する下向きの愛であり、地の民や個人が天の神のもとに上昇してゆく愛ではない。愛の方向が、エロスでは上昇する愛であるのに、アガペーでは下降する愛なのである。この違いには人間の側と神の側からの二つの側面がある。まず人間にはこの上昇を実現する力がないのであり、ただ神から愛が下されるのを待つしかないのである。これをもっとも明確にしたのは、イエスの死後にキリスト教の理論を構築したパウロだった。ユダヤ教では、律法にしたがう人を「正しい人」とみなす。律法に反する人は罪人である。そして人々は律法にしたがうことで、神に愛されるようになろうと努めることが求められた。しかしキリスト教ではその営みを空しいものと考える。パウロは「わたしたちは律法が霊的なものであると知っています。しかし、わたしは肉の人であり、罪に売り渡されています。わたしは、自分のしていることが分かりません。自分が望むことは実行せず、かえって憎んでいることをするからです[27]」と告白している。

　律法が聖なるものだとしても、人間は肉的なものであり、律法のすべてを守ることはできず、つねに罪にまみれているのである。しかし神の愛によって、神を愛する者は「義とされる」のである。パウロは「人を義としてくださるのは神なのです。だれがわたしたちを罪に定めることができるでしょう[28]」と、ひとり子のイエスを遣わし、「その御子さえ惜しまず死に渡された[29]」神の愛を称えるのである。

　また神については、神の愛は「正しい人」だけに注がれるものではないことが指摘される。イエスは徴税人や罪人とともに食事をした。これは律法によって禁じられている行為であり、罪となる。だからファリサイ派の人々は弟子たちに「なぜ、あなたたちの先生は徴税人や罪人と一緒に食事をするのか[30]」と咎める。これにたいしてイエスは「医者を必要とするのは丈夫な人ではなく病人である」と答え、「わたしが来たのは、正しい人を招くためではなく、罪人を招くためである[31]」と答えるのである。イエスはまた、神について、「父は悪人にも善人にも太陽を昇らせ、正しい者にも正しくない者にも雨を降らせてくださる[32]」とも語っている。人間は無力であり、神だけがそのひたすらな愛によって、正しき人にも悪しき人にも、自発的に一方的に恵みを与えるのである。

第三の特徴として、アガペーはこのように神の無差別的な愛であり、正しい者も正しくない者もひとしく愛する愛であるが、その罪については厳しく裁くのであり、信徒はみずからが神の愛にふさわしい存在であることを証明しなければならないことがあげられる。イエスは「人は自分の話したつまらない言葉についてもすべて、裁きの日には責任を問われる。あなたは、自分の言葉によって義とされ、また、自分の言葉によって罪ある者とされる[33]」と語るのである。

エロスはみずからの幸福を望む自己中心的な欲望であったが、アガペーはみずからの幸福を目的としない愛である。イエスはただ「心を尽くし、精神を尽くし、思いを尽くして、あなたの神である主を愛しなさい」と命じ、「隣人を自分のように愛しなさい[34]」と命じる。この二つの愛によって、その者は神に愛されるに値する存在となるのである。

この二つの愛を比較してみるとエロスは自己中心的な欲望であるが、アガペーは自己の幸福を目的としない愛であるために、アガペーのほうが崇高な愛のように思える。しかしよく考えてみればアガペーの愛には重要な欠落がひそんでいる。この愛によると、わたしがあなたを愛するのは、あなたがわたしにとって愛すべき人だからではなく、神がすべからく隣人を愛することを命じているからであることになる。わたしがあなたを愛するのは、あなたがわたしにとって特別な意味をもつ人だからではないのだろうか。人々は命じられて他人を愛するべきなのだろうか。命じられる愛という概念には、自己矛盾が含まれていないだろうか。このアガペーの愛の難問は、アウグスティヌスの愛の概念においても登場することになる。

第三節　アウグスティヌスのカリタス

アウグスティヌスの位置

このギリシアのエロスの愛の理論と、キリスト教のアガペーの愛の理論を統合したのがアウグスティヌスの愛、カリタスの理論である。新プラトン主義者だったアウグスティヌスはカリタスの理論において、プラトンのエロスの理論を否定することなく、しかもアガペーの理論を維持しようと試みたのだった。

まずアウグスティヌスの愛の理論において顕著なのは、プラトン的なエロスの理論の性格である。『告白』では、キリスト教の信仰が天に昇ることへの情熱によって生みだされたと語っていた。アウグスティヌスは、現在は失われたキケロの書物『ホルテンシウス』を読んでそれまでの考え方が一変したと、次のように語っていた。「この書物こそじっさいに、わたしの情念を一変し、わたしの祈りをあなた自身にむけ、わたしの願いと望みとをまったく新しいものにしてしまった。すべての空しい希望は、わたしにとって突然いやしいものとなった。わたしは信じがたいほどの熱情をもって、智恵の不滅を慕《した》い、あなたのもとに帰ろうと立ち上がり始めた(1)」。

ここでアウグスティヌスは神への愛によって「あなたのもとに帰ろう」としており、不滅の智恵を求めている。神への愛の目的は天上の神のもとに戻ること、そして不滅の智恵を獲得することである。これがプラトンのエロス的な愛であるのは明らかだろう。

そのすぐ後でアウグスティヌスは、「わたしの神よ、わたしはどんなに熱望したことであろう。地上からあなたのもとにとびかえろうと、どんなに熱望したことであろう(2)」と語っている。ただアウグスティヌスは、神が「わたしをどのようになさろうとしておられるのか、まだ知らなかった(3)」だけなのである。

しかしアウグスティヌスはその後一二年の間、こうした熱望にもかかわらず「地上の幸福をさげすんで、智恵の探求に身を捧げることを躊躇していた(4)」。それでも新プラトン主義の「天の梯子」の方式にしたがって、神を直視する一瞬を経験したことをアウグスティヌスは物語っている。アウグスティヌスは「段階的に物体界から身体的感覚によって知覚する魂に、この魂から身体的感覚が外物の知覚を伝える魂の内的感覚に、そしてここまでは動物も到達することができるのであるが、それをこえて身体的感覚からえられたものがその判断を受けるように委ねる理性的思惟の能力にまでのぼっていった(5)」。そして不変なものを求めて「ついに、一瞬の瞥見によって存在するものに到達した(6)」と回顧している。

しかしこの神の幻視も、アウグスティヌスにとっては回心をもたらすものではなかった。ただ「いま一瞥したものにたいするなつかしい思い出と、香りをかいだだけで味わうことのできなかった食物にたいするような物足りなさ(7)」が残っただけだったという。それを確固としたものとするには、回心が必要だったのである。

このようにアウグスティヌスの神への愛カリタスが、キリスト教的なアガペーよりもプラトン的なエロスの愛に近いものであったことは、天の神へと上昇する道程のあり方からも、愛の目的が幸福であると語っていることからも明らかである。アウグスティヌスは「わたしの神であるあなたを求めるとき、わたしは幸福な生活を求めるのである。わたしはわたしの魂が生きることのできるように、あなたをたずね求めよう(8)」と語るのである。もちろんこの幸福な生活は、世俗的な快楽のことではない。「幸福な生活とは、あなたを求めて、あなたによって、あなたのために喜ぶこと(9)」である。しかしプラトンの高貴なエロスもまた、快楽ではなく美そのものを観照する生を求めたのだった。

アウグスティヌスの魂の修練

このように、アウグスティヌスは人間にとって最高の幸福は、神を享受することだと考えた。そのためにプラトンの「天の梯子」と同じような段階的な魂の修練の必要性を主張した。この梯子は七段で構成される。第一の段階は、「神への畏れ」である。これによって「われわれが何を欲し何を避けるべきかを命じている神の意志を知ることに向かって、心の向きを転ずる(10)」必要がある。第二の段階は「敬虔によって柔和になること(11)」である。聖書解釈で争わないようにするのである。第三の段階は「知識」であり、「すべての隣人愛はわれわれ自身への愛と同様、神に関わりをもたなくてはならないことだけを聖書の中にみいだす[12]」ようにするのである。この段階で自己愛と隣人愛の意味が考察される。

第四の段階は「正義に飢え渇く不屈の段階[13]」である。この段階では「過ぎゆくものへの死をまねくようなすべての歓楽からみずからを引き離し、そこから向き直って永遠なるもの、変化せず、一にしてしかも本質を等しくする同一なる三位なる神への愛に向かう[14]」のである。この段階で初めて、神への愛へと向かうのである。

ここで重要なのは、これまでの段階では人間は自己の身近な問題にかかわっているのであり、独力ではこの永遠なる神へと心を向けるのは、困難だということである。そして「己の視力の弱さのためにその光に耐えられないことをさとる[15]」ということである。後に考察するように、ここで神の恩寵が必要となるのであり、独力で天に至ろうとするプラトンのエロスの「天の梯子」との違いがここからはっきりとしてくる。

第五の段階は、「哀れみの助言」であり、そこで「隣人愛によって自己を完全に鍛え、隣人愛において自己を完成する[16]」とされる。第六の段階は、「敵への愛」である。敵を愛することができるようになると、人はこの世において、「この目によって可能な範囲で神を眺めることができるようになる[17]」のである。ただし眺めるといっても「鏡を通して」である。最後の段階は、「智恵」であり、「平安に静かに智恵を楽しみとする[18]」のである。アウグスティヌスの愛は、プラトンと同じように地上から天へと上昇する愛である。

カリタスの特徴

このようにこの愛の特徴は、プラトンのエロスと同じように、自己に欠如している幸福を求めて、天上に上昇する修練を積むということである。この意味ではアウグスティヌスのカリタスはエロスと同じ類型のものである。

しかし同時に、アウグスティヌスのカリタスは、アガペーとも共通する要素をそなえている。第一にこの愛は、自負と高慢へといたる可能性のある愛であり、この高慢を砕くことができるのは、神の恩寵だけである。さらに第四段階から後への上昇は、神の恩寵なしでは不可能であると考えられている。神は無償で愛を与えるのであり、人間が梯子を上昇するためには、神が天から愛を下す必要があるのである。アウグスティヌスにとってはそもそも人が愛することができるのは、神が人を愛するからである。「人々にあっては、神への愛と隣人への愛は神ご自身からでなくて、どこから来るでしょうか(19)」というのである。

それではアウグスティヌスはこのエロスとしての愛とアガペーとしての愛をどのようにしてカリタスにおいて統合するのだろうか。それはこの下降する愛と上昇する愛を手段と目的の関係で考えることによってである。何よりも重要な目的は、神のもとへと上昇し、神を享受することである。そのためには神の下降する愛が恩寵として、手段として必要とされると考えるのである。神の恩寵《グラティア》としての愛なしには、神への愛《カリタス》は不可能であり、上昇して神の享受によって幸福になることもできないのである。ニーグレンは、この「グラティア〔神の恩寵〕とカリタス、神の下降とわれわれの上昇との結合が、原始キリスト教の救済観とヘレニズム的な救済観との間の総合、アガペーの救いの道とエロスの救いの道との間の総合を創造したのであって、それが中世の教会で支配的なものとなった(20)」と指摘している。

第四節　アレントのアウグスティヌス論

エロスとしての愛

このようなアガペーとエロスの統合という観点からアウグスティヌスの愛の概念を考察してみると、アウグスティヌスにとっては隣人愛というものは、基本的な重要性をもたないようにみえる。神がわたしに愛を注いでくれることによって、わたしは修練を積み、天の梯子をのぼって神のもとにいたり、神の直視という幸福を実現することができるのである。そこに他者が介在する必要はそもそもないのである。このためアウグスティヌスにとって「隣人愛」は大きな問題を含む概念となる。

アレントが二三歳のときに、ヤスパースの指導のもとで出版した博士論文『アウグスティヌスの愛の概念』で考察したのは、このアウグスティヌスの思想における隣人愛の概念の問題性であった。これはアレントにとって「世界へ《アモール・》の愛《ムンディ》」の概念とかかわる重要な問題だった。この節ではアレントのこの処女作について、詳しく検討してみよう。

まずアレントは、アウグスティヌスの愛の概念は、基本的にあるものへの欲望であることを確認する。これは「第一に、あるものの恋であり、第二には、その人に今は欠如しているものへの愛」と定義されたプラトンのエロスの概念と一致したものなのである。

ただしこの愛の概念は、その向けられる対象に応じて、カリタスとクピディタスに分類される。「世界に固執し、それによって同時に世界を構成する現世的な、この誤った愛(1)」はクピディタスと呼ばれ、「永遠と絶対的未来を追求する正しい愛(2)」はカリタスと呼ばれる。ただしこれらの二つの愛は、向けられる対象が異なるだけで、同じエロス的な愛である。それは「これらの二つの概念は、ギリシア・アリストテレス的な欲望オレクシスに対応する欲求アペティトゥスとしての愛アモールの定義からえられたものである(3)」ためである。

この書物の第一章「欲求としての愛」では主として、このクピディタスとカリタスの弁証法が考察されることになる。すでに確認したように、この二つの愛はそれが愛するものを求める方法によってではなく、愛する対象がどのようなものであるか、愛する対象が何に帰属するかによって区別される。

クピディタスの構造

まずクピディタスについて考えよう。すでに確認したようにクピディタスは「世界に固執し、それによって同時にこの世界を構成する(4)」愛である。クピディタスはまず「世界への愛《アモール・ムンディ》」である。ただしこれは、素朴な世界への愛である。クピディタスが愛する対象は、世界に帰属する。そのためクピディタスによって人間は世界に帰属したものとなり、この愛は「人間をこの世界の住民にする(5)」のである。クピディタスの役割は、「人間と世界を媒介する(6)」ことにある。クピディタスの愛によって人間が世界の住民となるとき、「世界は故郷になる(7)」のである。

ところで世界とはわたしの内にではなく、外にあるもののことである。このクピディタスの愛によって人は「自己自身を所持しようとするのではなく、この世界を所持しようとし、また世界を所持することにおいてみずから世界であろうとする[8]」のである。クピディタスは世界を「貪る[9]」のだ。この貪りはその意図からして、成功することがない。というのは「その力が原理的に及ぶことのない追求の対象に向けられている[10]」からである。そもそも世界はわたしの自由になるものではないのである。ここからクピディタスのいくつかの特徴が生まれる。

第一に、それはつねに恐れと不安に苦しめられている。望むものを手にいれることができないのではないかと恐れ、手にいれたものを失うのではないかという不安に襲われるからである。幸福であるということは、「追い求めている対象のもとに現にあること[11]」であるが、これは世界については原理的に不可能である。だからクピディタスのもとで人間は恐れつづけ、不安に襲われつづける。

第二に、そのためにクピディタスは人間に不幸をもたらす。クピディタスはわたしの外にあるものを追い求めるので、「善きもの」を逃してしまうからだ。「善きものはクピディタスの外にあるため、その権能の及ぶ範囲にはない[12]」のであり、人間は「生に至福をもたらすことのできるものから断絶[13]」してしまう。これはクピディタスに駆られている人間は原理的に、至福にいたることができないということである。

第三に、このようなクピディタスに駆られている人間は孤立し、隷属し、自由を奪われている。失う可能性のあるものをひたすら追い求めるならば、人間はそのことによって孤立し、そのものに隷属するようになる。人間が自分の権能の及ばないものを追い求めるとき、その人の「生はそれに従属することになり、そのために、自立性が失われる[14]」からである。このような追い求めにおいて生は「この世界に従属するようになり、この世界の奴隷になる[15]」のである。

第四に、自分の力の及ばないものを求める人間はこのように、自己の自由の喪失と隷属を自覚するために、愛すべき世界をかえって憎むようになる。というのは、人間は自己の欲動が悪であることを認識するからである。クピディタスのもつ「欲動《リビドー》はみずからの権能の及ばないものに従属するために悪である、すなわち自由を欠いているのである[16]」。クピディタスは世界を愛し、世界を求めた。しかしその欲動《リビドー》のもたらす隷属のために、「世界は、愛されることで悪となる[17]」のである。

第五に、クピディタスのもとでは人間は世界にたいする「好奇心」を抱きつづける。「世界への従属がいわば習慣化した状態[18]」になり、「自分自身を回避して生きようとする人間に固有な不確かさと空しさ[19]」を露わにするのである。

　こうして、クピディタスのもとでは人間は自己を喪失してしまう。世界のうちで欲望の対象を追い求める営みにおいて、わたしはその「追い求められる何ものかへの没入において自己を忘却する[20]」のである。これは「世界のうちへの自己忘却[21]」であり、自己が分裂していることを示すものである。このようにクピディタスは世界を愛することで、世界を憎むが、これはクピディタスの愛を抱く人は「分裂している[22]」ということである。

　結論として、「クピディタスに生きる人間は、みずからを分裂させて、さまざまな恐れを抱きつつ、ほんらいの自己の喪失のうちに生きる[23]」ことになる。世界を愛する人間は、ほんらいはその愛において自己を愛していたのであるが、その愛は「自己憎悪[24]」になってしまう。

　このようにクピディタスのもとでは、素朴な「世界への愛《アモール・ムンディ》」は自己矛盾に到達する。世界への愛は自己への愛に基づいていたのに、わたしはこの自己を憎むようになり、世界を憎むようになる。素朴な世界への愛は世界への憎悪となり、みずからを否定する。

　このように自己への愛と世界への愛がみずからを否定するようになると、この愛を維持することはできなくなる。そのとき、世界への愛そのものよりも、この矛盾した愛を抱く「わたし」が問われることになる。「わたしがわたし自身にとって問題となった[25]」のである。この自己の探求によって明らかになるのは、このような愛をつづけることはできないこと、もっと別の性質の愛でなければならないこと、そして世界から離れて、自己に戻ることのできる愛でなければならないことである。

　アウグスティヌスは、クピディタスのもとで美しいものを愛することをやめて、外部の世界への執着を離れて自己に戻ったときに、自己のうちに神をみいだしたと語っている。「わたしはこれらの〔プラトン派の〕書物から自分自身に立ち返り、あなたに導かれてわたしの心の最奥に進んでいった。わたしがそうすることができたのは、〈あなたがわたしの救いになられた〉からである[26]」と追想している。こうしてアウグスティヌスはクピディタスとは異なる別の愛へと向かうのである。

カリタスの構造

「人間と世界を媒介する」クピディタスの愛の空しさを悟ったアウグスティヌスが求めた新しい愛は、「人間と神を媒介する」[27]愛、カリタスである。「わたしが自己を探求するようになると、もはやわたしは世界に帰属することをやめ[28]」、神に帰属するようになる。アウグスティヌスは、神を愛するとき、「わたしが愛するのは、内的な人間の光であり、音声であり、香気であり、食物であり、抱擁である。そこではわたしの魂に、いかなる場所もとらわれない光がかがやき、いかなる時間も奪い去らない音がひびき、いかなる風気もふき散らさない香りがただよい、食っても減じない糧食が味わわれ、抱いても離れない抱擁がからみついている[29]」と語っている。

神に帰属するようになった人間が愛するのは、永遠なるものである。世界は「人間の死に際して奪い去られる運命にある[30]」が、この内なるものは、人間から奪い去られることのない「永遠なるもの[31]」である。人間の外にある世界ではなく、失われることのないものを愛するとき、人間は「自己自身を正しく愛する[32]」とアウグスティヌスは考える。クピディタスの自己愛は「この現在的なもの、つまり〈死にゆく者[33]〉」を愛するものであり、矛盾する宿命にあったが、カリタスの自己愛は、「みずからを永遠に生きるものとさせるはずのもの[34]」を愛するのである。この愛は、「永遠を所持し、それを享受する[35]」愛であり、「永遠と絶対的未来を追求する正しい愛[36]」である。

このカリタスの愛とクピディタスの愛を、すでに考察したクピディタスの五つの特徴について、比較しながら考察してみよう。第一に、クピディタスの愛は恐れと不安をもたらすが、カリタスが熱望するのは永遠であり、「それとともに絶対的に恐れなき状態がもたらされる[37]」のである。カリタスでは世界の対象を欲望することがないために、恐れがなく、この世で何も必要としない。この「何も必要としない状態に適わしいのは、恐れがない態度である[38]」。

第二に、クピディタスは人間を不幸にするが、カリタスは人間に幸福をもたらす。この愛はわたしの外にある世界の対象を所有しようと望むことがない。この愛は、神を自己のうちに所持するものであるため、「孤立は実際に克服され、至福が実現される[39]」のである。「真なる至福」とは、「追い求める対象との断絶が克服されていること[40]」であり、カリタスではこの断絶の克服が実現するからである。

第三に、クピディタスでは人間は世界に隷属し、自由を喪失するが、カリタスでは「恐れなき状態とともに自由が獲得される」(41)。世界の対象を喪失する恐れと不安から自由になり、「失うことへの恐れから自由になった存在のありかた」(42)が実現され、人間は自由になるのである。

第四に、クピディタスでは愛すべき世界を憎むようになり、クピディタスの欲動そのものが悪となる。これにたいしてカリタスでは世界のすべてのものは、神という最高善を実現する目的のもとでのみ愛されることになり、世界はこの目的のもとで善となる。カリタスの目的である「永遠」こそが、「将来に横たわる〈善きもの〉それ自体であり、そのためにのみ地上の生とその追求とが意味をもつ」(43)のである。

第五に、クピディタスのもとではわたしは自己を喪失してしまうが、カリタスの愛では世界の何ものも必要としていないために、恐れることがなく、「自足の状態」(44)がもたらされる。わたしは自分の外部に何も必要とせず、みずからの内の神において永遠を目指し、自足する。

結論として、カリタスに生きる人間は自足し、いかなる恐れも抱かず、「最高善である神を愛することで、自己自身を正しく愛する」(45)のである。この愛はクピディタスのように自己憎悪にいたることがないのである。

享受と使用

ここでアレントはクピディタスとカリタスの違いをさらに明確にするために、アウグスティヌスにおける享受《フルイ》と使用《ウティ》の概念の区別を考察する。アウグスティヌスは享受と使用について、「あるものは享受の対象であるが、あるものは使用の対象である。またあるものは享受と使用の対象である。喜んで所有すべきものはわれわれを幸福にするが、役立てるべきものはわれわれが幸福を目指すときに役立つし、それをいわば支えとして用いる」と説明している(46)。あるものを使用するのは、それが享受のために役立つからである。

だからこの享受と使用を神と世界の関係で組み合わせると、次の「愛の関係の四つの可能性(47)」が成立する。享受の組合わせでは、「正しい享受」とは、神の享受であり、「正しくない享受」とは、世界の享受である。使用の組合わせでは、「正しい使用」とは、世界の使用であり、「正しくない使用」とは神の使用である。正しい使用である世界の使用とは、世界を享受するのではなく、神への愛のために世界を使用することである。正しくない使用である神の使用とは、神を享受するのではなく、世界を享受するために神を使用することである。

これをクピディタスとカリタスの関係で考えると、クピディタスは世界を享受し、そのために神を使用しようとするものであり、「正しくない享受」と「正しくない使用」の組合わせである。カリタスは、神を享受し、そのために世界を使用しようとするのであり、「正しい享受」と「正しい使用」の組合わせである。「世界にたいする正しい関係は、それを使用する関係である[48]」。カリタスの愛は「最高善をそれ自体のために愛する[49]」のであり、「至福への道は愛にほかならないが、それは使用を超えて享受へといたる[50]」のである。世界を使用し、最高善である神を享受する愛こそが、真の愛となるべきである。

愛の秩序

このように神と世界の関係が定められることによって、カリタスの愛の秩序が生まれる。愛の秩序とは、人間は何を愛すべきか、愛すべきものにはどのような階層関係があるべきかを定めるものである。

まずカリタスの基礎となるのは、自己愛である。アウグスティヌスは、自己を愛せよという命令は不要だと指摘する。「われわれは自分自身と、われわれよりも下位にあるけれどもわれわれに属するもの〔身体〕を本性の鉄則によって大切にする[51]」からである。だから戒律によって愛すべきものとして定められているのは、〔自己ではなく〕神と隣人である。このどちらを優先すべきかは、自明のことだろう。そもそも最高善としての地位を占めるのは神であり、キリスト者は「神を神ご自身のために愛さなければならない[52]」。だから愛の秩序の最高の地位を占めるのは神である。

次に愛すべきものは隣人である。「すべての人はそれが人間であるかぎり愛さなければならない。しかし神のために愛さなければならない[53]」。隣人は愛の秩序において、神に次ぐ地位を占める。

その次に愛すべきものは「われわれに属するもの」、すなわち自分の身体である。自己の身体よりも隣人を愛する必要があるのは、「他の人々はわれわれといっしょに、神を喜んで所有することができる[54]」からである。ただし「汝自身のように隣人を愛せよ」という命令からも自己愛の根源性からも、愛の秩序においては自己の魂への愛は、隣人への愛よりも上位にあると考えるべきだろう。

隣人愛の問題性

隣人は神のために、神の愛のゆえに愛する必要があるというカリタスの原理からは、隣人は重要な意味をもつ。しかしカリタスにはすでに考察したように、自己の幸福を追求するというエロス的な原理が含まれていた。この自己の幸福の追求では、隣人の占めるべき位置はないのである。このエロスの「ギリシア的な自足の理想による自己追求は、諸個人を絶対的に孤立させる[55]」のであり、ここでは「隣人と世界との根源的な関係は、文字どおり遮断される[56]」のである。

ここにアレントは、アウグスティヌスの愛の概念において、隣人愛が大きな謎を抱えたままであることを指摘する。この愛の秩序において隣人愛は、解きがたい難問を引き起こす。それはアウグスティヌスのカリタスの概念において、神からの愛というほんらいはアガペー的なものであるべき愛の概念と、ギリシア的な神へと至るエロス的な愛の概念が統合されていることから生まれた難問である。

アガペーの愛はすでに考察してきたように、神から人へと下降する愛である。アウグスティヌスのカリタスの概念には、このアガペーの要素が含まれる。自己を愛するのは、その自己とは神が愛する自己だからである。しかしこのカリタスにはギリシア的な神へと上昇するエロスの愛が含まれる。そのためにカリタスのうちのアガペーの愛が、エロスの愛のためにゆがんだものとなっているのである。そこにアレントは、アウグスティヌスの愛の概念に、「疑似キリスト教的な[57]」性格かそなわっていることをみいだすのである。

疑似キリスト教的な愛の概念——カリタスのエロス的な要素

アレントは、アウグスティヌスのカリタスの愛の概念の「疑似キリスト教的な性格」があらわになるのは、この愛の究極の目的が自己の幸福を目指す愛であり、他者としての隣人への愛を無視する結果になってしまうことにあると考える。

このカリタスに含まれるギリシア的なエロスの愛とキリスト教的なアガペーの愛の違いは、自己との関係と他者との関係の二つの側面から明らかになる。まず自己との関係から考えてみよう。アレントは、カリタスの愛とクピディタスの愛のどちらでも、アガペーの愛の場合と同じように、自己との関係においてはまず、自己の忘却と自己の否定がもたらされることを指摘する。ただしカリタスの愛とクピディタの愛では、自己の否定と自己の忘却の性質が異なるものとなっている。そこにはクピディタスの自己の忘却からカリタスの自己の忘却へと、いわば弁証法的な転換が発生しているのである。この弁証法について考えてみよう。

クピディタスの愛における自己の忘却は、わたしが欲望の対象を追い求めるあまり、自己を忘却するということだった。それは「世界のうちへの自己の忘却[58]」であり、自己の分裂であった。それがカリタスの愛において、自己の内に立ち戻り、内なる神をみいだすことで、この自己の分裂は否定され解消されて、わたしは新たな自己をみいだしたのだった。ところがこの新たな自己をみいだすことによって、新たな自己の忘却が発生する。現在の自己は、絶対的な未来において実現されるはずの真の自己への途上にあるものにすぎない。この自己は忘却されるべきものであり、この自己の忘却は「人間にとって実存の目標でもある[59]」ものとなるのである。

この自己の忘却の弁証法は、時間の概念そのものに大きな影響を与える。カリタスの愛において未来を志向する人間にとっては、現在は意味のないものであるが、同時に過去の意味も失われる。未来だけが意味のあるものであって、「過去もまた忘れ去られる[60]」のである。

クピディタスの世界の時間においては、「いまだない」未来は、やがて現在となり、「もはやない」過去へと変わる。未来から現在へ、現在から過去へと時間は進む。しかしカリタスの世界の時間においては、「いまだない」未来は絶対的な未来であり、神の裁きの時として、現在へといたることがない。この「絶対的未来を人間の死すべき定めへと引き込むことはできない[61]」のである。このカリタスの時間は未来から過去へと流れることができない。そのため人間にできることは、「自己自身をも忘れて永遠を想う[62]」こと、時間そのものを超越すること、自己忘却において自己を超越することである。この自己の忘却と超越のプロセスにおいて、「自己愛は端的な自己否定へと転化していく[63]」はずなのである。

ところがアウグスティヌスのカリタスの概念では、この自己否定は、みずからを神の前で無にひとしいものとみなすほんらいのアガペーにおける自己否定とは異なるエロス的な性格をおびている。それはまず、「ギリシア的な自足の概念に特徴づけられた[64]」ものであり、しかも真の「自己自身にいたる道[65]」を目指すものである。この自己否定は、パウロ的な自己の罪性を自覚した上での自己否定ではなく、真の自己愛に基づいて、幸福になろうとするものなのだ。これは「永遠の存在になるものとして自己を愛することを意味する[66]」ものなのである。

すなわちこの自己否定は、「みずからの被造性についての自覚によって、したがってすべての人間的なものの不十分性の自覚から直接に生じたものではない[67]」のである。この自己否定はすでに考察したように、自己の超越を目指すものであり、「みずからの〈善きもの〉を追求する愛と探求を通じて、自己自身を超えでようとする努力の最終的な帰結としての自己否定だからである[68]」。自己を否定するのは、このような喪失する自己を否定して、ほんらいの自己を取り戻すためである。

アウグスティヌスのこの自己の否定は、パウロ的な自己の変革、すなわち「罪の自覚において、罪の過去から解放されたことの自覚において現実化される実際の自己の変革[69]」ではないのである。そのことは、この自己の幸福をめざす自己否定が、自己と世界の享受になってしまうことを意味する。この自己否定は至福にいたることを目指すものであり、「至福への道は、愛《アモール》にほかならないが、それは使用《ウティ》を超えて、享受《フルイ》へといたる[70]」のである。

次にこの愛に含まれる他者との関係について考えよう。そもそもこの享受と使用の体系から「愛の秩序」が生まれたのであるが、この愛の秩序のもとでは、すべてのものは〈最高善〉という究極の目的のための階層的な位置を定められ、「あらゆるものが、それぞれに相応しい仕方で、つまり過不足なく愛される(71)」ことが望ましいのである。この秩序のうちで隣人は、自己の幸福を目指した営みの秩序のもとでのみ登場する。この秩序のもとで隣人は、「自己そのもの、隣人たち、身体そのものは、〈そのために〉という目的連関に立脚している(72)」のである。そして最終的な目的は、「〈最高善〉との関係を通じてのみ〈至福〉に到達することができる人々、つまり隣人たちとの社会《ソキエタス》(73)」を確立することである。

これは「ギリシア的な自足の理想に由来する自己追求」と同じ性格のものであり、これは「自己自身以外のいかなる他者にも依拠することのない完全な自由(74)」を目指すものである。この観点からは隣人は、自足にいたる目的連関のうちの手段にすぎず、隣人を隣人として愛するキリスト教ほんらいの隣人愛の意味が失われる。世界全体を「そのために」という目的連関のなかに引き入れてしまう「欲求する愛」にとっては、「隣人愛は無益なものとなる(75)」のである。

アレントが繰り返し指摘するように、アウグスティヌスのこの概念は至福を永遠という「絶対的未来に投影する試み(76)」である。そしてこの絶対的未来は「正真正銘の自足(77)」をもたらすことが約束されているのであり、プラトンのエロスと同じ意味をもつ。「これはその起源においてギリシア的な考え方である(78)」。この考え方では、「絶対的未来から隣人愛を導きだそうとする試みは、必然的に不成功に終わる(79)」のである。この完全な自足と自由を目指す試みのうちでは、すでに確認したように「隣人と世界との根源的な関係は、文字通り遮断される(80)」のである。

アガペーとしてのカリタス

このようにアレントは、アウグスティヌスの「愛の秩序」の考え方を、パウロ神学的な立場から批判する。この「愛の秩序」はギリシア的なエロスの思想を受け継いでいるのであり、自己の否定と自己の改善という〈天の梯子〉によってイデアへ、至福へ到達しようとする試みである。しかしアウグスティヌスのカリタスには、このようなエロス的なカリタスの要素とはまったく異質な要素が含まれる。それがカリタスのアガペー的な要素であり、『アウグスティヌスの愛の概念』第二章ではこの要素が克明に分析され、そこで隣人愛の難問が解明されることになる。

アレントは、アウグスティヌスがこのエロス的なカリタスにおいて目指した「至福」というものの意味を問題にする。この至福とは、絶対的な未来における自足としての幸福であったが、それが幸福として求められるのはどうしてだろうか。わたしはその未来において、世界へのクピディタス的な欲求から解放されて、自足するようになると、どうして知っているのだろうか。これは難問であるが、プラトンがすでにこの問いに答えている。わたしたちは前世で、美のイデアなるものをみていて、その美しさを記憶しているのである。そして美しいものをみると、そのイデアの片鱗を想起するのである。

わたしが絶対的な未来で幸福になれるのは、至福をその過去において記憶していて、それを未来に投影するからにほかならない。「〈至福の生〉は純然たる過去の現象として、実際に生とは無関係なものとして想起されるのではなく、それは今もって想起される過去として、未来に展開される可能性にほかならない[81]」のである。わたしは過去を知っているのに、「すでに不可避的に忘却されてしまっている[82]」だけであるが、至福の生への欲望は、この自己の「起源」の記憶に依拠するのである。「至福の生は記憶においてあらかじめ思い出されている[83]」のである。

この「至福の生」への問いはこのようにして、わたしの起源への問いとなる。それは「誰がわたしを創造したのか[84]」という問いである。これが意味するのは、人間はこの世では自足した存在ではありえず、「自己の外部の何かに依存している[85]」ことを思い知らされるということである。この外部にある何かこそが、創造者である。この創造者は、「〈記憶〉において〈至福の生〉への憧憬としてみずからを開示するかぎりにおいて、人間の中に、わたしの中に存在している[86]」のである。人間はみずからのうちの記憶に立ち返ることで、「自分の存在を規定する存在[87]」である創造者に出会うことができるというのである。

このことは、なによりも人間の被造性を示すものである。人間はみずから生まれたものではなく、「その存在を自己自身で所持しているのではなく、最高存在、つまり純然たる存在そのものとしての神から、自らの存在をうけとる[88]」ものである。この被造性の特質は「生成と変化[89]」にある。それは可変性として、「存在と非存在のいずれでもなく、その中間にある[90]」。被造物はすべて純然たる存在そのものとの関係においてのみ存在しているものであり、「この存在そのものは不変なものにほかならない」[91]。被造物は、生誕から死へと向かう生成と変化の存在であり、「無から来て無に急ぐもの」[92]である。この被造物の存在のありかたは、存在するものを「模倣《イミタティオ》」[93]することにある。愛とは、至福を目指すものとして、この存在するものを模倣する行為である。

被造物は記憶によって、自己の起源である創造者を想起するが、そこにおいて至福であった自己をみいだす。その至福が、絶対的未来において訪れることを、記憶は教えてくれるのである。それでなければ、未来において至福が到来することは確信できないだろう。その意味で創造者は二重の意味で「被造物の前にある」[94]のである。第一に創造者は被造物を無から創造したのであり、その意味で被造物の「前に」ある。第二にこの被造物は死という無に向かって急ぐ者であり、この未来において被造物は創造者から至福をうけとる。創造者は、「被造物よりもなお前方に存在し、被造物がそれに向かって生きているという意味で、被造物の〈前に〉存在している」[95]のである。

被造物にとってこのように創造者が二重の意味で「前に」あるということは、被造物にとって時間的な過去である起源においても、時間的な未来である終末においても創造者が存在しており、被造物はつねにこの起源から終末へと向かう歩みのうちにあるということである。

時間の創造と時間の二つの意味

ここに可変的な存在者である被造物にとっての時間が生まれる[96]。創造者は「存在」そのものであり、不変的なものであるから、そこには時間というものはない。創造者に時間があるとすれば、それは「永遠であり、永遠の今日であり、絶対的現在である」[97]。これにたいして被造物は起源としての過去と終末としての未来のうちで「時間的に規定されている」[98]。ここで被造物は「みずからの存在の時間的な広がりを、現前化された過去と未来として、全体的に統合的に把握することができる」[99]のである。

この時間において、起源としての過去と終末としての未来は、現在のうちに呼び戻される。被造物がみずからに固有の存在について問おうとすると、「生の始まりと終わりは交換可能なものとなる」[100]。そのとき、時間に二つの意味が生まれる。過去から終末へと一度限りで流れる時間と、全体にたいする部分としてのみ継起する時間である。

一度限りの時間とは、人間の「誕生から死にいたる生の行路にみられる一回性と不可逆性の時間[101]」である。これはキリスト教的な時間である。起源と終末が交換可能になるのは、この時間においてである。

これにたいして全体にたいする部分として継起する時間は、ギリシア的な時間であり、「ほんらいは同時であるものが次から次へと連続的に継起していくことであり、永遠性としての同時性に対立している[102]」ものである。時間は部分であり、継起するものであるから、人間にとっての起源と終末の同時性という問題は立てられることがない。「〈個〉としての自己自身は、〈宇宙〉の永遠不変の〈同時性〉の中に包摂されて失われてしまう[103]」ために、この問いそのものが意味を失うからである。「人間の生が〈部分〉として理解される場合には、人間の生の具体的な一時性はもはや認識できなくなる[104]」のである。

永遠としての宇宙は同時的に存在するものであり、「もろもろの部分だけが生成したり過ぎ去ったりする[105]」のである。この永遠の部分としての時間は「部分と全体の関係性」に基礎づけられており、「時間が存在するのは、〈もろもろの部分〉にとって〈同時性〉が次々に継起するからである[106]」。

この「部分と全体の関係性」としての時間は、プラトンとアリストテレスのギリシア的な時間である。プラトンは時間を、「永遠の一種の動く似像[107]」と定義し、創造者が「天を秩序づけて作ると同時に、一体をなしてとどまっている永遠の、数にしたがって進む永遠的な似像を作った[108]」と説明している。「永遠を模倣しながら、数にしたがって動く[109]」ものが時間なのである。永遠が全体であり、時間は全体の部分の運動である。

アリストテレスは時間とは「前と後に関しての運動の数である[110]」と定義した。というのも、人間が時間を認識するのは、「ただわれわれが運動を、その前と後を識別しながら、限定するとき[111]」だからである。時間が経ったと感じるのは、あるものが時間のさまざまな瞬間を経過しながら運動するときである。「われわれは運動を時間によって測るだけでなく、逆にまた運動によって時間を測る[112]」のである。

アレントが指摘するように、このギリシア的な時間の概念のもとでは、宇宙という全体の部分である人間は、「時間をつうじてみずから自己を実現しようとする[113]」のである。時間はつねに部分の一部であるため、人間の「生」それ自体は、ふたたび一つの〈部分〉へと解体され、つねに〈宇宙〉の同時性との関連で測られ、理解される[114]」ことになるだろう。

二つの世界論

この時間の概念からも、アウグスティヌスのうちに二つの異なる世界論があることが明らかである。一つは世界をギリシア的な宇宙論から理解するものであり、人間は宇宙という全体の部分として存在している。「存在」は「恒常的な存在者、永続性をもつ存在者[115]」である。「存在とは、ギリシア的な伝統では全体性におけるコスモスを表わしている。そしてそのコスモスは、みずからの諸部分の可変性とは無関係に同一のものでありつづける。コスモスの各部分が存在するのは、ひとえにそれが全体を構成する部分であり、そのようなものとして、全体に参与するものだからである[116]」。アウグスティヌスはこの世界について、「世界とは、神が創造した建築物としての天と地である[117]」と語っている。このギリシア的な伝統は、世界を「永続性をもつ存在者と等置する見解[118]」である。

アウグスティヌスのもう一つの世界は、この天と地とは別に世界の住民である被造物の全体を意味する。「世界とはそこに住む住民をも表わす名称である。……世界を愛するすべての人々が世界と呼ばれるのである[119]」。これはキリスト教的な世界論であり、「すべての現世的存在者を被造物として理解する[120]」ものであり、「世界に永遠性を付与することを拒否する[121]」ものである。そして世界を宇宙としてよりも、「人々の構成する人間世界として理解する[122]」のである。

この世界の概念の二重の意味を言い換えると、第一に世界は、「あらゆる〈世界への愛〉に先立ち、神が創造した世界であり、天と地である[123]」。第二に世界は、「人々がそこに住み、それを愛することによって構成している人間世界[124]」である。この二つの世界は孤立して存在するものではない。人間は「世界への愛」によって、「世界を世界にする[125]」ことができる。「人間の生それ自身が、神の〈作られたもの〉を世界へと作りあげる[126]」のである。そしてこのように世界を作りあげていくことによって、すでに確認したように、人間は「世界に帰属する者となる[127]」のである。ここで世界は「故郷[128]」になる。

この世界において、人間は生成した者であり、死滅すべき者としての時間を生きる。「いまだない」者として人間はこの世に生まれ、「もはやない」者としてこの世を去る。「〈いまだない〉から〈もはやない〉までの人間の生は、その行程を世界の中で走り通す[129]」のである。この「ない」という否定性は、人間の存在の「二重の否定性[130]」を示すものであり、これが人間に問いかけを誘う。「いまだない」の否定性によって、人間は「立ち戻って自らの起源を問い[131]」、「もはやない」の否定性によって、人間は「前方に向かって目的を問う[132]」のである。

死の意味

この二つの問いは「世界を超えて問う[133]」問いである。「いまだない」の問いは起源への問いであり、「もはやない」の問いは死への問いである。この世界を超えた問いを人間が問うのは、人間が死に直面しているからである。「人間がみずからの起源そのものについて注意を払い始めるのは、死を通じてである。そこでは人間の生の死滅性の意味が問われるからであり、また前に述べた意味での被造性の意味が問われるからにほかならない[134]」。

この死は人間にとっていくつもの重要な役割をはたす。まず第一に死は「生の虚無性を開示する[135]」。死は人間が「無へと急ぐもの[136]」であることを教えるからである。生の虚無性は人間の「生を世界から引き離す[137]」ものである。

第二に死は、人間の起源そのものを指し示す。「死は、生をそれみずからの起源そのものへと投げ返す[138]」のである。人間は死によって初めて自己の起源を、神に創造されたものであること、そしてその前には無であったことを認識するのである。起源の認識は、自己の無であることの認識であり、死の認識は自己が無になることの認識である。この認識によって、人間は起源と死の同一性をみいだすようになる。死はこれによって「人間の生の中に埋め込まれている永遠性の始まりとなる[139]」のである。このことによって、「生それ自体の個別的な虚無性は止揚され、死はこの止揚が生起する積極的な時点へと転化する[140]」のである。

第三に、死は人間の生の価値を奪い、「均質なもの」[141]にする。人間の個別性は死の前では意味を失い、「人間の生の具体的な軌跡は、もはや重要なものではなくなる」[142]。そして死後の生だけが重要なものとなるのである。

第四に、死は世界に由来する将来へのあらゆる願望を根絶してしまう。死は、〈世界への愛〉として明確化される「世界との自然な関係を無に帰してしまう」[143]。死は人間と世界の関係を断つからである。死は「人間を世界から断絶させる」[144]ものである。

第五に、死は人間の「自賛の可能性を奪ってしまう」[145]。人間は世界のうちに生きるあいだは、被造物として「自己と他者を比較」[146]することで、みずからを自賛することができた。しかし死という絶対的な同一性のもとでは、このような比較は意味を失うのである。

第六に、死は〈習慣《ハビトゥス》〉のもたらす弊害を明らかにする。習慣は、「世界という偽りの〈前にあるもの〉に固執することで、人間の生を、すなわち一見したところ〈前にあるもの〉のようにみえる世界とその不滅性に没頭する人間の生それ自体を、不滅なものに作り変えようとする」[147]。ところが死は「かつて世界を愛したことを絶えず正当化する」[148]習慣の危険性を暴露するのである。

アウグスティヌスのアガペー的なカリタスの理論

人間はこの死に直面することによって、エロス的なカリタスとは異なる新しい愛、アガペー的なカリタスを獲得するようになる。この新しい愛は、死と同じような力をそなえている。アウグスティヌスが指摘するように、「愛はまさにこの世界にたいするわたしたちの死を意味する」[149]のである。この愛と死の意味の同一性を、これまで検討してきた死の六つの役割と比較しながら検討してみよう。

第一に、死が人間をこの世界から引き離したように、愛もまた人間をこの世界から切り離す。この愛においてわたしたちは「世界からでて行く」[150]からである。死とはわたしを死すべきものとしてこの世界から選ぶものであるが、愛もまたわたしをこの世界から引き離すという意味で、「世界からの選び」[151]である。

第二に、死が起源を示したように、この愛は起源をもたらし、万物を創造した「神とともにある生[152]」を意味する。この愛は、創造者である「神にしたがって生きる[153]」可能性を与えてくれるのである。被造物が起源において存在するようになったのは、「神の恩寵[154]」によるものである。神が創造しなければ、わたしは存在しないはずであり、わたしが存在するということは、神がわたしに恩寵を与えたということである。これは同時にわたしに自分が被造物であるという自覚を与える。「みずからの実存を今あるものにした存在にたいする所与の依存性を認識する[155]」のである。

第三に、死が人間の価値を均一なものとしたのと同じように、この愛は、世界から離脱した世界外存在というありかたを教えるものであり、「人間の個別性および個性を破壊してしまい、死がそうであるように、あらゆる人間を同一のものに変えてしまう[156]」のである。

第四に、死が「世界への愛」を滅ぼしたように、この愛は「自然に生まれたもの[157]」としてあった世界への愛を否定する。起源と神への立ち返りは、「まさに世界を超えでて[158]」いくからである。

第五に、この愛は「特殊かつ個別的な者としてのみずからのすべての属性を放棄する[159]」ことにおいて、いかなる自愛も自賛も許さない。アウグスティヌスが語るように「わたしはわたし自身を捨てて、あなたを選ぶ[160]」からである。

第六に、この愛は「被造物が自己自身のほんらいの起源そのものを自覚する[161]」ことを求めることによって、その起源を隠しつづけようとする貪りと習慣を打破するのである。習慣は、「かつて捉えていた偽りの〈前にあるもの〉にしがみつくことで、未来と同様に過去の極限にも対立する。習慣とは未来のない永遠の昨日のようなものである[162]」。これにたいしてこの愛において人間は「自分自身の起源そのもの、つまり過去の極限を欲することによって、同時にみずからの未来の極限を欲することになる[163]」のである。

すでにアガペーの愛の特徴として、神からの自発的な愛であること、上昇するエロスの愛とは反対に神から人間へと下降する愛であること、罪を罰する厳しい愛であることを指摘した。この新しい愛がアガペーとしての特質をそなえていることは明らかである。第一にこの愛は、神が自発的に人間を創造したという起源に立ち返ることを求める愛である。第二にこの愛は神が恩寵として人間を創造したことに感謝し、みずからの被造性を自覚する愛である。この愛において「神との和解」が成立するが、それは「神に由来する[164]」ものである。この愛において被造物は神に愛されることで「自らの罪から解放され、それとともに〈世界に帰属する存在〉から解放され、新たに創造される[165]」のである。このとき神はもはや創造者ではなく、「賦与者および助力者としての役割をはたす[166]」のである。

第三にこの愛は、律法の要求を良心に語らせることで、人間を厳しく追及する愛である。「良心に語られる律法の声は、人間にたいする創造者の声として、人間の依存性をその眼前に示す[167]」ものである。この良心は、「世界にがんじがらめに呪縛された人間の生の内部に語りかけることによって、人間を〈神の前に〉、自己自身の起源の前に立たせる[168]」のである。

さらにこの愛のもとで被造物は「世界、それとともに、世界に帰属しているかぎりの自己自身を否定する[169]」。これも自己を肯定し、自足するエロス的なカリタスとは対照的である。被造物は「自己自身で作りあげたものを自ら憎むのであり、それが〈神によって創造された〉ものであるとの理由でのみ、自己自身を愛するのである[170]」。こうして世界はふたたび荒野になる。良心は世界を告発するからだ。このとき神はもはや最高存在というギリシア的な神ではなく、人間が「その生を営むなかでつねに対峙するところの絶えず存在する権威[171]」となる。

自己否定の弁証法

この自己否定と自己愛は、愛の新たな姿を示すものであるので、ここでアレントがこの書物で描いてきた自己否定と自己愛の運動を振り返ってみよう。最初のクピディタス的な自己否定は、自己の喪失から生まれたものだった。クピディタスはさまざまなものを欲望するが、そのどれもが完全に獲得できるものではない。人間は欲望の対象が手に入らないのではないかと恐れ、たとえ手に入ったとしても、それが失われるのではないかと不安になる。

すでに考察したように、欲望とはわたしの外のものを所有しようと願うことであり、わたしの外にあるものは、わたしの権能の及ばないものであるから、それは不可能な願いであり、わたしはこの欲望のうちで、外部のものに隷属する。それは「原理的にみずからに固有の〈善きもの〉を実現できない[172]」のだった。このように「欲望は今日はこれ、明日はあれというように、さまざまなものを欲する[173]」ために、「欲望に生きる人間は、みずからを分裂させて、さまざまな恐れを抱きつつ、ほんらいの自己の喪失のうちに生きる[174]」のである。これがクピディタスの欲望における自己の否定である。

次にエロス的なカリタスにおいては、このようにクピディタスのもとで自己を喪失している生き方そのものが否定される。世界のさまざまな欲望の対象を所持しようと努力すると、このような恐れと不安につきまとわれる。しかし善きものを「神」のうちにみいだすとき、「死を知らない生、いかなる喪失にも規定されることのない自己の生のまったき実現[175]」が可能になると考えられる。

この〈善きもの〉は「永遠としての神であり、この永遠は絶対的未来である。人間はみずからの生の十全な現実化を追い求めるが、彼は自己自身を未来の存在として探求し、また追い求める[176]」。この追求で人は自己を絶対的に否定するのではなく、「永遠の存在になるものとして自己を愛する[177]」がゆえに、クピディタスに動かされる自己を否定するだけである。アレントが指摘するように、この「自己否定は疑似キリスト教的である[178]」。それは「この自己否定は、必ずしもみずからの被造性に関する自覚[179]」によって生まれたものではないからである。

すでに考察してきたように、この完全な自己否定につながる自覚がえられるのは、アガペー的なカリタスにおいてである。この自己否定では、世界を愛するのはそれが「神に造られた[180]」からである。被造物は世界の中にあって、それが好ましいからでも、自分が欲望するからでもなく、神が愛するから、「神が愛するごとくに[181]」、世界を愛するのである。アウグスティヌスは、「人間は自分自身にしたがって正しくあるように造られたのではなく、人間を創造された方にしたがって生きるように、自分の意志ではなく、その方の意志にしたがって生きるように造られた[182]」と語っている。この愛だけが、「みずからの固有の意志を断念する[183]」ことを可能にするのであり、自己の欲望だけでなく、意志すらも断念し、否定する可能性を実現するのである。

〈世界への愛〉の弁証法

このアガペー的なカリタスによる自己否定に基づいてこそ、アガペー的なカリタスでは歪められていた隣人愛ではなく、真の意味での隣人愛が可能になる、とアレントは考える。隣人愛は、隣人が世界に所属するものであることで、ある意味では〈世界への愛〉と同じ弁証法を経験する。ここで〈世界への愛〉の弁証法と隣人愛の弁証法の展開をまとめてたどってみよう。

まず第一段階として、〈世界への愛〉が素朴に肯定的な形で姿を現わす。〈世界への愛〉は、クピディタスという人間の自然な欲望のうちで、「天と地」という荒野のうちに、人間が住むべき故郷を作りだすのである。

人々は世界に帰属することで、ごく自然な形で世界を愛するようになる。世界はたんなる天と地ではなく、人々が生まれ、ともに暮らすことで故郷になる。世界を作るのは、わたし一人ではない。わたしはともに生きる人々とともに世界を作りだす。この愛によって、「世界の疎遠性がとりのぞかれ、人間は世界に帰属するものとなる[184]」。

この〈世界への愛〉において、「明らかに人間は世界をみずからの故郷となし、みずからの〈善きもの〉と〈悪しきもの〉の追求を世界だけに求めるようになる[185]」。このとき隣人はわたしの「世界の中の具体的な実存において、友としての、あるいは敵としての意味[186]」をそなえている。隣人はわたしの欲望の対象として善きものでありうるが、その実現を妨げる者としては悪しきものでありうる。

この〈世界への愛〉では、「〈習慣〉において、人間自身の手によって構成されていった自立した世界、創造者から独立した世界に属するすべてのものが、〈貪り〉の支配下におかれる[187]」。この貪りの支配下に置かれた人間たちは、世界の欲望の対象を獲得しようとして恐れと不安に支配されている。

このように世界に帰属した人間は、世界に隷属するようになる。「この世界は、愛されることで悪になる[192]」のである。故郷はもはや真の故郷ではなく、隷属の世界になったからである。この「クピディタスにおいて具現化されているこの世界への帰属は、恐れを通じて規定されているために、廃棄されねばならないが、それはカリタスを通じてのみ廃棄されうる[189]」のである。それが次の第二段階のプロセスで実現されることになる。

第二段階として、この分裂した貪りの人間は、自己を探求することで自己のうちの神に出会い、新しい愛を学ぶ。それがエロス的なカリタスとしての愛である。わたしは自己を探求することで「もはやこの世界に帰属することをやめ、すでに神に帰属している[190]」。そしてこのエロス的なカリタスの愛のもとで、人は〈愛の秩序〉を構築する。

このエロス的なカリタスの愛においては、「世界が愛の最終目的のために必要とされる場合においてのみ、世界と関係をもつ[191]」ことになる。〈世界への愛〉は、愛の秩序の階層構造のうちで、否定されながら維持されるのである。この愛の秩序にあっては、人間は至福にいたるという目的のために、すべてのものを「目的連関[192]」のうちにおく。そのとき隣人は、自己と同等な位置を占めて、自己の身体よりも重要なものとなる。そこでは「自己そのもの、隣人たち、身体そのものは、〈そのために〉という目的連関に立脚している[193]」のであり、この目的連関の観点からは、「自己愛と隣人愛は、もはや追求すべきものではなくなっている[194]」のである。このとき隣人は、ほんらいの他者としての意味を失い、わたしが至福にいたるための手段のような役割をはたすことになる。そのためにこの隣人愛は、不純なのである。

第三段階として、アガペー的なカリタスの愛のもとで、この愛の秩序の階層にうちに埋め込まれた〈世界への愛〉からの解放が行なわれる。「〈世界に帰属する存在〉からの解放は、たしかに荒野としての理解されるべき世界を、人間に付与する[195]」。しかし人間は新しい生の意味をアガペーとしてのカリタスのうちにみいだすので「荒野のうちで生きていくことが可能になる[196]」。そこでは「世界は荒野となったのであり、貪りはその意味を失った[197]」のである。人間は〈世界への愛〉によって荒野である世界を故郷にした。そしてアガペーの愛によって世界はふたたび荒野となる。

しかし世界は創造者の創造したものであるということで、人間はこの荒野としての世界を愛することができるようになる。そのことは隣人愛についても同じように言える。不純になった隣人愛はここで否定され、新たな隣人愛が生まれる。「他者ないし隣人は、神の〈被造物〉としてのみ存在するのであり、〈愛する者〉は、神の愛から生まれた人間と、〈神に創造された〉者として出会う[198]」のである。わたしは神に愛され、神に創造されたものとして、同じく神に愛され、神に創造された隣人と出会い、隣人を愛するようになる。

ただしこの愛は冷えた愛である。人間が他者を愛するのは、自分のためでも他者のためでもない。隣人愛において、愛する者は他者を愛するとしても、「絶対的に孤立の中に放置される[199]」のであり、「世界はこの孤立化された実存にとって〈荒野〉にとどまる[200]」のである。

この愛においては、隣人はともに世界を作りだす仲間でも、わたしが至福になるための手段でもない。すべての人が他者との同胞関係を否定して、神を通じて、神が愛するごとくに他者を愛するのである。人々は他者を愛しながらも、荒野のうちにとどまる。

この隣人愛は、隣人を自己のごとくに愛せよという命令にしたがっている。しかしその自己は否定された自己である。同じように隣人も否定された自己のごとくに愛される。隣人は、隣人の愛すべき特徴のために愛されるのでも、隣人としての友愛関係のために愛されるのでもない。平等に否定された存在としてたがいに愛するのである。すでに指摘したように、これがエロスの愛と比較して顕著になるアガペーの愛としてのキリスト教の愛の異様さである。「この自己否定的な愛は、他者を自己自身と同じように否定するが、しかしこの愛は、他者を忘れることは決してない[201]」とアレントはつけ加える。この愛は他者を忘れることはないが、世界は荒野のままである。

わたしは神と垂直な関係で向き合う。他者もまた神と垂直な関係で向き合っている。わたしは神と垂直な関係において神まで上昇し、その神の愛を通じて、神から垂直に他者に降りる軸にしたがって、他者と向き合う。他者も同じように、わたしと〈顔〉で直面して向き合うことはない。他者も神を経由してわたしと向き合うのである。わたしも他者も、たがいに上昇と下降の二つの垂直な関係によってたがいに向き合うのであり、そこには水平な相互的な横の関係はない。

キリスト教の「信徒はすべての人間を愛する[202]」。信徒たちが隣人を愛することを命じたイエスの命令にしたがうかぎり、それはたしかである。しかしそのすべての人間は、いわば〈顔〉をもたない。「この隣人愛にあっては、そもそも愛されるのは、隣人ではなく、愛そのものである[203]」。この愛には重要な欠陥がある。「もっとも身近な者としての隣人の意味がふたたび廃棄されて、個々の人間は孤立したまま放置されるという問題[204]」が残るのである。

このように荒野でたがいに孤立した者どうしのあいだで社会がどのようにして可能になるのか、それがアレントの取り組む難問である。

地の国における隣人愛

この難問はアウグスティヌスの難問ではない。アレントが最初に認めているように、人間が「地の国」において社会を形成することは、そして「他者が重要な意味をもつ存在であることは、アウグスティヌスにとっては自明のこと[205]」なのである。

しかしアレントが指摘するように、アウグスティヌスのエロス的なカリタスの思想とアガペー的なカリタスの思想の二つの愛の思想の系列において、〈わたし〉とともに社会を構成する隣人の位置が異質なままにとどまっていることが問題なのである。「これらの二つの思想系列は、それぞれ異なった仕方で神と人間の結びつきを表現する[206]」。至福にいたる「天の梯子」を昇るための「愛の秩序」において、たがいに隣人を手段として利用するエロス的なカリタスの思想系列と、荒野において孤立しながら、隣人に神の愛をみいだすことで隣人を愛するアガペー的なカリタスの思想系列は、どのようにしてアウグスティヌスのうちで整合的に併存できるのか。この隣人像のもとで、人間はどのようにして社会を形成するのか。

この問いにたいしてアウグスティヌスは、人間が孤立しているにもかかわらず一つの共同体を形成するのは、「われわれは共通の信仰をもつためだ[207]」と語っている。たしかにどの思想系列でも、共通の神への信仰が存在しなければ、たがいに他者を隣人として愛することはできないだろう。しかしアレントが言うように、たんに共通の信仰があり、「各人の信ずる神の純然たる同一性[208]」があるだけでは、信徒たちの共同性は実現されないだろう。それでは何が信徒たちの共同性を保証するのか。

アレントはそれは「信仰についての内在的な弁証法[209]」とは別の次元にある「一つの所与の歴史的現実[210]」であると考える。正確には二つの歴史的現実であり、「キリストの贖《あがな》いの死」と「アダムという共通の始祖をもつという事実[211]」である。イエス・キリストはみずからの死によって、「個々の人間を救うのではなく、この世界全体を、つまり人々によって構成されているこのムンドゥス全体を救う」[212]のだという。さらにアダムは、「万人相互の平等性」[213]を保証する。

アレントによるとこの二つの歴史的現実は、二つの系列、「信仰理解の二つの可能性」[214]を構成する。キリストの贖いは、「個々の人間を救うのではなく、この世界全体を、つまり、人々によって構成されているこの世界全体を救う」[215]。ということは、キリストの死によって、信者だけではなく、可能性としてはすべての人間がすでに救われているということである。これは「地の国」から人間が「神の国」へと、「キリストに基礎づけられた」[216]善き国へと救われる可能性があるということだ。

しかし人間は現実としてはこの「地の国」にとらわれている。この「アダムに基礎づけられた」[217]悪しき国は、「万人が原罪に共通に参与しているという事実」[218]において、そしてその「共通の始源」[219]によって確認される。

この「地の国」ではすべての人はアダムという共通の出自をもつ。この「共通の出自こそ、すべてのたんなる類似性を超えた人類の結合関係」[220]を生みだすものである。そこには万人に共通する「状況の平等性」[221]が存在しているのである。アレントは、人々がすべてアダムから生まれたことで、すなわち誰もが罪深い存在であることを自覚していることにおいて、「世界に一人だけで存在するのではなく、運命をともに担う仲間たち、運命の共有者」[222]であることを認識するという。このようにして「盟友関係としての社会」[223]が形成されることになる。

これはアダムの原罪を負う罪人の共同体として「地の国」であるが、キリストの死によって贖われて「神の国」に救われる共同体なるものとしては、潜在的には「天の国」である。ここで「人間は平等であり、同様に罪人である」[224]。この罪の均一性のために、世界にはさまざまな国や共同体があるとしても、「実際には一つの国」[225]としての「地の国」があるにすぎない。

アレントはここに、アウグスティヌスが統合することのできなかった隣人愛の新しい意味があると考える。人々には、アガペーとして与えられる神の恩寵を選択する自由がある。アガペーをうけいれ、他者とのあいだでアガペーの愛のもとで生きる自由がある。この自由は「人々の平等性を廃棄することでできるわけではなく、ただそれに新たな意味を与える」[226]。これが隣人愛である。

ここでは他者は愛の秩序における手段でもなく、たんに神の恩寵によって結ばれた荒野の他者でもない。この他者は、アダムを共通の始源とする、すなわち罪深き存在であるという「出生による結合関係をつうじてつねに親しんでいる[227]」世界にともに帰属する盟友なのである。

アダムによって人間が罪において平等であることが確立され、イエスによってすべての人間がその罪から救われている。この二つの事実によって、地の国は〈故郷〉になる。アレントは、すべての人間の「罪ある過去は、〈地の国〉を基礎づけただけでなく、世界を人々の相互依存的な存在に依拠した〈故郷〉へと作りあげた[228]」と考えている。

隣人の警告としての役割

このアダムの「地の国」とイエスの「天の国」という二重性のために、隣人は二重の意味をもつようになる。隣人はまずイエスに基礎づけられた者として、「神がすでに恩寵をもって働きかけた人間[229]」である。そのような人間として人々はたがいに愛しあうべきである。しかし同時に隣人はまた、アダムを共通の始源とする者として「罪に依然として巻き込まれた人間[230]」でもある。隣人は罪を犯すかもしれない存在であり、わたしもまた同じような存在である。このことによって隣人は人間がみずからの功績によって高慢にならないように警告するのである。この第二の意味において、隣人は人間にその罪ある過去を思いださせ、そのゆえに人間は隣人を愛さねばならないことを示す。だから信仰の共同性が社会を構築するにいたるのは、「過去」の力である、とアレントは強調する。

アレントはアウグスティヌスにおいては、この過去の力のために、「この世界の存続の権利が保持される[231]」と指摘している。「だからこの世界が重要な意味をそなえているのは、キリスト教の信徒がいわば何かの間違いでなおこの世界の中に生きているからではなく、信徒が依然として過去に属しているからである[232]」という。そこに人々が過去の力によって、共同の社会を設立すべき根拠があるのである。

隣人の責務としての役割

さて隣人はこのように警告という役割をはたすだけではなく、すべての信徒にとって一つの責務をもたらすものである。というのは、アウグスティヌスは「あなたはキリストを愛することを欲するならば、あなたの愛《カリタス》を地球全体に行き渡らせなさい[233]」と命じているからである。異郷の世界の隣人を「神にもたらすこと[234]」が信徒の使命となる。だからこの使命に背いて孤独に逃避することは、「他者から回心の可能性を奪ってしまうがために、罪にほかならない[235]」と言えるだろう。このようにして信徒たちは、地球のすべての民と仮想の共同体のうちに生きていることになる。そこから「ともに生き、相互に仕え合う共同性が生まれてくる[236]」。アレントによると隣人のこの役割が、社会生活を基礎づけるのである。

同胞愛

アウグスティヌスにおいてこの共同性は、一つの身体のようなものとしてイメージされていた。キリスト教の共同体は「基本的に体《コルプス》として理解され、各人がその体を構成するもろもろの肢体として理解される[237]」のであり、「個々の人間は完全に忘れさられ、各人はただ構成員にすぎず、キリストにおけるすべての構成員との関係においてのみ、自己自身の存在を有する[238]」ようになる。

アレントはこの観点からみるとき、隣人は「同胞《フラテル》」という意味をもつことを指摘する。隣人ではなく、一つの身体の肢体としての兄弟なのである。隣人には、隣り合った人という偶然性が存在する。アウグスティヌスはすべての人を愛することはできないから、偶然に隣り合った人を愛するのだと主張していた。しかし同胞として考えた隣人には、このような偶然性はない。共同体の内部のすべての人が自動的に同胞になるのである。

アレントの博士論文はこのように、エロスとアガペーの概念を統合したアウグスティヌスのカリタスの概念のうちにひそむ隣人愛の理論の不整合性を指摘しながら、この隣人愛の概念のうちに、キリスト教的な社会のもつ逆説と、その逆説の解決の可能性をみいだすものだった。アレントはハイデガーの実存と共同存在の概念に依拠しながらも、社会という共同性がハイデガーが考えたように、実存の頽落をもたらすものではなく、同胞という社会的な絆をもたらすものであると考えた。これはユダヤ人としてのアレントが、キリスト教の社会においてパーリアとして生きながらも、同じ歴史的な刻印のうちで生きる者としての絆を模索する試みでもあっただろう。この試みは千葉眞が語るように「共同性の存在論[239]」としての性格をもつものだった。この「共同性」の概念がやがては「公的な領域」という概念に発展していくのである。

アレントがこの書物で明らかにしたのは、カリタスの概念においては究極的には不純なものとして否定される隣人愛が、アガペーのうちでは否定されながらも新たな隣人愛として再生され、それによって生き延びたということだった。そのことによってキリスト教徒たちは公的な世界に属しながら、同時に公的な世界を否定するという逆説的な立場をとらざるをえなかったのである。アレントは後年、『人間の条件』において、この論文で考察したキリスト教の無世界性と、公的な領域の重要性を強調するようになる。その意味ではこの二冊の書物の「問いかけに重複するものがあるのは疑問の余地がない[240]」のである。

第五節　アウグスティヌスの政治思想

同胞愛と政治

アレントは『人間の条件』においては、ごく若い頃に執筆した『アウグスティヌスの愛の概念』の同胞《フラテル》の概念の考察をうけて、このアウグスティヌスの同胞の概念が、世界を喪失したキリスト教の共同体を維持するために可能な唯一の政治的な概念だったことを指摘している。キリスト教の信徒たちにとって、自己否定の力で世界は「荒野」となっている。この無世界性を原理とする共同体において、「世界にとって代わるほど十分に強力な、人々を相互に結びつける絆を発見することは、初期キリスト教哲学の主要な政治的な課題であった[1]」。

この共同体は「構成員がたがいに同じ家族の兄弟のように結び合うような一種の身体《コルプス》でなければならない[2]」のであ

り、兄弟《フラテル》のあいだの同胞愛が共同体を維持する力を発揮することが期待されたのである。これは公的な領域を作りだす力はないが、「非政治的、非公的な」[3]キリスト教の共同体を維持することができたのである。

唯一の例外だったのが修道院であり、これは「同胞愛の原理が政治的な仕組みとして適用された唯一の共同体」[4]だったとアレントは考える。そのために修道院の内部には公的な領域が発生する可能性があった。そこで修道院では、公的な領域において自己の卓越を誇示する傾向が生じることを防ぐために、個人が卓越することが禁止され、さらに「卓越がもたらす自負も禁止されなければならなかった」[5]という。

アレントが参照を促しているベネディクトゥス会の「戒律」では、「彼ら〔何らかの技工を身につけている者〕のうちに、自分が何らかの利益を修道院にもたらしていると考え、その技工に関する専門知識について傲慢になる者がいたら、彼にその技工を活用させるのをやめさせ、彼が自らへりくだり、修道院長が再び許可を与えるまでは、再度その職に戻るのを許してはならない」[6]と定めている。卓越している者が自己に誇りを抱くならば、その誇りを打ち砕かねばならないのである。また修道院では徹底的な自己の放棄が命じられたが、アレントはこれも修道院の内部での公的な領域の発生を防ぐための仕掛けだったと考えるのであり、きわめて興味深い見方である。

ただしアウグスティヌスにとってはこの同胞愛の理念は、社会を統治するのではなく、社会のうちで生きる人々の間で発生する政治的な関係を律するための理念である。公的な領域を欠如したキリスト教の世界は、この同胞愛の理念によって維持されることになる。

平和の重要性

この同胞愛の概念は、アウグスティヌスの政治哲学の基本となる。信徒は自分の魂の救済を願うときに、他者のことに配慮している暇はない。しかしすでに指摘されたように隣人には二重の意味と二重の役割がある。人々は隣人をみつめながらみずから罪を犯さないように戒め、異邦の隣人を回心させることを目指して配慮すべきなのである。

それだけではなく、キリスト教の共同体は、一つの「地の国」として、「神の国」にいたるまでの旅の途上で、平和が必要である。アウグスティヌスは、神は「健康と安全、同じ人間の共同性において、死すべき生に相応した仕方で時間的な平和をお与えになった[7]」と指摘している。この平和は「主から離れて異国の旅をつづけている[8]」キリスト教の共同体にとっては貴重なものである。そしてアウグスティヌスはこの平和を維持するために利用されるさまざまな善きもの、すなわち光、空気、水、食料などを「時間的な善[9]」と呼ぶ。地上の旅の時間のうちの善である。「これを正しく用いる者は、さらに大きな、さらに優れた善すなわち不滅の平和をうけるであろう[10]」というのである。

　この平和は人間にとってきわめて貴重なものである。「平和は非常に大いなる善であって、この世的で可滅的なもろもろの事物にかんしてさえ、これほどわたしたちの耳につねに好ましくひびくものはないのである。じっさい、これ以上に熱望して求められるものはない[11]」ほどである。われわれは、「可死的な条件のもとにあって遍歴の旅をつづける[12]」あいだは、すなわち「この地上の平和を必要とする可死性そのものが消え去ってしまうまでは、この平和を用いることを必要としている[13]」のである。

家庭の平和と国家の平和

　この平和には、家庭の平和と国家の平和がある。そして「人間の家は国家《キウィタス》のはじめであり、その小部分であらねばならない[14]」から、家長は「国家の平和に適合するようにその家を治めるべきなのである[15]」。家の平和は「共に住まう者のあいだでの命令する者と従う者との秩序ある和合である[16]」。それと同じように国の平和は、「市民たちのあいだでの命令する者と従う者との秩序ある和合である[17]」。

　しかし信仰に生きない人間は、地上的な平和だけを目指していて、「それは命令を与える者と従う者としての市民たちの調和ある一致[18]」だけを目的としている。すなわち世界の「正しくない享受」である「地の国」の平和だけを目指しているのである。しかし信仰に生きる人間は、この「地の国」の平和を享受するのではなく「正しく使用」し、「未来に永遠なるものとして約束されているところのものを待ち望み、異国にあって遍歴をつづける者のごとくに、地上的時間的な事物を用いる[19]」べきなのである。そしてこの旅をつづけるあいだは、「地の国」の法律にしたがうのである。
ところが信仰に生きる人間の目指す平和は、地上的な平和ではなく、天上的な平和である。この平和は真の平和であって、これこそが「正しく享受」すべきものであり、「神を享受することにおいて、神において相互を享受することにおいて、もっとも秩序づけられた、もっとも和合のある社会[20]」が生まれるのである。

観照と活動

そしてこの旅のあいだには、人間は閑暇における観照と、公的な活動の両方に従事する。観照にあっては、すでに述べられたように、同胞愛に基づいて他者に配慮する必要がある。孤独に逃避してはならず、「だれも閑暇において隣人の益を考えないほど暇であるべきではない[21]」し、また「神の観想を求めないほど活動的であってもならない[22]」のである。

この活動においては、人は隣人を「支配」するのではない。活動においてはこの世の名誉や権力を求めるのではない。信徒の共同体の中での公的な活動は、同胞愛をもって、「服属する人々のしあわせを促進するようになされる[23]」べきである。その「しあわせは神の意志に沿うもの[24]」なのである。こうした公的な活動は、求めて行なわれるべきものではない。「愛がわたしたちを強いて正しい業務をひきうけさせるのである。もしも誰もこの荷を課さないときは、わたしたちは真理の把握とその考察とのために閑暇であるべきである。しかし、そのような荷がわたしたちに課せられているばあいには、愛の力に強いられて、それを引き受けるべきである[25]」にすぎない。

キケロ批判

アウグスティヌスはこのように同胞愛の概念によって、「神の国」での公的な業務として、隣人への配慮の任務の重要性を基礎づけた。これは「地の国」における政治的な活動の基礎づけでもあった。そして神の国と地の国の違いを強調するために、アウグスティヌスはキケロのローマ共和国のありかたを批判する。キケロは国家（レス・プブリカ）を人民の福利（レス・ポプリ）によって定義した。そして人民とは「法の同意により結合された人間の集団[26]」であると定義した。

　これにたいしてアウグスティヌスは、国家が人民の福利を目的とするものであるならば、ローマ共和国は国家ではなかったと主張する。ローマが人民の福利を目的としていなかったからである。さらにアウグスティヌスは、キケロの正義は「各人のものを各人に」という分配的な正義であるが、人間を神ではなく悪魔に仕えさせる「地の国」に正義はありえない、と指摘する。そして「真の正義が存しないところには〈法の同意により結合せられた人間の集団〉はありえない[27]」と語り、「〈人民〉が存しないなら、〈人民の福利〉も存せず、人民の名に値しない何らかの人間の群れが存在するだけである[28]」と結論する。

　次にアウグスティヌスは、キケロの人民の定義を変えることで、「地の国」を再定義してみせる。「人民とは、その愛の対象を共通とする和合によって結合された理性的な人間の多数の集団である[29]」というのが新しい定義である。これは神への愛の原理によって結びついたキリスト教の信徒の共同体ということであり、天の国に向けて時間のうちを遍歴している地の国ということになる。

　アウグスティヌスは、この信徒の共同体を社会生活《ウィタ・ソキアリス》と名づけ、これを旧来の社会《ソキエタス》と区別した。アレントが指摘するように「地の国」、すなわち「アダムに根拠づけられた社会《ソキエタス》にあって、人間はみずからの創造者から独立した自己自身を作りあげてきた[30]」のだった。この社会《ソキエタス》の起源は、アダムにあって創造者にあるのではない。これは「出生によって[31]」作られた社会である。「人間の罪性は、まさに神から独立したこの自らの起源に由来している[32]」のである。

　これにたいして、神の恩寵に支えられた信徒たちの共同体である「神の国」は、この社会《ソキエタス》とは別の意味をもつ。これは「旧来の社会《ソキエタス》と併存しながらも、またそれに抗する新しい共同性のありかた、すなわちともに生き、相互に仕え合う共同性[33]」である。「キリストに基礎づけられたこの新しい社会生活《ウィタ・ソキアリス》は、相互に愛することによって規定されている[34]」のである。これはイエスを起源とする社会なのである。

　このように、アウグスティヌスの書物『神の国』の全体が、キリスト教こそが真の道徳を可能にするものであることを証明することを目的とするのであり、このカリタス、神の愛によって、「地の国」においても公的な活動が可能となることが明らかにされるのである。アレントが指摘するように、「福音書の教えを一言たりとも歪めずにキリスト教、とくにその初期の反政治的な衝動が、巨大で安定した政治制度へと転換を遂げることがともかくも可能であったのは、ひとえにアウグスティヌスに負うところが大きい」(34)のである。アレントはアウグスティヌスが「神の国」という概念で、キリスト教の信徒たちの社会と共同性の概念を可能にしなければ、キリスト教と政治という概念は、矛盾した概念になっていたかもしれないと考えるほどに、アウグスティヌスの政治思想の重要性を高く評価するのである。

第三章　中世のキリスト教世界

第一節　キリスト教と政治

ローマ的精神の継承

アウグスティヌス以後、キリスト教は中世を通じて政治的な権力を支え、ときには政治的な権力と対立する宗教的な権力として維持された。アレントは、キリスト教の教会は、とくにアウグスティヌスの政治思想によって、初期のキリスト教にみられた無世界論と反政治的な姿勢を克服し、公的な領域での活動を重視するローマの共和的な精神をうけつぐことができたと考えている。「ローマ的精神がローマ帝国の破局後も生き残ることができたのは、その最も強力な敵たち、いわば世俗の公的事柄の領域全体に呪いの言葉を浴びせて、世を忍んで生きることを誓った人々が、みずからの信仰のうちに、現世での出来事として理解できると同時に、現世での新しい始まりともなりうるものを発見したからであった(1)」。そして「このキリスト教の変容は、ローマが生んだ唯一の偉大な哲学者アウグスティヌスによってほとんど成し遂げられた(2)」のだった。

アレントはこのキリスト教の変容を担った中世の教会の土台となったのは、信仰でもヘブライ的な服従の精神でもなく、「歴史に記録された一つの出来事としてのナザレのイエスの生涯、その誕生、死、復活の証言であった(3)」と指摘している。これを証言する十二使徒は、「この出来事の目撃者であることによって教会の〈創設の父〉となりえたのであり、教会は彼らの証言を伝統を介して世代から世代へと伝えることで、教会そのものの権威を使徒たちから引きだそうとした」[4]のである。

またキリスト教の真の創設者であるパウロは、「人は皆、上に立つ権威に従うべきです。神に由来しない権威はなく、今ある権威はすべて神によって立てられたものだからです。従って、権威に逆らう者は、神の定めに背くことになり、背く者は、自分の身に裁きを招くでしょう」[5]と教えて、世俗の政治的な権力への服従を説いた。その後の中世の政治思想にとって重要なことは、パウロが政治的な権力もまた、宗教的な権威によって支えられているという見方を示したことである。

パウロは、「天にあるものも地にあるものも、見えるものも見えないものも、王座も主権も、支配も権威も、万物は御子において造られたからです。つまり万物は御子によって、御子のために造られました」[6]と語って、すべてのものをイエスに基礎づけたのである。この政治的な権力と宗教的な権威の対比は、教皇ゲラシウス一世の有名な両剣論、「この世をもっぱら治めるものに二つあり。教皇の神聖なる権威と王の権力」[7]という言葉にひきつがれる。

アレントは、アウグスティヌスをつうじてキリスト教の世界にローマ的な精神がうけつがれたことによって、二つの重要な帰結が生じたと指摘している。一つは、「奇蹟ともいえる永続性がふたたびもたらされたこと」[8]である。西洋において「公的な制度としての教会の耐久性と連続性に比肩しうるのは、千年にわたる古代ローマの歴史だけである」[9]のはたしかだからである。第二は、教会と国家が分離したことによって、「政治的なものがいまやローマ人以来初めてその権威を失い、それとともに、少なくとも西洋の歴史において政治構造に耐久性、連続性、永続性を与えていた要素が喪失」[10]することになったことである。

アリストテレスにおいては人間は、政治的な動物であると定義されていた。今は人間は政治的な動物であることをやめて、宗教的な動物になったかのようである。キリスト教の世界では、政治の世界においても、宗教だけがもたらすことのできる「普遍的で超越的な基準」[11]が要求されるようになった、とアレントは指摘する。この精神が西洋の中世を長期にわたって支配するのである。

地獄と煉獄

アレントは、教会がこのように王とならんで現世の権力として登場し、政治的な権力が身体を支配する一方で、宗教的な権力が魂を支配するようになると、「来世における褒賞と処罰[12]」という装置が発明されるようになったことを指摘している。それは教会が「この世では正当に報いられない善悪の行ないに対する精巧な褒賞と処罰の仕組みを、教義として確信できる地位にまで高めることができた[13]」ということである。

アレントはこれは「ローマの政治制度がギリシアの哲学観念と融合したことの最も重大な帰結[14]」であると考えている。ここでギリシアの哲学観念とよばれているのは、プラトンの魂の輪廻と裁きの概念である。プラトンは『国家』の最後で、正しいことを行なった者がこの世で報いられず、悪を行なった者がこの世で栄えていることに反論できなくなり、死後の世界について語るエルの神話を持ちだした。この神話では、戦死した一二日後に蘇ってきたパムピュロイ族の戦士エルが、死後の裁きを目撃したとされている。

死者の魂は、「大地の二つの裂け目」と「天の二つの裂け目[15]」の間に坐っている裁判官たちに裁かれる。裁判官たちは不正を行なった者に、「不正事の刑罰を十倍支払う[16]」ように宣告するのである。たとえば多くの人を殺害したパムピュリアの僭主アルディアイオス大王は「手と足と頭を一緒にくくって、打ち倒され、皮を剝がれた上、路傍《ばた》に沿って、茨の上を引きずられ、その棘で羊毛のように肉を梳《す》かれた[17]」のだった。

アレントが指摘するように、プラトンは大衆への説得が無効であることが明らかになると、こうした神話によってその欠陥を補おうとしたのであり、「その教えは古代を通じてつねに、多数者にたいして道徳的、政治的な支配を保とうとする少数者の政治的な目的のために用いられた[18]」のである。プラトンは哲学の失敗をこの神話で償わせようとしたのである。

プラトンのこの教えは、彼の哲学の理論とは矛盾するものであった。プラトンは魂は肉体の牢獄の中に閉じ込められているが、死ぬことでそこから解放されると説いていたのであり、死後になっても肉体のうちで苦しめられるというのは、その理論にそぐわないのである。しかしプラトンは、この神話が政治的にきわめて重要であることを認識していた。プラトンはオルフェウス教からこの神話をうけついだとみられるが、「来世信仰のうちにまさに莫大な政治的潜勢力が秘められている[19]」ことに気づいたのは、まさにプラトンが最初だったのである。

新約聖書には、こうした死後の世界における処罰についての記述は乏しい。ただ「ルカによる福音書」において、贅沢に暮らす金持と、その家の門のところに坐っていた貧しい人ラザロの死後の対照的なありかたについて語られているだけである。「やがてこの貧しい人は死んで、天使たちによって宴席にいるアブラハムのすぐそばに連れて行かれた。金持も死んで葬られた。そして金持は陰府《よみ》でさいなまれながら目を上げると、宴席でアブラハムとそのすぐそばにいるラザロとが、はるかかなたに見えた[20]」という。金持は、「わたしはこの炎の中でもだえ苦しんでいます[21]」と助けを求めるが、「わたしたちとお前たちの間には大きな淵があって[22]」越えることはできない、とアブラハムに断られるのである。

この物語では、地獄とアブラハムの宴席は、「たがいに相見ることができるほど隣接しているが、越えることのできない淵によって隔てられている[23]」こと、地獄では炎の中でもだえ苦しむことが語られ、一方ではアブラハムの宴席は天国ではなく、煉獄のようなものであることが示されている。この場所は、「煉獄の最初のキリスト教的具現であった[24]」と考えられるのである。

この煉獄の理論を明確な形で練り上げたのがアウグスティヌスである。アウグスティヌスは煉獄について、「人間の死と最後の復活との間の中間の時期に、魂は隠れた場所に閉じ込められ、それぞれ肉体において生きていたときに得たものにしたがって、休息もしくは苦しみを受ける[25]」と説明する。そして、教会の中での施しや「現在生きている近親者の敬虔によって、故人の魂の重荷が軽減される[26]」と語るのである。

煉獄に滞在するすべての魂は、四種類に分類される。こうした近親者による「とりなし」を「必要としないほど善き生き方をした人[27]」がいる一方で、「これらのことが助けとならないほど悪い生き方をした人[28]」がいる。この二つのカテゴリーの人にはとりなしは不要であるか、あるいは無効である。これにたいして「死後これらのことを必要としないほど善くはない[29]」人々が残る。これらの人々は完全に善良ではない人たちと、完全に邪悪ではない人たちである。近親者の施しの犠牲は、「とくに善良な人々にとっては感謝の行為であり、さほど悪くない人々にとっては宥めの供物[30]」となるだろう。このようにしてやがて、これらの大多数の人々のために、近親者が施しをすることがほとんど義務になるのである。

この煉獄のシステムは、なお生存している近親者に死者のための施しや苦行を求めることで、生きている人々の生を支配し、教会の富を増すことを目的としたものだった。またアウグスティヌスの『神の国』では、地獄についての詳細な記述が行なわれる。アウグスティヌスは「永遠の罰によって罰せられた人間の身体は、火のなかで魂を失わず、損傷なくして燃え、存在を止めることなくして苦痛を感じる[31]」ようになると語っている。キリスト教の本来の教えでは、復活するまでは、死によって身体は滅びるはずなのに、あたかも生きているかのように身体に苦痛を与えることができると主張するには、説明が必要であるが、アウグスティヌスはそれを神の力によって説明するのである。「なにゆえ神が死者の身体を復活させ、断罪された者の身体を永遠の火によって苦しませる力をもっておられないわけがあろうか[32]」というわけである。

またアウグスティヌスは信徒の生き方に基づいて、人間を二種類に分類する。キリストを土台とした人間とキリストを土台としない人間である。キリストを土台としない人間は、「キリストよりも優先させて何らかの対象を愛する者[33]」である。これにたいしてキリストを土台とするのは、キリストを何よりも愛した者であり、こうした者は「かの世においてだけにせよ、あるいはこの世とかの世においてにせよ、あるいはかの世ではなくこの世においてにせよ、一時的な苦難の火によって燃やされた[34]」後に、救われるだろう。これにたいしてキリストを土台としない者は、この苦難の火によっても救われることはなく、世々限りなく日夜苦しめられる永遠の刑罰にはいる[35]」のである。

その後も中世を通じて煉獄と地獄の理論とイメージが発展していったことは、ダンテの『神曲』が雄弁に語っている。アレントは生きた人間は処罰できるとしても、せいぜい生命を奪うくらいしかできないことを指摘する。しかしこの煉獄と地獄の理論は、この制約を取り払う。地獄のイメージは、「初期キリスト教が罪にふさわしい報いとみなした〈永遠の死〉以上のもの、すなわち永遠の責め苦が処罰になりうるものであること、この責め苦と比較すると、

〈永遠の死〉など救済に思えること」[36]を示した、とアレントは指摘する。

こうして「キリスト教の教義上の信仰体系のなかにプラトンの地獄を取り入れたことは、宗教の権威を強める結果をもたらし、キリスト教は世俗権力とのいかなる闘争にも勝者でありつづけようと望むほどだった」[37]のである。一〇七七年の「カノッサの屈辱」事件が象徴するように、破門の脅しは国王を跪かせるほどの宗教的で政治的な威力をそなえていたのである。

第二節　トマス・アクィナスと共通善

共通善の理論

キリスト教の教会はこのように国家の中の信徒の共同体として、世俗的な国家を越えた権威をもつようになった。このキリスト教はやがて、共通善の理論を構築して、公的な領域にまでその権威を発揮しようとするようになる。アリストテレスの哲学とキリスト教の教義を統合することに成功したトマス・アクィナスは、アリストテレスにならって、人間を「社会的な動物」[1]あるいは「社会的および政治的な動物」と呼ぶ。すべての人間は、「自然本性上、集団のなかで生活する社会的および政治的動物である」[2]。動物には防衛や闘争の手段がそなわっているが、人間はそのような手段がなく、一人では生きられないからである。

トマスが「人間はポリス的な動物である」というアリストテレスの人間の定義を訳すのに、まず「社会的な動物《アニマル・ソキアレ》」という表現に言い換えたことは、アウグスティヌスの「キリストに基礎づけられたこの新しい社会生活《ウィタ・ソキアリス》」[3]という概念をひきついだものであろう。キリスト教の世界では、アリストテレスのようにポリスの活動にかかわることで、善き生を送ることができると考えることはできなくなった。信徒の共同体での活動と、神への愛と隣人愛が重要であり、公的な領域は重要性を失っていたからである。

アレントは、トマスが「このように、政治的なものを、無意識のうちに社会的なものに置き代えたということは、政治にかんするもともとのギリシア的な理解がどれほど失われたかということを、どんな精緻な理論よりもはっきりと暴露している」[4]と指摘している。トマスによると、このように集団のなかで生活するのが人間の本性に適したものであるから、集団を統治する人物が必要である。すべての人が自己の利益だけを追求したのでは、集団はバラバラになって壊れるのであり、集団の「共通善について意図する何者かがこれを統括」[5]する必要があるのである。

この統括する者、すなわち支配者が多数の者によって構成され、こうした多数者が共通善を目指して正しい支配を行なう場合には、それは「ポリテイア」と呼ばれる。少数者が支配するときには、その者たちは「貴族」と呼ばれ、その支配は貴族制と呼ばれる。ただ一人の人物が支配し、「民衆の共通善を追求する牧者」[6]となる場合には、その者は「王」と呼ばれる。トマスによると、これらの支配のうちでもっとも好ましいものは王の統治である。身体では心臓がすべてのものを動かしているように、「すべての自然的統治は一者によって司られている」[7]からである。王は民衆を支配し、自己の利益ではなく、公共の福祉である共通善を目的とする。

ところで人間の究極的な目的は幸福にある。トマスにとって幸福とは、アウグスティヌスと同じように、神を見ること、神を享受することである。国家とは、「同一の法と同一の統治の下に善き生活へと向かう人々」[8]の集団である。この国家において「会い集う民衆の終局目的は〔たんに世俗の国家において〕徳にしたがって生きることではなく、有徳な生活を通して神の享受へと到達することなのである」[9]。

王の任務

ただしこの神の享受へと導くことは、世俗の国家の王の任務ではない。「人間は神の享受という目的を人間的な徳のみによっては達成することができず、神の恵みによらねばならない」[10]のである。だからこの統治は地上の王ではなく、聖職者に委ねられる。魂の救済について王は、聖職者にしたがわなければならない。王の任務は民衆の善き生活という目的が実現されるようにすること、そして「民衆の善き生活をそれが天上の浄福へと到達するように、管理すること」[11]である。

だから王の任務は三つある。すなわち「一つは、治下の民衆のために善き生活を確立すること、二つは、確立したものを維持すること、そして三つは、維持してきたものをいっそうの完成へと推進させること[12]」である。

このように地上の支配者は、国家において共通善を目的として、統治される人々がこの世で善き生を送られるように努力し、天上の浄福に向けて準備させることを任務とする。この任務は偉大なものであるだけに、支配者に求められる徳もまた高いものとなる。民衆は自己の徳の高さによって、共通善に貢献し、彼岸での至福を願いうる。しかし支配者は個人的に徳の高さを追求するだけではなく、集団の共通善の実現を目的としなければならない。そのために支配者には特別な徳の高さが求められる。支配者の徳の高さこそが、共通善の実現を可能にするのである。

第三節　マキアヴェッリ

徳と公共善

このように中世の社会においては、広い意味での公共善を実現することが、世俗の支配者である王の役割であった。王の徳が高くなければ、公共善は実現できない。しかし同時にこれはすべてのキリスト教徒の倫理的な課題であった。社会は信徒たちの倫理的な共同体だったからである。

この王や信徒たちの徳の高さと公共善との結びつきを断ち切ったのが、マキアヴェッリだった。マキアヴェッリは君主は悪徳を学ぶ必要があると考えた。「何ごとにつけても、善い行ないをすると広言する人間は、よからぬ多数の人々のなかにあって破滅せざるをえない。したがって、自分の身を守ろうとする君主は、善くない人間にもなれることを、習い覚える必要がある[1]」のである。

このことは、政治の問題を道徳的な規範の問題から明確に切り離したことを意味している。アレントは、この主張に基づいて、マキアヴェッリは「純粋に世俗的な領域の勃興をはっきりと描きだした[2]」最初の人物であると高く評価している。「この世俗的な領域の活動の法と原理は、特殊的にはキリスト教会の教義から、一般的には人間関係の分野を超越する倫理的な規範から独立していた[3]」のである。

マキアヴェッリの人間観

マキアヴェッリは、政治の問題を考察するためには、「物事について想像の世界のことより、生々しい真実を追う[4]」べきであると指摘する。これまでの政治哲学は、「現実のさまを見もせず、知りもせず、共和国や君主国のことを想像で論じてきた。しかし人が現実に生きているのと、人間いかに生きるべきかというのとは、はなはだかけ離れている。だから、人間いかに生きるべきかを見て、現に人が生きている現実の姿を見逃す人間は、自立するどころか、破滅を思い知らされる[5]」ことになるのである。

人間は、「物を欲しがる」人間か、「所有している物をなくすまいとする[6]」人間かのどちらかである。そしてこの「二つの欲望がもとになって、きわめて悲惨な騒動が起こる[7]」のである。この争いの主な原因となるのは、すでに所有しているものをなくすまいとする人間である。所有が保証されると感じられるのは「自分がすでに所有しているものに何かほかのものが加えられる場合にかぎられる[8]」からである。こうしてその行動と野心はとめどがなくなり、人間の争いはかぎりがなくなる。

そもそも自然は人間をこのようなかぎりなく欲望に駆られる生き物として作ったのである。マキアヴェッリは「自然が人間をこしらえるとき、何によらず自分のものにしたいと焦りながら何一つ手に入れられないように仕組んだ[9]」と考える。「ものを握る力よりも望む欲望のほうがいつもずっと大きいので、結局、自分のもっているものにも心ひそかに楽しまず、そのうえ我と我が身に愛想をつかす気分が力を添える[10]」のである。

またマキアヴェッリは「人間は邪悪なもの[11]」と考える。だから約束をしても忠実に守ることはないから、「あなたのほうも他人に信義を守る必要はない[12]」のである。マキアヴェッリは、君主はこのような野心と貪欲の動物という人間観に基づいて行動すべきである、と主張する。そのための指針となるのが、思慮（プルデンティア）であり、優れたヴィルトゥである。

ヴィルトゥ

ヴィルトゥとはイタリア語で「徳」を意味する言葉であるが、この徳がトマス的な道徳的な徳の高さを意味するのではなく、自己にとっての悪を避け、善をもたらす能力として描きだされるところに、マキアヴェッリが伝統的で道徳的な公共善の規範を破壊していることが明確に示される。彼にとってはヴィルトゥは道徳的なふるまいとはかかわりがなく、みずからの欲望を巧みに実現する能力なのである。

マキアヴェッリは、「悪辣で非道な手段で君主の地位に昇る」[13]君主の例として、シチリアの残忍な僭主アガトクレスの実例をあげている。そして「同郷の市民を虐殺し、仲間を裏切り、信義や慈悲心や宗教心をもちあわせていないものを、君主のヴィルトゥと呼ぶことはできない」[14]だろうと語っている。しかしマキアヴェッリはこれは君主のヴィルトゥではないとしてもある種のヴィルトゥにほかならないと認めている。このヴィルトゥの力でアガトクレスは君主になることに成功したのである。

マキアヴェッリはこのヴィルトゥを、政治体制と歴史を動かす動力のようなものであると考えている。すべての政治体制というものは、「秩序ある状態から無秩序状態に移ってゆき、今度は逆に無秩序状態から秩序ある状態に返ってゆく」[15]ような円環を描くものである。無秩序の状態にあるとき、人々はヴィルトゥを発揮して秩序を確立する。こうして「ヴィルトゥは休息を」[16]生みだす。休息は安逸を、安逸は無秩序を、無秩序は破滅を生じさせる。そこにあらたにヴィルトゥが発揮されて秩序が確立されるのである。政治体制はヴィルトゥを原動力として、このような円環を描くのである。マキアヴェッリは「国がそのほんらいの面目に復帰するには、ただ一人のひとのヴィルトゥがあれば足りる」[17]と考える。このヴィルトゥは善や悪とはかかわりのないものである。野心と貪欲が歴史を動かす原動力であるとすれば、ヴィルトゥはその「実現能力」[18]のようなものと考えられているのである。

ヴィルトゥの実例

マキアヴェッリがヴィルトゥをもっとも活用した人物として称賛しているのは、ヴァレンティーノ公チェザーレ・ボルジアである。「それにしてもヴァレンティーノ公は、驚くほどの無謀さと力量《ヴィルトゥ》の人だった。民衆をどのようにすれば手なずけられるか滅ぼせるかを、知り尽くしていた。あれほど短期間で〔国を〕築いたのに、土台はいたって堅固だった[19]」。

そしてマキアヴェッリが称賛するボルジアの採用した方法は、暴力を行使することだった。ボルジアは邪魔になるウルビーノ公国を統治するオルシーノ家の代表を、和睦のための会議に招集し、殺戮してしまう。「こうして首領たちを抹殺し、その党派のものどもを味方にしてしまうと、ウルビーノ公国はもとよりロマーニャ全域を手に入れ、みずからの勢力のみごとな基礎がためをはたした[20]」のである。

そしてロマーニャ地方を統治するために、レミッロ・デ・オルコという「冷酷で、てきぱきした人物に多大の権限を授けた[21]」。やがて統治の成果があがると、統治の際に必要とされた非道な措置がこの人物の責任であるようにみせかけ、「チェゼーナの町の広場で、レミッロをまっぷたつに斬って晒しものとし、かたわらに板と血刀を置いた。この凄惨な光景を見て、民衆は溜飲をさげるとともに、愕然としたのだった[22]」。

どちらも裏切りであり、「同郷の市民を虐殺し、仲間を裏切り、信義や慈悲心や宗教心をもちあわせていない」アガトクレスと同じようなふるまいである。そしてマキアヴェッリはこの人物こそ、「驚くほどの」ヴィルトゥの人物だと称賛するのである。

マキアヴェッリと革命の要件

アレントは、マキアヴェッリがこのように暴力の必要性を重視したことは、革命につきもののことだと考える。ある出来事が革命と呼ばれるためには、三つの要件が必要であるとアレントは指摘する。第一にある新しい始まりという意味で変化が起こること、第二に「暴力がまったく異なった統治形態を打ち立て、ある新しい始まりという意味で変化が起こる[23]」こと、第三に、抑圧から解放することによって、少なくとも自由の構成を目指していること、である。そしてマキアヴェッリの思想は、革命のこれら三つの要件を満たしているのである。

暴力は、アレントによると、革命の第二の要件である「まったく異なった統治形態を打ち立て」るために必要不可欠なものである。「創設という課題、すなわち新しい始まりを置くという課題[24]」が、「暴力と暴行とを必要として、いわば、あらゆる歴史の始まりにある古い伝説的な犯罪（ロムルスはレムスを殺し、カインはアベルを殺した）の再現を要求[25]」するのである。

マキアヴェッリはロムルスの暴力について、「王国を建国し、共和国を建てるために無法なふるまいに及んでも、これを咎めだてするひとはないであろう。実際、人間の行為は悪くても、結果さえ善ければよい。その結果がロムルスの例にみるように好都合にゆけば、その罪過はつねに許される[26]」と語っている。

革命の第三の要件、自由と解放についてては、マキアヴェッリが『君主論』で求めていたものが、イタリアの解放であったことを確認しておこう。マキアヴェッリはこの書物を捧げたロレンツォ・デ・メディチに「イタリアがいま眼前にみるようなどん底の姿に落ち、イスラエルの民にもまして奴隷となり、ペルシア人も顔負けするほどにこき使われ、アテナイ人以上にばらばらになり、指導者なく秩序なく、うちのめされ、まる裸にされ、引き裂かれ踏みにじられ、ありとあらゆる荒廃に耐えている[27]」と、イタリアの解放のために尽力するように訴えているのである。

革命の第一の要件である新しさについては、アレントはマキアヴェッリが目指していた創設、すなわちイタリアの統一は、新しい体制の樹立ではなく、「復旧」として理解されていたことを指摘する。そして「革命的事件の年が始まったとみてさしつかえない絶対的に新しいもの、ある始まりという特殊に革命的なパトスは彼にまったく無縁なものであった[28]」ことから、マキアヴェッリを革命家とみなすことはできないと断定している。

それでもマキアヴェッリはローマの共和国のたんなる復旧が可能であると考えてはいなかった。そのことは、『ローマ史論』の冒頭で、「元来、人間はそのほんらいの物欲によって、ちょうど未知の陸地や海洋を探すのと同じ危険を冒しても、新しい方法や秩序を求めようとするものである[29]」と指摘していることからも明らかだろう。マキアヴェッリは新しい体制を目指していたのである。

スタート

さらにマキアヴェッリは国家について、共和国とは異なる「スタート」という概念を提起した。アレントは「マキアヴェッリは絶えずローマの栄光に訴え、絶えずローマの歴史を手本にしていたものの、明らかに統一イタリアは古代都市国家や一四世紀の都市国家とは異なる政治体を構成するだろうから、それには新しい名称を与えるべきだと考えていた[30]」と指摘している。それがスタートの概念である。それではこのスタートという概念はどのようなものだろうか。

「スタート」はイタリア語で国を意味する普通の語で、英語の「ステート」に相当する。マキアヴェッリもふつうの意味でこの語を使うことはある。「国を保持する難しさは、新たに生まれた国に較べて、君主の血統になじんできた世襲国家《スタート》のほうが、いたって少ない[31]」という一般論の文脈においてである。

しかしマキアヴェッリは個人や集団の「実際の力」や「勢力」のような意味でもこの語を使う。たとえばフィレンツェで役人を籤で選ぶようにしたところ、実力をもたない人が役人になり、かえって有力者たちが勢力を失ったことについて、マキアヴェッリは「勢力（スタート）を失ったのが彼ら有力者たちであって、コシモ・デ・メディチではなかったことを悟った[32]」と書いている。

コシモなどの有力者は、このような形で勢力としてのスタートを握り、それが実際に国の公的な権力として通用するようになる。「君主、ことに新君主の場合は、世間がよい人だと思うような事柄だけをつねに大事に守っているわけにはいかない。スタートを維持するためには、信義に反したり、慈悲にそむいたり、人間味を失ったり、宗教に背く行為をたびたびやらねばならない[33]」とマキアヴェッリが言うとき、このスタートは国家であると同時に、この君主の勢力である。その君主の個人的な信望であり、権威であり、実力である。それが公的な権力としての国家の意味をもつようになったのである。

その意味で、「スタート」は有力者の個人的な利益を保護するための能力であり、しかもそれが国家という公的な権力とみなされる。これが公共善を目的とした国家というこれまでの国家論とは明確に対立するものであることは明らかである。

マキアヴェッリは、君主は「狐とライオンに学ぶ[34]」べきだと考えた。君主は狐のよう策略の罠を見抜くずる賢さをもつ一方で、ライオンのように、他の動物のどぎもを抜く威力を示す必要があるというのである。狐であり、ライオンである君主は、信義を守るのが不利になった場合には、あっさりと約束を破ることができなければならない。そして相手には力をもって約束を守らせるのである。

やがて「国家理性」(ラジオン・ディ・スタート)という概念が作られる。この概念はマキアヴェッリによるものとされている。それにはさまざまな異論もあるが、国家理性、すなわち公共善のためではなく、国家の維持のため、言い換えれば支配者の利益のためにはいかなる行為も許されるというこの概念が、マキアヴェッリのスタートの概念を背骨としていることは明らかである。佐々木毅が指摘するように、「権力者が自己の行動を国家理性 ragion di »stato« の名の下に正当化するとしても、それは臣民にとっては全く何の意味も持たず、単に権力者が〈自己の利益〉を追求していることを示唆するにすぎない[35]」のである。

このマキアヴェッリの「スタート」の概念は、支配者の利益のために必要な行為を実行する能力であるヴィルトゥと緊密に結びついている。ヴィルトゥは「徳」としての道徳的な性格を完全に失い、自己の利益を保持する能力という意味をもつようになっていたが、それは「スタート」から公共善を目指す公的な権力という意味が失われ、支配者の個人的な利益の保護を目指す実質的な力という意味をもつようになったことと、まったく同じ事態なのである。

共和国

このようにマキアヴェッリのヴィルトゥとスタートの概念は、いわゆる「マキアヴェッリズム」をもたらす結果となる。しかしマキアヴェッリのうちには、このマキアヴェッリズムとは異なる論理が働いている。アガトクレスのヴィルトゥは、君主のヴィルトゥと呼べないだろうという前記の文章は、その緊張関係を象徴するものである。

公共善と徳の結びつきを絶ってしまったマキアヴェッリは、イタリアの独立と自由を、イタリアの国家の公共善を願っている。しかしマキアヴェッリの人間像では、人間は本性において腐敗し、堕落している。自己の利益のために悪をなすことを躊躇しないのが人間である。その人間像からどのようにして自由で独立した共和国を作りあげることができるだろうか。

その道は二つ考えられている。一つは善き立法者の出現に期待することである。いわばプラトンの哲学者王のような人物が登場することである。マキアヴェッリは『君主論』をロレオツォ・デ・メディチに捧げて、「ご尊家が、運命とご自身の器量によって、やがて約束されたご勢威の極みに到達なされますこと、それがわたしの願いにほかなりません(36)」と語っていた。このような人物がヴィルトゥによって「スタート」を確保し、君主としてその国家に適切な法律を定める立法者となるならば、理想とする共和国が生まれる可能性はある。

ただしこれが困難であるのは、マキアヴェッリもよく承知していた。腐敗した国を改革して立法者となるには、「権力を存分に使えるように、専制君主になっておかねばならぬ。一方において、国の公私両生活にわたって改革するためには有徳の人が必要であり、他方においては、共和国で権力を簒奪するには、まずもって野心に満ちた悪党でなければならない(37)」という矛盾を避けられないからである。有徳の市民は権力を簒奪しようとはしないだろうし、悪党が「君主になって善行を志したり、自分が権力を奪うときには悪事を働いたにきまっているのに、急にそれを善用しようという気になったりするのは、滅多にないことに違いない(38)」だろう。これは奇蹟に近いことなのである。

あるいは、歴史的な偶然がこれを実現することもある。マキアヴェッリはローマという理想的な共和国は、立法者なしに成立したが、人民と元老院の対立のうちに、民主制、貴族制、王制の均衡がとれるようになり、「三つの権力の釣合いがとれて完全な共和国が生まれでた(39)」と語っている。ほんらいは無秩序を生むはずだったこの人民と元老院の対立のために、法律が生まれた。その法律は「欠点だらけだったが、しかしそれを完成の域に導く道からはただの一度も踏み外したことがなかった(40)」。そして善い法律から正しい教育が生まれ、「立派な模範的な行為は正しい教育から生まれた(41)」のである。これはローマの奇蹟だった。

マキアヴェッリとキリスト教

最後の可能性は宗教にある。マキアヴェッリはローマの実例から、宗教の力を実感する。「ローマ史の精神を味わうと、軍勢を下知するにも人民を融和するにも、宗教が役立ち、善人には身の安全を楽しませ、悪党どもにはその罪を恥じ入らせていたことがわかる[42]」のである。宗教は人民の統治に役立つだけではない。法律の権威づけにも役立つのである。「実のところ、今までどんな立法者でも、神力の助けを借りないで、何か特別な国法を制定したことは一度もない。そうしなければ世人を納得させられなかったからである[43]」。

アレントは、マキアヴェッリがこのように最後になって宗教をもちださざるをえなかったことについて、これは立法者が直面する根拠づけの難問にたいする逃げ道だったと指摘している。「政治関係に宗教的な配慮をもちこむことに断固として反対したマキアヴェッリも、神の助けや立法者の霊感さえ求めなければならなかった[44]」というのである。マキアヴェッリは宗教的な人間ではなかった。ルソーが『社会契約論』で後に同じ道をたどるが、マキアヴェッリの「〈高遠なる天への訴え〉は、なんら宗教的な感情に支持されたものではなく、もっぱらこの〈困難を回避〉したいという願望によるものであった[45]」のはたしかである。

そのことは、マキアヴェッリがみずからの魂の救済よりも国家のことを大切に考える人物だったことからも明らかである。マキアヴェッリは一三七一年にローマ教皇の使節が大軍をもってフィレンツェを襲った際に、市民が抵抗しつづけ、三年の戦争を戦いぬいたことを語りながら、「これらの市民たちは、自分たちの魂の安息よりも国家の安泰のために頭を悩ましていた[46]」と称賛している。また晩年のある書簡ではみずからについて、「わが魂よりも、わが祖国を愛します[47]」と語っているのである。

そもそもローマの素朴な宗教はすでに失われ、イタリアはキリスト教、とくにローマ教皇によって腐敗していた。「教会と聖職者たちのおかげて、イタリア人はわれひとともに何よりも第一の神の道を忘れ、悖徳無慚の生活ができるという恩恵に浴している[48]」のである。そのイタリアでどのようにして宗教が共和国の建国に役立つことができるだろうか。これもまた奇蹟に近いことである。

たしかにキリスト教はフランチェスコ会やドメニコ会などの清貧修道会によって、ひとときは革新されたようにみえた。これらの修道会はイエスの生活、原始キリスト教の精神に立ち戻るように訴え、そして実際にそのような生活を送ったのだった。「このひとたちは、清貧の風とキリストの生涯にみられる模範の力によって、当時すでに薄れかかっていた信仰を世人の心に呼び覚ました[49]」のは確かである。

しかしマキアヴェッリは、それがもたらした効果は逆説的なものだったと指摘している。この修道会が人々に「非常な信頼を博した[50]」ために、高位の聖職者たちの無信仰ぶりが露わになっても、キリスト教の教会が存続できたのである。修道会の清貧ぶりを目撃した人々は、「彼らの懺悔と説教に動かされ[51]」、悪を追求することは罪であり、悪人の処罰は神にまかせようと考えるようになったからである。「かくして革新のおかげで信仰は維持されたし、また現に維持されているのである[52]」。清貧修道会の革新も、キリスト教会が延命するために役立ったにすぎないのである。アレントは、「改革された教会は、マキアヴェッリの眼からみると、はるかに危険であった[53]」と指摘する。

このようにマキアヴェッリは人々が公的な領域で活動することのできる共和国の実現を願っていたが、公共善とヴィルトウを分離し、人間が貪欲と野心によって動く利己的な生き物であるという彼の人間観によるかぎり、イタリアにおいて自由で独立した共和国を建国する可能性は、奇蹟にでもよらなければ期待できないことだったのである。

第四章　近代社会の誕生

第一節　近代の政治と哲学

社会の登場

マキアヴェッリが望んでいたものは、近代的な自由で独立したイタリアを建国することであった。この夢が実現するまでは、まだ数世紀の時間がかかるだろう。近代的な国民国家が成立するまでには長いプロセスが必要となる。封建的な社会が崩壊して、近代的な社会が誕生するための生みの苦しみの時期である。

この近代的な社会の誕生によって、公的な領域と私的な領域という古代以来の対立関係が崩壊することになる。それは政治経済学（ポリティカル・エコノミー）という言葉の登場に象徴される。経済学（エコノミー）は、私的な領域である家庭（オイコス）運営の術であり、これは公的な領域での活動である政治（ポリティクス）とはまったく対照的な活動であった。しかし絶対王政の時期から、統治者の家政が国家の家政という意味をもち始めたのだった。

これまでの公的な領域に人間の生存という生物学的な要因が登場し、経済的な統治が国家の主要な役割となり始める。アレントは、「薄暗い家庭の内部から公的領域の中へ社会が現われてきたこと、家計、その活動力、その問題、その組織的な仕組みなどの勃興によって、私的なものと公的なものとの古い境界が曖昧になった(1)」ことに注目する。社会の勃興である。

そして国家の役割は、勃興してきた社会がその機能をはたすことを援助することに限定されるようになる。アダム・スミスが求めた夜警国家とは、国家の機能を社会の経済的な活動を維持するための最小限の活動だけに制限する国家である。社会の経済的な活動は、市場の「見えざる手」に委ねるのが最善であると考えられたのである。

この社会の特徴は、それが「見えざる手」によって支配されているということ、「裏返していえば、社会が誰によっても支配されていないということである。わたしたちが伝統的に国家とか政府とか呼んでいるものは、ここでは純粋な行政に席をゆずる」(2)ことになる。

私有財産

公的な領域が崩壊したために、私的な領域も崩壊する。それは私有財産の消滅ということに象徴されていると、アレントは考える。アレントは、財産と富、無産と貧困は明確に異なる概念であることを指摘する。富とは「社会全体の年収にたいする個人の分け前」(3)である。それにたいして財産とは、「政治体に属すること、つまり集まって公的領域を構成した諸家族のうちの一つの長となること」(4)であるという。富は経済的な概念であるが、財産は政治的な概念なのである。財産は具体的には家という形をとる。家の壁は、公的な領域と私的な領域の境界であり、この壁の内部で家族は生物学的なプロセスを維持する。それは公的な領域からは隠されるべきものである。「この私的な生活の神聖さは、隠されたものの神聖さに似ており、すべての生き物と同じく、地界の暗闇から出てそこに帰る死すべき人間の生と死の神聖さ、その始まりと終わりの神聖さに似ていた」(5)という。

私的な生活は公的な領域のまなざしから隠されるべきものであると同時に、私的な領域における自由を意味した。「奴隷のように、自分自身の私的な場所をもたないことは、もはや人間でないことを意味したのである」(6)。家庭はまたプライヴァシーの場所でもあった。すでに考察してきたように、古代のギリシアでは、財産を所有していても富を所有していない者は、公的な領域に自由な市民として登場することはできなかった。財産をもつ自由人であっても、富が十分にないために奴隷を働かせることができない人、みずからの手の仕事で家族を養わねばならない人は、市民とみなされなかった。公的な領域で活動する市民であるためには、多数の奴隷を働かせて、「その所有者が自分で使用手段と消費手段をえる仕事にたずさわる必要がなくなり、公的活動力の自由が確実に保証[7]」されている必要があったのである。

ホッブズの人間像

本書の冒頭で考察したように、アレントは新世界の発見、望遠鏡の発見、宗教改革による土地の収用[8]という近代初頭の三つの出来事が、近代を可能にすると同時に、公的な領域に登場するために必要な私的な財産が剝奪され、社会が勃興するための重要なきっかけとなったと考えている。そしてこのような財産を奪われた個人から作りあげられる社会の原理をもっとも徹底して考察した哲学者が、ホッブズだった。マキアヴェッリはまだ共通善を信じていたが、ホッブズにはそのような概念は跡形もない。ホッブズの政治学は、何ももたない裸の人間の考察から始まる。そのような状態で人間を考察すると、人間は平等である。たしかに力の強い人間はいるが、寝ているときに寝首をかかれたのでは、命を守れない。力の弱い人間でも、数人で協力すれば、どんな力の強い人間でも殺すことができるだろう。「肉体の強さについていえば、もっとも弱い者でもひそかな企みにより、あるいは彼自身とおなじ危険にさらされている者との共謀によって、もっとも強い者を殺すだけの強さを持っている[9]」のである。

これはすべての人間を「潜在的な殺人者[10]」とみなすということである。この潜在的な殺人者で作られる社会は戦争状態のうちにある。この「継続的な恐怖と暴力による死の危険[11]」にさらされた「人間の生活は孤独で、貧しく、険悪で、残忍で、しかも短い[12]」。こうした悲惨な状態から解放されるために、人間は国家を設立し、「処罰への恐怖によって人間を拘束する、眼に見える権力[13]」を設立しようとする。

こうして人々は、自然のうちにそなえていた自己保存の権力を他者に譲渡する。各人は各人にたいして「わたしは、この人に、また人々のこの合議体にたいして、自己を統治するわたしの権利を、権威づけ、与えるが、それはあなたも同じように、あなたの権利を彼に与え、彼のすべての行為を権威づけるという条件においてである[14]」ということになる。これが社会契約である。

社会契約

この契約が成立すると、人々は主権者になり、国家が誕生する。この国家の主権者は、この契約の当事者ではない。契約を締結するのは個々の人間である。そして主権者は契約の当事者ではないから、いかなる制約もうけない。主権者の行為は、臣民がみずから行なったはずの行為であり、これを否定したり制約したりすることは、契約を締結する臣民がみずからの行為を否定し、制約することになるからである。臣民は統治形態を変更できないのであり、「ある君主にたいして臣民である人々は、彼の許しなしに、王政を投げ捨てて、無統一な群衆の混乱へと復帰することはできない(15)」。

また臣民は、主権者のすべての行為を承認しなければならない。臣民は自主的に契約を締結したのであるから、主権者の定めることに抗議するならば、それは自分の契約に反することであり、不正である。逆に主権者の定めるすべてのことは正義であり、それに反対することができない。

このようにホッブズが著書『リヴァイアサン』で構築する国家は、臣民のいかなる抗議も承認せず、不正と判断する。ホッブズは、「人工的な人間」であるこの国家リヴァイアサンは「それが保護し防御するように意図された自然人よりも大きくて強い(16)」と誇っているが、それは専制的な権力であり、いかなる逸脱も認めようとしないからである。アレントは、ホッブズは「自分の構想した国家に、専制の名を誇らしげに要求した唯一の政治思想家である(17)」と指摘している。

市場社会

聖書に登場する海の怪物レヴィアタンの名前からリヴァイアサンと名づけられたこの国家は、このように専制的な国家であるために、臣民が国家の公的な領域に参加することは考えられていない。この契約では公的な領域である国家と、臣民の私的な領域である社会は明確に分離されていて、臣民は社会の領域におしとどめられているのである。逆に国家は、臣民の社会的な活動には関与しない。ただ臣民の安全を維持するだけである。

ルソーの社会契約で設立された国家では、市民は公的な領域で活動する。一般意志という形で国家を運営してゆく。しかしホッブズのリヴァイアサンでは、臣民にとっては「すべての公的・国家的な問題が必然性の衣をまとって現われるために、臣民はもともとそのために権利剥奪が行なわれたはずの私的利害の領域だけに生きざるをえない(18)」ようになる。

この私的な利害だけで作られる社会の領域こそが、近代の資本主義の市場社会のうちにやがて登場する市民社会である。そこでは個人は一つの人格として登場するが、その人格には「価値」が割り当てられる。ホッブズは人間の価値とは、「彼の価格である。換言すれば、彼の力の効用にたいして与えられる金額である。それゆえに絶対的なものではなく、他人の必要と判断とに依存するものである(19)」と断言する。

人間は自然の力においては平等であったが、社会では他人の評価に応じた「価格」が割り当てられるのである。この価格は名誉として表現される。大きな富をもつこと、博学であること、人から愛されること、国家から官職を与えられること、支配することなどは、他人から高く評価されることであるから、名誉あることであり、その人は社会において高い価格を認められた人物となる。ホッブズはあらゆる特権や中間団体を排除する。社会は、平等な個人がこの名誉という価格を獲得すべく競争する場所である。

この名誉は、これまで徳という名で呼ばれてきたものである。公共的な善を機軸としてきた伝統的なヨーロッパの政治思想に代わってホッブズが提起したのが、この競争によって自分の価値を高くするよう努力する人々によって作られる社会という概念である。これまでの公的な領域では人々は活動によってその卓越さを示してきたが、この社会では市民は労働によって、その卓越さを示すようになる。「わたしたちは、公的に行なう労働において、卓越を示すようになった(20)」のである。政治的な活動ではなく市民的な労働が、その市民の「価格」を決定するのである。

このように徳の概念が失われて、人間が市場で他者から評価される価値と価格の概念が登場してきたことは、かつての政治的な共同体における卓越さの意味が失われ、人間の内的な卓越さが、他者による外的な評価に置き換えられたことを意味する。アレントは、すべての物が価値で計られるものあるいは商品に転化した瞬間から、「すべての物はそれぞれ、それらの物と交換に獲得される他の物との関連においてのみ存在するようになる」[21]ことを指摘する。だから「すべての固有な真価《ワース》が失われたということは、絶えず変化する需要と供給の評価と無関係な客観的な価値《ヴァリュー》をもつ者はもはや姿を消し、すべてのものが別の等価のものと取り替えることができるということである」[22]。

近代以降、「価値」という相対的な評価を示す言葉が圧倒的になっていて、もはやこうした内的に固有な真価《ワース》を考えることも困難になっている。カントもまたこの価値の概念を使わざるをえないために、価格をもたないものについて、「尊厳」という概念で表現せざるをえなかったのである。カントは「目的の国ではすべてのものは、ある価格《プライス》をもつか、ある尊厳をもつかのいずれかである。価格をもつものは、別の等価のものと取り替えることができる。これにたいしてすべての価格を超越しているもの、いかなる等価のものも認めないものは、尊厳をそなえている」[23]と語ったのだった。手段と目的の関連のうちに含まれるすべてのものは、固有の内的な真価《ワース》をもつことができず、こうした真価をもつのは、目的の目的とでもいうものだけなのである[24]。

そしてアダム・スミスの理論が示すように、国家は公的な活動の領域ではなく、この市民が競争する場である資本主義的な社会を保護するためのメカニズムとなった。この社会の登場とともに国家はたんなる夜警国家であることを求められるようになったのである。

アレントが指摘するように「ホッブズが描いたのは、彼が予感したばかりか、細部にいたるまで正確に見抜いていた来たるべき社会組織の要求を満たし、そのなかで活動するには、人間はいかにあるべきか、そしてキリスト教もしくは古代に起源をもつヨーロッパの伝統を捨てて、どこに赴くべきか[25]」ということだったのである。

社会の勃興

このようにして公的な領域であるはずの国家は、まずは夜警国家として、市民社会を保護し、規制するだけの役割を与えられるようになる。そして資本主義の時代とともに、社会が公的な領域と私的な領域のはざまに登場し、社会が半ば公的な意味をおびはじめるのである。「薄暗い家族の内部から公的領域の光の中へ社会が現われてきたこと[26]」

によって、これまでの公的なものと私的なものという概念そのものが揺らぎ始めたのである。

これによって人間の生きる場としての社会に革命的な変化が生じたわけであるが、アレントはこの社会の勃興の影響を、正義の概念の消滅と自然状態の概念の登場、親密さの領域の登場と小説の流行、進歩の概念の登場という三つの観点から分析している。

正義の概念の消滅と自然状態

まず社会において人間が価格をもち、競争の原理においてみずからの価値と卓越を示すようになったということは、すべての人間が交換価格という相対的な尺度で評価されるようになったことを意味している。「一切が価値となり、社会がその各々の価格を一般的な交換において決定するということは、善や徳が、そしてついには人間そのものが社会化されたということである(27)」。

これはすべてのものが比較可能で相対的なものとなったということであり、「そこでは絶対的なるものはもはや確定できない(28)」ということである。すなわちもはや共通善も正義も存在しなくなったということである。

正義の概念の代わりに登場したのが、自然状態という概念である。ホッブズは、国家を設立するためにすべての市民が締結した社会契約に違反する者や契約を否定した者は、臣民として処罰されるのではなく、「敵」とみなされると宣告している。「ある臣民が事実または言葉によって、故意にかつ熟慮して、そのコモンウェルスの代表の権威を否認するならば」、国家の代表はその臣民に「どんな害を与えても合法的でありうる(29)」のである。そのとき国家とその臣民は戦争状態に入ったのである。ここでは公的な社会に反する者は正義の概念によって処罰されるのではなく、敵とみなされて排除されるのである。

この状態において臣民は自然状態に戻るのであり、万人が万人の敵であるという状態が再現される。その状態では人間は自分の生命と安全の保護のために自由に行動することができる。それが自然権である。この自然状態では、「戦争のあらゆる援助と利益を求めかつ用いてよい(30)」のである。

この自然状態の理論によると、反社会的な行動をとる者は、社会契約に違反した者であるから、敵とみなしてよいことになる。この競争社会にあって、社会で成功するかどうかは運によって決まる。運の悪いものは貧者になり、犯罪者になるだろう。「貧者と犯罪者の区別はなくなる。貧者は競争のルールに耐えられない人間であるために、犯罪者は競争のルールを破ろうとしたために、ともに社会の埒外にある[31]」のである。そして社会の埒外にある者は「もはやほんとうには人間とは言えない[32]」ことになる。

このようにして社会から排除された人々は、もはや正義に訴えることも、「キリスト教徒の良心に訴えることもできない[33]」。その代わりに彼らにとって、「自分たちを殺人集団として組織する可能性は、いわばアプリオリに示されている[34]」のである。アレントは、アフリカなどの植民地において暴力的な支配を行なった植民地行政官たちは、国家による恩恵をうけなくなった人々であり、みずからの利益を守るために、このホッブズの自然状態のもとに置かれた人々と同じようにふるまうことを指摘する。ホッブズは「ブルジョワジーの態度と、その生みの子たるモッブの態度を堂々と指示し、さらにはヨーロッパの没落とふつう理解されていることまでを教えたのである[35]」。

親密さの領域と小説の流行

このように社会が半ば公的なものとして登場してきたことで、それまで家族の私的な領域の闇のうちに隠されていたものがあらわになる。誰もが家族の闇から抜けだして、社会という光の中でみずからの卓越さを示すことを求められるようになったのである。これによって近代の社会に特有な「親密さ」という領域が登場するとアレントは考える。これは社会の中で、社会に抗しながら、私的で親しい間柄を確保しようとする空間である。

この「親密さ」の領域を発見し、理論化したのは、ルソーだった。ルソーは「人間の魂をねじまげる社会の耐えがたい力にたいする反抗や、それまで特別の保護を必要としなかった人間の内奥の地帯への社会の侵入にたいする反抗を通じて[36]」、親密さの概念を発見したのである。

現在では親密なものこそが私的なもの、プライヴェートなものと呼ばれているが、プライヴェートなものとはもともとは公的な光を奪われたもののこと、家族の闇の中に隠されたもののことである。しかし新たに登場した社会のうちではこの親密なものは、家族の闇をぬけだして社会の光の中に出てきた者たちが作る一つの囲まれた空間である。そこでは人々は社会のほの暗い光を浴びながら、仲間うちだけの親交を楽しむことができる。その意味ではアレントが指摘するように、「近代が親密さを発見したのは、外部の世界全体から主観的な個人の内部へ逃走するためだった(37)」と言えるだろう。

この親密さのうちで、社会の中での「個性的なもの(38)」という現象が生みだされるようになる。ただしこの個性的なものという概念は両義的である。というのも、人々が個性を持てるのも、社会のうちでみずからを他者と比較することによってだからである。だから「この領域においても、人間の仲間どうしが客観的な基礎に立つ関係を失い、社会が個人にたいする支配権を握ったという事実に変わりはない(39)」のである。社会の中の個人を支配するのは競争の原理であり、成功するかどうかを決めるのは、個人の力量としてのヴィルトゥであるよりも、運命だからである。

そのために、近代の芸術形式として小説が重要な役割をはたすようになる。「小説は個人と社会の相互作用を描くもの」であり、「小説においてこの運命の概念が社交界のほんらいの芸術形式となった(40)」のだった。一七世紀に最高潮を迎えた悲劇や喜劇は衰退してゆき、小説が一九世紀に最高潮を迎える。行為する人間を描きだす劇という芸術形式は、「行為のない世界、すなわち行為者がすでに必然性に屈伏しているか、あるいは偶然によって助けられているような世界では、生きる土壌を失ってしまった(41)」からである。同じように、公的な芸術である建築もまた、「驚くほど衰退した。このことが、社会的なるものと親密なるものとの密接な関係を十分に証言している(42)」のである。

プロセスとしての進歩の概念の登場

社会の勃興にともなう第三の特徴として、進歩の概念の登場を挙げることができる。この概念の揺籃は政治的な領域と経済的な領域の両面から考えることができるだろう。政治的には、この社会ではすべての個人が他の同等な個人と競争の原理のもとに置かれ、すべての国家が自然状態の概念のもとで、他の国家と競争の状態に置かれたことから、必然的に進歩という概念が生まれる。アナーキーな競争の原理のもとにある個人や共同体は、「平穏な安定の中では滅びるしかない[43]」からであり、「絶えざる権力拡大、権力蓄積のプロセスの中にあってのみ、国家は安泰でいられる[44]」からである。

また経済的には資本の蓄積を自己目的とする資本主義は、回転をやめると倒れてしまう独楽と同じように、進歩し、資本の蓄積を増やすことを絶えざる目的としているからである。どちらの領域でも、この社会は無限なプロセスとして進歩を宿命づけられているのである。

カントは人間は自然の目的を実現するために、無限に進歩すると考えた。ヘーゲルは人間は自由になるという目的を目指して、歴史のうちで進歩すると考えた。アレントはこの目的に向かう進みゆきという視点から、進歩について考えることを拒否する。外部にある目的のためではなく、プロセスとしてその運動そのものに進歩という特性がそなわっていると考えるのである。アレントは、進歩という概念は資本主義という経済的な原理にみあったものであり、目的の概念はあとから哲学者たちによってつけ足されたものにすぎないと考えるのだ。

アレントは、資本の蓄積という近代の資本主義の社会の原理が、社会にとっては「進歩」として感じられることを指摘する。そして「この進歩のプロセスの中に個人も民族もついには人類全体も（今日きわめて人気の高い世界国家の設立にいたるまで）、否応なしに捉えられてしまう[45]」ことになる。

アレントは進歩という概念にはきわめて否定的である。それは第一にはそこに世界疎外の象徴をみいだすからである。進歩という概念はその背後に没落の概念を潜めている。進歩はまず、過去の否定である。進歩した現在からみると、過去は劣ったもの、否定されるべきものである。アレントが引用しているベンヤミンの『歴史哲学テーゼ』では、歴史の天使は「顔を過去に向けている。われわれの目には出来事の連鎖が映るところに、彼は災禍のみを見る。その災禍は絶え間なく廃墟の上に廃墟を積み重ね、彼の足元にまで瓦礫を投げつけてくる[46]」のである。

この天使は顔を過去に向け、背中を未来に向けて、過去からの風で未来へと吹き飛ばされていく。だから現在は一瞬にして過去となり、未来から眺めた現在はすでに過去の廃墟となっているのである。すべての現在が廃墟に他ならない。「われわれが進歩と呼ぶのはこの凪なのだ[47]」とベンヤミンは語る。進歩は現在を、あるがままの世界を否定するまなざしなのである。

第二にこの進歩という概念は、その背後に資本主義的な蓄積の無限の可能性という空しい夢を秘めている。「資本蓄積の無限のプロセスは、〈無限の権力〉の保証を、すなわち資本蓄積の時に応じて必要になる以外は何ものにも拘束されてはならない権力蓄積の保証を必要とする[48]」のである。このような権力を提供することができるのが、ホッブズのリヴァイアサンである。「〈人が現在所有しているよく生きるための権力と手段を確保しうるのは、さらに多くの権力と手段を手にいれる場合だけである〉という自明の理を行動の一般原則とした新しい〔ブルジョワジーという〕所有階級の条件のもとで生きるならば、その結果はリヴァイアサンでしかありえない[49]」だろう。

プロセスの行き詰まり

しかしこの無限の蓄積は不可能である。それは地球が有限だからである。このために無限の進歩と蓄積のプロセスは、あるところで行き詰まりに直面せざるをえない。「それはあたかも地球に限られた人間生活自体の条件が、人間によって解き放たれたプロセスとの矛盾に陥ったかのようだった[50]」。このプロセスはひとたび解き放たれると、もはや抑えようのない自動的なプロセスである。あたかも魔法使いの弟子が、解き放つことだけを学んで、止めることを知らなかった水のように、このプロセスは人々の手を離れてしまう。そして「地球の限界にまで達してしまえば、必然的に破壊的にならざるをえない[51]」のである。アレントは、ホッブズの哲学は、この資本蓄積のプロセスの必然性を見抜いたものであると、高く評価する。ホッブズは、当時の社会のありかたから、「自らの存在は、富にでも権力にでもなく、たえざる増大というダイナミックな原理としての所有に基づいている新しい強力な階級が台頭[52]」してきたものであるという事実を見抜き、「これによって財産や富についての従来の概念がすべて根本的に変わったことを認識した[53]」のだった。

かつては富を所有しているということは、その財産を蕩尽し、浪費することができるということだった。バタイユが指摘するように、富は蕩尽されることで、その真の姿を現わす。蕩尽されない富は富の資格がないのである。しかし資本主義の社会とともに、富は消費されるべきものではなく、資本として、新たな富を生み出す源泉となるべきものへと変わった。ウェーバーが資本主義の精神を「古典的な純粋さにおいて[54]」表現していると称賛したベンジャミン・フランクリンは貨幣を牝豚に譬えて、お金を使うことは、小豚を生むはずの牝豚を殺すようなものだと指摘する。「子を生む親豚を殺す者は、千代にもわたって、その子孫を殺してしまうことになる。五シリング貨幣を殺す者は、それが生んだはずのすべて、場合によっては何万ポンドをも殺すことになる[55]」。

そして資本主義のプロセスにおいては、この富の蓄積が自己目的となる。社会のシステムの全体が富の蓄積を目指して作動しているのである。アレントは所有と消費という営みは、私的なものであり、消費と破壊を目指す私的な営みであることを指摘する。「所有の最も徹底した完全な形式は、破壊か完全な消費である[56]」。それは「ある共同体に不滅性を与えることを任務としている[57]」政治原理とはなりえないはずのものであった。

しかし資本主義の社会では、「原理的に人間の生命をつき破って絶えず富を増大させ続ける自動的なプロセスにおいては、ほんらい何よりも死すべき人間と結びついているために厳然として私的な事柄だった所有が、すでに公的な事柄と化している[58]」のである。

アレントはこのように私的な事柄が公的な事柄となるのは、「それが公的・政治的な領域から所有の無限の蓄積に必要な無限の時間をいわば盗みとった場合のみである[59]」と指摘する。この「盗みとる」というのはユニークな表現だが、消費社会では、蓄積を無限につづけてゆくためには、その社会のすべての個人が所有し、消費することが重要な意味をもつようになる。私的な事柄が公的な意味を帯びざるをえないのである。

私的な利益の破壊的な要素

ホッブズは、公共の利益と私的な利益が交錯するときには、人間は私的な利益を選ぶものだから、「公共の利益と私的な利益とが、もっとも緊密に結合されている場合に、公共の利益はもっとも促進される。ところで王政では私的な利益は公共の利益と同一である[60]」と語って、王政を高く評価する。王政においては私的な利益を推進することが、公的な利益を促進することになる。この公的な利益と私的な利益が対立しないという考え方は、その後のイギリスの哲学の中心的なテーマとなった。「私人の悪徳は公共の利益」というサブタイトルをもったマンドヴィルの『蜂の寓話』は、その何よりの証明である。しかしアレントは、私的な利益が公的な利益と一致するなどということを信じていない。それならば政治というものも不要であろう。それは天使の世界であるか、「蟻塚と同じもの[61]」であろう。

私的な利益が公的な利益と一致するようにみえたとしたら、それは私的な利益が、「政治共同体の不滅性から、みずからのために、プロセスの超人間的な時間の持続を盗みとった[62]」ためにすぎない。アレントはこれによって、共同体の中に私的な利益につきものの二つの破壊の要素が持ち込まれたと指摘している。

第一の破壊の要素は、権力政治である。主権者は握った権力を絶対に手放してはならない、とホッブズは力説する。この主権者の権力は「至高の司法権力、自己の権威によって和戦を行なう権力、コモンウェルスの諸必要を判断する権力、自己の良心によって必要と判断する時と量において、貨幣と兵士を徴発する権力、和戦の役人や代行者を作る権力、教師を任命し、人民の防衛と利益にどの学説が一致しまた反するかを検査する権力[63]」と、きわめて多様なものである。

この権力政治が作りだす臣民は、権力を崇拝し、「現実には専制を憤る可能性すらもたず、飼い慣らされた無気力のためにいかなる命令にも服従し、そして不可抗力という彼には訳のわからない理由から、彼の無二の親友を殺すことを命じられたとしても、同じように唯々諾々と従う[64]」ような人間であるに違いない、とアレントは考える。

破壊の第二の要素は、「絶滅戦争[65]」である。ホッブズの示した自然状態と社会契約という概念は、世界におけるさまざまな国家にもそのまま適用される。カントは永久平和を論じたときにこのことを明確に示している。「国家としてまとまっている民族は、複数の人々のうちの一人の個人のようなものと考えることができる。民族は自然状態においては、すなわち外的な法にしたがっていない状態では、たがいに隣りあって存在するだけでも、ほかの民族に害を加えるのである[66]」。

カントはそのために国家は、この自然状態から抜けだす必要があり、国際的な連盟を設立することが必要になると指摘した。しかしアレントは、この状態のもとでの国家は、すでに考察した無限のプロセスに捉えられていて、破滅へと向かうことを指摘する。「自然状態にあっては諸国家はたがいに対立をつづけ、そして万人の万人にたいする戦いとしての自然状態では、他の国家を犠牲にして、たえざる権力の拡大が可能になる[67]」からである。

アレントはこのプロセスについて『人間の条件』では、「未来が何をもたらそうと、〔個人の財産の〕収用に始まり、たえず増大する富の蓄積を特徴とする世界疎外のプロセスは、今後もそれに固有の法則に従うのを許されるならば、今よりももっと激しく進むだけであろう[68]」と指摘している。

バタイユもまた、過剰な富の蓄積が「呪われた部分」として、地球と人間に破壊的な帰結をもたらすことを指摘していた。「過剰エネルギー（富）は一つの組織（たとえば一個の有機体）の成長に利用される。しかしその組織がそれ以上成長しえないか、あるいは剰余が成長のうちにことごとく摂取されえないなら、当然それを利潤ぬきで損耗しなければならない。好むと好まざるとにかかわらず、華々しい形で、さもなくば破滅的な方法で、それを消費せねばならない[69]」。それがたとえば核爆弾の製造であり、戦争における兵器と人命の消耗である。

アレントもまた、「無限の権力蓄積によって成り立つホッブズの国家に内在する破壊的要素のために、結局はホッブズは、最後の戦争に参加するところまで論理を進めるようになる[70]」と指摘する。この「最後の戦争」とは、弱小のすべての共同体が強大な共同体によって潰され、「勝者と死者しか残さない絶滅戦争[71]」である。そして最後の戦争も、その後で平和を実現するものではない。このプロセスは「つねに新たな餌を必要とする[72]」からである。そこで地球は有限であるとすれば、「無限のプロセスをまた新たに始めるには、自分自身を破壊するほかはない[73]」のである。

ホッブズの方法

ここで国家をリヴァイアサンとして構想したホッブズの方法のもつ近代性について確認しておこう。イギリスで農業革命が実現し、同時に多量の浮浪者が発生していた頃に思想形成したホッブズは、近代資本主義社会にふわさしい国家を構想するにあたって、同時代のガリレオやデカルトにならぶ近代的な思考方法を採用していた。

ホッブズは、国家について考察するには、まず人間について考察する必要があると考えた。プラトンは人間のあいだでの正義を考察するために、それよりも大きなもの、すなわち国家について考察しようと考えた。ホッブズは逆である。国家について考えるには、まず自分自身について考えるべきだと判断したのだった。

ホッブズは「汝自身を知れ」という古いギリシアの諺をあげて、次のように語る。「一人の人間の思考や情念は他人のそれと類似しているから、人がもし彼自身をみつめて、自分が思考・判断・推理・希望・恐怖などをするときにどういうことをするか、また何に基づいてそうするかを考察するならば、それによって彼はつねに同様な場合における他のすべての人の思考と情念がどのようなものであるかを知るだろう(66)」。

人間は他人をその行動によって理解することができる。しかしそれは実際に知っている数人の他人にしかあてはまらない。国家について理解するためには、人類を理解しなければならず、そのためには自己を内省する必要があるという。「全国民を統治しようとする者は、彼自身のうちに、あれこれの個別の人間ではなく、人類を読み取らねばならない(75)」のである。

望遠鏡の発明の意味

このホッブズの内省による方法論をもっとも明確に表現したのが、懐疑の末にもっとも確実なものを自己のうちにみいだした同時代の哲学者のデカルトである。アレントはホッブズとデカルトには、懐疑が思索のきっかけとなり、内省をその方法論として採用したという共通性があることを指摘している(76)。同じ時代に同じきっかけで、同じ方法論が採用されたことには理由がある。二人ともガリレオによる望遠鏡の発明がもたらした大きな影響のもとで考察したからである。

アレントは望遠鏡の発明について、「一人の赤ん坊が飼葉桶に生まれて以来、これほど大きな事件がこれほど小さな動揺しか与えなかった例がほかにあるかどうか疑わしい(77)」というホワイトヘッドの言葉に賛同している。望遠鏡の発明は、イエスの誕生に匹敵するほどの大きな影響を及ぼしたというのである。

望遠鏡を使うことによって、月の表面や土星の輪などを実際に見ることができるようになった。そしてこれは、コペルニクスの地動説が正しいことを、理論の整合性としてではなく、実際の視覚的な経験として、圧倒的な力で示したのである。「ガリレオは、それまでは永遠に人間のとどかぬ、せいぜい不確かな思弁や想像力に委ねられていたものを、地上の被造物である人間が把握でき、人間の肉体的な感覚がつかまえられる範囲の中に置いた(78)」のだった。

この発明は、コペルニクスの地動説の正しさを人々に実感させた。そして皮肉なことにそれは、人間の世界のリアリティを失わせる結果になった。わたしたちは毎朝、太陽が東から昇ってきて、正午に天上の中心にあり、夕方に地平へと没してゆくのを眺めている。それがわたしたちの世界のリアリティである。しかし地動説を認めるということは、実際に太陽を中心として地球が公転していると考えるということである。このことは、わたしたちが自分の目で見て、もっとも確実なものとみなしている太陽の動きが、実際にはわたしたちが心の中で描いている仮象にすぎないとみなすということである。もっとも確実でリアルなものと思われたものが、実際には虚妄だったことになる。

真理論への影響

これは人間の真理についての考え方を大きく揺るがすことになった。太陽が昇り、沈むというもっとも疑いようのない真理であるはずのことが、虚偽であることになったのである。アレントが指摘するように、「それ以前の人間は、自分が肉体と精神の眼で眺めたものに忠実でありさえすれば、リアリティと真理は、おのずから感覚と理性にその姿を現わすだろうと信じていた。しかし結局、その間、人間はずっと欺かれていたことになる(79)」のである。

伝統的に真理とは、概念と事態が一致することと考えられてきた。アリストテレスのあげる例でいえば、「ソクラテスが歩いている」という命題は、ソクラテスが実際に歩いていれば真理であり、ソクラテスが寝ていれば虚偽である。この命題の真理性を保証するには、人間が眼で見て、その命題の語っていることが実際の事態と一致していることを確認すればよい。

しかし望遠鏡が教えたのは、感覚によっては真理を暴くことができないこと、真理やリアリティは「与えられるものではなく、いずれもそのままの姿では現われず、むしろ現象に干渉したり、現象を取り除いたりすることによって、ようやく真の知識がえられるかもしれない[80]」ということだった。

この経験が教えたのは、「すべてを疑う必要がある[81]」ことだった。ここにデカルトの懐疑の淵源がある。アレントが指摘するように、「デカルト的懐疑の顕著な特徴は、その普遍的性格にあり、思考も経験も、一切のものがこの懐疑を免れない[82]」のである。

デカルトの懐疑

ここでデカルトの懐疑のプロセスを簡単に振り返ってみよう。デカルトは、疑いえないものは何かを求めて懐疑を進めた。最初に疑わしいものとして除外されたのは、感覚的な経験である。四角い塔を遠くから見ると丸く見えることからも明らかなように、「感覚はしかし時折は欺く[83]」のである。だから感覚は信じられない。次に除外されたのは、受動的に感覚しているのではなく、現実に経験している事態である。今ここにいること、筆をもって紙に文字を書いていることは確実であり、疑いえないのではないか。しかしデカルトは、夢の中でもこうしたことが同じように確実と思われることを指摘して、この確実性を否定する。

それでも人間が夢をみているとしても、夢の中でみられる人間の頭、手、足などの概念なしでは、夢をみることもできないだろう。だからこうした一般的な概念は確実にあるのではないか。画家がペガサスを描くとしても、馬の身体と鳥の羽が必要ではないか。あるいは画家はペガサスを描くときに、どうしてもある形を描かなければならないように、物体的な本性、延長、事物の形なども確実なものではないだろうか。さらに数学で教える「二足す二は四である」ということも確実なものではないか。

デカルトはこれらについてその確実さを認めるとしても、人々を欺く神がいるとすれば、こうした学問的な確実さは揺らいでしまうと考える。「ある邪意に満ちた、しかもこの上もなく力能もあれば狡智にたけた守護霊が、その才智を傾けて私を欺こう[84]」としていると考えたならば、どれほど確実と思えたことも、すべて疑わしいことになってしまうことを指摘する。そしてその後で、わたしが懐疑しているということ、「私が思惟しているかぎりは、私は無である[85]」ということにはできないことを確認する。「わたしは考える、ゆえにわたしは存在する」のである。デカルトは、内省という方法によって、「絶対に真である[86]」と断言できることをみつけたのである。

アレントはこのデカルトの懐疑の哲学は、「二つの悪夢[87]」にとり憑かれていると指摘する。第一の悪夢は、人間生活のリアリティと世界のリアリティが真実のものではないという悪夢である。わたしたちは誰もが夢の中の世界に生きているかもしれないのであり、それを否定する根拠は、わたしたちの内部にも外部にも存在しないかもしれない。第二の悪夢は、人間が真実だと信じているものも「欺く神[88]」が騙してそう信じさせているだけだという悪夢である。人間が神によって作られたものであるならば、神は人間に虚偽を真理と信じこませるのは、ごくたやすいことだろう。

この悪夢から逃れるための唯一の方法は、デカルトが示したように内省の方法によって、疑いえないほどの確実性をそなえたものを発見することだった。この方法で確実なものがみいだせるのは、内省は精神がみずから作りだした心的な過程だけを考察するからである。「この場合にかかわっているのは、精神がそれ自身で生産したもの以外に何ものもない[89]」のだから、精神はその確実さを信じることができるのである。

これは内省という方法で、新たに真理を確保することでもあった。「人間はなるほど与えられ啓示されたものとしての真理を知ることはできないかもしれないが、少なくとも、自分で作るものは知ることができる[90]」のである。これにたいして万人が共通して認識する真理と考えているものは、いずれカントが示すように、人間の認識と判断の形式が同じであるために、万人が現象を同じように認識するという結果にすぎない。そしてアレントが指摘するように、「推理能力は誰でも同じだというのは、ただ偶然そうなっているにすぎない[91]」かもしれないのである。

ホッブズの方法の欠陥

ホッブズの方法もこのデカルトの懐疑とそれがもたらした結論を共有するものである。ホッブズもまた、人間は外部から他人の行動を眺めているのではなく、自分の心のうちを観察することで、人類を正しく知ることができると考えている。このことは、真理は人々が行動する世界のうちにではなく、自己のうちにだけあると考えることである。そして国家という「この最も人間的な作品を建設し、判断する規則や標準は、人間の外部にはない[92]」と考えることであり、それらは「人々が感覚や精神によって知覚する世界のリアリティの中で共有されるものではない[93]」と考えることである。

　そしてデカルトが「わたしは考える、ゆえにわたしは存在する」と断言して確立した確実さは、精神によって人為的に作られたリアリティであるように、ホッブズの国家もまた人為的な産物である。リヴァイアサンは「人工的な人間」であり、主権は「人工の魂」であり、為政者たちは「人工の関節」であり、賞罰は「人工の神経」であり、臣民の富は「力」であり、内乱は「死[94]」である。

　これは明らかに国家を、道具を製作する仕事に従事する工作者のまなざしで眺めるということであり、政治的な活動の意味を否定することである。懐疑で失われた確実さをとり戻すためのこの内省という方法と、精神による道具の製作というモデルには、こうしたまなざしに固有の欠陥がある。というのもこの哲学は「本性からして、リアリティを理解することができず、リアリティを信じることができなかった[95]」からである。精神が作ったものだけを信じるという方法は、「製作の領域では完全に真実であり、正統的なものであった。しかしこの観念は、出来事の現実的な進路によって永遠に打ち砕かれてしまう[96]」ものである。

　というのも、現実の世界は人々の予測不可能な活動によって作られるのである。人々が作りだす出来事こそがリアリティを作りだすからである。しかし仕事と製作に従事する工作者の精神は、この出来事を予測することも、これに対処することもできない。ホッブズに始まる近代の政治哲学は、リアリティに対処できない「非現実的なもの」となってしまい、リアリズムは「非合理的なもの」となってしまう、とアレントは指摘する。ヘーゲルとともに、自分たちが作りだしたものだけを信じる工作者の近代的な理性は、「リアリティの固い岩に衝突して沈んだ[96]」と言わざるをえないのである。工作者の製作の論理は、世界からの疎外をもたらす結果にしかならず、現実の世界の人々の予測不可能な行動によって、破産を宣告されたのである。

第二節　マルクス論

『人間の条件』執筆の意図

このようにデカルトやホッブズが示した工作者の仕事の論理を、活動という観点から批判したアレントにとって、次に重要な課題となったのが、マルクスの労働の理論であった。そもそもアレントが『人間の条件』において、労働、仕事、活動という三つの活動力を定義するきっかけとなったのは、アレントがマルクスの労働論の本格的批判を試みたことだった。人間の本質を労働にみいだしたマルクスへの批判が、『人間の条件』の重要な背景となっている。

『人間の条件』の第三章「労働」の冒頭で、アレントは「以下の章ではカール・マルクスが批判されるであろう。これは不幸なことだ。というのも、かつてはマルクスの思想と洞察の大きな宝庫から、公然とあるいは隠然と多くのものを借りて生計を立てていたあれほど多くの著作家たちが、いまでは、職業的な反マルクス主義者になろうと決意しているのだから(1)」と語っていた。

マッカーシー事件をきっかけとしてマルクス批判が強まっていた当時の状況を皮肉るこの口振りはいかにも辛辣であるが、アレントにとっては仕事と労働の区別という『人間の条件』の土台は、マルクスの労働の理論を批判することによって構築されたのである。それだけではなく、アレントは『全体主義の起原』を執筆する過程において、ナチズムにおいてもスターリニズムにおいても、全体主義の理論の基盤に、マルクスの労働の概念があると考えざるをえなくなったのだった。

だから『人間の条件』という書物は、『全体主義の起原』とほぼ同じモチーフによって貫かれているのである。アレントはこの書物で世界からの疎外について語りながら、全体主義的な体制がどのようにして可能になり、全体主義体制を支えた大衆と大衆社会がどのようにして誕生し、西洋の哲学がそのためにどのように使われたかを、全体主義の歴史という視点よりもむしろ、人々の生の基本的な構造の変化という視点から描きだそうとしたのである。[2] それはこの書物の冒頭でアレントが「わたしが本書でやろうとしているのは、わたしたちのごく新しい経験と、ごく最近の恐怖という見渡しやすい場所から、人間の条件についてふたたび検討することである」[3] と語っていることからも明らかだろう。この「ごく最近の恐怖」が全体主義のテロルの恐怖を意味しているのは間違いないことである。

マルクス主義の意味

アレントはソ連における全体主義であるスターリニズムが、マルクス主義を自称していたことは決して偶然ではないと考え、「全体主義的支配の一形態がマルクス主義を利用しうるという事実、それどころか明らかに、それがマルクス主義から直接発展したものだという事実」[4] は否定できないと指摘する。

これはスターリニズムがマルクスをたんに、外在的に「利用した」という事実だけに限られるものではない。マルクスは近代の資本主義をその源泉から考察し、その難問に取り組んだのであるが、その発展した形態である全体主義を考察するならば、マルクスの思想が全体主義の運動において利用されたことも否定できないのである。

それだけではない。ナチスの全体主義は、人種差別主義といういかがわしいものをイデオロギーとして利用したが、スターリニズムが依拠したマルクスの理論は、こうしたいかがわしい「あきらかに西洋政治思想の伝統に属している」[5] 正統的なものなのである。マルクスを批判することは、西洋の政治哲学の伝統そのものを批判することに等しい。アレントにとってマルクス批判は、決定的に重要な意味をそなえていたのだった。[6]

アレントはマルクスのこの両義的な位置について、「マルクスは、過去の大思想家のなかでもただ一人、たんにわれわれ自身が今日なお抱えている窮状に関心をもっていただけでなく、その思想が全体主義という新たな統治形態に悪用された人物であった。彼は伝統へと立ち戻るための信頼にたる足掛かりを提供してくれるように思われる」[7] と要約している。それだけにこの課題は重いものとなった。

なおここでアレントのイデオロギーと「主義《イズム》」の概念について、その違いを確認しておこう。人種イ、デ、オ、ロ、ギ、ーとマルクス的な社会主義の違いはどこにあるのだろうか。それは社会主義は事柄に即して考察しようとするが、イデオロギーは事実による支えをまったく必要としないことにある。たんなる社会主義は、「階級闘争を描写したり、貧しい人々のために正義を説いたり、社会の改革や革命的な変革のために闘うかぎりでは、正しくいえばイデオロギーではない」[8]。それは現実を考察し、改革するための理論である。

ところがそれが「生と世界を説明する体系」となり、「それ以上実際の経験との一致を求めることなしに、過去と未来のすべてを説明する」[9]ことを僭称するようになると、イデオロギーとなる。「すべての歴史は階級闘争の歴史であるとか、プロレタリアートは永遠の法則によってこの闘争に勝つことになっているとか、そのとき階級のない社会が訪れるとか、最終的には国家は消滅するとか吹き込むとき」[10]、それはイデオロギーとなる。マルクス主義と社会主義の問題点は、「わたしたちの最良の伝統がしみこんだ」[11]イデオロギーの側面をそなえていたことにある。

マルクスの三つのテーゼ

アレントは、マルクスの思想の中心として、三つのテーゼを提起する。第一は「労働が人間を創った」、第二は「暴力は歴史の助産婦である」、第三は「哲学者たちはこれまで世界をただたださまざまに解釈してきたにすぎない。重要なのは、世界を変革することである」[12]である。どれも有名なテーゼであるが、第一のものは労働が人間の創造においてはたす役割を考察するもので、アレントに労働と仕事の違いを分析させるきっかけとなった重要なテーゼである。第二は暴力と権力の理論を考察するものであり、これは政治哲学の伝統を再検討させる意味をもつ。第三のものは理論と実践、思索と行動の意味を考察するものであり、これは哲学そのものの意味をあきらかにするのに役立つ。

なおアレントは当初の構想では、第三のテーゼとして、「他者を隷属させる者は誰も自由たりえない」[13]という別のテーゼを考えていた。これも興味深いテーゼではあるが、マルクスの文献にはみあたらないものであり[14]、これについては考察を省くことにして、前記の三つのテーゼを軸に考察してゆこう。

ヘーゲルの主奴論

第一の「労働が人間を創った」というテーゼについては、マルクスは労働が人間においてはたす役割について、ヘーゲルの主奴論にならって考えていることに留意する必要がある。マルクスは『資本論』において、労働を「人間と自然のあいだで行なわれる過程であり、人間が自分の行為によって自分と自然の物質代謝を媒介し、調節し、制御する過程である」[15]と定義する。これはたんに自然に働きかけて、そこから食料をえて、身体を維持することだけを意味するものではない。身体を使って自然に働きかける過程において、人間は道具を作り、そこに人間の理性の成果をもりこみ、それによって人間そのものが変わってゆくことを意味している。

マルクスはこのことを「人間は自分の生活に利用できる形式で、自然の素材をみずからのものとするために、腕、脚、頭、手など、自分の身体にそなわる自然力を働かせる。この運動によって人間は自分の外なる自然《ナトゥーア》に働きかけて変化させるが、同時にそれによって自分の内なる本性《ナトゥーア》も変化させる」[16]と表現している。

ヘーゲルは『精神現象学』において、自然状態において二人の人間が生命を賭けた対決を行ない、生命を惜しんだ方が奴隷（奴）となり、生命を惜しまず雄々しく戦った方が主人（主）となると考えた。主は奴に命令して労働させ、自分に食料を提供させる。奴は自然に働きかけ、加工し、その産物を主に提供し、主はこれを享受する。「奴といえども広義においては自己意識であるから、やはり物に否定的に関係し、物を止揚するが、しかし同時に物は奴にたいして自立的でもあるので、奴は自分の否定によって物との関わりを断つまでには、物をなきものにすることはできない。言い換えると、奴は物に労力を加え、加工するだけなのである」[17]。

たしかに主は産物を享受するが、「この満足はそれ自身ただの消失であるにすぎない」[18]。しかし奴による労働はたんなる労苦ではない。「労働は欲望の抑制であり、消失の延期である。言い換えると労働は形成するのである」[19]。奴は労働しながら自然に働きかけることで、みずからを人間として形成する。奴は「労働を媒介とすることによって、意識はおのれ自身にいたる」[20]からである。ヘーゲルはこれを「労働する意識はこうして自立的な存在を自分自身だとして直観するにいたるのである」[21]と表現する。主は欲望の実現を延期せず、欲望のままに奴の労働の成果を消費するが、この主ではなく、自然に働きかける労働を行なう奴こそが、人間として形成されるのである。

コジェーヴはこれを次のように説明している。「主のために労働する奴は、ある観念、ある概念に基づいて自己の本能を抑制する。これこそは奴の行為から人間特有の行為、すなわち労働を作りだすものである」[22]。そして「非自然的な観念に基づいて自然的な所与を変貌せしめうること。これはある技術を所有していることにほかならない」[23]と語っている。このように技術をもって自然に働きかけることで、人間は歴史的に発展してゆく。「なぜならば、労働に基づいて変化するものは自然的世界だけではなく、さらに、とりわけ人間自身である」[24]からである。

主ではなく奴こそが歴史的に発展してゆく人間の姿なのである。というよりも、ここで奴とは、「死という絶対的な主」[25]に直面した人間そのものである。そのことはヘーゲルが『イェーナ体系構想』において、労働と道具について次のように語っていることからも明らかだろう。この書物でヘーゲルは、労働することによって、人間は理性的な存在となると考えている。「労働は本能ではなく、国民のうちで自らを普遍的なものに形成してゆく理性性であり、それゆえ克服されねばならない個体の個別性に対置されている。そして労働行為はまさにそれゆえ本能としてではなく、精神のありかたのうちに現前している」[26]。労働が人間を作るというのは、ヘーゲルの基本的な考え方なのである。

マルクスの労働論

エンゲルスはこのヘーゲルの考え方に依拠して、「労働は人間生活全体の第一の基本条件であり、しかもある意味では労働が人間そのものをも創造したのだ、と言わねばならないほどに基本的な条件である」[27]と強調する。エンゲルスは労働が言語をも作りだしたのであり、人間とその他の動物の違いはこの労働にある、と次のように語っている。「人間は自分がおこす変化によって自然を自分の目的に奉仕させ、自然を支配する。そしてこれが人間を人間以外の動物から分かつ最後の本質的な区別であって、この区別を生みだすのはまたもや労働なのである」[28]。これは労働こそが人間の本質であるということである。

マルクスもまた、労働が人間の類としての活動の現われであると語っている。「対象的な世界の実践的な産出、非有機的な自然の加工は、人間が意識的な類的存在であることの確証であり、つまりは類におのれ自身の本質としてかかわり、あるいは自己に類的存在としてかかわるような存在であることの確証である[29]」からである。言い換えると「人間がおのれを類的な存在としてはじめて現実に実証するのは、対象世界の加工においてにほかならない。この生産活動は人間の類としての活動的な生活なのである。生産活動によって自然は、人間の作品でもあれば、人間の現実でもあるものとしてあらわれる[30]」のである。

ただしこのマルクスはそこで、労働が人間の類的な「本質」であることを語りながら、現実のプロレタリアートによる労働が、次のように四重に疎外されていることを指摘していることに注意すべきだろう。まず労働において労働者は、命じられたままに製品を生産する。生産された製品は、労働者にとって外的なものである。これは「事物の疎外[31]」である。第二に労働のプロセスにおいて労働者は生産を自己にとって外的な活動として、他者に命じられたものとして行なうしかないのである。これは「自己疎外[32]」である。

第三に、この労働は類的な存在としての人間も自然も「個体的な生存の手段にしてしまう[33]」。これは「人間的な本質の疎外」である。第四に、労働において人々は互いに対立する関係にはいる。労働者どうしは競争関係にあるのである。これは「人間からの人間の疎外[34]」である。

プロレタリアートは、人間の本質である労働に従事しながら、この四重の「疎外された労働」に従事するしかない存在である。そしてこの窮地にあるプロレタリアートが、疎外された労働を止揚する革命を起すしか、この人間の本質を蘇らせることはできない、とマルクスは考える。

アレントの批判

このマルクスの労働論にたいするアレントの批判は、この疎外論の側面ではなく、労働が人間の本質であるという側面だけに向けられる。疎外論とそれに結びついたプロレタリア革命の理論が、マルクスの理論の核心であるだけに、マルクスが労働を「賛美した[35]」と考えるのは、マルクス論としては片手落ちであろう[36]。しかしアレントがマルクスの労働論のうちで見定めたかったのは、マルクスの労働論そのものではなく、この理論のうちに現われている西洋の政治的な伝統の一つの終末の姿なのである。その点をさらに詳しく考えてみることにしよう。

人間の本質としての労働

この労働観にたいするアレントの批判の第一の論点は、マルクスが労働を人間の「本質」として重視したことに向けられる。ただしアレントは同時に、労働の意味を真剣に考察したのはマルクスの功績でもあることを認めている。近代の資本主義社会の到来とともに新たな事態が訪れたことにたいして、「その変化の中核をマルクスは正確に把握した」[37]のである。それまで必須ではあるが、重要ではないと見下されていた「労働者階級と労働を、再評価した」[38]のはマルクスの傑出しているところであり、「一九世紀の中心的な事件である労働の解放を哲学的な擁護で真摯にとらえた一九世紀唯一の思想家」[39]として高く評価すべきだとアレントは考える。

しかしマルクスは、近代社会の新たな「問題」として登場してきたこの労働の意味を哲学的に認識する営みにおいて、労働を人間の「本質」としてみいだしたのだった。アリストテレスは人間を「ポリスを作る動物」として、「政治的な動物」[40]として定義した。すでに確認したようにトマス・アクィナスはアリストテレスの定義をわずかに修正して、人間を「社会的な動物」と定義した。人間とは政治的な営みをする動物だというこの定義は、人間とは言語をもつ動物であるという同じくアリストテレスの別の定義とともに[41]、近代にいたるまで維持されてきた。

しかしマルクスにいたって初めて、人間は「労働する動物」として定義されたのである。これは西洋の哲学の伝統においては、きわめて異例なものである。古代のギリシアにおいては、ポリスを作る人間であるためには、労働から解放されている必要があった。ギリシア的な、そしてアリストテレス的な人間の定義である「政治的な動物」である人間は、労働の否定の上に成立していたのである。だからマルクスのこの定義は、「政治がその意味を喪失したことを意味した。労働を中心に営まれる政治領域というものは、ほとんど語義矛盾であった」[42]のである。

アリストテレスの「動物のうちで人間だけが言葉《ロゴス》をもつ」という文は、「動物のうちで人間だけが理性《ロゴス》をもつ」と訳すこともできるので、この定義は「人間とは理性的な動物である」と読み直すことができる。この伝統的な人間の定義に、マルクスは正面から挑戦したのだった。人間は労働する動物であるという定義は、理性にたいする嘲笑の意味をそなえている。この定義が「伝統的な理性の賛美にたいする挑戦である(43)」ことは、疑いえないところである。

またマルクスのように労働が人間の本質であり、労働することで人間が人間となると考えるということは、理性への嘲笑を意味するだけではなく、創造する神の存在を否定するものでもある。これは「人間は労働などによって、自分自身を創造したのだ。神が人間を創造したのではなく、人間は宇宙をも超えたものなのである(44)」ことを意味するからである。アレントは、「この形態の無神論だけが適切なものであり、すべての近代人が心のうちでうけいれているものである(45)」と指摘する。労働が人間の本質なら、神はもはや不要なのである。

労働の意味

マルクスの労働の概念にたいするアレントの批判の第二の論点は、マルクスが人間の労働は、二種類の自然の必然性との闘いであると考えたことにかかわる。第一の自然の必然性は、労働の対象となる自然の必然性であり、第二の自然の必然性は、労働する身体を保存する必然性である。第一の必然性については、技術をもって自然の素材のもつ必然性と闘う奴をめぐる主奴論のところで考察したので、以下では第二の必然性について、価値という側面から考えてみよう。

マルクスは労働に関しては、古典派経済学の基本的な考え方をうけついでいる。アダム・スミスは商品の価値は人間の労働によって生まれると考えて、労働価値説を提示した。すべての商品の価値は、そこに投じられた労働の量によって決定されると考え、芸術家やサービス業は、価値を生まない非生産的な労働とみなしたのだった。

マルクスもまた価値は労働によって作りだされると考える。「一つの使用価値の価値の大きさを決定するのは、社会的に必要な労働の量であり、その使用価値を生産するために社会的に必要とされる労働時間だけなのである(46)」。そしてこの労働力の価値は、「労働力の所有者を維持するために必要な生活手段の価値である(47)」とされる。これは歴史的にも地理的にも異なる可能性があるが、「それでも特定の国の特定の時代にあっては、必要な生活手段の平均的な大きさは、その範囲が決まっているものである[48]」。

ただし労働者は自身の身体を維持するだけではなく、その子孫を作って、「市場に持続的に登場してくる[49]」ようにする必要がある。そのため「労働力の生産のために必要な生活手段の総量には、こうした補充要員、すなわち労働者の子供たちの生活手段も含まれることになる。これによってこの特別な商品を所有する種族が、商品市場において永続的に存在するようになる[50]」のである。

このようにマルクスは商品の価値を労働に求め、労働の価値を労働者の身体の維持と子孫の維持のために必要な生活手段の総量に求めたのだった。このことはすでに指摘したように、労働に二つの意味で自然の必然性との闘いをみいだすことを意味する。第一にマルクスは、労働を「自然との物質代謝」の観点から考察していた。労働するということは、自然の素材に働きかけ、これを加工することだと考えられているのである。そのためにマルクスはヘーゲルの主奴論に依拠しながら、労働は所与としての自然の必然的なありかたにしたがいながら、しかも自然に暴力を加える形で働く営みであり、これによって価値が生まれると考える。

第二に労働の価値は、労働者の身体という自然を支えるために必要な生活手段の価値とみなされる。労働者は明日も同じような身体的な力をもって仕事場に登場する必要がある。これは身体の必要という必然的なものとの闘いを毎日つづける必要があるということである。さらに生殖によって子孫を確保しておくこともまた、必然的に必要とされるのである。

第一のテーゼの批判——労働論

アレントは労働とは、マルクスの示したこの第二の自然の必然性との闘いにほかならないと考える。そして第一のヘーゲル的な自然との闘いとそれにともなう価値の創出の源泉としてではなく、第二の自己の身体と自己の子孫を維持するための活動だけに限定して考えるべきだと主張するわけである[51]。これによって「労働は、人間の肉体の生物学的な過程に対応する活動力である。人間の肉体が自然に成長し、新陳代謝を行ない、そして最後には朽ちてしまうこの過程は、労働によって生命過程の中で生みだされ消費される生活の必要物に拘束されている。そこで人間の人間的な条件は生命それ自体である(52)」と定義するのである。

アレントは、労働をこのような自己の身体の維持という意味での自然との闘いとみなすわけだ。そして「労働はまさに生物学的な物質代謝に結びついているがゆえに、生命という生物学的な事実自体に含まれる強制的な必然性によって特徴づけられる(53)」と考えるのである。

アレントが労働について、こうしたヘーゲル的な論理を重視しないのは、それが現代の労働と労働者の現状にそぐわないからだろう。現代社会における労働者の労働は、もはや自然を加工することで、技術を修得し、意識を形成するという人間学的な意味を失っている、とアレントは考えるわけである。アレントはむしろ、マルクスのこの第二の意味での自然との闘いの概念こそが、現代の労働者の社会のありかたを正確に反映したものであることを指摘する。「人間の動物的部分を強調すること、そしてほとんど異様なまでの一貫性をもって、人間を、そしてその人間的な部分において地上で唯一予測できない存在である人間を、必然性に従属し、自由でありえないように条件づけられた存在として扱う傾向をもつことが、労働者の社会のしるしなのである(54)」。

これは現代の消費社会において、当然のものとして認められた事実である。この社会ではすべての営みが「生計をたてること(55)」、すなわち生存することを目的としているものと考えられている。そして「今日ではわれわれは、労働しない者は生存する権利すらもつべきではないということを当然なこととして認めている(56)」ことは事実なのである。

ただしこれが全体主義の社会においては重要な帰結をもたらす。「労働する動物というマルクスの人間の定義からほとんど必然的に帰結するのは、生活の手段の生産にはほとんどかかわらず、食べるために働くかわりに他人の労働によって生活しているような者は寄生者であって、本来的には人間ではないということである(57)」。そこでアレントが示唆しているように、「他人の労働への寄生者は人間ではない、人間の敵である、敵は殺せ」という論理は、全体主義が好んで採用した論理だった。

仕事と労働の違い

それでは生計を立てるすべての活動が労働と考えてよいのかとアレントは問いかける。労働とは異なる仕事の概念がそこで必要とされるのである。マルクスはすべての労働を、このような生物学的な必然性の観点から考察できると考えたが、アレントは、人間の活動には、このような労働とは異なる性質の活動が含まれると主張したのだった。すでに第一章で考察したように、それが労働とは異なるものとして提示された「仕事」の概念である。「仕事とは、人間存在の非自然性に対応する活動力である[58]」。人間は生命過程に服従するが、これだけにしたがうものではなく、「すべての自然環境と際立って異なる物の〈人工的な〉世界を作りだす[59]」のである。

アレントは、伝統的に労働と仕事が区別されていなかったことを認める。そしてマルクスもその伝統にしたがったのである。商品の価値という観点からは、すべてが労働力に還元されるのはしかたのないことだからだ。そして労働によって作られる製品のもつ機能の違いを見落としたのである。アレントは「マルクスは仕事や製作のもつすべての特徴を労働のものだとした[60]」ことに問題があったと考えるのである。

そのためにマルクスは「労働するということは、厳密にいえば生産的ではないという事実[61]」を見落としたと考えるのである。労働の生産物は、仕事の作品とは違って、「消費されるために生産される[62]」ものであり、「定義からして私的なものである。なぜならそれは人間と自然の物質代謝であり、それゆえ単独での人間、政治的には孤独になっている人間にかかわっていること[63]」だからである。

しかし仕事によって作りだされる世界は、私的な性格のものではない。「仕事という営みは、それに対象がつけ加えられるような人間的な技巧をともなった[64]」ものであり、「共通世界とのかかわりをすっかり失ってしまうようなことは決してない[65]」のである。これにたいして労働は「この共通世界から締めだされたもの[66]」なのである。すでに確認したように、労働と仕事の違いは、この「共通世界」とのかかわり方にある。

ただしマルクスがこの区別に気づかなかったのは、消費社会という現代のありかたからはかなり自然なことだ、とアレントは考える。「われわれは消費者社会に生きているといえるが、このことは歴史上、かつて知られていなかった最初の労働者社会を、われわれが形成しつつある[67]」ことを意味するのである。共通世界のために仕事によって作られる製品も、あたかも消化して姿を消してしまう食料のように、消耗されてしまうのが現代の社会の特徴だからである。

最悪の官僚制

アレントの批判の第三の論点は、仕事が仕事として認識されず、労働のうちに含められることによって、労働の私的な性格が見失われたことにかかわる。これは私的な領域と公的な領域が混同されるという帰結をまねいた。マルクスにとって労働者階級の解放は、政治的な課題であった。そのために労働が共通世界にかかわる政治の問題とはなりえないことが見失われたのである。

その重要な帰結が、「労働が製作や活動にとって替わる[68]」という事態だった。これは公的な空間において、「多数性という人間の条件[69]」に基づいて、人々が自由に行動する活動の意味を喪失させることを意味した。マルクスとエンゲルスは、いずれ国家が廃絶されるようになると考えていた。これは「すべての政治的領域が消滅してしまう[70]」ということであり、〈事物の管理〉が人格的支配や統治にとって代わるということであり、「それによってすでにビジネスという私的な領域が、政治という公的な領域を侵略する[71]」ということである。

レーニンは国家の役割について、「国家は階級支配の機関であり、一つの階級による他の階級の抑圧の機関であり、階級の衝突を緩和しつつ、この抑圧を合法化し強固なものにする〈秩序〉を創出するものである[72]」と考えた。これをプロレタリアの独裁のもとで廃絶するのが革命である。だからエンゲルスが語るように、抑圧すべき階級がもはや存在しなくなれば、国家は不要なものとなる。「人にたいする統治に代わって、物の管理と生産過程の指揮とが現われる。国家は廃止されるのではない。それは死滅するのである[73]」。

レーニンはまた革命によって官僚機構を廃止することを求めて、次のように語っている。「古い官吏機構を一挙に粉砕して、いっさいの官吏制度を漸次なくしてしまうことを可能ならしめる新しい官吏機構をただちに建設しはじめること」が必要である[74]。

しかし国家において人間による統治がなくなり、「物の管理」だけが行なわれるということは、「統治支配の人格的要素が後景におしやられ、国家機関がたんに機能することが、その役割をひき受けるような統治形態[75]」が登場するということにほかならない。これは「完璧な官僚制[76]」と言わねばならない。この制度のもとでは、統治の責任をとる人物が誰もいなくなり、「誰かという幽霊の外観をまとう無人による支配[77]」になる。これは説明責任をとるべき人物のいない専制的な支配であり、「誰かが意志をもって行なう支配にくらべると、おそらくより致命的で危険でさえある[78]」支配に到達するということである。これはすでに確認してきたように、全体主義の重要な統治方法であった。国家の死滅という議論は、このように人による支配から「物の管理」に移行することで、考えられるかぎりで最悪の統治をもたらすのであり、全体主義はマルクスの理論からこの着想をえたのだ、とアレントは考えるのである。

第二のテーゼの批判——権力論

第二のテーゼは、「暴力は歴史の助産婦である」というテーゼである。マルクスは『資本論』において、原始的蓄積という暴力が、歴史を進める役割をはたしたことを強調している。また原始的蓄積は、「植民システム、国債システム、近代的な租税システム、保護貿易システム[79]」などとして展開されたが、その一部は「残虐な暴力をともなう[80]」ことを指摘した。そして「古い社会が新しい社会を孕んでいるときにはつねに、暴力がその出産の手助けをするのである。暴力そのものが潜在的に、経済的な力なのである[81]」と語ったのだった。歴史は産婆役としての暴力の力で進むというわけである。

アレントがこのテーゼで問題にするのは、それまで暴力は権力の手段としてときに必要悪のように容認されていたことはあっても、権力と暴力は明確に区別されていたのに、「マルクスにいたって完全に、意識的な活動領域としての政治領域のすべてが、暴力と同一視されることになった[82]」からである。

権力、力、強制力、権威、暴力

アレントの権力論については、第一章で簡単に考察したが、ここでマルクスの権力論とのかかわりで、権力と暴力の違いについて、アレントの考え方を確認しておこう。アレントは『暴力について』において、権力《パワー》について、人間や自然のもつ力《ストレングス》について、人々をしたがわせる強制力《フォース》について、精神的な力としての権威《オーソリティ》について、そして暴力《ヴァイオレンス》について明確に定義している。

まず権力《パワー》とは、人々が集まって共同で何かをなすときに生まれるものである。権力は「ただたんに行為するだけでなく、〔他者と〕一致して行為する人間の能力に対応する(83)」。これは個人にそなわる力のようなものではなく、「集団に属するものであり、集団が集団として維持されているかぎりにおいてのみ存在しつづける(84)」ものである。

このアレントの権力観がマルクス主義の権力観と正面から対立することは明らかだろう(85)。アレントの権力は肯定的なもの、積極的なものである。これにたいしてマルクス主義の権力論は否定的なもの、消極的なものである。国家権力は、被支配者を抑圧し、その反乱は暴力装置をもって鎮圧するのである。国家権力がブルジョワジーの手元にあるかぎり、「労働者階級を支配する資本家階級の全国的権力としての性格、社会的な奴隷状態を促進するために組織された公権力としての性格、階級的な専制支配のための機関としての性格(86)」を強める、とマルクスは主張する。

次に力《ストレングス》は物または人に固有の性質であり、「他の物や人間との関係でその存在が証明されるであろうが、本質的には他の物や人間からは独立している(87)」ものである。人間の身体的な強さや、ある行為を実行することのできる潜在的な能力でもある。

強制力《フォース》は「物理的または社会的な運動から発せられたエネルギーを指す(88)」ものである。自然の威力のようなもの、あるいはピストルをもった個人に脅かされるような場合である。これは人間にとっては、したがわざるをえないものである。

また権威《オーソリティ》は、「それにしたがうように求められた者が疑問を差し挟むことなくそれを承認することによって保証される[89]」ものであり、権威の最大の敵は軽蔑である。

これにたいして暴力《ヴァイオレンス》は、「つねに道具を必要とする[90]」ところに特徴がある。一人の人間の身体的な能力は平等であるが、道具を使うことで、人は多数の他者に暴力を振るうことができる。暴力の重要な特性は、「手段と目的のカテゴリーに規制される[91]」ことにある。伝統的に暴力が正当なものとされるのは、「目的の手段としてのみ[92]」である。その目的とは何かといえば、「法を強制するため[93]」であった。

これらの力や暴力は、「わたし自身のなかに存在し、わたしが自由に使える[94]」ものである。これにたいして権力は、「この地上でともに生活する人々のなかに存在する。権力とは本質的にわたし一人が所有していても存在しない。それは人々のなかにではなく、みなで一緒に活動している人々のあいだにしか存在しない[95]」という性格のものである。

ここで考える必要があるのは、権力が暴力や他者を支配する手段や法と、どのような関係を結んでいるかということである。マルクスが暴力と権力を同一視したことの背景には、西洋の政治哲学の長い伝統とその歪みが存在していることを、アレントは明らかにしようとするのである。

権力と暴力

まず権力と暴力の違いを他者との関係という視点から考えよう。すでに確認したように権力は人々のあいだに生まれるものであり、古代のギリシアから、この権力の行使される空間では、暴力は排除すべきものと考えられてきた。権力の空間に暴力をもちこむのは僭主による専制政治であり、民主政によって生まれる公的な領域においては、人々は暴力によって強制するのではなく、説得によって同意を確立すべきであると考えられてきた。暴力を行使する専制政治は、「対抗して争う諸権力を、おしなべて無力にし、活動したり能動的であったりすることを不可能にすることによって、消去してしまう[96]」のである。

暴力が権力と混同されることがあったのは、権力も暴力も、いずれもある目的を実現するための手段として考えられることがあったためである。「オムレツを作るには、卵を割る必要がある」という諺がよく語られるが、権力もある目的を実現するためには、暴力をふるうことがあるからである。

一般に権力が「最高善、共通の福祉、最大多数の幸福[97]」などの目的を実現しようとする際に、暴力がふるわれることが多かった。しかしアレントは次のような理由から、権力をこのような崇高な目的を実現するための手段として考えるのは間違いであることを指摘する。

第一に、権力は公的な領域のうちでの活動によって実現されるものであり、目的が実現された後には姿を消してしまう暴力のような性格のものではないからである。

第二に、目的を実現した後に不要になるのは、自然の素材に手を加えて作品を作りだす仕事の役割であり、活動としての権力はこの仕事とは異なる性格のものだからである。これまで人々は、「ものを製作するのに必要となる破壊と暴力を管理の下に置くのと同様に、人間の活動の過程も管理したいと願ってきた[98]」が、これは活動としての権力には実行することのできない性質のものなのである。

第三に、暴力を行使するような権力は専制的なものであると同時に、実現された場合には退屈をもたらして、消滅するものでしかない、とアレントは主張する。「政治のあらゆる究極的な目的というものは、結局はつねに実を結ばぬ地上の楽園の夢へと行き着くものだが、それらには専制的な性格がふくまれていて失敗するだけではない。それが実現した瞬間に、退屈のどうにもならぬ絶望をともなう。製作作業では、それが実現した瞬間に、満足と自尊心をともなうものなのだが[99]」という。

このように暴力に頼る権力は、他者とともに公的な領域を作りだす力がなく、目的が実現された後には消滅せざるをえないのであり、権力のほんらいのありかたを否定するものでしかない、とアレントは考えるのである。

権力と支配

次に、権力と暴力の違いを支配という観点から考えてみよう。マルクスが権力をブルジョワジーによるプロレタリアートの抑圧と支配のための手段と考えたことには、プラトン以来の伝統がある。そもそも伝統的な政治体の定義は、一人が他の市民を支配する君主政、数人が他の市民を支配する貴族政、すべての人がすべての人を支配する民主政という支配者の数による定義であった。

この観点では権力を支配のための手段と考え、権力を行使するのが支配者であり、権力を行使されるのが非支配者であるとみなしている。このように西洋の政治思想では、すべての市民を支配者と被支配者に分けて考えようとする傾向が強かったのである。アレントは「目的のための手段としての権力の概念がもっとも強力に提出されるようになったのは、ここにおいてなのである[100]」と指摘する。

しかしアレントのように、権力を共に生きる人々のあいだの活動によって作りだされるものと考えるならば、権力が行使される空間は統治の空間であって、支配と被支配の空間ではない。

権力を支配の手段と考えるかぎり、支配者は暴力に頼って支配すると考えがちである。というのも、すでに考察してきたようにプラトンにおいては、支配者と被支配者の区別が、物の製作という仕事のカテゴリーで考察されたからである。プラトンは『政治家』において、政治を織物の作成のような製作の技術の一つとみなし、最善の政治家とは、「一つの思いと友愛とによって国民の生活を共同なものに集めて一緒にし、すべての織物のうちもっとも壮大にして最善なるものを仕上げ、そして国内の他のすべての者を、奴隷も自由人もそのなかに包み、このようにしてこの編まれたものによって一緒にして、幸福な国が生ずることに関するかぎりのものは何一つ決してそれから取り残すことをしないで支配し、監督する[101]」ものだと定義していた。

ここから明らかになるのは、政治とは美しい編み物のように、幸福な国を作るための技術と考えられていること、そして優れた政治家とは、この国を作るために奴隷も自由人も強制して服従させるための支配の技術を所有している人間であると考えられていることである。この考え方によると、もっとも高い意味で支配するということは「たんに臣民を暴力を用いて強制するだけではなく、彼らをもっとも高いイデアである正義のイデアに一致するように、ポリスの形式にあてはめて作りあげることを意味したのである。権力はこの目的のための手段なのであり、もっとも人道的ではあるが、いまだに完全に無慈悲な暴力の一種なのである」[102]。そしてマルクスはこのプラトンの伝統にしたがっているのである。

権力と法、暴力

アレントはこのように善き目的のために暴力をふるう権力の概念は、ほんらいの意味での権力ではなく、いわば消極的な意味での権力であると考える。権力が人々に暴力的な手段を行使することがあったとしても、それは法のもとにおいてである。公的な領域では人々は話し合いと説得によって問題を解決すべきであり、暴力は専制政治だけのものである。「暴力を放逐する手段が法《ノモス》であり、その発布自身は、政治的営為の一つではなく、政治的営為を可能にするものである」[103]。法は暴力を否定する原理なのである。

そもそも法が存在することによって、市民のあいだでの暴力の行使が否定され、暴力的な手段の行使は、法の規定だけによって容認され、制限される。この場合には、法の規定を実行するために権力が必要である。この権力は市民の合意のもとで、法の違反者に暴力的な手段を適用してでも、法を守らせるのである。

プラトンの『法律』では、さまざまな違反者にたいする法の施行の規定が定められていた。それを実行するのは、警察のような組織ではなく、市民の民会である。民会の定めによって、告発された者を市民が逮捕し、処分するのである。この場合には権力は「法を守らせるための道具であり、法秩序を実現するための手段である」[104]ことになる。この権力はこれまで考えられてきた公的な領域で作りだされた権力と同じものではないが、この道具としての暴力的な権力の概念が、ほんらいの権力の概念と混同されているのである。

アレントはこれが混同されたために生まれたのが、消極的な権力の概念だと考える。この権力は法の侵犯者を罰するために、法の秩序を維持するための「必要悪」[105]とみなされている。この権力は「暴力という道具そのものと同じようなものとみなされる」[106]のである。というのも、「暴力はつねに、法を強制するために必要とされる」[107]からである。

しかし暴力は法のために行使されるのであり、権力と同じものではない。この暴力は、法に違反した人々を権力から除外するという働きをするのである。この権力による「暴力は、違反者を共同体から孤立させ、彼から公的権力の分け前を奪うだけでなく、権力が生まれる場であるとともに、生活し活動する全領域から彼を追いだす結果となる」[108]のである。

この消極的な権力の概念においては、その権力を行使するのが一人であるか、複数であるか、全員であるかは、重要ではない。その場合には伝統的な統治の分類である君主政、貴族政、民主政の区別は意味をもたない。「法が治める統治と無法の統治、立憲的な統治と専制的な統治」[109]の違いしかない。

カントはこの区別を厳密に考えて、統治形態には法による統治である共和制と圧制しかないと指摘した。カントは統治は「共和的であるか、専制的であるかのどちらかである。共和政体とは、行政権（執行権）が立法権と分離されている国家原理であり、専制政体とは、国家がみずから定めた法律を独断で執行する国家原理である」[110]と主張する。ここでは統治者の数は、共和制と専制を区別する基準とはなりえないのである。アレントが指摘するように、「圧制は、たとえ多数派により施行されるとしても、独裁的である」[111]からである。

権力の積極的な概念

これにたいして、法と権力について、もっと積極的な考え方がある。この考え方では、「法とは、法による制限がないと自分の力能を濫用してしまう恐れのある人々を包み込む囲いあるいは壁としてみなされる」[112]。これは現代の憲法のように、権力を行使する人々の権力濫用を防ぐための工夫として、法が定められたと考えるものである。

必要悪としての消極的な権力の概念は、法の侵犯者に向けられるのにたいして、法に定められた制限のもとで行使されるこの権力の積極的な概念は、権力を行使する人々に向けられる。だからこの権力の概念では、権力を行使する人が一人なのか、複数なのか、全員なのか、すなわち統治体制が君主政なのか、貴族政なのか、民主政なのかが重要な意味をもつことになる。

この概念は、権力が人々のあいだで生まれ、行使されることに注目することによって、公的な空間を作りだす積極的な役割をはたす。この法は権力が行使される空間においては、権力とは反対に消極的な役割をはたす。法は、権力の行使について濫用を防ぐために禁止規定を設けるが、逆の意味では禁じられていないかぎり、すべて許されることになる。この概念は「法が、囲い込んで一般市民の共同生活を守り、可能にすることを目指したものであることに起源を有することを示している[113]」のである。

この法の概念は、権力の濫用を防ぐために、憲法において権力を分立するという考え方の基礎となったものである。アメリカ合衆国の憲法では、権力を連邦政府の内部で三権分立によって分割し、さらに連邦政府と州政府のあいだでも権力分割することによって、権力を弱めることなく、均衡させることができた。そこには「権力は完全にあらゆる暴力の含意から切り離されたものだという視点が存在している[114]」のである。これは共和主義的な権力の概念なのである。

マルクスの「暴力は歴史の産婆である」という第二のテーゼは、権力の積極的な概念と、法と権力の行使におけるこの第二の積極的な視点を完全に無視するものである。マルクスは第一の必要悪としての権力の概念だけを重視した。それは権力を製作と同じ観点でみるプラトンの伝統をうけついで、権力の行使に暴力が避けがたいものであると考えるものである。そして、ベッドを製作するには樹木を切り倒すという暴力が必要であるのと同じように、権力の行使は暴力的なものであることを信じるものであった。この視点は、ルソーやカントにみられる西洋の政治思想の共和主義的な伝統を無視するものだったのである。

なお、この第二のテーゼには歴史の概念が含まれるが、この歴史の概念がヘーゲルの歴史哲学に依拠したものであるのは明らかである。そしてもしも暴力が歴史を動かす原動力であるのならば、革命によって暴力が不要になった後には、歴史はどのようにしてつづけられるのかという疑問が生まれる。

コジェーヴは、ヘーゲルの歴史哲学を考察しながら、すでに歴史はその終焉を迎えたと主張した[115]。それと同じようにマルクスはこのテーゼによって、歴史の終焉の可能性を示しているのである。コジェーヴは歴史が終焉した後は、人間は「動物性に戻る[116]」と指摘していた。そして「ほんらいの意味での人間の言説、ロゴスの決定的な消滅[117]」に直面するようになるという。これと同じ意味でアレントは「階級闘争が終焉したのち暴力の可能性さえなくなった場合、何が起こるのであろう。どのようにして人間は、ともかくも意味のあるまじめな活動をすることができるのだろうか[118]」と問いかける。人間が活動することができなくなったとしたら、それは政治の終焉であり、歴史の終焉である。権力を暴力と混同するかぎり、こうした疑問が生まれざるをえないのである。

第三のテーゼの批判――歴史論

アレントはマルクスの理論を検討する第三のテーゼとして、思考と実践との関係についてのテーゼをとりあげる。マルクスは「哲学者たちは世界をたださまざまに解釈してきたにすぎない。重要なのは、世界を変革することである[119]」と主張した。これは人間の活動を哲学という思考の営みよりも重視するものであり、ヘーゲルの歴史哲学にみられたような「近代の歴史的な観想と相対化に対立して、ふたたび人間の活動の尊厳を主張しようとした[120]」ものだったと考えることができるだろう。

観想としての思考が、活動としての実践よりも重視されるのは、プラトンのイデア論以来の西洋哲学の長い伝統である。洞窟の比喩で語られたように、哲学者は幻想に捉えられた洞窟から苦労して身を引き離し、太陽の光のもとで、真実であるイデアを眺める。このイデアを眺めた経験からすると、洞窟の中の生活は愚かしさと臆見に囚われた生活に思える。真理を眺めた哲学者は、この世俗的な生を軽蔑し、真理と向き合う聖なる活動だけが貴重なものだと考える。

観想の生と政治的な生

アリストテレスは人間の主要な形態として三つの生をあげていた。一般の人々が送る享楽的な生（ビオス・アポラウスティコス）、ポリスにおける政治的な生（ビオス・ポリティコス）、哲学者による観想的な生（ビオス・テオレーティコス）である[121]。一般の人々が望む幸福な生は享楽的な生であるが、これは「畜獣の営む生活を選択するもの[122]」であり、「奴隷的な人間[123]」の生である。これにたいしてポリスで政治的な生を送る人々は、「名誉がすなわち善であり、幸福である[124]」と考える人々である。しかし政治的な生には名誉のような目的があり、その目的が善だとされていても、その生そのものが善ではない。ところが哲学者たちの送る観想的な生は、「活動それ自身以外のいかなる目的をも追求せず、その固有の快楽を内蔵している[125]」。この活動は神を眺めることを究極の目的とした神的な生活であり、「もっとも幸福な生活[126]」なのである。

観想的な生を政治的な生よりも優先するこの伝統的な見方が揺るがされたのは、近代科学の台頭によってであった。近代にいたってデカルトの懐疑が表明したように、人間が観察し、眺めるだけの現象の正しさが疑われるようになる。そして実験によって確証されたものだけが正しいと考えられるようになった。アレントが指摘するように、「最終的には、真理の追究は、人間は自分自身が作ったものだけを認識できるという近代世界の確信に落ち着くことになった[127]」のだった。

アレントは、この近代的な精神においては、イデアの意味が一変したことを指摘している。もはやイデアは行動を律する理性的な基準としての役割を喪失し、「人間の行為と製作が逆に理性に命令を下す[128]」ものとなる。そのときイデアは、「たんなる価値となり、その有効性は、一人ないし多数の人間によって決定されるのではなく、社会全体がたえず変化する機能的な必要のなかで決定されるものとなった[129]」のだった。

マルクスの転倒——結論として

マルクスは、思索よりも行為を優先するこの近代の確信を明確に表現したのだった。そしてヘーゲルの歴史哲学を転倒する。ヘーゲルは世界史のうちに働く狡智という概念で、この思索と行為の対立を弁証法的に解決していた。人間の行為は歴史のうちの理性のようなものの働きとして理解される。人間はただ欲望に動かされるままに行動しているようにみえるが、実は世界史においては、自由の実現という目的のために働いているのだというのが、ヘーゲルの歴史哲学の結論だった。これは人間はイデアを機能的に使って行為しているように信じているが、それを外部から眺めている哲学者からみると、一つの目的のために働いているという見方である。人間の行為を優先しながらも、それを外部から眺める思索者だけが、その行為の意味を理解できる、とヘーゲルは考えたわけである。

これをマルクスは二重の意味で転倒した。第一に、ヘーゲルは歴史の目的が現代においてすでに実現されたと考えていた。それでなければ、哲学者は歴史の狡智を認識することも、歴史の目的を認識することもできないだろう。終点から眺めるときにこそ、さまざまな迂回路の意味や役割を事細かに指摘することができるのである。

しかしマルクスはこの現在から過去を眺める視点をそのままで未来に投じる。ヘーゲルが過去を理解するために作りだした弁証法を、未来に向けて使えばよいのだ。「ヘーゲルは過去を歴史として解釈し、さらにそうすることによって、すべての歴史的な変化の根本法則として弁証法を発見したのである[130]」。この発見を未来に向けて使うことによって、マルクスは過去の歴史を解釈するのではなく、「未来を歴史として形成することができる[131]」と信じることができたのである。

マルクスは弁証法によって現在から未来を眺めながら、歴史の目的が実現される道程を描きだせると考えた。マルクスにとってこれまでの歴史は人間の「前史」にしかすぎない。これから革命を遂行して、やがては「自由の国」が実現されてからこそ、人間の真の歴史が始まると信じたのである。「哲学者たちは世界をただきまざまに解釈してきたにすぎない」ということは、哲学者たちはヘーゲルの歴史哲学のように、現在にいたる歴史の道程を眺めて考察してきたということである。「重要なのは世界を変革することである」ということは、これからは過去を眺めるのをやめて、ただし過去の歴史を手掛かりにしながら、未来の真の歴史に向けて世界を変革するということである。

アレントが指摘するように、ここにヘーゲルとマルクスの顕著な対立点が存在する。「ヘーゲルは世界史的考察を過去についてのみ行なって、その完成として歴史を現代において終わらせる。これにたいしてマルクスはそれを逆に未来へ〈予言的に〉及ぼし、現代をスプリングボードとしてのみ理解した[132]」のである。

アレントはこれがマルクスのユートピア的な特徴だと考える。「マルクスにおける本来ユートピア的な特徴は、階級なき社会ではなくて、未来を内蔵している歴史という概念である。つまり現代の人間が未来の人間を孕んでおり、人間が自分の死も自分の子孫も孕んでいるように、社会が来たるべき社会の萌芽をつねに宿しているという、有機体的な歴史概念である」[133]。ヘーゲルは梟《ふくろう》は夕方になって飛び始めると語ったが、マルクスなら朝焼けの光は未来を蔵していると語るだろう。

マルクスの第二の転例は、思索ではなく行為が未来を切り開くことを明確にしたことにある。ヘーゲルの歴史哲学は、『精神現象学』が示すように、精神が絶対者として自己実現されてゆくプロセスである。人間の歴史は、この絶対者が背後から人間の行為を操るプロセスとして理解されてきた。しかし「世界精神の弁証法は、人間の背後で狡猾に働くものではなく、人間の活動の在り方なのである」[134]と考えたならば、どうなるだろうか。それは人間が「絶対者を現実化する」[135]ということを意味する。そして「行為のためなら、人種とか、階級なき社会とか、何でも絶対者とみなされうる」[136]のである。

マルクスはこのテーゼで思索よりも行為を優先させながら、こうした絶対者を実現しようと呼びかける。その場合には、この目的を実現するために「世界を変革する」行為には、「この上もない不正で残忍非道な行為でも可能となる」[137]のである。というのも絶対者は「もはや尺度としては存在せず、世界内部で達成でき、作りだせる目的になってしまっているからである」[138]。ヘーゲルの絶対者が現在において実現されているのではなく、未来において実現される目的となるならば、その絶対者の実現のためには、あらゆることが許されるだろう。これは全体主義への道にほかならない、とアレントは考える。

哲学の終焉

このように、マルクスの三つのテーゼのそれぞれの意味で、プラトンに始まる西洋の哲学は、マルクスにおいて終焉するといえるだろう。労働の意味、暴力と歴史の関係、思考と実践の意味などのそれぞれにおいて、マルクスはプラトン以来の西洋の哲学の伝統をうけつぎ、その上でこれを転倒しているのである。

これを要約すると、「マルクスは人間に威厳を回復するために、政治に歴史の威厳を与え、労働に生産性の威厳を与えようとした。そのことで彼は、すべてを台無しにしてしまった[139]」ということになる。しかし「労働と歴史をまさに近代の問題だと考えたのは、彼が最初であった[140]」。そこにアレントはマルクスの栄光をみる。

アレントは、マルクスがこれらのテーゼにみられるように、労働、歴史、哲学の意味を考察するなかで、プラトンをうけついで、人間の政治的な行為を製作のモデルで考えたことに注目する。これによってマルクス主義は、人間には何でも許される、人間は何でもできるというイデオロギーに近づいたのである。「マルクス主義が全体主義のイデオロギーにつながりえたのは、政治的行為を歴史の製作とひとしいものとみなす曲解あるいは誤解のためだった[141]」のである。

このようにマルクスが西洋の政治哲学の本道を進んだ結果として、マルクス主義はついに全体主義にたどりついた。これがアレントのマルクス批判の結論である。「マルクス主義は、偉大な伝統を使って新しい問題を解決する試みであった。十月革命が二〇世紀の大きな希望であったのはそのためであり、その道も全体主義という、その時代の重大な幻滅に終わったのもこのためである[142]」。

そしてこのような帰結が生まれたことを考えると、「偉大な伝統そのものがそこへ導いたからには、西洋のあらゆる政治哲学には根本的な誤りが潜んでいるに違いない[143]」と言わざるをえないのである。アレントの『人間の条件』における労働、仕事、活動の区別は、マルクスにおいて露呈した西洋哲学の「根本的な誤り」を暴くための試みだったのである。

ただし全体主義は西洋の哲学がたどりついた必然的な帰結などではないことに注意すべきである。アレントがある助成金への申請書で述べているように、全体主義が登場するのは、「ヨーロッパの伝統的な社会的および政治的な枠組みが壊れた時と所[144]」だけに限るのであり、「人種差別主義と帝国主義、汎化運動《パン・ムーヴメント》の種族的ナショナリズムと反ユダヤ主義は、西欧の偉大な政治哲学の伝統といかなる関係もない[145]」のである。これらは影のように西洋の伝統の裏にはりついていたにすぎないのである。

第五章　国民国家とその崩壊

第一節　国民国家の誕生

国民国家とは

この章では、第四章の第一節で検討した社会の勃興がもたらした帰結を、西洋の国民国家の形成と崩壊、そして全体主義にいたる歴史として考察するアレントの仕事を検討する。ホッブズからマルクスまでの近代哲学のうちに影の形で含まれていた問題点が、スターリン支配下のソビエト連邦の強制収容所と、ナチス支配下のドイツの絶滅収容所で、悲惨な形であらわになったのである。無国籍者として長い年月を送らざるをえなかったアレントは、この問題点を解明することを、その生涯の重要な課題としていた。

アレントは、国民国家（ネーション・ステート）の成立を、フランス革命を例として考えることが多い。フランス革命において、国民国家の原則がとくに明確に確立されたからである。国民国家の原則とは、ネーションとステートが同一のものとみなされるということである。この近代の西欧で登場した新しい国家は、封建制と絶対王政をうけついで登場したものであり、ネーションを土台して国家を形成した。

アレントの考えるネーションとは、「民族と領土と国家」(1)という三位一体によって形成されたものである。民族的な同質性をそなえた人々が、共通の歴史と未来の展望のもとで、特定の領土において国家（ステート）を形成するとき、それがネーションであり、ネーションは同時に国民国家でもある。

アレントはこのネーションについて、「民族が自分自身を、彼らのものと定められた特定の定住地域に根を下ろした歴史的・文化的な統一体として認識し始めたところではどこでも国民と国民解放運動が登場する。なぜなら彼らの住む所には歴史が誰の目にも明らかな足跡を残しており、したがって大地自体がそれを耕作し田園に作り変えてきた祖先の共同の労働を示すと同時に、この土地に結びつけられた子孫の運命をも指示しているからである(2)」と指摘する。

日本では明治維新によって、このような国民国家の建設が行なわれた。それまでの幕藩体制では、統一された国家は存在していなかったが、維新によって日本という国家の成立がすべての人に意識されたのである。以下では西欧の代表的な国民国家であるフランス、イギリス、ドイツについて、国民国家の成立の経緯を簡単にまとめてみよう。この三国は、西欧の国民国家のありかたを代表する典型とみなすことができるからである。

国民国家の成立

フランスでは、絶対王政を一七八九年の革命で倒すことによって、一挙にこうした国家が成立した。ただしこの新しい国民国家も、旧来の政体をうけつぐ形で建国されたことは言うまでもない。フランスなどのヨーロッパの「国民国家の国家構造は、はるかに昔からの長い緩慢な発展の上に立っている。国民的共和政治および立憲君主政は、その法的構造を絶対君主政ならびに帝政と開明君主政からうけついだ(3)」のである。

たとえばフランスは一三四九年にドーフィネ地方を、一四八一年にプロヴァンス地方を獲得していたが、統一国家としてのフランス国という自覚は、旧体制のもとではほとんどみられなかった。フランス革命において初めて、このような統一国家の意識が誕生したのである。

イギリスでは、一七世紀の二つの革命が「国民国家への発展にとってもつ意味は、一七八九年の革命がフランスにとって持つ意味と同じように決定的だった(4)」が、フランスよりも早い時期に、段階的に国民国家が成立してきたという違いがある。イングランドは一二七六年以降のエドワード一世の遠征によって、ウェールズ地方をほぼ征服していた。そして一五三六年には、ウェールズとの「合同法」が施行され、ウェールズはイングランドの州として扱われるようになった。

しかしスコットランドは別の国家であり、イングランドが征服しようと軍を派遣すると、スコットランドはフランスに援助を求め、イングランドは撤兵せざるをえない状態だった。名誉革命の間も、国王に対立するイングランド議会は、スコットランドに軍事的な援助を求めた。スコットランドの姿勢が、革命に決定的な影響を及ぼしたのだった。

最終的には一六四〇年からのピューリタン革命後に、クロムウェルが一六五一年のウースタの戦いでスコットランドを征服し、一六五四年にはイングランドとスコットランドの合同がさだめられた。そして一六八九年の名誉革命の後に、イギリスはイングランド、ウェールズ、スコットランドのそれぞれの地方を統一する国家として意識されるようになったのである。それぞれの地方は独立意識が高かったが、これはイギリスという統一国家の成立の妨げにはならなかった。

しかしイギリスは、長い間支配しようと目指していたアイルランドを獲得することはできなかった。イギリスで国民国家が成立するとともに、アイルランドの内部でも民族自立の運動が始まったからである。アレントはこれは国民国家の成熟がもたらした代償だとみている。「革命後のイギリスはすでに国民国家としての成熟に達していたが、この成熟はつねに国民国家の政治体が初期段階にのみ持つ同化力を失うという代償によって贖われるのである」[5]。そのためイギリスはアイルランドを国民国家のうちにうけ入れることができなかったのである。

ドイツでは国民国家の成立はきわめて遅くなる。ドイツは多数の諸邦で構成されており、一九世紀の初頭にいたっても、諸邦の割拠はつづいていた。ドイツの詩人のヴィーラントは一七九三年になっても、「子供のころ私は義務について多くのことを聞かされたが、ドイツ愛国者の義務についてはほとんどなにも教えられることがなかった。ザクセンの愛国者、バイエルンの愛国者、フランクフルトの愛国者はいる。しかし帝国を自分の祖先として愛するドイツ愛国者はどこにいるだろうか[6]」と語っている。

しかしナポレオンによる侵略が、ドイツの統一の重要性を人々に痛感させた。イエナでナポレオンの進軍を目の当たりにしたヘーゲルは、「ドイツ憲法論」において、「ドイツには国家がない」と、悲痛な声で叫んでいた。「フランス共和国との戦争において、ドイツはもう国家ではないことをみずから経験し、そして戦争そのものにおいて、また戦争を終結させた講和にさいして、自分の政治的実情を自覚するようになった(7)」のである。

ヘーゲルは大ドイツ主義的なオーストリア＝ハンガリー帝国に望みを託していたようであるが、ネーションとしてのドイツは、オーストリアを排除する小ドイツ主義的な形で成立した。中心となったのはプロイセンであり、プロイセンが一八七一年に占領したパリで、ヴィルヘルム一世がドイツ皇帝として戴冠式を行なって、ドイツ帝国が誕生するまで待つ必要があった。

しかもビスマルクが読み上げたドイツ国民への新皇帝の布告では、「連合したドイツ諸侯と諸都市の要請にしたがってドイツの帝位につく(8)」と述べられていたのであり、ドイツ国民という言葉は語られなかった。

この三つの典型において、フランスとイギリスは国民国家が成立した段階で、イギリスはウェールズとスコットランド、フランスはプロヴァンスのように、新たに獲得した地方はあっても、内部に明確に対立する少数民族をもたなかった。しかしドイツは領邦国家の分裂が解消されず、大ドイツ主義的な野心が残ったために、オーストリアとの関係がぎくしゃくしたという特徴がある。このためこれらの国民国家の成立の経緯の違いが、それぞれの国民国家の崩壊の違いを、そして人種主義の違いを特徴づけることになる。

国民国家の悲劇

ここで重要なことは、ネーションと国家《ステート》には、基本的な対立が存在することである。国家というものは、公的な政治体であり、中世以来のヨーロッパの国家の最高の機能は「領土内の住民すべてを、彼らの民族的な帰属とかかわりなく法的に保護する(9)」ことにあった。中世以来の国家の伝統では、「一国の領土のうちにあるものは、その国に属する(10)」ことが原則だったのである。

フランスは革命によって国民国家を形成した際に、人権と市民権という二つの権利を宣言した。人権宣言は、「人および市民の権利宣言」として発表された。人権は、人間に自然にそなわるものであり、国家に属する市民であるかどうかとは別の次元で考えられている。「人は、自由かつ権利において平等なものとして出生し、かつ生存する」[11]と述べられているのである。しかし同時に、「あらゆる主権の原理は、本質的に国民に属する」[12]とされている。人権がすぐに市民権に接続されるのだ。フランスの国家はすべての人の「消滅することのない自然権」として、「自由、所有権、安全および圧政への抵抗の権利」[13]を認める。しかしこの基本的な権利を行使できるのは、国家の市民に限られるのである。

国家《ステート》は国民を保護する。しかしネーションは民族の名において、「本質的に同質であると仮定されたネーションの統一体に血統と生まれによって属する者のみが、国家的な結合体の中に、完全な市民として迎え入れられるべきだと主張した」[14]のだった。これは、国家の役割が、国民に普遍的に適用されるべき法を定める装置であったものが、「血統と生まれによって」所属が決定される国民を保護するための道具に変わったことを意味する。「ネーションが法の地位を奪ったのである」[15]。

アレントはこれを「国民国家の悲劇」[16]と呼ぶ。それは国民国家においては、国家がネーションに属さない者を保護する手段と意志を喪失したからである。それを象徴的に示すのは、その後に登場した無国籍者と少数民族の問題である。この二つの問題は、国民国家がほんらい抱えていた問題を、国家の統治者にも国民にも、逃れることのできない形でつきつけたのであり、国民国家がもはやそのままでは存続できないことを人々に認識させる重要な病となったのである。

ヨーロッパの国民国家を崩壊させていったのは、内部からは人種主義であり、対外的には帝国主義のもとでの植民地との関係であったが、この少数民族と無国籍者の問題は、国民国家の病の源泉であり、病の兆候であり、病のもたらした結果でもあった。人種主義と帝国主義の問題を考察する前に、この二つの問題を検討してみよう。

第一次世界大戦の終結にともなって、オーストリア＝ハンガリー帝国が崩壊し、帝政ロシアが解体された。アメリカ合衆国のウィルソン大統領の提示した民族自決の原則は、少数民族問題を抱えるバルカン半島に大きな関心と問題を引き起こした。少数民族のルツボだったバルカン半島を例にとって、この問題を考えてみよう。バルカン半島では、「新しい南スラヴ人の統一国家、領土を拡大してルーマニア系だけでなく非ルーマニア系住民も抱えこんだルーマニア、領土が拡大せず比較的〈民族的〉には〈均質〉とされるブルガリアとアルバニアや、多くの難民をかかえることになるギリシアの場合も国外の〈民族同胞〉の問題のみならず、国内住民の分裂状況に悩まされることになる[17]」のだった。

国内に少数民族を抱えた国家は、少数民族を同化しようとしたが、他方では少数民族は、民族自決の原則のもとで独立を望んだ。たとえば一九一八年に建国された「セルビア人・クロアチア人・スロヴェニア人王国」（一九二九年からはユーゴスラヴィア王国）は、セルビア王国、モンテネグロ王国、ボスニア＝ヘルツェゴヴィナ王国、クロアチア＝スロヴェニア、ダルマツィアなどの地方で構成されていたが、セルビアが中央集権的な政府を形成し、地方分権的なクロアチアと対立していた。後にこの国がどのように分裂してゆくかは周知のことだが、その芽は最初から育っていたのである。バルカン半島では、「領土境界はかつてないほど恣意的、偶然的なものとなり、民族間の境界線ではなくなっていた。ヨーロッパのこの一角ではヒトラーが手を貸さなくとも、全民族が相互に摑み合いを始めるのは必然だった[18]」のである。

この地域では、ほんらいの意味での国民国家を形成するのは実質的に不可能なことだった。「国民国家の原理は該当する諸民族のごく一部に国民主権を与えたにとどまり、しかもその主権はどこでも他の民族の裏切られた願いに対立する形で貫徹されたため、主権をえた民族は最初から圧制者の役割を演じざるをえなかった[19]」のだった。少数民族は、国家のうちにありながら、権利を認められず、抑圧され、不満を抱えて生きつづけることになる。

この少数民族の問題が明らかにしたのは、「一国の市民であることと民族的な帰属が不可分なものであること、法律の保護を真の意味で保証されているのは、同じ民族の起源をもつ者だけであること、他民族のグループは、完全に同化され民族的起源が忘れられるようにならないうちは、例外法規によって保護されるしかない[20]」ということである。フランスなどの国民国家では民族的な同質性のためにこのことは曖昧であったが、少数民族を抱える諸国ではこれはきわめて明らかになっていたのである。

その意味ではバルカン半島の諸国は、国民国家の真の姿を示すX線写真のようなものだった。それをアレントは「ネーションによる国家の征服[21]」と表現する。国民国家は、法の支配を原則として、それまでの恣意的な専制を覆して、立憲的な政府を樹立しようとした。その国家《ステート》がネーションに征服され、優位に立つ民族だけを保護するようになるとともに、国民国家の原則は崩壊するのである。

無国籍者問題とは

この少数民族が示した国民国家の抱える矛盾と危険性をさらに明らかに示したのが、無国籍者の問題である。アレントもまた、旅行書類もなしにナチス・ドイツから亡命し、アメリカ合衆国に帰化するまで、実に一八年間も無国籍のままだった。

無国籍者とは、国籍を剝奪され、保護してくれるいかなる機関ももたない人々のこと、「絶対的な無権利状態、無保護状態にある人間[22]」のことである。アレントは、「第一次世界大戦の直後に始まった大規模な難民の流れから生まれ、ヨーロッパ諸国が次々と自国の住民の一部を領土から放逐し、国家の成員としての身分を奪ったことによってつくりだされた無国籍者は、ヨーロッパ諸国の内戦の最も悲惨な産物であり、国民国家の崩壊の最も明白な兆候である[23]」と指摘している。

第一次世界大戦前には、無国籍者は例外的な存在だった。最初にこうした実例が発生したのは、まずアメリカ合衆国においてだった。帰化した市民が国外に居住地を定めた場合には、アメリカ合衆国はその国籍を剝奪した。さらにヨーロッパ諸国もこれにならう措置をとって国籍を剝奪した。こうしてかなりの数の無国籍者が発生した。この措置が実行されたのは、「最初のうちは帰化人だけ、しかも旧国籍が敵国の場合に限られたから、たんに前兆としての意味をもつにすぎなかった[24]」。しかし帰化の取り消しと故国の喪失というこの方式は、後にドイツで帰化したユダヤ人から国籍を剝奪する前例となって、「市民権剝奪一般への道を均した[25]」のだった。

第一次大戦中には、敵国人に対する法規の適用を免れるために無国籍を選ぶ人々がいたし、「事実上外国を意味する〈故国〉への強制送還を免れるために、戦後に無国籍に逃げ込んだ[26]」人々もいた。この「故国喪失者は、無国籍のうちに特権と法的利点をみいだした最初の人々[27]」だった。それは「祖国」という語が、なつかしい故郷ではなく、牢獄を意味するようになった最初の人々だったのである。

無国籍者問題の発生

無国籍者が重要な政治的な問題となったのは、少数民族が大量に国籍を剝奪されて、国外に追放されたためだった。ロシア革命の後に、ソ連政府は亡命ロシア人から国籍を剝奪した。その数は数百万にのぼった。次に数十万人のアルメニア人が国籍を奪われ、ハンガリーではベラ・クン独裁が崩壊した後の白色テロで、数千人が国籍を奪われた。さらに数十万人のドイツ人が国籍を失い、「スペイン内乱で五〇万人の共和政府軍の兵士と数十万人の亡命者がフランスに逃れてきた[28]」。

かつては政治的な亡命者には「庇護権」による保護が認められていたが、数十万人の単位になると、もはやこのような方法で受け入れることはできなくなる。それは国内に少数民族を抱えることを意味したのであり、「国民国家が多民族国家に変質することを意味した[29]」のである。

さらにこの移民を受け入れることは、別の危険をもたらした。亡命してきた人々が頼れるのは同民族だけであったので、「昔から定住していた外国人に脱同化の傾向が生まれた[30]」のだった。そして移民をうけいれた国家の側でも、彼らに「直接の援助も労働許可も与えるつもりはなかった[31]」ために、定住していた外国人からの援助は好ましいものであり、それを煽ることすらしたのである。「その結果、たとえばフランスにいた百万人のイタリア人移民の同化を妨げ、ふたたび民族意識に目覚めさせるためには、一万人ほどのイタリア人亡命者が来れば事足りた[32]」のだった。これによって「もとは移民として住み着いていた同民族の住民まで、亡命者に変えてしまう[33]」ことになった。

アレントは、この無国籍者の亡命は、「病を移す[34]」ような働きをしたと指摘している。まるで疾病のようにひろがって無国籍者の数はますます増大した。フランス政府は不況時には外国人労働者を失業させ、国外に退去させるという方法をとった。一九三五年のラヴァル政権の時に、「最後の大規模な強制退去[35]」が行なわれた。退去させられたのは帰化した外国人だったために、この措置を免れようとして、帰化していた外国人は無国籍に逃れようとすることもあり、無国籍者はさらに増大したのである。

無国籍者を追いだす国と受け入れさせられる国の間では、水面下で争いが発生した。無国籍者は祖国から追放されてそれまでの国籍を失ったのであるから、無国籍者が入国してきた国が、その人物を祖国に送還しようとしても無駄である。入国してきた無国籍者を国外に追放するように命じられた警察は、非合法の手段に訴えるしかない。「警察は夜陰に乗じて無国籍者を隣の領土に潜り込ませ、それによって隣国の法を侵す。その結果は、その隣国がまた次の夜の霧に紛れて、他国の法を侵し、不愉快な荷物の厄介払いをする[36]」ことになる。こうして、国家が国際法を侵犯するのが常態となる。これは関係する諸国の「国内における合法性一般と国家間の関係における合法性一般の基礎を掘り崩す[37]」ことを意味したのだった。

無権利者の状態

この無国籍者の状態を象徴するのは、こうした人々はまったく無権利であり、法律を犯すことによって初めて法律の規定の適用をうけることができることだった。アレントは「ある特定のグループの人々が実際に無権利となっているかどうかを知るには、彼らが罪を犯すことによって、その状態が改善するかどうかを問えばよい[38]」と指摘している。「彼が罪を犯さなかった間は彼を追い払いつづけてきた法律は、彼がひとたび法律に違反したとなると、にわかに彼を受け入れる[39]」のである。弁護士がつけられ、食事も寝る場所も確保され、看守について不満を訴えることもできる。ようやく「人間の数に入る存在[40]」として認められるのである。

アレントはみずから経験したこの無権利者の状態を、ほぼ三つの喪失状態として描きだしている。第一の喪失は故郷の喪失である。「故郷の喪失とは、自分の生まれ育った環境を失うことである。人間はその環境の中に、自分にこの世での足場と空間を与えてくれる一つの場所を築いてきた(41)」のである。これは公的な領域が存立できる場所であり、無権利者はこの公的な領域に登場する可能性を奪われる。「閉鎖的な政治共同体の一つから締めだされた者は誰であれ、諸国民からなる全体家族からも、そして同時に人類からも締めだされる(42)」のである。

第二の喪失は、政府からの保護の喪失である。古代から文明諸国は、他国の政府による迫害のために亡命してきた人々を庇護してきた。このアジールの権利が認められるためには、その人々が自国の法律に違反するような行為を「確かに実証可能な形で犯した(43)」ということ、そしてその行為が受け入れ国にとっては犯罪とならないことが必要である。

しかし無権利者はまったくの無辜《むこ》の人である。法律を犯した犯罪者ではないのであり、このような庇護権利が認められる前提が存在しないのである。「彼らは迫害を加える権力の目からみてさえ罪なき者である。彼らの身に否応なしにこびりついているこの主体的な潔白性が、彼らの最大の不幸だった(44)」のである。アレントは、政治的な敵や犯罪者から法的な人格を剝奪するよりも、完全に無辜の人間から法的な権利を剝奪するほうが「はるかに容易であるということは、現代におけるわれわれの経験のアポリアの一つである(45)」と、鋭く指摘している。

第三の喪失は、人権の喪失である。フランス革命の後の人権宣言では、人間には「譲渡できない神聖なる自然権(46)」があると謳われた。アメリカのヴァージニアの権利章典では、「すべての人は生来ひとしく自由かつ独立しており、一定の生来の権利を有する(47)」ことが謳われた。国籍を剝奪された人々が証明したのは、この「神聖なる自然権」であり。「生来の」基本的な人権というものは、それを保護する政治的な共同体が存在しない場合には、霧散してしまうということである。「彼のために法が存在しないような人間のために、法の前の平等を要求することは無意味(48)」であることが明らかになったのである(49)。

国民国家では、人間が人権を認められるのは、人間としてではなく市民としてであり、さらにその国に生まれた国民であるという出生の事実によってである。国籍を奪われたとたんに、すべての権利を喪失するのは、この国民国家の成立の基盤に「ごまかし」があるからに他ならない。「このごまかしは、諸国民の家族から追放された無国籍者の人間が、この領土に大量に現われたときに明らかになる[50]」のである。

二つの最終解決――ナチスとイスラエル

この少数民族と無国籍者の問題を解決する方法を示したのは、ナチスとイスラエルである。ナチスは、国内の少数民族であるユダヤ人の問題を最終的に解決するための方法を示した。まずドイツのユダヤ人を「ドイツにおける非公認の少数民族の地位に追い込み、次には無国籍者にして国境から追放した[51]」。その際にはできるだけ貧しい状態に追いやっておくようにした。「ユダヤ人が金も国籍も旅券もなしに群れをなして国境を追われるようになれば[52]」、受け入れ国はユダヤ人を厄介者として扱わざるをえなくなるからである。それは「ドイツのユダヤ人政策にとっての最上のプロパガンダとなるからである。ユダヤ人を乞食として国境から放りだすのがドイツにとって得策である。なぜなら移住者が貧しければ貧しいほど、受け入れ国にとって重荷となるからである[53]」。

これによって他国もドイツと同じような「全体主義政権自身の基準をとることを強制される[54]」ことになり、このことについてドイツを非難できなくなる。そして他国にもドイツと同じような反ユダヤ主義が蔓延するようになるのである。こうしてやがてはユダヤ人はドイツに送還されてくる。「そしてすでに絶対的な無権利者とされたユダヤ人はここでもういちど全世界に公然と売りだされ、彼らの返還を要求する者があるかどうかが確かめられた。そして彼らが全人間世界における〈余計者〉あるいは居場所のない者であることが実証されたとき、初めて絶滅が開始された[55]」。これでドイツのユダヤ人問題は解決したのである。

これには副産物が一つあった。「無実の人々がこうむった前代未聞の危難の見本を示すことによって、不可侵の人権などというものはたんなるお喋りにすぎず、民主主義諸国の抗議は偽善でしかないことを、実際に証明[56]」したのだった。

ナチズムはこの無国籍者の問題をとおして、民主主義と基本的な人権の概念が、現実の世界において無効になりうることを全世界に向けて証明したのである。無国籍者が罪を犯すことによって初めてまともな市民としての扱いをうけるという事実は、無国籍者の権利の喪失が、フランスやアメリカの人権宣言などで語られている基本的な人権の喪失よりもさらに深いものであることを明らかに示している。言論の自由や信仰の自由などは、市民としての権利が認められた後に、初めて意味をもちうるものである。無国籍者が生存の権利が脅かされている状態では、こうした権利はほとんど意味をもたないのである。ナチズムはこのことを明らかにすることで、全体主義への批判の芽を摘み取ったと言えよう。

もう一つの方法は、ユダヤ人の国家であるイスラエルが採用したものであり、パレスチナの土地に「最初は除々に入植し、それから力ずくで領土を奪う[57]」という方法だった。西欧の諸国で少数民族として存在していたユダヤ人たちがみずから国家を形成してしまえば、もはや少数民族でなくなり、国籍も獲得でき、権利も保護される。しかしこの方法では新たな少数民族が発生するという問題がある。この方法でイスラエルは、「アラブ人の難民を生み、無国籍者・無権利者の数をさらに七〇万から八〇万人もふやしてしまった[58]」のである。

アレントは、この問題は「死病の萌芽[59]」であると強調する。「国民国家はそのすべての市民が法の前に平等でなければ存立しえないし、またいかなる国家といえども、もし住民の一部が法の埒外に立たされ、事実として法の保護から追放されているならば、決して存続しえないからである[60]」。このように無権利者の存在は、国家とネーションの対立の悲劇を体現するものであったのである。

第二節　ナショナリズム

ナショナリズムの役割

ただしこの国家《ステート》とネーションの悲劇は、そのままで発生したわけではなかった。国家とネーションをつなぐ絆となるものが存在していたのである。それがナショナリズムである。西欧の国民国家では「全体に共通の利害を象徴的にも実際にも代表する国王がもはや存在しないため、市民を結ぶ残された唯一の紐帯は国民的なもの、〔すなわちネーションの〕共通の起源だけとなった[1]」のであり、「すべての階級と集団に共通する特定の心情としてのナショナリズム[2]」だけが、共通の国民的な利害を保証できると考えられた、とアレントは指摘する。

アレントがナショナリズムをこうした絆として、肯定的に評価していることに注目しよう[3]。ナショナリズムは、「中央集権化された国家とアトム化された社会をつなぐ不可欠の比類のない接着剤となり、同時に同じ国民に属する人々を結びつける唯一の生きた、危機に際して威力を発揮する共同の帰属感となることが明らかになった[4]」と考えるのである。

アレントは、国民国家を崩壊させる役割をはたしたのは、ナショナリズムではなく、人種思想と人種差別主義だと考えている。以下ではまず、フランス、イギリス、ドイツの人種思想について検討し、それがナショナリズムとどう対立し、どう結びついていたかを検討し、さらに、国民国家を内側から崩壊させる要因となった人種差別主義が、どのようにしてナショナリズムと対立しながら発展してきたかを調べてみよう。「人種差別主義はどこでもナショナリズムに対立する要因、ナショナリズムとあらゆる形の愛国主義の土台を掘り崩す要因[5]」として登場してきた、とアレントは考えるのである。

マルクス主義の伝統では、第一インターナショナルの歴史からも示されるように、各国のナショナリズムが国際的な階級闘争の力を削いだと考えている。国家のナショナリズムと階級闘争のインターナショナリズの対立を軸として考えようとするのである。しかしアレントは、対立の軸はそこにあるのではなく、ナショナリズムと人種主義にあると考えるわけだ。「国民国家に最後の一撃を与えうる武器にまで成長したのは、反ナショナルな人種思想であって、階級イデオロギーではない[6]」というのである。人種思想こそが、「国民国家とナショナリズムに実際に致命傷を与えた[7]」と考えるのである。

フランスの人種主義とネーション

人種思想がヨーロッパに初めて登場したのは、一八世紀のフランスだった。このフランス革命の世紀は、「国民解放と人類愛の世紀[8]」であるが、同時に「国民国家を破壊し、人類の理念を踏みにじる人種思想の最初の芽が萌えだした時[9]」でもあった。この世紀にフランスで登場した人種思想を代表するのが、貴族のアンリ・ド・ブーランヴィリエ（一六五八—一七二二）である。貴族としてのブーランヴィリエには二つの敵があった。片方は貴族を抑圧しようとする王であり、貴族は「君主制と君主による貴族の権力の簒奪[10]」と闘わねばならなかった。他方の敵は勃興しつつある資本主義階級としての市民である。貴族は「絶対君主制を利用して自分たちの利益のために貴族の諸権利を侵害していた第三身分[11]」と闘う必要があった。

そのためにブーランヴィリエがもちだしたのが、フランスの歴史である。彼によるとフランスには二つの民族がいるという。民族移動でガリアの地を征服したゲルマン民族と、土着のゴール人である。征服したゲルマン民族が貴族として支配層となり、征服されたゴール人たちが第三身分となった。この二つの層は敵対関係にあるのである。

君主の絶対主義に対抗するために、ブーランヴィリエはゲルマンの民会の自由の伝統をもちだす。「したがって君主制にたいしては自由を強調する[12]」のである。一方、第三身分にたいしては、征服者としての「侵略に由来する無制限の諸権利[13]」を主張することになる。アレントが指摘するように、「彼は没落しつつある貴族の代弁者として、第三身分の増大する勢力と権利要求に対抗し、貴族の支配の正統性を新しい論拠によって立証しようとした[14]」のだった。

アレントは、この血統の異なる二つの民族の思想は、当時登場しつつあったネーションの理念に対抗することを目指したものだと指摘している。ネーションは、等質の民族が特定の領土を占めて、国家を形成するという三位一体に依拠したものであり、ナショナリズムはこの理念を主張する。これにたいして、ブーランヴィリエは、「共通の言語と同一の歴史をもつ本質的に同質な住民からなるフランス国民などというものは存在しない[15]」と主張するのである。二つの異なる民族でフランスという国家が成立しているというブーランヴィリエの思想は、このネーションの理念の土台を否定する役割をはたすことになる。

要するに、ここではネーションの概念が争われていたのである。何がネーションを構成するのか。ブーランヴィリエにとっては、ガリアの民を征服したフランクやゲルマンの民族がネーションである。「フランス国民として認められる集団は、フランク族、およびその末裔である貴族のみである。ガリア人やローマ人は異民族であり、彼らの血をひく第三身分は、永遠に共同体の外部に位置づけられる存在である[16]」というわけである。

しかし国民のほぼ全員をネーションの外部に放逐しようとするこの論理は危ういものである。この思想はフランス革命後には、「ヨーロッパ貴族の一種の〈インターナショナル〉を設立すべきである[17]」という提案にまでいたる。これは実際には祖国にたいする裏切りに他ならない。革命の思想的な先導者であったエマニュエル・シィエス（一七四八―一八三六）は、「征服者の家系に生まれて、征服に基づく権利を継承したなどという馬鹿げた主張をしつづけているこれらの家族をみな、なぜフランコニーの森の中に追い返さないのだろうか[18]」と叫んでいるほどである。

だからブーランヴィリエのこの論理はすぐに反転させられる。そのようにしてシィエスは、ネーションの概念を作り直すのである。君主は王権神授説を唱えながら、「王の人格にその可能性の条件と実質的な統一がみいだせる場合[19]」だけにネーションは存在すると主張する。貴族は征服者だけがネーションだと主張する。しかしシィエスは「共通の法と共通の代表、これだけが一つのネーションを作りだす[20]」と主張する。

これは君主制のネーション論を否定するものである。王なしでもネーションは存在できるからだ。また貴族たちのネーション論も否定する。「征服の前年にさかのぼる[21]」ならば、そこには共通の法と代表をもっていた人々の集まりが存在したのであり、そのネーションを簒奪したのが征服民だからだ。第三身分は「権利の喪失ではなく、その回復を要求する[22]」のである。第三身分こそがネーションなのである。このネーション論がフランス革命の思想的な根拠となる。

このようにブーランヴィリエのネーションの理論と人種思想は、「民族を分裂させるためのもの、そのために内戦の武器になりうるもの[23]」であった。ただしブーランヴィリエの理論はまだネーションの概念に基づく理論であり、「厳密には人種について語っているのではなく、まだ民族の観念を堅持していた[24]」のだった。世界観的な人種思想はフランスの東洋学者で外交官でもあったジョセフ・アルチュール・ゴビノー（一八一六—八二）とともに始まるのである。

ゴビノー

ゴビノーはブーランヴィリエの人種思想をそのままうけついだ。フランス貴族の起源についての理論、征服説、貴族の根無し草的な性格、そして「貴族がヨーロッパの国際的支配権を主張できること[25]」などを、そのままうけいれている。ゴビノーにおいて新しかったのは、彼が「滅亡という現象に魅せられていた[26]」ことである。「全歴史を発見可能な唯一の法則にしたがって衰退と滅亡を繰り返す歴史として解釈しようと考えた[27]」のは、ゴビノーが初めてだったのである。

ゴビノーはフランスの貴族の衰退の理由を、この滅亡理論で説明する。ゴビノーは、文明が衰退したのは人種が混淆したからであり、しかもこの混淆において劣等人種が勝利をおさめたからだと考える。そして人種が退化したから、文明は没落すると説明する。貴族の没落はこの劣等人種が力をもつようになったことによって説明される。

ゴビノーは世界には三種類の人種が存在すると考える。「黒色人種、黄色人種、白色人種である[28]」。そのうち「黒色人種はもっとも卑しい人種であり、階層のもっとも低いところにとどまる。その骨盤の形にみられる動物性は、受胎した瞬間からその運命を決定している。彼らはそのもっとも狭い知的な圏域から決して逃れることはできないだろう[29]」という。

これにたいして「黄色人種は、この型と正反対である。……すべてのことにおいて凡庸であり、あまり高度でなく、深遠でないことなら、簡単に理解する。有用性を好み、秩序を尊重し、ある程度は自由の恩恵を認識している。……彼らはできるだけ穏やかに、心地よく暮らすことだけを望んでいる。その点では黒人よりも優れている[30]」。しかし「彼らは文明を創造することができない[31]」。

ところが「白色人種は、反省する力、あるいは力強い知性をそなえている。有用性の感覚は、黄色人種よりも広く、高く、勇敢で、理想的である。……自由への際立った愛をもち、中国人があれほど好む形式的な組織を嫌い、黒色人種にふさわしい唯一の支配形式である尊大な専制主義を嫌悪する[32]」というのである。

ゴビノーによると「白色人種は当初は、美と知性と力を独占していた[33]」。しかしやがて人種が混淆してくるために、もっとも優れた人種もその利点を失い、「その長所を低め、衰弱させ、卑しめ、除く[34]」ようになる。しかしこれは人類全体を均質化するものであり、ある意味では人類にとって好ましいことである。人類の文明のすべては、この種族の混血によって生まれるからである。人類の歴史はこのように堕落と退化の歴史であるとされる。

ここで注目されるのは、黄色人種とは日本人などを意味するだけではなく、アルプス地方の人々なども黄色人種に分類されるということである。みずからの祖国であるフランスなどのラテン系の諸国は、黒色人種に分類されるユダヤ人の血によって汚染された国だと彼は考える。肌の色に基づいたありきたりの人種差別の思想ではないのである。彼は「母国フランスが雑種的人種からなる劣等な国とみた[35]」のであるが、「彼の人種主義は、まだ国家主義と結びつかず、むしろ階級的な差別、国家の枠をこえた個人的優劣というような粗朴な観念に支えられている[36]」のである。

ゴビノーはこの没落に対処するために、「滅びつつある貴族に代わるべきエリートの新しい定義と創造[37]」を主張した。このエリートはアーリア人種とされ、卓越した個人がこのアーリア人種であると説明される。そしてこの「恣意的な人種概念では、誰をアーリア人種と定義しようと各人の勝手だった[38]」。だから「この人種概念によれば、個人は貴族が独占していた貴族的属性をいまや社会的にでなく、政治的に要求できるようになった[39]」のである。

このゴビノーのアーリア人の人種理論は、人種の混淆と退化という彼のほんらいの理論と矛盾するものであり、ゴビノーの生前はほとんど顧みられなかった。しかし死後、「文明の衰退は、すべての歴史の現象のうちで、もっとも驚くべき、同時にもっとも晦冥な現象である[40]」という文章で始まる彼のペシミスティックな『人種不平等論』は、シュペングラーの『西欧の没落』の小型版のようにもてはやされた。それはゲルマン民族こそがすべての世界を支配することのできる民族であるというドイツの種族的《フェルキッシュ》なナショナリズムと、人種イデオロギーを結びつける「爆発性のアマルガム[41]」の役割をはたしたからである。次にドイツの人種思想を検討してみよう。

ドイツの人種思想

ドイツの人種思想は、一八〇六年のナポレオンの軍に征服された後に生まれた政治的なロマン主義に由来するものであり、フランスのように国民を分断するのではなく、国民を統合することを目的としていた。「国境の外に同盟者を求めるのではなく、人民の共通の血統の意識を目覚めさせて、異民族による支配にたいして立ち上がらせることが狙いだった(42)」のである。

そのためドイツでは、ナショナリズムと人種思想が共存しているようにみえた。「事実、ドイツの人種イデオロギーは、少なくともプロパガンダ用には種族的色合いの強いナショナリズムの用語法をつねに活用して、あたかもナショナルな伝統に立っているかのような装いをとっていた(43)」のである。民族を分裂させようとするフランスの貴族的な人種思想とは逆に、ドイツの人種思想は、「民族統一を確保するためのもの(44)」だったのである。

それはドイツではまだ国民国家が成立するほどに成熟しておらず、「共通の歴史的過去の意識も、共通の未来への意志も欠いて(45)」いたために、逆に民族の「すべての部分を血の絆という共通の紐帯が結びつけている(46)」という虚構が必要とされたのである。

この「血の絆」という人種思想は、「まず比較的無害な〈有機的歴史観〉を生み、ついてはそれよりは有害な産物、すなわち最初から種族的な傾向のはっきりしたナショナリズムを生んだ(47)」のである。ドイツのこの種族的《フェルキッシュ》なナショナリズムが、「東欧や南欧の抑圧された少数民族のショーヴィニスティックなナショナリズム(48)」に強く訴えかけることになった。ドイツのナショナリズムは、統一ネーションが不在の状態で、それを希求する過激な運動となる性格を秘めていた。背景となるネーションがないために、どんなロマン主義的な概念でもうけいれる準備があったのである。ゴビノーのアーリア民族のテーマが、そこに接木されることになる。

たとえばドイツに帰化したヒューストン・チェンバレン（一八五五—一九二七）はゴビノーの弟子であり、著書『一九世紀の基礎』で「ゴビノーの根本思想をドイツ人向けに、臆面もなく大々的に改竄して述べ立てた(49)」のだった。ヨーロッパのすべての偉人は、「すべてドイツの血液をもった偉大な人種、すなわちチュートン族に属する(50)」のような具合である。さらにドイツのロマン派の天才崇拝の理論がその下地になったのだった。

イギリスの人種イデオロギー

イギリスの人種思想は、フランス革命への反動としてエドマンド・バーク（一七二九—九七）の影響のもとで生まれた。バークは、フランス革命の示した「自由・平等・友愛」の理念と人権の思想に対抗するために、イギリスには人権よりも優れた権利がそなわっていると、次のように主張した。すなわちイギリスの議会は、「自らの公民権を、〈人間の権利〉のような抽象的な原理ではなく、自分たちの先祖から引き継いだ家産として要請している[51]」というのである。

バークは、イギリス人の権利は「祖先からわれわれに伝えられ、今後はわれわれの子孫へと伝承されるべき限嗣財産[52]」だと主張した。アレントは、「イギリスにおいてだけは、人種イデオロギーはナショナルな伝統から、直接に発展することができた。つまり社会的な不平等はイギリスの性格の一つであり、権利とはそもそもイギリス人であることの政治上の徴表であるという意識から発展してきたのである[53]」と指摘する。このためネーションと対立するフランス貴族の人種思想とは異なり、イギリスの人種思想はナショナリズムとしばらくは一致することができた。イギリスではナショナリズムと人種思想が「真の国民的感情とのつながりを保っていた[54]」のである。

バークの災い

このようにイギリスのナショナリズムは、自国の独自の政治的な権利を人権よりも優先することで、ネーションとナショナリズムは一体のものとなることができたのだった。しかしこの幸福な状態が意外にも、重要な危険性をもたらすことになった、とアレントは考える。アレントはこれを「バーク的観点の災い[55]」と呼んでいる。

それはドイツの「血の絆」の自然主義とは別の意味で、イギリス人であることが重視されたために、生物学的な諸要素がナショナリズムの中に入りこんできたことである。自然主義的なイデオロギーがナショナリズムを変質させたのである。

イギリスの人種主義の生物学的な要素

アレントが指摘する生物学的な要素を強調する第一の人々が、人種多元論者（ポリゲニスト）である。これは「異なる人種の人間は、肉体的な相違のために相互に理解することができない[56]」と主張する人々である。キプリングの有名な「東は東、西は西／この二つが相会うことは決してない[57]」という言葉は、この見方を明確に語っている。イギリスの植民地の役人は、植民地の現地の人々にきわめて冷たい姿勢を示したが、これは人種多元論によるものだったという。「人種多元論は、イギリス植民地役人にいわばお誂え向きの世界観を提供した[58]」のである。

第二がダーウィニズムである。これは人種多元論とは見かけ上は反対の結論を導いた。「すべての人間ばかりでなく、すべての生物は類縁関係で結ばれており、低級人種の存在は、人間と動物の間に本質的な相違はなく、発展段階的に相違があるにすぎないことを明瞭に示している[59]」と主張したのである。それでもはやり進化の概念に依拠して、人間には低級人種と高級人種があるという観点を提起したのだった。

第三が優生学である。優生学はダーウィニズムの進化と最適者の選択の原則をうけいれて、この「自然の仕事に少し手を貸してやる[60]」ことが必要だと考える。これは、育種の方法によって最適者をつくりだすことを目指す一方では、不適格な人間、すなわち不治の病にかかった人や精神的な病にかかった人を絶滅させることを目指すのである。その代表がチャールズ・ハーヴェイであり、『イギリス政治の生物学』という著書では、「国民内部の自然な〈生存競争〉を管理し、正しく操作すれば、他の民族にたいする自国民の優勢が確実となり、他の民族との不可避な闘争において勝者となることができる[61]」と主張するまでにいたったのである。

バークの警告

ただしアレントは、イギリスのこうしたイデオロギーは、人種イデオロギーにすれすれまで接近していながらも、人種イデオロギーに堕落することはなかったことを指摘している。イギリス人はまだ「人類の理念を放棄してはいなかった」[62]のである。ただしそれはイギリス人の長所でもあるが、逆にいえば、イギリスには「異人種とその政治的な地位に頭を悩ます必要がなかった」[63]からでもある。カナダとオーストラリアには少数の原住民はいたとしても、「原住民問題はなかった」[64]のである。そしてインドでこの問題が発生するのを回避するために、イギリスはインドを大英帝国から切り離す準備を始めたのだった。

アレントは、もしもイギリスがインドを保有しつづけていたならば、植民地インドで採用された官僚制が、本国の政治プロセスを侵犯するようになったに違いないと指摘している。イギリスの人種思想は「バークの災い」によって生まれたが、反対にこれが人種イデオロギーに変貌するのは、バークの警告によって防がれたというべきだろう。バークはインドの植民地官僚たちが法律によらずに行政的な手段で無法な統治を行なっていることについて、「インドの法の侵犯者たちが、イギリスの法の立法者となる[65]」可能性があることに、警鐘を鳴らしていたのである。

インドの支配を続けるためには人種イデオロギーが必要だったのであり、やがてはイギリスでも「人種差別が確立され、それはやがて本国にはねかえって、全国民を民族から人種集団に変容させる危険を生む[66]」ところだった。イギリスはインドを手放すことで、危うくこの危険から免れたのである。

人種概念の露出

このようにイギリス、フランス、ドイツのそれぞれにおいて特有の人種思想が発展してきたが、アレントはこの人種の概念が純粋な形で露出したのは、アフリカとオーストラリアの二カ所だけだと指摘している。それはこの概念が「独自の歴史の記憶も、記憶に値する事蹟ももたない未開部族を指す言葉として使われるようになるやいなや、明確な意味をもつようになる[67]」からだという。そして「人種は本質的に政治的な概念になり、特定の政治的組織形態を指す言葉になる[68]」のだという。

ヨーロッパの人々が海外に進出して植民地を建設した際に、ヨーロッパの既存の民族とはまったく異質で、理解を超えた人々に直面したときに、自分たちとはまったく異なる人々を呼ぶために、「人種」という概念が初めて真の姿をとった、とアレントは考えるのである。

このアレントの「人種」の概念はきわめて異例なものである。ふつう人種とは「動植物学でいう、亜種・変種にほぼ相当するものである。人種という概念はあくまで生物学的なもので、ある人種は遺伝的に他の人種と異なったものでなくてはならない(69)」とされるのが普通である。

ところがアレントは人種の概念を生物学的ではなく、歴史的かつ政治的に規定するのである。アレントはこの概念を説明するために、南アフリカに移住したオランダ人の移民であるブーア人が、現地の人々に出会ったときに感じた感覚をあげている。ブーア人は南アフリカの原住民、すなわち「その完全な異質さにもかかわらず疑いもなくホモ・サピエンスであるアフリカ人(70)」を前にして、「ほとんど動物的な存在、つまり真に人種的存在にまで退化した民族に対する恐怖(71)」を感じたのだ、とアレントは推定する。

そして彼らはこの「根源的な恐怖」、「この黒人もやはり人間であるという事実を前にしての戦慄(72)」を感じて、「このような〈人間〉は断じて自分たちの同類であってはならないという決意(73)」をしたのだという。そこに人種という概念が明確な形で露出した、とアレントは考える。そのために彼らは「原住民を人間としてではなく、新しい大陸の原料とみなした(74)」のだという。

たしかにヒトラーを初めとして「ナチスの文筆家たちも似たような考え方をしていた(75)」としても、アレントのこの政治的な人種という概念の使い方は、一般化された場合には、きわめて大きな問題を孕んでいる。アレントはアフリカとオーストラリアの原住民だけが純粋な「人種」として登場したのであり、「彼らが今日にいたるまで、完全に歴史と事蹟を欠いた唯一の人間であり、一つの世界を築くことも、自然に手を加えて何らかの意味で利用することもしなかった唯一の人々である(76)」と考えるのである。

このアレントの指摘は、アフリカの黒人とオーストラリアのアボリジニーの文化と歴史にたいする無理解を示すものだろう。アフリカには断絶的ながら古代からの長い文化的な伝統があり、多くの神話が語られてきた。フランスの文化人類学者たちは、これらの神話から多くのことを学んだのである。またオーストラリアのアボリジニーが独自の生活方式と神話と芸術を構築してきたのも周知のことである。

ただしアレントにこのような言葉を吐かせたのは、アレントの「世界への愛」[77]のためだったのはたしかである。アレントにとってこれらの原住民は、厳しい自然条件のために、「無世界性」を強いられた人々にみえたのである。「彼らが肉体的にも厭わしく恐ろしく感じられたのは、彼らが自然に救いようもなく隷属もしくは帰属していたためであり、自然にたいしていかなる人間的な世界をも対置しえなかったためである[78]」というのがアレントの診断である。

アレントはアフリカを「暗黒大陸[79]」と呼び、無世界性と無目的性に呪われていると指摘する。アレントはこれらの人々は自然条件のために世界を築くことができなかったために、ヨーロッパ人にとって純粋な「人種」と感じられたのだという。こうして人種という概念が、「本質的に政治的な概念となった[80]」のであり、これがやがて大陸のフェルキッシュ・ナショナリズムによって、自分たちと異質な人々を差別し、殺戮するために利用されるようになったと考えるのである。

このアレントの人種の概念には、アフリカやオーストラリアの人々をまったく異質な人々とみなすブーア人の恐怖が乗り移っているような印象をうける。そこにヨーロッパの自民族中心主義の匂いがするのはたしかである。これはアレントの「世界への愛」の概念の裏側なのだ[81]。人間が作りだす世界への愛が強いだけに、世界のようなものを作りださないという印象をあたえる人々への反感が強くなるのだろう。すべての思想には、いわば盲点のようなところがつねに存在する。その思想が強力なものであればあるほど、自覚されない裏側のような盲点が生まれてしまうのである。この人種の概念は、アレントのそうした盲点のように思われる[82]。

西欧型のナショナリズムとフェルキッシュ・ナショナリズム

すでに考察してきたように、フランスではナショナリズムはフランス革命と共和制へといたる道を拓いた。しかしフランスでは人種思想は内乱の武器となりうるようなもの、ナショナリズムと対立したものにとどまった。イギリスではナショナリズムは人種思想と一致して、国民感情と一体になっていた。どちらの国のナショナリズムも、人種思想を排除するか、それと一致するかの違いはあっても、ネーションと重なる形で、国民的な統合をもたらすことができた。これを西欧型のナショナリズムと呼ぶことができるだろう。

すでに考察したように、この西欧型のナショナリズムは、等質の民族が特定の領土を占めて、国家を形成するという三位一体に依拠したネーションの理念を主張するものとして、「危機に際して威力を発揮する共同の帰属感[83]」として、接着剤の役割をはたすことができるものだった。

これにたいしてドイツではまだ国民国家が成立していなかったために、ナショナリズムは「血の絆」のような自然的なものに依拠したロマン主義的な夢想のような性格をおびた。ドイツではナショナリズムは民族統一の祈願と重なっていたのである。ナショナリズムのこの民族的な性格が、種族的《フェルキッシュ》なナショナリズムの土壌となったのであり、これが西欧以外の地域のナショナリズムの源泉となったのである。

少数民族を抱える東欧と南欧では、ドイツのナショナリズムと同じような性格の大陸型のフェルキッシュ・ナショナリズムが発達した。そして同民族による国民国家を構築できたドイツとは異なり、このナショナリズムは特異な発展を遂げ、きわめて重要な影響を及ぼすことになったのである。

「フェルキッシュ」という語は、「民族（フォルク）の」という意味であり、ドイツ語ではフォルクはネーションと同じ意味をもっていた。フェルキッシュ・ナショナリズムとは同語反復に近いのである。このナショナリズムは、近代の人工的な世界にたいする失望に根差していた。ドイツを支配していたロマン主義的な風潮の中で、「都市においてではなく、風土の中で、自分の生まれた郷土《カントリーサイド》において、人は自然と民族に溶け込み、それらに根を下ろす[84]」ことを目指したのである。このナショナリズムは、根差すことを目指すために、根差していない民としてのユダヤ人を排斥することに力を注いだのだった。

このナショナリズムは、西欧の国民国家を手本としながらも、それに対応する社会的な成熟度を実現していない西欧以外のヨーロッパで大きな力をもつようになった。これらの地域の住民たちは「共同で耕し住みついた土地も国家も歴史的業績もなく、誇りうるのは自分自身だけ、すなわちせいぜいのところ言語だけ[85]」だった。そしてスラヴの魂、ゲルマンの魂、チェコの魂などを誇るしかなかったのである。

「民族移動が終りきっていなかった」この地域では、「祖国と愛国主義がそもそも何を意味するかを経験する機会も、地理的に明確な境界をもつ共同体にたいして政治的な責任を引き受ける可能性[86]」もなかった。フェルキッシュ・ナショナリズムはこれらの民族の「根無し草的な性格[87]」から生まれたのである。

汎民族主義の特徴

このフェルキッシュ・ナショナリズムは、ドイツ人とロシア人のように「民族を代表するそれ自身の国家をもち、しかも他の国でも大きな民族集団として存在していた民族[88]」のもとで生まれたのであり、汎ゲルマン主義や汎スラヴ主義のような汎民族運動を形成したのだった。この汎民族運動は、たとえばオーストリアのドイツ人の間では、ドイツ帝国との「民族共同体」の形成を目指すという形で、「膨脹を夢みて、特定の国民的共同体の地理的な限界を踏み越え[89]」ようとしたのだった。

アレントによるとこうした汎民族主義には、次のような特徴がある。第一に、この運動は、みずからの過去を美化するのではなく、未来において「種族的な共同帰属意識の真の基盤[90]」が形成されると信じるという特徴があった。それが西欧の国民国家の形成に向かう運動や、国民解放運動との重要な違いである。

第二に、この運動は疑似神学的な理論を形成して、キリスト教と対抗しようとした。汎スラヴ主義ではロシア民族は「地上における唯一のキリスト教的民族[91]」とみなしていたし、後にヒトラーが「全能の神が、わが民族を創りたもうたのであり、われわれがみずからを防衛するのは、神の創造を防衛することである[92]」と語るようになるのも、この疑似神学によってである。この運動は、人間の起源が神にあることを信じるキリスト教の伝統と対立して、「みずからの民族の起源が神にある[93]」ことを主張するのである。

第三に、この擬似神学の理論によって、人間の権利の平等が否定された。ユダヤ教とキリスト教の創造の物語では、神は民族ではなく、一人の人間アダムを創造したのであり、人類はアダムの末裔として平等であることが前提とされていた。しかし汎民族主義の疑似神学においては、神が一人の人間ではなく特定の民族を創造したとされるために、この人間の権利の平等は否定されるようになる。

第四に、この神学の理論の当然の帰結として、民族の間に階層構造が定められる。自民族が最高の地位を占めるのは当然であり、「各民族はそれぞれに〈自然〉によって生まれながらの特異性[94]」をそなえていると考えられるようになる。そして自民族は「究極的なもの、歴史の進行に影響されることのありえない永遠なるもの[95]」と主張されるようになる。この民族観は、他の民族を劣悪なものとして軽蔑し、差別する。そして、強い狐が力の劣る鶏を襲うように、「動物界の掟が人間の政治の法則となる[96]」ことを主張する。

第五に、この汎民族主義は、人間の尊厳を否定する。ドイツ人やスラヴ人であることが尊厳の根拠であり、人間であることは尊厳をもたらさない。同時に、「フェルキッシュな思考においては、同じ民族に生まれたすべての人間はたがいに自然的な結びつきをもち、同一家族の成員間と同じように相互に信頼しあえるという観念が登場した[97]」のである。これはアトム化した近代社会において強い魅力を発揮したのだった。

第六に、この運動は、ユダヤ教から選民思想を採用した。ユダヤ人こそは、この汎民族主義の手本だった。ユダヤ人たちは、選ばれた民族という理念のもとで、領土も国家もなしに存続してきた人々だった。「ユダヤ人はまったく土地も国家も持たないままで、二千年にわたり民族としてのアイデンティティを守りつづけてきた民族だからである[98]」。そして自分たちが「神に選ばれた民族[99]」であるという確信をもっていた。そしてたとえば汎スラヴ主義は、こうしたユダヤ人の選民思想にならって、「聖なるロシアの狂信的なプロパガンダ[100]」を唱えたのだった。

第七として、汎民族主義はユダヤ人の選民思想を借用したために、激しい反ユダヤ主義を抱くことになった。アレントは、同化ユダヤ人の選民思想は、「歴史的に伝えられた業績にではなく、自種族の心理的・肉体的な特性に基盤を求めるフェルキッシュ・ナショナリズムに驚くほど似ていた[101]」ことに注目する。それだけにこれらの汎民族主義はユダヤ人に激しい憎悪を抱くようになった。そこに東欧やオーストリアなどの地域の激しい反ユダヤ主義の土台があったのである。

アレントは、ヒトラーこそがこの反ユダヤ主義の心情を利用することで、「人種の疑似階層的な原理を組織原理に転化することができることを最初に理解した[102]」人物だったと指摘する。「最悪の」人種をユダヤ人として定めて、最高の人種をアーリア民族とすれば、適宜その間にその他の人種を配置することができるし、どの民族も、ユダヤ人と比較することで、みずからに優越感を抱くことができるようになるからである。フェルキッシュ・ナショナリズムとは、「神が一民族を選んだ、そしてその民族こそは自分たちだと主張するすべての民族宗教に可能性として潜む倒錯[103]」であり、これによって人類の理念を否定することが可能となった。汎民族運動の指導者はこのようにして、「選民の観念を統一的な人類の実現を内容とする神話から、人類の理念を破壊する道具に変えることができた[104]」のだった。

第三節　国民国家の崩壊

崩壊プロセスの三つの要因

この西欧の国民国家は、ネーションが国家を乗っ取るという形で成立したときから、すでに崩壊の危険性を孕んでいた。この崩壊のプロセスは、対内的には人種主義がナショナリズムを変質させることで推進され、対外的には帝国主義が国民国家の理念を崩壊させるという形をとったのだった。それではこの国民国家の理念の崩壊は、どのような経緯で起きたのだろうか。アレントはそのプロセスを三つの原因に求めている。経済的な要因としては、帝国主義のもとでの資本の輸出であり、人的な要因としてはモッブと官僚であり、そしてイデオロギー的な要因としては、人種主義である。

経済的な要因——資本の輸出

そもそも資本主義的な原理は、国民国家の原理と衝突するものだった。「ヨーロッパ資本主義諸国の工業化が自国の国境ぎりぎりまで拡大し、国境がそれ以上の膨脹の障害になるばかりか、工業化の過程全体にとってもっとも深刻な脅威となりうることが明らかに[1]」なったのであり、資本主義はつねに国境を超えようとするのである。

国民国家が海外への資本の輸出のプロセスに手を染めたのは、「各国の内部崩壊がすでに始まっていて、旧来の形のままで生き延びることは不可能だと自覚していたから[2]」である。その経済的な要因として、一八七〇年代の危機によって、資本主義は原始的な蓄積という「原罪」を反復しなければ、存続できないことが明らかになっていたことが挙げられる。ローザ・ルクセンブルクが『資本蓄積論』で指摘するように、資本主義は国外の市場を、「資本主義社会以外の購買者の一団を必要とする[3]」のである。資本を輸出しながら国外の市場を獲得しなければ、「国民全体の破滅[4]」が避けられない。帝国主義はそのための緊急対策であった。

ただし資本の輸出そのものは帝国主義的なものではない。ブルジョワジーが経済活動とは別に、「政治に頭を向け、彼らの在外資本にたいする国家の保護を要求するようになった[5]」ときに、帝国主義が成立する。これは「純粋な経済法則を政治的な行為によって破る[6]」ことであり、膨張を「政治の手段[7]」とすることである。

人的な要因――モッブと官僚

第二に人的な要因として挙げられるのが、失業状態にあって「無為を強いられていた[8]」人々、「人間の廃物[9]」であるモッブと、国民国家を担っていた官僚たちだった。まず帝国主義は、モッブを活用する道をみいだした。余剰な資本を海外に投資すると同時に、この余剰な人員も海外に送りこんだのである。「過剰となった資本と過剰となった労働力の両者を初めて結びつけ、相携えて故国を離れさせたのは、帝国主義だった[10]」のである。

このモッブは、アレントの『全体主義の起原』のユニークな概念である。モッブはもともとは暴徒などと訳される言葉であるが、この書物では二つの重要な役割をはたしている。一つはこの資本の輸出にともなう余剰な人員の国外への放出という経済的な側面においてである。モッブは余剰物として国外に廃棄されるという意味で経済的な役割をはたし、同時に海外の植民地で、帝国による植民地の搾取を支えるという別の意味でも経済的な役割をはたしたとされている。

もう一つは、全体主義の支配において、「大衆を理解し、組織するだけの能力[11]」を発揮するという政治的な側面における役割である。モッブはブルジョワジーの世界から生まれたのであり、そのモッブの中から、大衆運動を組織する指導者が輩出するのである。これについては、全体主義の運動の考察のところで、さらに詳しく考察する。

第二の人的な要因として、官僚たちの存在が挙げられる。「国民国家の存在は、次々と交替する政府や出身階級の利害とは関係なく、国家にたいしてのみ義務を負うと感じるような人々から成る一階級を作りだすことに依存していた[12]」のだった。それが官僚たちである。「彼らは、国家が現実に階級や政党を超越し、国民の社会的および政治的な勢力からの絶対的独立を保って存在することに直接の利害をもつ唯一のグループだった[13]」のである。

ところが国民は、役人たちが国民のためではなく、所有者階級のために存在していると考え始めたために、国民国家の権威が揺らぎ始めたのである。役人たちは、社会的に孤立していた。この役人たちにとっては、植民地での仕事は魅力的だった。そして「異国にあって、異民族を支配していれば、国民全体に奉仕しているという意識[14]」をもてたのだった。

こうして官僚たちは植民地を支配しながら、行政官として本国の利益とは別の独自の利益を追求するようになる。そしてイギリスのインド支配に明らかなように、行政官の植民地支配の原則が、イギリス本国の政治的な構造に脅威をもたらすようにまでなったのである。「彼ら自身はその生活のほとんどを植民地で過ごしていたにもかかわらず、本国の政治体に決定的な影響力をふるうようになった[15]」のである。

イデオロギー的な要因——人種主義

第三に、イデオロギーの側面では帝国主義のイデオロギーである人種主義が、そのために重要な役割をはたした。国民国家はナショナリズムを生みだす。異質な異国の民を排斥して、国内の同質性を維持できるからである。これに対して「人種主義はどこでも、ナショナリズムに対立する要因、ナショナリズムとあらゆる愛国主義の土台を掘り崩す要因である」[16]。国民国家に最後の一撃を与えたのは「反ナショナルな人種主義であり、階級イデオロギーではない」[17]とアレントは指摘する。すでに汎民族主義について考察してきたように、人種主義は「人類の理念によって保証された諸国民の平等と連帯の大原則を否定することにより、国民国家とナショナリズムに実際に致命傷を与えた」[18]のである。

帝国主義の登場

このようなプロセスによって国民国家とその自由主義的な理想は崩壊し、帝国主義が登場する。アレントが国民国家の崩壊を促進したと考える三つの要因について、帝国主義との関係を考えてみよう。まず資本の輸出という要因でみると、帝国主義とはまず「蓄積のすべてのプロセスがほんらいは権力のプロセスに基づいており、それのみによって確保されうる」[19]ことをブルジョワジーが認識することから始まる。ブルジョワジーは、資本の輸出を国家権力を利用してさらに推進し、国家の外部へと無限の膨張を進めることができるし、進めねばならないことを認識したのである。

第二の人的な要因でみると、帝国主義が植民地に送りだしたモッブたちは、「社会の文字通りの廃棄物」[20]であり、「出来事におし流された人間であり、人間にとっては不条理きわまりない社会制度の生きたシンボルであると同時に、現実に存在した一つの過程の儚い投影だった」[21]。このように彼らは「彼ら自身が自分たちとまったく関係のない出来事の儚い夢にすぎなかったように、他の人間の生命も彼らにとっては蠅の生命以上のものではない」[22]と考えたのである。「のちの近代的殺人者の道徳律、自己抑制を失うことだけが罪だとする掟がすでに形成され、身につけられていた」[23]のだった。モッブ達は帝国主義のある種の産物だったのである。

また同じく人的な要因である官僚制についてアレントは、帝国主義の植民地における官僚たちが「非人間性」という特徴にふさわしい人材であったことを指摘する。「新しい帝国主義的行政装置の特色である無関心と隔絶は、本質的には専制的恣意よりもっと非人間的な統治形式であることが明らかになった。なぜなら、それは絶対的な完全無欠さで遂行されたとき、支配される側の人間をいわば決定的に純然たる管理対象にまで貶めてしまうからである」[24]。

第三の人種主義についてはすでに確認したように、大陸型の帝国主義によって、フェルキッシュ・ナショナリズムはユダヤ人の選民思想の観念を、「統一的な人類の実現を内容とする神話から、人類の理念を破壊する道具へと変える」[25]ことに成功したのだった。

ナショナリズムの変質の道――海外帝国主義と大陸帝国主義

それでは国民国家の原理とナショナリズムは、どのようにして変質していったのだろうか。アレントは西欧型のナショナリズムと大陸型のフェルキッシュ・ナショナリズムでは、その変質の道筋が異なると考える。国民国家の崩壊の道筋は、それぞれのナショナリズムの型の違いによって、大きな影響をうけたのである。

帝国主義の試みは、イギリスにみられるように、国民的な利害に適うものと思われていた。「民衆的な反対はまったくなく」[26]、「あらゆる議会政党は帝国主義政策の共犯者だった」[27]。そして帝国主義的でない政治家までもが、自国の経済的な利益に適うこうした政策のうちに、「万人に共通な国民的利益のうちに、ネーションの救いをみたくなった」[28]のだった。こうして「ヨーロッパのナショナリズムはあれほど簡単に、帝国主義に染まっていった」[29]のである。

こうした西欧型の国家の帝国主義をアレントは海外帝国主義と名づける。この帝国主義では、ナショナリズムが国家の法の枠組みを越えることは防がれたのだった。「国家は国民国家の形であっても、本質的には法的な制度でありつづけ、そしてナショナリズムは法にしたがい、なかんずく法治国家によって保証された領土の限界を踏み越えることはなかった」[30]のである。

この限界を越える危険性があったのは、植民地のネットワークによって大英帝国を構築したイギリスだけだった。南アフリカではモッブたちはブーア人の真似をして、「自民族を支配人種の地位につける」[31]のはたやすいことであることを認識していた。インドでは、官僚たちが「本国の法律の優越性をではなく、自分たちの征服者としての生まれながらの資質を信ずる帝国主義行政官」[32]となっていた。アラビアではアラビアのロレンスが活躍し、「世界を股にかけた大いなるゲームに加わろうとしていた」[33]。アレントは「このときこそ、人種理論に基づいた全体主義の支配をうち建てるに足るすべての要素が、誰の目にも明らかなほどに現実に揃ったと思われた[34]」と指摘する。

しかしイギリスはここで立ち止まったのだった。そこでイギリス人たちが示した「驚くべき抑制は、完全に発達した帝国主義が必然的にもたらしたはずの本国での国民国家の崩壊からイギリスを救った[35]」とアレントは称賛する。インドを放棄することで、イギリスは自国を救ったのである。

これにたいしてフェルキッシュ・ナショナリズムが優勢だった大陸では事情が異なった。そもそも帝国主義とナショナリズムはまったく異なる原理に依拠するものだった。国民国家は、同じ領土に住み、共通の伝統をもつ国民に依拠するものであり、そもそも異民族の統治には適さないものである。他方で帝国主義はその国民を植民地に送りこんで、そこで異民族と対決させ、少数民族問題を作りだすのである。

この二つの異なる原理に「橋を架けた」のが、ショーヴィニズム的な傾向をもつフェルキッシュ・ナショナリズムだった。海外帝国主義の国、とくにイギリスでは資本家とモッブの同盟が成立したのは海外の植民地だけであったが、ドイツやオーストリアでは、「資本とモッブの同盟は本国において成立し、国内政治に直接の影響を与えるようになっていた[36]」のだった。そしてこのドイツ、オーストリア、東欧などの諸国において、大陸帝国主義が登場する。この大陸型の帝国主義を支えたフェルキッシュ・ナショナリズムの国、すなわち汎ゲルマン主義の国のドイツと、汎スラヴ主義の国のソヴィエト連邦において、全体主義が登場することができたのだった。

第六章　全体主義

第一節　全体主義と大衆

全体主義への道

一九世紀末から二〇世紀にかけて、帝国主義は植民地を抑圧し、人類の理念を破壊する完全に非人間的なものへと変貌し始めていた。しかし帝国主義にはまだ実現できないことがあった。それは大衆運動を組織することだった。「海外帝国主義の型であれ、大陸帝国主義の型であれ、帝国主義をもってしては大衆運動を組織することは不可能であること、また帝国主義的膨脹の夢がいつも失敗に終わっていた国ではそれがまったく望めないことは、政治的にはすでに第一次世界大戦後に証明されていた(1)」のである。

この課題に成功したのが全体主義だった。「全体主義は大衆運動であり、それは今日まで現代の大衆がみいだし、自分たちにふさわしいと考えた唯一の組織形態(2)」なのである。全体主義が政権を握ることができるのは、数百万の大衆が存在する国だった。そのためにドイツとロシアだけで、全体主義政権が登場したのだった。「全体的支配は、大衆運動がなければ、そしてそのテロルに威嚇された大衆の支持がなければ、不可能である(3)」のである。

アレントは現代の大衆社会は潜在的に、つねに全体主義を呼び起こす可能性があると考えている。そのために全体主義の分析にとっては、大衆がどのようにして全体主義に取り込まれていったかという分析が重要になる。全体主義の再来を防ぐためにも、大衆の動向の分析は大切なのだ。

なお、アレントがナチズムとスターリニズムを「全体主義」と総称したことには、かつて強い批判が向けられてきた。冷戦期にあっては、ソ連の社会主義とドイツのナチズムを同列に扱うものとして批判され、アレントが右翼的な思想家であるという評価もみられたほどである。ただしこの二つを全体主義と呼んだのは、アレントが最初ではない。第二次世界大戦以前の一九三六年頃から、スペイン内戦における共産党の振舞いについて、「ナチスと共産党のスタイル、思考構造、主要な制度における驚くほどの類似性」が確認され、この言葉が使われてきたのだった。(4)日本では「ファシズムと共産主義（とくにスターリン時代のソヴィエト）とを同じ全体主義という概念のもとにつつみこもうとするのは反共理論であるとして、イデオロギー的に一蹴してこと足れりとされる傾向があった」(5)のはたしかである。しかしアレントがこの二つを全体主義と呼んだことには、この二つに多くの類似点があったからにほかならない。アレントのこの『全体主義の起原』は、その多くの類似点を考察の軸に据えるものであり、こうした類似した特徴の多さが、これらを全体主義と呼ぶことの根拠をも示しているのである。

なお既存の政治学の概念に依拠するのではなく、ナチズムとスターリニズムに共通する特徴から、全体主義というものを考察していくアレントのこの方法は、この書物の魅力でもあり、また理解されにくさでもある。伝統的な歴史学の方法とも、政治学の方法ともまったく異質な、ある意味では現象学的な方法であり、伝統的な学者たちから批判されることになったのだった。しかしそれだけに読者は、自分でも同じような方法を使って分析できるのではないかと考えるようになるのである。(6)

なお、全体主義にはナチズムとスターリニズムだけではなく、イタリアのムッソリーニのファシズムも含められることが多い。たとえばある概説書では「全体主義の概念の起源には、第一次世界大戦で生まれた三つの歴史的経験、すなわち、イタリアのファシズム（一九二二〜四五）、ドイツの国民社会主義（一九三三〜四五）、ロシアのスターリニズム（一九二〇年代から一九五〇年代）がある」(7)としているのであり、これが通例であろう。しかしアレントは、イタリアは人口が少なかったために、ムッソリーニは「一党独裁国家という独裁で、がまんするしかなかった」(8)として、イタリアのファシズムは除外する。以下で考察するように、アレントの考える全体主義においては、大衆が決定的な役割を演じるのである。[9]

運動の概念について

なお、以下で考察する大衆像の共通性、指導者像の共通などの共通性のほかに、ナチズムもスターリニズムもみずからの活動を「運動」とみなしていたことも重要な共通性である。この運動という概念は、汎スラヴ主義運動などから全体主義運動が引きついだものであるが、この概念にはいくつかの重要な特徴がある。

第一に、これは絶えず動きつづける「運動」であって、既存の政治機構のメカニズムとは明確に異なる。イギリスやフランスなどの西欧の民主主義諸国は、議会内の政党が与党と野党として対立しながら異なる政策を提示し、国家を運営するシステムだった。しかし運動というものは、このような統治機構ではない。こうした政治システムの行き詰まりを克服することを目指す。これは「政党制にたいして根本的に異なる組織形態[10]」を提起するものである。

第二に、この運動は、国家の内部にとどまろうとしないという特徴がある。この運動はむしろ国家のような政治システムを敵視する活動である。ナチズムは、政党を「運動を前進させるための道具[11]」として扱ったのであり、「ナチス・ドイツとソヴィエト・ロシアでは、軍と国家は運動に従属する一機能となった[12]」のである。そして「国家を敵視しない運動は存在しない[13]」のである。

運動の第三の特徴は、それが永続的に動きつづけることを目指すことである。これは成員の福祉を目的とする民主主義的な国家とは異なり、自己目的なのである。「運動にとって重要なことはただ一つだけ、すなわち運動が持続的に動きつづけることである[14]」。そして全体主義の運動にとっては、運動そのものが自己目的であるから、自己のほかにいかなる権威も認めようはせず、「運動自身と並ぶ権威も、運動自身の上にたつ権威も実際に認めなくなる[15]」のである。運動にとっては、「国家は動きつづける運動の絶えず変化する必要にたいする障害[16]」にすぎないのである。

このように全体主義は運動として登場することで、国家を破壊し、動きつづけるダイナミズムをそなえ、大衆にとって魅力的なものとなることができたのである。以下ではこの運動という側面から、運動に参加した大衆と、運動を組織した指導者、そしてプロパガンダやテロルを駆使する運動のメカニズムを考察してみることにしよう。

モッブの特徴

この二〇世紀の大衆の特徴を把握するためには、アレントが一九世紀の帝国主義の時代の大衆の特徴であったと考えているモッブとの比較が役立つだろう。[17] すでに確認してきたように、アレントの考えるモッブ像は、工業労働者やルンペン・プロレタリアや下層の民衆ではなく、「全階級、全階層からの脱落者の寄り集まり[18]」とされている。

このモッブを組織することができたのは帝国主義的な政治家であり、モッブは「汎民族主義に組織され、フェルキッシュ的な理想に鼓吹された[19]」人々だった。アレントは、「〈拡大された種族意識〉をもち、愛国心も郷土との結びつきも異様なほど欠けていた彼らは、人民というよりも人種に近かった[20]」と評している。モッブにおいては「階級差が止揚されているかのようにみえ、階級に分裂した国民の外側に立つモッブは、失われた民族であるかのように思われた[21]」のだったが、実は「モッブは民族の虚像、そのカリカチュア[22]」にすぎなかった。

これらの人々は、余り者として、植民地に送りだされて、そこで植民地支配に利用されたのだった。植民地には「本職の金探掘者、投機家、酒場経営者、旧軍人、良家の末息子、要するにヨーロッパでは使いものにならないか、あるいはさまざまな理由から窮屈な生活に我慢できなくなったものがすべて集まった[23]」のだった。

これらの人々の特徴は、そのアモラルな態度と犯罪を恐れない心性だった。彼らは「ルーレット・ゲームから殺人にいたるまでどんなことにでも手をだす用意のある[24]」人々だった。彼らは社会から捨てられた人間であり、賤民（パーリア）であった。彼らが自分の生命を軽んじるのは、「他の人間の生命は〈蝿の生命以上のものではない〉からだった。彼らにあっては、後の近代的殺人者の道徳律、自己抑制を失うことのみが罪だという掟がすでに形成され、身につけられていた[25]」のである。あるモッブの代表ともいえる人物は、「わたしはパーリアの一人にみなされることにうんざりして、支配民族の一人になろうとした[26]」と述懐している。犯罪を恐れず、アモラルであり、上昇志向があるのが、モッブの重要な特徴である。

そしてアレントは、このモッブの特徴は実はブルジョワ社会の隠された顔であると考えている。ヨーロッパ社会から捨てられた「余計な人物」であるモッブたちは、「時代遅れとなっていた社会的・政治的体制の真の代表者だった[27]」のである。モッブたちの道徳的な規則と政治的な手法は、「ブルジョワジーの世界観の裏側、すなわち市民社会の偽善によって必死に覆い隠されていた部分をあからさまに示したものにすぎないことが多かった[28]」のだ。

このブルジョワジーとモッブの隠れたむすびつきは、犯罪者という結節点をもっていた。一九世紀末にフランスでは犯罪者が英雄扱いになったことがあった。たとえば殺人・強盗犯だったピエール・フランソワ・ラスネールはギロチンで処刑されたが、フーコーが指摘するように処刑前に「彼のために宴を催したのはほかならぬルイ・フィリップ時代のパリ社交界であった[29]」。

この時代にパリのブルジョワジーは、「犯罪人社会の英雄を溺愛[30]」したのであり、犯罪者たちも洗練されて上品になった。「この洗練が犯罪者を上流社会の社交作法に近づける橋となり、最後には悖徳者と化した犯罪者と、犯罪者的になった上流社会の悖徳分子との間に、これ以上とはない協調が成立した[31]」のだった。

大衆の特徴

このブルジョワジーの別の顔であるモッブとは対照的に、大衆は全体主義の基盤であり、人的な素材であり、運動の手段でもある。アレントが考える大衆の第一の特徴は「没我性と自分の幸福への無関心[32]」である。大衆はみずからの利益に関心をもたないようであるし、不幸になるのを防ごうとしていないかのようにみえるのである。「自分自身が犠牲になった場合でも、運動の信奉者は確信を揺るがされない[33]」ことは、モスクワ裁判が明らかにしたとおりである。裁かれた人々は、みずからの無罪を確信していたが、政府の唱える大義のためには自白が必要であるとして自白を求められると、みずから無罪でありながら、偽りの自白をしたのである。「運動が機能している間は、一切の経験を無視し、一切の自己保存本能を洗い流してしまうことのできるこの強情なまでの信念の強靭さ[34]」を示すのが、大衆の特徴である。

アレントが考える大衆の第二の特徴は、階級意識の欠如にある。「大衆は共通の利害で結ばれていないし、特定の達成可能な有限な目標を設定する個別的な階級意識をまったく持たない(35)」のである。全体主義の運動は、これまで政治的な経験のない住民層を組織することに成功したのである。そのため全体主義運動は大衆を説得する必要がなかった。ただテロルによって脅せばよかったのである。全体主義の「運動は平和時のただ中に、革命的変革を伴うことなしに、正常な政治的プロパガンダに内戦の手法を持ち込むことができた。つまり敵を論駁する代わりに殺害し、運動に組織されていない人々を説得する代わりにテロルで脅すという手法である(36)」。

大衆の第三の特徴は、階級的な基盤の欠如にある。ブルジョワ階級の母斑を残しているモッブは、「支配階級の遺産を引き継ぎ、その基準を捨て去りはせず、やがてその基準を倒錯させることで、逆にブルジョワジーにたいするある種の影響力をかちえた(37)」のだった。これにたいして大衆は、こうした階級的な基盤をもたず、「時代精神」のようなものを反映するだけである。「彼らに訴え、彼らを動かすことができるのは、もはや具体的な政治状況に対応するのではなく、歴史的な瞬間なるもの一般だけに対応するきわめて概括的なスローガンだけである(38)」。

大衆の第四の特徴は、このような階級的な基盤の欠如のために「声なき声」であるだけではなく、突然に運動に組織されて、「声をあげる」ということである。それまでは政党は住民の「無関心で受動的な支持を当てにしていた(39)」が、こうした未組織の大衆が無関心を捨て、政党への支持も捨て、「全体制に対する彼ら一般の敵意を表明する機会さえみつければ、いたるところで声をあげる(40)」ようになったのである。その声は「絶望と怨恨《ルサンチマン》にみちた(41)」声であり、それが政党を脅かした。

大衆の第五の特徴は、その無世界性にある。大衆の没我性は、「自分自身など問題ではない、自分はいつでもどこでも取替えがきく(42)」という感情であり、みずから意図した自己否定ではなかった。自己への関心を喪失することは、共通の世界への関心を喪失するということだった(43)。「共同の世界を失うことによって、大衆化した個人は一切の不安や心配の源泉を失ってしまった。不安や心配は、この共同の世界における人間生活を煩わすだけでなく、導き、調整する役目もはたしていた(44)」のだった。大衆とは、「共同の世界が完全に崩壊して相互にばらばらになった個人(45)」で成立していたのである。

大衆の第六の特徴は、「根無し草」的な性格にある。大衆は世界観的な問題には興味を示したとしても、日常的な問題にはまったく無関心になっていた。「徹底した自己喪失[46]」のために、大衆は「自分自身の死や他人の個人的な破壊にたいしてシニカルな、あるいは退屈しきった無関心[47]」を示すだけだったのである。「他人とのつながりを喪失し、根無し草的性格[48]」をおびていたのである。モッブはフェルキッシュ・ナショナリズムやニヒリズムに引きつけられたが、大衆はこうしたものに長いあいだ魅惑されることはなかったのである。ときにはこの大衆の没我性は、「無名性への憧れ、純粋な一機能としての歯車になること、いわゆる〈より大なる全体〉に没入することへの憧れ[49]」として表現されることもあったのである。

第二節　全体主義運動の特徴

エリートとモッブ

この大衆が全体主義運動の「素材」だとすると、全体主義運動にはこの大衆を組織し、理解する別の主体的な要因が存在した。それがエリートとモッブである。ハイデガーをはじめとして、多数のエリートが全体主義運動に共感し、参加したのは周知のことである。またモッブは、一九世紀の社会の「余り者」であったが、「ブルジョワジー支配が早くから生みだした廃棄物であるモッブは、ブルジョワジーに属する犯罪人世界[1]」であり、大衆を理解して組織する能力をそなえていた。そしてエリートは大衆を理解する役割をはたし、モッブは大衆を指導する役割をはたした。ただしどちらもほんらいの全体主義の支配機構においては重要な役割をはたすことはなかった。「運動が権力を握るやいなや彼らはお役ごめんになる[2]」のである。

「塹壕の生き残り」世代

アレントは、この全体主義が登場するきっかけとなったのは、第一次大戦の経験だと考えている。第一大戦後の「二〇年代においてファシズム、ボルシェヴィズムおよびナチズムのイデオロギーを定式化し、それらの運動を指導したのは、いわゆる前線世代《フロント・ジェネレイション》、つまり戦争前に成長し、その時代をまだ明確に記憶していた人々だった」(3)。この時代のエリートは、「塹壕の生き残り」(4)なのである。

一八九五年生まれのエルンスト・ユンガーは一九二〇年に第一次大戦の経験に基づいて、『鋼鉄の嵐の中で』を発表し、一九二二年には『内的体験としての戦争』を発表する。一八八九年生まれのハイデガーは、一九二七年に『存在と時間』を刊行し、一九三三年には「総長演説」で、学生に「勤労奉仕、国防奉仕、知的奉仕」(5)によって、「民族国家への至高の奉仕」(6)を行なうことを求める。一歳年長で一八八八年生まれのカール・シュミットは一九三二年に『政治的なものの概念』を発表し、「戦争、死を覚悟しての戦い、敵側に立つ人間の肉体的な殺戮、このすべてには何らの規範的な意義もなく、あるのはただ存在的な意義にすぎない」(7)と語る。

これらの世代は「市民生活の原理にたいする絶望に駆られ、闘争の忘我状態に解放感を、戦争の日常に麻酔を、戦闘の陶酔に充足や存在の確認、直接性を求め、またみいだした世代」(8)なのである。一九〇六年生まれのアレントにとっては、ちょうど一世代前の若い父親や兄貴の世代である。アレントはこの世代の背中を眺めながら育ったのである(9)。

前線世代の特徴

前線を経験したこの世代の第一の特徴は、戦前の文化を嫌悪したことにある。この世代に含まれる人々としてアレントは、ユンガー、ブレヒト、マルロー、バクーニン、ネチャーエフたちの名前を挙げている。ハイデガーの名前は伏せられたままであるが、この「前線世代」の知識人は、「人為的な安泰と、見せかけだけの文化と、看板だけになり下がった〈価値〉のこの偽りの世界全体が廃墟と化すのをみたいという切望のほかには、ほとんど何の願いも抱いていなかった」(10)とアレントは語っている。全体主義はこの傾向を利用した。あるナチス党員は「文化という言葉を聞くだけで俺は銃を構える[11]」と宣言したというが、これはこの世代の気分を語ったものにほかならない。

この世代にとっては、第一次世界大戦後の時代は「階級の瓦解と大衆化[12]」の時代であり、戦争を讃美することで、失業とインフレの時代を乗りこえたのだった。この世代の知識人の第二の特徴は、この戦争の讃美である。彼らにとっては「暴力行為、権力欲、残虐が人間の最高の能力だった[13]」。彼らが残酷さを最高の徳と考えたのは、「これこそまさに彼らの周囲の自由主義と偽善に真っ向から対立するものだったからにほかならない[14]」。これもまた全体主義のイデオロギーである。

この世代の第三の特徴は「行動主義」にある。アレントの考える行動主義とは、「一切の考慮を洗い流してしまった純然たる行動と、人間の理解を超えた純然たる必然性の圧倒的な力にたいする信仰という、みかけだけは矛盾している二つのものの融合[15]」のことであり、これもまた全体主義の十八番なのである。全体主義はテロルによって、この行動主義を実現したのである。

アレントは「知的エリートがモッブと同じく全体主義のテロルに惹き寄せられたのは、そこには言葉の真の意味でのテロリズム、一種の哲学となったテロリズムがあったからである[16]」と述懐している。このテロルは政治的な目的をもったものではなく、むしろ自己を表現する手段にほかならない。それは「既成のもの一切にたいする自分たちの憎悪と盲目的な怨恨を表現する手段となった[17]」のである。

この世代のエリートの第四の特徴は、天才の概念を躍起になって否定したことである。アレントはバウハウスの美術理論とブレヒトの演劇論をあげながら[18]、この時代のエリートは無名性だけを求めていたのであり、「二〇年代の芸術理論の特徴は、優れたものとはすなわち、職人的な能力と理論的な正しさと、さらに素材そのものに潜む可能性をひきだす直覚による成果にすぎないことを必死に証明しようとした[19]」ことである、と指摘している。

この世代のエリートの第五の特徴は、公認の歴史記述に反感を抱き、「公式に知られた歴史は欺瞞であり、その背後には真の支配勢力が潜んでおり、全世界の目を欺くためにこの目にみえる歴史を利用しているにすぎない[20]」ことを立証しようとしたことである。そのために陰謀理論が流行し、『シオンの賢者の議定書』のような偽書が、ユダヤ人の陰謀を暴いていると真面目に信じられたのだった。

アレントの描く一世代前の知識人の特徴は、このようにシニカルでありながら、同時にアレントにとっても身近で、親しいものである。ブレヒトなど、アレントに親しい知識人もこの世代に含まれるからである。アレントはこの知識人の分析によって、ナチスの時代にハイデガーを含めたドイツの知識人たちが犯した誤謬の原因の一端を探ろうとしたのである。

アレントは当時の知識人たちの誤謬の最大の原因は、こうしたメンタリティの存在と、判断力の欠如にあったと考えているようである。「ここでは真の判断力の欠如が、かの特異な現代的な没我性と手をとりあい、この二つは仮構の世界への大衆のやみがたい要求と、集団的利害に結ばれることのない大衆の放縦さの中に、うってつけの対応物をみいだした[21]」とアレントは指摘する。このようなさまざまな理由から、「エリートとモッブの間の一時的な同盟[22]」が成立したのである。

全体主義運動の組織の特徴

しかし全体主義運動の指導者たちは、こうしたエリートよりも、社会の末端にいたモッブであった。モッブたちが大衆をひきつけるために利用されたのが、プロパガンダとテロルである。「大衆はプロパガンダによってしか獲得できない[23]」からである。プロパガンダで組織を確立した後に、運動は「教義」を作り始める。この段階でテロルが必要となる。テロルはプロパガンダのために使われるよりも、教義を実現するために用いられる。「全体主義は足場を固めてしまうや否や、イデオロギー的教義とそこから生まれた実際上の嘘を本物の現実に変えるためにテロルを使う。テロルはきわめて全体主義的な統治形式となるのである[24]」。

このプロパガンダを使って大衆を組織する方法を調べるために、全体主義の組織構造を確認しておこう。中心にいるのはモッブ出身の指導者とその取り巻きである。「〈指導者《フューラー》〉を取り巻いているのは奥義に通じたごく内輪の人々で、彼らは〈指導者〉を精鋭組織から隔て、運動の中での彼独自の捉えどころのない地位、法的には往々にして長期にわたり規定されることのない支配的な地位にふさわしい、計りがたい神秘の雰囲気を彼のまわりにかもしだす[25]」のである。

指導者の最高の任務は、「運動のすべての層に特徴的なあの〔党と国家の〕二重機能を人格化すること[26]」である。指導者は「運動を外部世界から守る魔術的な防壁となると同時に、運動を少なくとも見せかけだけでも外部世界と結びつけ、そのつながりを維持する橋[27]」となる。

その周囲には運動の精鋭組織がある。しかしこの組織も明確に定義されたものではなく、多層的で流動的な組織構造とされている。ナチス党の歴史は、「運動内部の編成のくり返しの歴史[28]」でもあった。一九二二年に党よりも過激な組織として突撃隊ＳＡが設立された。さらに一九二六年にはＳＡの精鋭組織として、親衛隊ＳＳが設立される。一九二九年には、ＳＳはヒムラーの指揮のもとでＳＡから独立し、数年後にはＳＳの内部で同じことが行なわれた。

親衛隊ＳＳの内部でも新たな編成が行なわれる。まず文民的な業務にとどまる一般ＳＳから行動部隊が編成され、「強制収容所の警備隊[29]」である髑髏《どくろ》隊が設立される。さらに「党の世界観情報部」として、「否定的な人口政策」の遂行を担当する公安部が設立される。また積極的な性格の任務をもつ組織としては、「人種・移住本部」が設立される。

これらの組織を外側から囲むようにして、さまざまな組織が作られる。まず「プロパガンダによって獲得した大衆[30]」の組織として、ナチスの一般党員の組織があり、それを囲むようにしてシンパによるフロント組織がある。このフロント組織が党と一般住民を結ぶ組織になるのである。これらの外側の組織は、重層的な構造として、「党員はシンパの正常な俗物性に取り囲まれ、精鋭組織は一般党員の正常な俗物性に取り囲まれている[31]」のである。

要するに、この重層的な構造では、もっとも外側にシンパのフロント組織があり、その内部に一般党員の組織があり、その内部に突撃隊ＳＡがあり、その内部に親衛隊ＳＳがあり、その内部に髑髏隊や公安部があり、その内部に最高指導者とその取り巻きたちがいることになる。そして内側の組織は外側の組織の俗物性に囲まれているが、その組織にしても、もっと内側の組織からみると、俗物性があらわなのである。

フロント組織の特徴

とくに注目したいのが、運動のもっとも外部にあるシンパたちで構成されるフロント組織である。当初はこうした組織は、たとえばソ連では「ソ連の友」とか「赤色救援隊」などと呼ばれ、「多かれ少なかれ漠然として共感を寄せている党の友人を、財政的あるいはその他の援助を目的として集めた組織[32]」だった。これが「票の宝庫であるだけではなく、それ自体として一つの政治的な力であることを最初に見抜いたのは、疑いもなくヒトラーだった[33]」。

ナチスではこのシンパによるフロント組織は「運動全体にとってはほんらいの党員層に劣らず重要である[34]」ことがただちに理解されたという。この組織の第一の役割は、まだ十分に信念が確立されていない党員のための「防壁[35]」として機能することである。「イデオロギー的虚構と〈革命的〉道徳に対する党員のファナティックな信仰を、まだ全体主義化されていない外界からくる衝撃から守る[36]」のである。

第二の役割は、「正常な世界へのよく監視された懸け橋[37]」となることである。この懸け橋は、全体主義運動が勝利する前の時期に、党員が一般住民の考え方との齟齬に苦しんだり、イデオロギー的な虚構と現実の落差に悩まされたりしないようにする役割をはたすのである。

第三の役割は、党員を外界から切り離すのではなく、フロント組織が正常な世界を代表しているかのように思い込ませて、「外界の模造物[38]」となることである。党員は、シンパがまだ確信を抱いておらず、「イデオロギー的な意見を、ほんらいの全体主義的な極限にまで推し進めるのを妨げているある程度の現実感覚[39]」もそなえていることに気づかされる。これにたいしてフロント組織は、党員に組織が現実世界を代表するものであるかのように感じさせるのである。このようにすることで党員は、多くの住民がシンパであると信じることができたのである。党員はこれによって、外部世界のほんらいの性格を認識できなくなったのである。

これらの役割は、シンパと直接に接触する党員を保護し、欺くために必要な役割であるが、同時に外部に対しても有効に機能する。フロント組織の第四の役割は、「外部世界にたいして運動のほんらいの姿を隠蔽する[40]」ことにある。住民が接触するのはシンパであり、まだ狂信的な人々ではない。こうしたシンパは多様な意見の一つとして自分たちの考えを表明するような健全さを示すのである。これによってフロント組織は「運動を正常で尊敬できるものにみせかける煙幕となり、ファサードとして二重の役割をはたす[41]」のである。

このフロント組織が興味深いのは、このフロント組織のファサードとしての性格が、組織構造のすべてにおいて機能していることである。一般党員とSA、SAとSSなど、過激性の濃淡が生じる部分では、つねにこのファサード機能が働いているところに、この組織の特異な特性があるのである。

プロパガンダ

全体主義の運動を確立するには、プロパガンダによる嘘が必要である。「虚構の世界を築くには嘘に頼るしかない[42]」のであり、「矛盾のない嘘のネットワーク[43]」を構築する必要がある。この嘘を作りだすのは指導者である。運動は、「すべての出来事は科学的に予見できるというイデオロギーの基礎に立ったプロパガンダの保証[44]」と、この予見を独占する指導者によって進められる。指導者はつねに正しいとみなされる。正しさの「判定の基準は事実でも論証でもなく、将来における成功か失敗だけ[45]」であり、その時点ではつねに正しいとされるのである。

この嘘を「文字どおりに信ずることは、フロント組織を構成するシンパだけにしか期待されていない[46]」。シンパのフロント組織の第四の役割で指摘されたように、シンパの任務は「運動を単純な誠実さの霧で覆い隠し、〈指導者〉の機能の半分、すなわち外部世界の信用をえるという部分を助けることにある[47]」からである。

シンパとは異なって、党員はその嘘をそのまま信じてはならないとされている。たとえばヒトラーがワイマール共和国の大審院で法の遵守を宣誓したときに、それを信じたのはシンパだけだった。党員はそれが偽誓であることを知っていた。党は党員に、「諸君は優れた理解力をもつという点でシンパとは違うのだとお世辞を言う[48]」のである。党員は、ヒトラーが「世論と国家の最高機能を愚弄する能力を持っているのをみて、一層彼にたいする信頼をつよめた[49]」のだった。

党員はシンパのこの軽信を軽蔑し、シニックな態度をとる。しかし知識の少ない者にたいする軽蔑とシニシズムは、全体主義の運動構造のすべての階層で反復される。「フロント組織に組織されたシンパは、運動の秘密をまったく知らぬ市民を軽蔑するという機会が与えられている。党員のほうはシンパのグループの過激性の欠如と軽信をみくだし、そして同じ理由から精鋭組織からは軽蔑されるのである(50)」。

このシステムは、「あらゆる現実を抹殺して虚構と置き換えてしまっているため、現実のもつあの力、通常ならば嘘つきの正体を暴露するか、あるいは彼のついた嘘の実行を迫るかするはずのあの力も、同時に滅ぼしてしまった(51)」のである。そして運動の参加者は、「あらゆる事実と現実にたいする軽蔑を叩き込まれていた(52)」。こうして現実は無化されたのだった。

二重化構造

このフロント組織から中枢にいたる流動的な階層構造をさらに複雑なものとするために、ナチスはすべての組織を二重化するという方法を採用した。第三帝国においてナチスは重要な官庁はすべて二つ設けて、「同じ職務が一つは官吏によって、もう一つは党員によって執行される(53)」ようにした。これは、ナチスが始めた均制化《グライヒシャルトゥング》のプロセスによって推進されたのだった。

たとえば外務省がその好例である。ナチスはワイマール共和国の外務省とその職員をそのまま維持しておいた。しかし別に党の機関として、二つの外交機能をはたす事務所を設立した。一つはローゼンベルク事務所で、これは東欧と南欧のファシズム運動との関係の調整を担当した。もう一つはリッベントロップ事務所で、外務省とは無関係に西欧との外交関係を担当した。この事務所は「外務省とならび、かつまた外務省を超越して、静かにその独自の外交をつづけた(54)」のである。最後には、SS機関の内部に「デンマーク、ノルウェイ、ベルギー、オランダにおけるすべてのゲルマン民族集団との交渉にあたる(55)」機関が設立されて、外務省に並ぶことになる。

すべての機構においてこのように二重化が進められ、二重にされた組織のそれぞれで、ファサードとその内側の関係が発生する。やがては二重化だけではなく、増殖と表現するしかないようなプロセスが発生した。そのため「第三帝国の住民は、党と国家、ＳＳとＳＡ、ＳＳと公安部という並立してしかも多くの場合は競合している権威のもとに生きていただけではなく、一定の時点においてそれらの権威のうちのどれがファサードであり、どれが真の権力であるかが、分かったためしはなかった[56]」のである。

この計画的な「無構造性[57]」を象徴的に示しているのが、アレントがあげている反ユダヤ主義の研究施設の例である。ナチスにとっては「科学的な」反ユダヤ主義の組織は重要な意味をもっていた。一九三三年にミュンヘンにユダヤ人問題研究所が設立された。この研究所はすぐに拡張されて、近世ドイツ史全般を研究する国立研究所に昇格する。すると「大学や大学の史学部はみかけだけの〈学問〉が行なわれているにすぎないファサードに変わった[58]」のである。

しかし一九四〇年にはフランクフルトに、ミュンヘンの研究所の所長よりも党員として高い地位にあるアルフレード・ローゼンベルクが指導するユダヤ人問題研究所が設立された。するとミュンヘンの研究所はたんなるファサードとなってしまった。そのことは、略奪して集めた重要な書類がフランクフルトの研究所に送られたことから明らかだった。

しかしやがて重要な書類は、フランクフルトではなく、ベルリンに送られるようになる。アイヒマンの指揮下に、ベルリンにユダヤ人問題研究の特別部門として国家公安本部が設立されたためである。これらの研究所はすべて存続していたので、フランクフルトの研究所は国家公安本部のファサードとなり、ミュンヘンの研究所はフランクフルトの研究所のファサードとなり、各大学の史学部はミュンヘンの研究所のファサードとなった。「ユダヤ人の歴史的な役割についても、ユダヤ人問題の解決についても、断案を下す真の権力中枢は、これらのファサードのかげに隠れて一般にはほんどと知られていない[59]」公安本部だったのである。

ファサードは、外部の人々からみると、分かりやすい組織である。それがファサードの重要な役割である。「全体主義の支配している国ですべての人が信じることのできる唯一の原則は、ある機関が公的なものであり、人によく知られているほど、その権力は小さいということである[60]」。周知度と権力は反比例するのだ。

二重体制の長所

この全体主義の二重体制のシステム、すなわちすべての組織においてファサードと二重化の原理が働くこのシステムには、全体主義体制にとって長所とともに短所があった、とアレントは指摘する。第一の長所は、これが指導者原理にふさわしいシステムだったということである。すべての組織が二重になっているので、すべての施設はたがいに競合することを強いられる。「たんにその機能が重複しあうばかりか、同一の任務を与えられている各機関の競争は、支配者への反対やサボタージュをほとんど不可能にする[61]」のである。

第二の長所は、これによって指導者は、それぞれの機関に直接に命令を下すことができることである。機関は無限に増殖し、それぞれの機関は指導者だけに忠誠を誓っている。「この直接的な隷属は法律的には、あれこれの機関から下される命令の実行ではなく、〈指導部の意志の実現〉が行為の適法性および違法性を決定する[62]」ことに現われている。そのために指導者は「いかなる命令でもかならず実行されるという、他のどこでもみられない絶対的な確信[63]」を抱くことができる。そしてこのシステムは「完全に無構造であるために一切の動揺を免れている[64]」のである。

第三の長所は、これが「宮廷革命」を不可能にすることである。ヒトラーが自殺するまで、ドイツの何らかの組織が革命を実行して成功を収めることはまったくなかった。それはたがいの組織が競合関係にあって、他の組織を信用できないためである。さらにすべての組織は総統の直接の指揮下にあったからである。アレントは指導者原理は、「全体主義的な統治形式が権力欲、いや権力を生みだすからくりを手に入れようとする欲望とも、帝国主義支配の最後の段階の特徴をなしていた権力のための権力の追求とも関係がない[65]」と指摘している。どの組織も、革命を起こすだけの能力がなく、他の組織と徒党を組むこともできなかったのである。

二重体制の短所

逆にこれがこのシステムの第一の短所になる。「徒党の欠如ということが、全体主義体制における後継者の問題をきわめて困難なものとする」[66]のである。独裁者は王朝を形成することができないのだ。ヒトラーもスターリンも後継者を指名した。しかしヒトラーは次々といろいろな人物を後継者に指名したために、その指名は自然と無効になった。スターリンは自分の後継者となりうる人物を、その後でほとんどすべて殺害してしまった。後継者を指名した瞬間に、「徒党が形成される危険性と、あらゆることが知られてしまう危険性が生じるが、最高指導者はその危険性を避けたがった」[67]のである。

第二の短所は、これが責任意識を失わせることである。このような「機関の増殖と政治体の無構造性は、責任意識と専門的知識をすべて無効にしてしまう」[68]のである。すでに述べた第二の長所によって、すべての機関は指導者の命令だけにしたがうことを求められるが、これがさまざまな機関の無責任性を生みだすのは明らかだろう。階層構造のある組織形態であれば、下部の機関は上部の機関の指示にしたがう責任があり、上部の機関は下部の機関に示した指示の責任を負う。

しかし「指導部の意志」を実現することを求められたならば、それぞれの機関はその「意志」なるものをみずから解釈しなければならない。そしてどの機関もみずからがファサードとなっているかもしれないことを疑いながら、活動しなければならない。その場合には責任のある行為が行なわれる可能性は、ごく限られたものになる。責任を問われたとしても、総統の意志を遂行したと主張する余地はつねに存在するのであり、それだけが適法性を構成するのであるから、断罪されることはないことになる。これが後にアイヒマン裁判で大きな問題となる。

第三の短所は、この「絶え間のない粛正と職務上の地位の唐突な浮き沈みは、仕事に習熟すること、確実な職業経験を蓄積することを妨げる」[69]ことである。そして高い技能をもった人々は、さまざまな理由で強制収容所に収監されていることが多かった。この必然的な結果として、「あらゆる領域における異常なまでの能率の低下」[70]がもたらされた。ソ連は一九三〇年代の粛正によって、国の経済力の回復を数十年は遅らせたのである。

このシステムはあらゆる合理的な目的を喪失しているとしかみえなかった。アレントは「全体主義的な方法の特徴は粗暴さではなく、一切の予測しうる外的な影響の完全な無視であった。ショーヴィニスティックな残虐行為ではなく、一切の国民的な利益を無視し、運動そのものに身も心も売り渡した連中の根無し草的な性格だった。そして何らかの個人的もしくは党派的な利益の卑しい貫徹ではなく、目的に適ったあらゆる考慮を徹底して無視することだった[71]」と総括している。

テロル

ドイツのファシズムの歴史書を読んでいて感じるのは、どうしてふつうのドイツ人があの体制にあれほど従順に服従したのだろうかということである。アレントの『全体主義の起原』はその謎を解明するために書かれていると考えることもできる。第一次世界大戦後に登場した大衆の特性、プロパガンダと嘘の秘密、ファサードのシステム、ドイツの公務員が経験していた二重体制のシステムなどは、その謎を説き明かしてくれる重要な手がかりなのである。

市民はこれらの巧みなプロパガンダと嘘によって支配者を信頼するようになり、ファサードのシステムによって支配者集団が狂信的な人々ではないと考えるようになり、二重体制のシステムによって、仕事の面からも体制に忠誠を誓わざるをえなくなったのである。

しかしもっと別の効果的なシステムが存在した。それがテロルである。全体主義のシステムは、自国の国民にたいしてあたかも「外国の征服者[72]」であるかのようにふるまった。ナチスは「敗戦をドイツ民族全体の絶対的な破局に変えようと意識的に全力を尽して努力した[73]」のであり、「勝利をえた場合には、その絶滅政策を人種的に不適格なドイツ人にまで広げようとした[74]」のだった。民衆は、征服された諸国だけでなく、自分たちも絶滅の対象となりうることを教えられ、ナチスとともに滅びることを覚悟させられたのである。

アレントはナチスが自国にたいして、財宝を略奪する外国の征服者よりもさらに厳しい姿勢を示したことを指摘している。ナチスは「どこからともなくあらわれた存在であり、その略奪行為や暴行は、結局のところ誰の利益にもならない[75]」のである。それではナチスはなぜそのような無益な行為を行なったのか。アレントはそれは「民衆に略奪戦争の味を知らせることを狙ったものだ[76]」と考えている。民衆は暴力に怯えると同時に、暴力の味を知ることになる。

暴力の恐ろしさと楽しさの両面を知ることで、民衆は暴力的な人間になるように、ナチスに教育されたのである。

さらにまだ政治的な反対派が存在していた初期の頃には、民衆は隣人を密告することを奨励された。民衆は嫉みや恨みを晴らすために、隣人を密告したのである。「初期の段階においては、住民からの密告は秘密警察の報告よりもはるかに多く、そのために間もなく警察よりも隣人のほうがずっと危険だということになった[77]」のだった。民衆は密告の味という悖徳を教えられたのである。

さらにナチスのテロルの重要な方策として、秘密警察があった。秘密警察は、警察と精鋭組織によって国内の政治的な反対派が撲滅された後になって、その真価を発揮する。もはや反対派が存在せず、監視する必要がなくなった後では、テロルは「抵抗を壊滅させ、住民を監視する[78]」手段ではなくなり、「テロルというものをその固有の本質とする、本当に全体的な支配が始まる[79]」のである。

「客観的な敵」の概念

その際に活用されたのが「客観的な敵[80]」という概念である。アレントは「全体主義的な支配形式の法思想について語ることができるとすれば、〈客観的な敵〉はこの法思想の中心概念である[81]」と強調する。「客観的な」ということは、対象となる人物が主観的にどのような意図をもっているかは、まったく問題ではないということだ。「彼の犯罪が何であるかは、客観的に、〈主観的な因子〉をまったく斟酌することなしに決定される[82]」。たとえばユダヤ人が問題であれば、すべてのユダヤ人は「シオンの賢者の陰謀の一味[83]」であるとされる。「親アラブ的な外交政策が問題になっているときは、敵はシオニストである。民族の人種的な健全性が問題になっているときは、敵はゲルマン民族の健康な肉体にやどる病んだ寄生者である[84]」。

あるいはソ連では、初期には支配階級の子孫が、ドイツでのユダヤ人と同じような敵とされた。彼らが一掃された後の一九三〇年代の初期には、農民階級が「客観的な敵」となった。一九三六年から後の大粛清の時代には、官僚階級が敵になり、戦争勃発の直後にはポーランド系ロシア人が敵になり、戦争中はクリミア・タタール人とヴォルガ・

ドイツ人が敵だった。有名なモスクワ裁判はまさに、この「客観的な敵」の概念が主役を演じた舞台だった。この裁判は、「〈客観的に〉確認された敵から主観的な有罪告発を要求する見世物裁判[85]」として行なわれたのである。

このように、「客観的な敵」が誰であるかは、その時々に応じて変わってくるのである。「あるカテゴリーが片づけられてしまえば、今度はまた別のカテゴリーにたいして宣戦が布告される[86]」だけである。民衆はいつ自分がその敵に指名されるか、予想もできない。そしていつ自分がテロルのターゲットになるか、戦々恐々としていなければならないのである。

秘密警察の役割

このテロルを遂行するのが秘密警察である。全体主義の統治する国では、国家というものは「対外的に国を代表するファサード[87]」である。国内ではシンパ組織が国民一般にたいするファサードの役割をはたしていたが、外国の諸国にたいしては国家が、防壁であり煙幕であるファサードの役割をはたすのである。

そして国内でもっとも核心的な組織である公安部に対応するのが、「全体主義的な支配機構の権力の中枢[88]」である秘密警察である。この秘密警察の第一の特徴は、ナショナルな性格の軍と違って、インターナショナルな性格をそなえていることにある。軍には「国民的な伝統[89]」がある。軍の戦闘部隊には、「外国の征服者と同じような態度で自国民を取り扱う[90]」ことは期待できないし、軍の指導者が外国で征服した国の国民を「謀反を企てた暴徒のように取り扱う[91]」ことも期待できない。このようなことができるのが、秘密警察なのである。

第二の特徴は、秘密警察が取り締まるべき「政治的な反対派[92]」というものは、秘密警察のほんらいの活動の対象ではなく、かえって秘密警察の必要性を示すために利用されるということである。反対派が存在するから秘密警察があるというよりも、秘密警察があるから反対派の存在が要請されるのである。反対派が秘密警察の存在理由であるのではなく、秘密警察が反対派の存在理由なのである。「秘密警察は自己の存在を正当化するために、革命的陰謀の継続を証明しなければならなくなる[93]」のである。

第三の特徴は、秘密警察の武器はテロルだということである。反対派の粛清や住民による告発は、秘密警察ではなくても、党の決定と住民の密告によって実行できる。粛清すべき者がいなくなり、もはや密告すべき「疑わしい人物[94]」もいなくなった後に、秘密警察の真のテロルが始まる。モスクワ裁判がその好例であるが、この段階のテロルはたんに体制の敵を撲滅するといった否定的な役割をはたすだけではなく、「無階級社会の建設とか、民族共同体あるいは人種社会の建設[95]」のように、積極的な目的を実現するためのテロルという役割をはたすことができるようになったのである。

第四の特徴は、秘密警察が告発しようとするのは、すでに考察してきたように、「容疑者」本人ではなく、本人の思想や意図と無関係な「客観的な敵」であるということである。「疑わしい人物」やその「危険思想は体制の存在にとってほとんど危険ではありえない[96]」のである。

むしろ秘密警察の敵は、秘密警察だけが作りだすことができる。「その時点で何がたくらまれているのか、そしてどのような政治路線がその時点で決定されているのかを知っているのは警察だけである[97]」ことを、秘密警察は誇りにしている。民衆には今の敵が誰であるのか、次の敵が誰になるのか、知ることもできないのである。抗議しようとしても、主観的な意図を問わないのだから、まったく無意味である。

秘密警察の第五の特徴は、この警察のシステムは、考える能力をもっている人、すなわちすべての国民を潜在的な敵とみなしているということである。「全体主義支配の立場からすれば、国民全体が容疑者になる[98]」のである。党の路線から逸脱する者が容疑者であるとすれば、党の路線は絶えず変わるものであるために、昨日までは党の思想を守っていた人が、今日は容疑者となるかもしれない。秘密警察は、すべての人を潜在的な容疑者としてとり扱う。「全体主義の支配の立場からすれば、人間が考える能力をもつという事実そのものが、どのような模範的な行ないをもっても晴らすことのできない疑いを呼び起こす[99]」のである。

秘密警察は人間の心の中を覗き見ることはできないが、「この警察官の〈他人の心を覗けないという〉絶望が今や社会の全員の心を捉える[100]」。こうして「相互の不信と相互の猜疑が全体の雰囲気を支配する。各人がいわば自分の隣人をさぐる警察官になる」[101]のである。

こうしてすべての人がスパイとなるとともに、ジョージ・オーウェルの『一九八四年』で描かれた「二重言語」と同じように、人の語るすべての言葉は二重の意味をもつようになる。「意識的であれ無意識的であれ、各人が各人をさぐりあい、誰がスパイとして正体をあらわすかもしれず、誰もがつねに脅威を感じていなければならない雰囲気にあっては、そして日常生活における安定を奪い、たちまちのうちに出世することも、たちまちのうちに破滅することもひとしく可能な雰囲気にあっては、口にだした言葉はつねに二重に解されるものになり、後になってしかるべく解釈されるおそれがある」[102]のである。

報酬

民衆を支配するのはこのようなテロルの鞭だけではない。飴もある。それは粛正やスパイ活動によって出世できるということである。上司が客観的な敵とみなされて排除されると、部下は上司の地位に出世できる。あるいは上司を密告して、その地位を奪うこともできる。全体主義の社会では、さまざまな理由をつけて、こうした「年齢の高い層の周期的な排除」[103]が実行された。このシステムによって若年層の失業はなくなったのである。スターリンは一九三九年にモスクワ裁判が終了した後に、「党は五〇万人以上の若いボルシェヴィキを、国家機構および党機構の中の指導的地位に就かせることができた」[104]と誇ったのだった。

アレントは、役人にとっては自分が昇進したのは上司が不当に免職されたためだという事実を認識させられることは、激しい屈辱感を感じさせ、意気を喪失させると指摘している。ナチスは最初から、ユダヤ人を解雇して、非ユダヤ人に昇進の機会を与えてきたのである。「すべての官吏、すべての職員は、もはやそれなしには生きることのできない利益を自分は政府の不法な行為からえているのだと意識させられる。こうして彼は、感受性が強ければ強いほど、味わう屈辱感が痛切であればあるほど、熱心に体制を支持するだろう」[105]とアレントは指摘する。

このようなさまざまな手段とからくりによって、第三帝国時代のごくふつうのドイツ人までもが、全体主義体制を表からも裏からも支えるようになっていったのである。[106]

第三節　人間性の破壊

根源悪とは

このようにして住民をすべてスパイにし、犯罪者にし、熱心な体制支持者にしてしまった全体主義は、人間性を破壊する極限的な方法を編みだした。全体主義の体制は、「人間が罰することも赦すこともできない犯罪が存在するという事実を、それとは知らずにあばきだした」[1]のだった。それは不可能なものを可能にするものであり、「それは罰することも赦すこともできない絶対の悪となった」[2]。アレントはカントの概念を借りてこれを根源的な悪と呼ぶ。

カントの根源的な悪とは、人間が自分のうちに潜む利己的な傾向を、道徳法則を順守するための動機にすることだった。カントは、「理性が、道徳法則にとって固有な格律一般の統一を、ただたんに傾向性の動機のうちに、幸福という名のもとで、さもなければそれらの諸動機に属しえないような格律の統一をもちこむために使用する」[3]傾向があることを指摘する。そしてこれはあらゆる格律の根拠を腐敗させるものであり、しかもすべての人にそなわるものであるがゆえに、根源的な悪とされたのだった。しかしアレントの語る根源悪は、そのような万人に共通の自己の傾向性を優先する性向ではない。それは「利己主義や貪欲や利欲や怨恨や権力欲や怯懦のような悪い動機をもってしては、もはや理解することも説明することもできない[4]」ようなものという意味で、根源的な悪なのである。

このような極端で根源的な悪を前にすると、もはや人は口をつむぐしかなくなるのである。だから「怒りをもってこれを罰することも、愛によってこれを忍ぶことも、友情によってこれを赦すこともできない[5]」ものである。これは「あらゆる尺度を破壊してしまう途方もない現実[6]」としか言いようのないものである。

ロシアの警察の夢――忘却の穴

このような根源的な悪の象徴として、アレントはロシアの秘密警察の夢とナチスの絶滅収容所をあげている。この「秘密警察の夢」とは、ある人間をその記憶ともども完全に抹殺する計画である。帝政ロシアの時代の秘密警察は、疑わしい人物ごとに特殊な記録方式を案出したという。大きな掛け図の中心にその人物の名前を記載する。その人物と政治的な交渉のあるすべての知人の名前を赤い円で囲って記載する。政治的な交渉のないすべての知人の名前は緑の円で囲って記載する。その容疑者の友人と交渉のあるすべての人の名前を褐色の円で囲って記載する。そしてこれらのすべての人を抹殺してしまえば、容疑者について記憶している人は地上には存在しなくなるのである。

容疑者一人を抹殺しても、その思い出は人々のうちに残るだろう。「彼らが後に残す唯一の形見は、彼らを知り、彼らを愛し、彼らと同じ世界に生きていた人々の記憶だけだ。だから死者と同時にその形見をも消し去ることが、全体主義の警察のもっとも重要な、そしてもっとも困難な任務の一つである(7)」。「あたかもそんな人間などかつて存在したこともなかったかのようにすること(8)」、これが全体主義の警察の夢なのである。スターリンの「収容所列島」の時代には、ある地区の住民ごとごっそりと収容所に送られることも多かったのである。

収容所と監獄が、その夢を実現するための手段だったのである。戦時中に、ナチスのあるSSの収容所長が、あるフランス人の女性にドイツ人の夫が収容所で死亡したことを教えるという過ちを犯したことがあった。その後、あらゆる収容所の所長に、収容所で死亡した人間のことをその遺族に知らせてはならないという多数の命令と指示がだされたのだった。この過ちは、人々を記憶ごと抹消するという夢に反したからである。

警察の管理下にある収容所と監獄は、「たんに不法と犯罪の行なわれる場所ではなかった。それらは、誰もがいつなんどき落ち込むかもしれず、落ち込んだならばかつてこの世に存在したことがなかったかのように消滅してしまう忘却の穴に仕立てられていた(9)」のだった。アレントは、人がたんに肉体的に殺されるということは、その人にとっての最悪のことではないと考えている。「一人の人間がかつてこの世に生きていたことがなかったかのように生者の世界から抹殺されたとき、はじめて彼は本当に殺されたのである(10)」。その人を思いだす可能性のある人がすべて抹殺されたとき、一片の記憶も残らないとき、その人はいかなる痕跡も残さずに、この世界から抹消されたことになる。

すでに確認したように、アレントは『人間の条件』では、記憶の力の重要性を強調していた。人々がポリスで公的な活動をするのは、人々のまなざいのもとで行動し、そして人々に自分の卓越さとアイデンティティを示し、それを記憶してもらうためであった。ポリスの公的な空間は、ポリスを守るために生命を落とした人々を記憶し、記念する証人となるものである。「ポリスというのは、活動した人々が自分たちの行なった善い行為や悪い行為を、詩人たちの援助をうけることなく永遠の記憶にとどめ、現在と将来にわたって称賛を呼びさますためのものであった(11)」のである。

ギリシア人たちは、人々の記憶に残ることで、不死の存在となることができるのだった。「ギリシア人の主要な関心事は、自分の周りには存在するものの、死すべき人間には所有できない不死に到達することであり、そのような不死にふさわしいものになることであった(12)」のである。

アレントが記憶の力によって人間が不死になると語るとき、この「忘却の穴」のことを考えていたのは間違いないだろう。ほんとうに殺されるということは、その人を記憶する人が一人もいなくなるということであり、誰かが記憶しているかぎり、その人はある意味では不死なのである(13)。

強制収容所を語ることの困難

根源悪の第二の形は、ナチスの強制収容所における人間性の抹殺である。秘密警察は人間の身体とその人にまつわる記憶を抹殺することを目指したが、強制収容所では生きたまま、人間の人間性を破壊するというおぞましい計画が企画され、遂行された(14)。アレントは「収容所はたんに殺戮と個人を辱めるためにあるのではなく、科学的に厳密な条件のもとで人間の行動方式としての自発性というものを除去し、人間を同じ条件のもとではつねに同じ行動をするもの、つまり動物ですらないものに変えるという恐るべき実験のためにある(15)」と指摘する。

アレントは、強制収容所を伝統的なキリスト教の「死後の生」の三つの概念、すなわち冥府、煉獄、地獄によって分類することができると指摘している。死んだ者の訪れる世界である冥府に対応するのは、無用になった人々、亡命者、無国籍者、非社会的分子、失業者などを収容する難民の収容所である。罪が決まるまで暫定的に滞在する煉獄に対応するのは、「無視と乱脈が一緒になっているソ連のいわゆる労働キャンプ[16]」である。最後に、永遠に罪人が苦しめられる地獄に相当するのが、ナチスの絶滅収容所である。「そこでは生活全体が最大限の苦しみを与えるという目的にしたがって一分の隙なく組み立てられている[17]」のである。

これらのどの収容所でも、「そこに迷い込んだ人間たちはもはや存在しないかのように、彼の身に起こることはもはや誰にとっても問題にならないかのように取り扱われる[18]」という点が共通している。こうした収容所の恐ろしさは、その経験が他者に語りようのないことにある。それが語りえないのは第一に、その内容が「千篇一律」であり、「それらの証言は真実であればあるほど、ますます伝達力を失い、人間の理解力と人間の経験を超えたことをますます淡々と語る[19]」だけだからである。

第二に、そのような経験のない他者だけではなく、この悪夢のような経験をしてきた報告者自身にとっても、そのことが信じがたく思えてくるので、語りえなくなるのである。経験者が人間の世界に戻ってきた後には、「それだけ一層強く、自分自身の真実性についての疑惑が彼を捉える。まるで悪夢と現実を取り違えたかのように[20]」。

第三に、語ったとしても、その真実性が否定されるから、そして否定する言葉のほうが人々を納得させるから、語りえないのである。「犯した罪の途方もなさそのもののために、犠牲者よりもむしろ殺人者の言葉のほうが信じられるのは、明らかなことだからである。というのも、犠牲者が語ることが真実であるということは、人間の常識を侮辱するからであり、殺人者は、偽りの言葉で自分が無罪だと誓うからである[21]」。

第四に、収容所の生活はそもそも語りようのないものだからである。「まさにそれが生と死の圏外にあるために、決して想像力で完全に捉えることができない。生き残った者が帰る生者の世界は、彼が自分自身の経験を全面的に信用させることを不可能にする。まさにそれがために彼はこの生活について完全な報告をすることができない。それはまるで別の惑星の話をさせられるようなものだ[22]」。あまりに異質な世界の話は、どうにも信じがたいものだからである。

第五に、もしも他者が事実を認識したとしても、今度は報告者に厳しいまなざしが向けられるからである。「こんなひどい目に遭わされるなんて、この人たちはどんな悪いことをしたのだろうか[23]」というまなざしで見られるのである。人間の判断では、このような「堕地獄の刑とこの刑罰の永続性とに見合うような犯罪や罪業は存在しないからだ。だからこそ人間の常識は狼狽して、これほど非人間的な苦しみをなめさせられるようなどんな罪をこの人々は犯したのかと問うのである[24]」。

第六に、収容所での経験から生き延びた報告者は、すでに良心を破壊されてしまっているからである。生き延びたということのうちに、みずからの罪深さが蓄積しているのである。収容所の経験は自己の良心にとって、言葉で語り難いものなのである。そのことを次の項で詳しく調べてみよう。収容所では人間の法的人格、道徳的人格、そして個体性までが破壊され尽くすのである。

映画『ショアー』は、この収容所生活の記憶と想起の困難さを中心的なテーマとするものだった。高橋哲哉が指摘するように、この映画が示しているのは、「〈痕跡の消失〉であるばかりでなく、〈生還者自身の側〉での〈物語ることの不可能性[25]〉」という「二重の不可能性」だった。「忘却の穴」はいたるところに空いていたのである。

強制収容所の人間性の殺戮システム

強制収容所では、人間性を崩壊させるために周到な手続きが採用されていた。この手続きの第一のステップは、「人間の法的人格を殺すことだった[26]」。無国籍者の場合にはこの抹殺は、「すべての現行法の保護をうけられなくなることで、自動的に完了する[27]」。犯罪者については、「当人の行なったこととその人間の身に起こったことのあいだに、はっきりと証明できる関連が残っている」うちは、「法的人格の痕跡[28]」が残っていることになる。犯罪者と同じように政治的人間にもまた、こうした痕跡が残っている。「自分がどうしてここに来たかを知っているから、その法的人格の破壊は完遂されなかった[29]」のである。これらの人々は、「収容所における人格の崩壊によく抗しうる」が、それは「彼らの自意識が傷ついていないから[30]」であるという。これにたいして無罪の人々は「まったく内的な抵抗がなく、一番初めに崩壊してしまう[31]」のだった。

第二のステップは、収容者をカテゴリーに分類することだった。ドイツの強制収容所の主要なカテゴリーは、犯罪者、政治犯、非社会的分子、宗教者、ユダヤ人であり、「すべて記章によって識別できるようになっていた[32]」。収容所では人は個人である前に、このカテゴリーの一人だった。収容者はこのカテゴリーに同化した。「このような区分が彼らの失った法的人格の最後の信頼すべき形見であるかのように[33]」感じられたからだろう、とアレントは考えている。「このカテゴリーのなかにこそ彼らの法的人格の最後の、それゆえ根源的なアイデンティティが現われている[34]」かのようである。

第三のステップは、道徳的な人格を破壊することである。そのためにはさまざまな方法が利用された。第一の方法は、連帯というものの意味をなくすことである。収容者たちは他の人々と連帯することができない。連帯はある程度の自己犠牲を伴うものだが、それは死を招くからである。人々は収容所では他者からの手助けを期待することなく、「絶対的な孤独のうちにいることを意識しながら生きている[35]」のである。ソ連では夫が逮捕された妻たちは、子供たちの生活を守るためにただちに離婚に同意し、たまたま夫が戻ってくると、「絶望的に、いや激昂して家から追い払った[36]」という。

第二の方法は、死の意味を奪うことである。「人間はつねに自分の信条のために死ぬことができた。強制収容所はその死そのものをすら無名《アノニム》なものとすることで（ソ連ではある人間がすでに死んでいるかまだ生きているかをつきとめることすらほとんど不可能なのだ）、死というものがいかなる場合にももつことのできた意味を奪った[37]」のだった。

第三の方法は、良心にすがって生きることを不可能にすることである。ある収容者が呼びだされて、友人を裏切ることを求められ、裏切らなければ家族を殺すと脅されたとしよう。この収容者が良心の声を無視して友人を裏切り、密告したならば、裏切られた友人は殺されるだろう。しかし良心の声にしたがって裏切りを断わったならば、無辜の家族が殺されるだろう。そのときどちらを選んでも、良心を無傷に保つことはできない。収容者たちはつねにこのような決断を迫られていたのである。「ここでは二者択一は善か悪かの選択ではもはやなく、この殺人かあの殺人かということなのだ[38]」。収容所を経験したルッセは、「犠牲者も刑吏もひとしく卑劣だったというのが真相である。収容所の教訓といえば、卑劣さの友愛ということだ[39]」と語っている。

これらの方法で道徳的な人格が破壊された後に残るのは、その人の個人性である。良心も破壊された後で「人間が生きた屍となることを阻止すべく残っている唯一のものは、個人的な特異性という事実、人間ほんらいのアイデンティティという事実である[40]」。そして最後にこれが破壊されるのである。

そのための方法はいくらでもある。強制収容所では「すべてが可能である[41]」のである。どのような計画も企画され、実現されうる。輸送の際には数百人の人々が貨車に詰めこまれて、非人間的な状況に置かれる。収容所では「頭を丸坊主にされ、奇怪な服を着せられる。そして最後はまったく想像もつかないような、精密に計算された拷問[42]」が加えられる。収容者たちはこのような方法によって、その肉体を通じて個性を徹底的に破壊されたのである。

人間のアイデンティティ

アレントはこの人間のアイデンティティ、個性というものは、自然と運命と意志によって作られる、と次のように語っている。「人間の人格の個体性、その唯一性というものは、自然と意志と運命の三者が相寄って形造られ、その無限の多様性において一切の人間関係のきわめて自明な前提をなしている[43]」ものである。自然は人間に身体を与え、心的な特性を付与し、性格を作りだす。アレントは女性として生まれたが、これはその容貌や心的な傾向とともに、自然によって与えられたものである。

運命は、人間が生まれた場所、家庭、社会的な環境、文化など、さまざまな要因によって、その人の個性を作りだす。アレントはユダヤ人として、ドイツ社会のうちに生まれ、形成された。ドイツ語を話すユダヤ人の女性ということが、アレントのアイデンティティの形成においてきわめて大きな要因であることは、これまで考察してきたことである。いずれ紹介するように、ユダヤ人の女性として生まれたラーエル・ファルンハーゲンが嘆いていたように、これは自分では変えることのできない運命という性格をもつのである。

意志は、このように自分の力では変えられない要因に働きかけて、これをみずからの個性のうちで修正し、改善していくことができる。人々は意志の力で、「世界が私に提示したさまざまな行為の可能性のうちから慎重に選択するという行為をする[44]」のであり、こうした行為のうちから「最後には性格とか人格と呼ばれるものが生まれてくる[45]」のである。これが人間の個性というものである。アレントが語るように「わたしたちの魂と身体の構造には、それぞれにある程度は不変な基盤としての生まれつきの才能なり欠陥なりがあるものだが、こうした性格はいわばそこに刷り込まれていくのである[46]」。

そして強制収容所のシステムは、まず意志によって作りだされた人格の部分を破壊する。囚人にはもはや選択の自由は与えられず、意志の自由は存在しないのである。次に運命によって作られた差異も破壊される。どこで生まれ、どのような文化のもとで育ったかは、ほとんど意味を持たなくなる。こうして最後は身体的な存在だけとなり、その個性的な差異も意味を失い、ただ食べ、寝ることだけを願う動物的な生き物となる。やがては「生きた屍[47]」しか残らなくなるのである。

「回教徒」

このようにして、人間の個性を形成する要素を次々と否定し、法的人格を殺戮し、道徳的人格を破壊し、個体性を破壊した後には、「人間は人間の顔をした動物の一種[48]」に変わってしまう。その後には、「生身の人間の顔を与えられているがゆえにかえって不気味な、例外なしに死にいたるまで唯々諾々と反応をつづける、反応だけをつづけるパブロフの犬と同様にふるまうあの操り人形[49]」が残るだけである。多くの収容所ではこうした人形が「回教徒」と呼ばれたのは周知のことだろう。

プリーモ・レーヴィによると、囚人が「回教徒」になるのはごく簡単である。「与えられた命令をすべて実行し、配給だけを食べ、収容所の規則、労働規律を守るだけでよい[50]」。彼らは「適応できる前に打ち負かされて[51]」しまった人々であり、「すでに体は崩壊し、何をもってしても選別や衰弱死から救いだせなくなっている」[52]人々である。「彼らの生は短いが、その数は限りない。彼らこそが溺れたもの、回教徒であり、収容所の中核だ。名もない、非人間のかたまりで、次々に更新されるが、中身はいつも同じで、ただ黙々と行進し、働く。心の中の聖なる閃きはもう消えていて、本当に苦しむには心が空っぽすぎる」[53]のである。これはもはや人間ではなく、「ヒト科の動物の一個体」[54]とでも呼ばねばならないものに変わったということである。[55]

そして生存者が収容所の経験について語ることができない最大の理由が、このようなプロセスを経験しているから、人格の崩壊を経験しているからである。破壊された良心は、その傷から癒えることができないのである。これは根源悪とでも呼ばざるをえない悪であるのはたしかである。

アレントは、全体主義のイデオロギーのほんとうの恐ろしさは、このような形で人間性を破壊するだけではなく、全体主義の指導者の語ることであれば、何でも信じ込んでしまう「パブロフの犬」のようなものに、人間の本質、人間性を改変してしまうことにあったと考えている。それは人間を、「例外なしに死にいたるまで唯唯諾諾と反応を、反応のみをつづけるパブロフの犬と同様にふるまうあの操り人形」[56]に作り変えることを目的としていたのである。

たしかに強制収容所では、こうした「回教徒」を除くと、「操り人形」を作りだすことには、失敗したかもしれない。全体主義が囚人という「人間の材料」を使って行なった実験では、「人間の本質を破壊はしても改変することはできなかった」[57]かもしれない。しかし「全体主義のイデオロギーのほんらいの目標は、人間存在の外的な条件の改変でも社会秩序の革命的な変革でもなく、人間の自然（本性）そのものの改変なのである」[58]。そしてこの試みは、「いまだ限られた規模でしか行なわれていないとしても」[59]、いつまた別の形で姿を現わすかもしれないのである。以下の第二部では、ユダヤ人女性として生まれたアレントが、さまざまな著作を通じて、この全体主義の目標に抗っていった苦闘のあとを追ってみたい。

第二部　ユダヤ人女性としての闘い

第七章　アレントと反ユダヤ主義

第一節　ユダヤ人女性アレント

ユダヤ人女性としてのアレントの位置

アレントは後年になって、自分のアイデンティティを「ユダヤ人女性」と定義していた。啓蒙の時代のドイツで、『賢者ナータン』によって、文学と思想の世界でユダヤ人の問題を初めて明確に提起したレッシングを記念したレッシング賞を受賞したときの演説でアレントは、「あなたは誰ですか」と問われたときには「わたしはユダヤ人です」と答えると、次のように語っていた。

「わたしは、比較的早い時期にドイツから放逐されたユダヤ人集団の一員であることを率直に強調したいと思います。それは人間性について論じるとき、きわめて容易に発生しやすい誤解をあらかじめ取り除いておきたいからです。これにかんしてわたしは長年にわたって、〈あなたは誰ですか〉という問いにたいする唯一の適切な答えは、〈わたしはユダヤ人です〉という答えであると考えてきたことを告白せざるをえません。この答えだけが、迫害という事実を考慮にいれていたのです(1)」。

アレントは、自分の生涯とアイデンティティは、たんなる亡命ドイツ人でも、アメリカに帰化したドイツ人でも、無国籍者でもなく、ユダヤ人、しかも女性のユダヤ人であることを、明確に自覚していた。世界において自分が占める位置が、ユダヤ人女性であることによってしか規定されてないと確信していたのである。

この章では、アレントがユダヤ人の女性として直面した反ユダヤ主義にまつわるさまざまな問題を考察しながら、帝国主義と全体主義とならぶ『全体主義の起原』の第三のテーマである反ユダヤ主義について検討する。そしてアメリカに亡命した後のアレントのユダヤ人としての戦闘的な活動と、その後のシオニズム運動とのかかわりを考察してみよう。最後にアイヒマン裁判のルポルタージュである『イェルサレムのアイヒマン』のもつ思想的な意味を検討し、この書物についてのショーレムとの対話によって、ユダヤ人女性としてのアレントのアイデンティティのありかたを確認しておこう。

アレントの幼年期と反ユダヤ主義

アレントは、一九〇六年に東プロイセンの首都であり、カントの町でもあるケーニヒスベルクのかなり裕福な同化ユダヤ人の家庭に生まれた。一八一五年のウィーン体制のもとで、プロイセンのユダヤ人は大きく三種類に分けられた──キリスト教に改宗して完全に同化したユダヤ人、キリスト教に改宗せずに、ユダヤ教の改革を進めようとする改革派のユダヤ教徒、そして伝統的な歴史的ユダヤ教徒である。アレントの父方の祖父母は改革派のユダヤ教徒のラビ、ヘルマン・フォーゲルシュタインを崇拝していた(2)。フォーゲルシュタインは「ドイツ系ユダヤ人でありながら、社会民主党の支持者だった(3)」ことで、当時の同化ユダヤ人にとって「文化的かつ政治的な模範となっていた(4)」人物だった。

アレントの父母は祖父母たちとは違って、ユダヤ教の信仰をもっていなかった。そのためアレントは「自分自身の記憶をたどるかぎり、わたしはそもそも自分がユダヤ人であることすら知らなかったのです。母がまったく非宗教的な人でしたから(5)」と回想している。そして街角で子供たちから反ユダヤ主義的な言葉をかけられて、初めて自分がユダヤ人であることを認識したのだという。

それでもアレントは父方の祖父母とともにシナゴーグに通い、ラビのフォーゲルシュタインやその一家とつき合いがあった。アレントの父母も社会民主党の支持者だったからである。ハンナはこのラビが好きになって、将来結婚するのだと宣言したという。[6] ハンナは七歳の頃から、このラビによってユダヤ教の宗教教育をうけた。これは「ハンナがうけた唯一の正規の宗教教育だった」[7]。ただしアレント家のキリスト教徒のメイドの家庭での礼拝と、日曜学校のキリスト教の教育からも大きな影響をうけ、「祈りはキリストに捧げられるべきものだと、フォーゲルシュタインに宣言するにいたった」[8]という。

この町では、この時期には反ユダヤ主義はそれほど激しくなかった。ブレーゲル川南岸の地区に住む労働者階級のユダヤ人は、東欧ユダヤ人として差別されていたが、アレント家のような中産階級のユダヤ人は、動物園の側のフーフェンと呼ばれる地区で快適な生活を送っていた。それでも学校で反ユダヤ主義的な言葉を耳にすることはあったという。その時にハンナが行動するルールは明確に決まっていた。絶対に容認してはならないということである。

「たいていはわたしにではなく、東欧ユダヤ人の生徒など他のユダヤ人の生徒にたいしてですが、学校の教師たちが反ユダヤ主義的な発言をすることがありました。そういう場合は、すぐさま立ち上がり、教室を去り、家へ帰り、すべてを詳しく報告するように指示されていたのです。すると母はきまって書留の手紙を書き、わたしからすればそれで事は当然にもすっかり片づいたという具合でした。……しかしそうした発言が子供たちによってなされたものであれば、家でそのことを話すのは許されませんでした。それはカウントされなかったのです。子供どうしでのことについては、自分で自分を守らなければなりませんでした」[9]。

ここからは、アレントが後に提示する公的な領域と社会的な領域、そして私的な領域という区別が萌芽的に浮き上がってくるのが興味深い。学校の教師が反ユダヤ主義的な発言をするのは、公的な領域において生徒を宗教的な理由で差別し、侮辱することである。ハンナはこれを容認することを許されず、教室を去ることで抗議の意を表明し、母親に報告する。そして母親が正式な抗議書簡を学校に送る。

これにたいしてアレントがほかの子供たちから反ユダヤ主義的な言葉で侮辱された場合には、これは社会的な領域の事柄であり、ここでは自分で自分を守ることが求められる。家庭のうちは私的な領域であり、そこに社会的な領域の問題をもちこまないというのがアレント家の流儀だったのである。

ユダヤ人のアイデンティティ

後にアレントは『ラーエル・ファルンハーゲン』を執筆するが、そこには啓蒙の時代のドイツの同化ユダヤ人の女性の生涯が描かれると同時に、同化ユダヤ人として生まれるという「不運」のもつ意味が追求されている。アレントは自分がユダヤ人であることをよその子供たちから知らされたことについて、「少しもショックではありませんでした。ただこう思っただけなのです。ああそうか、そういうことなのか」[10]と語っている。そして「ある程度の年齢になってからですが、子供心に自分がユダヤ人の顔立ちをしているということがわかっていました。つまり自分の顔立ちが他の人々と違っているということです。それはとても意識していましたが、劣等感としてではなく、ただ事実としてそうだったのです」[11]とつけ加えている。

しかしアレントにとってユダヤ人であるということは、彼女の一生にきわめて重要な意味をもたらした。ユダヤ人であるがゆえに迫害され、国籍を失い、アメリカに亡命するにいたるからである。ユダヤ人であることは、アレントにとっての一生の問題となる。

アレントは、学位論文『アウグスティヌスにおける愛の概念』の執筆を終えると、すぐにユダヤ人女性のアイデンティティという問題を考察するために、『ラーエル・ファルンハーゲン』の執筆にかかったのだった。

アレントがこの書物を執筆したのは、ラーエルの時代から数世代の後のこと、一九三〇年代の初めの数年間である。この頃にはすでにドイツにおける反ユダヤ主義による抑圧は激しくなっており、ヒトラーの権力掌握は間近である。この時期にいたるまでのドイツのユダヤ人の運命と、ヨーロッパにおける反ユダヤ主義の潮流を追跡することで、アレントの置かれていた位置を明らかにしてみよう。

第二節　反ユダヤ主義と国民国家

ユダヤ人の「解放」

国民国家の崩壊のところで考察してきたように、人種イデオロギーで核心的な要素となったのは反ユダヤ主義だった。ユダヤ人憎悪は古代からつづいている。とくに中世にはキリスト教との関係で激しくなっていた。しかし「ユダヤ人問題」が発生したのは、近代の国民国家の成立以後のことである。国民国家の崩壊が、反ユダヤ主義を人種差別イデオロギーに激化させたのだった。

アレントは国民国家の没落と反ユダヤ主義運動の台頭がほぼ同時に起きたこと、「国民国家の集合として組織されたヨーロッパの崩壊とユダヤ人の絶滅が同時に起きたこと、世論の中で反ユダヤ主義イデオロギーが、他のすべてのイデオロギーに対して勝利を収めたこと(1)」を指摘しながら、「反ユダヤ主義の発展は国民国家の歴史という広い枠組みの中に入る(2)」と結論している。

イギリスにはユダヤ人はすでに追放されてほとんど暮らしていなかったので、ユダヤ人問題はほぼ存在しなかった。ヨーロッパ大陸でユダヤ人が「問題」になるのは、フランス革命以降のことである。一七九二年にフランスでユダヤ人の解放令が発布され、一八七〇年頃には西欧のすべてのユダヤ人に同権が保証されるようになった。これは「すべての特権や身分の制限を撤廃した無数の法令と同じ意図のもとにだされた(3)」ものだった。

国家にとってのユダヤ人の必要性

しかし問題なのは、ユダヤ人が国民国家の中では異質な存在であったことである。すでに考察してきたように、国民国家は国民の同質性と、その領土に住むすべての国民の同権を前提とするものであった。そのためユダヤ人にたいしては同化を求め、ユダヤ人であることをやめるように要求することになった。しかしこれにはユダヤ人の側から強い抵抗があった。

それまでの絶対君主の王国において、一部のユダヤ人は宮廷ユダヤ人として特権を享受してきた。宮廷ユダヤ人は、自国の住民の大多数よりも優遇されていた。そして地方のユダヤ人も宮廷ユダヤ人を庇護者として、君主に直接に訴えることができたのであり、一般住民よりも優遇されていた。ユダヤ人は「王侯たちの財政業務を担当し、その代わりにその土地での保護をうけていた(4)」ので、国家にとってはユダヤ人は不可欠な存在だったのだった。このようなユダヤ人に同権を認めるということは、同時にその特権を奪うということでもあった。

しかしこの時期の国民国家は、金融分野でのユダヤ人の活動を依然として必要としていた。それは国民の中心を形成する市民階級が、「政治的な問題にはまったく関心を示さず、あらゆる国家業務を特別の猜疑の念をもって迎えた(5)」ためである。国民国家は官僚制度を必要としたが「資金調達のために必要な事業や取引の規模はまことに巨大であり、無数の企業の中に国家をまきこんでしまったので、一八世紀以後の経済のなかにはきわめてはっきりと国家事業という独自の領域が現われてきた(6)」のだった。

ところが市民階級は、国家が必要とするこうした活動に関心をもたなかった。市民階級はむしろ民間企業を設立することに関心をもっていたからであり、「国家との一切の事業上の関係や経済の〈私的〉領域への国家の干渉を、自分たちの利益を損なうものとして退けたからであり、さらにはまた、明らかに何の生産も行なわれていない国家の領域においては、投資をしても不毛に終わると感じたからである(7)」。

この時期にあって「国民国家に融資し、住民の中でも自己の運命を、厳密な意味で国民国家の発展と結びつけることをいとわなかった唯一の部分(8)」がユダヤ人であった。このため国家はユダヤ人を富裕にして、金融事業に参加させる以外に方法はなかった。これは「国家経済そのものの絶えず増大する要求の線にしたがう(9)」ものだった。「国民国家の発展の過程において、一部のユダヤ人の集団は特権を与えられており、そしてその特権的な地位は国家的な理由からして保持されねばならなかった(10)」のだった。

階級とユダヤ人

ユダヤ人が国民国家において特権的な集団として孤立したことは、ユダヤ人にとって重要な影響をもたらした。「ユダヤ人が国民国家の新たに成立した階級制度の中に組み込まれることを妨げた[11]」からである。アレントは、国民国家は国民的平等を政治的な原理としたが、「その平等は具体的な成果にかんする限り、階級社会の成立によってたちまち無効にされてしまった[12]」ことを指摘する。

国民国家の経済的な原理は階級社会だったのであり、「この社会の本質的な特徴は、少数の例外をのぞいて、人々はつねに自分の生まれた階級にとどまるということ[13]」だったのである。これは国民国家の奇妙な矛盾だった。政治的な同権が定められているために、国民が新しい政治的な階層構造を形成することはできなかったし、階級社会であるために「真の共和制の形成も妨げられた[14]」のである。

このため第一次世界大戦までの国民国家においては、階級社会と政治的な同権が併存するようになった。国民は政治的には同権であるから、国家との関係では規定されず、「階級内部の位置、またはその階級と、社会のその他の階級の関係によって規定されていた[15]」のだった。国民国家には大きく分けて三つの階級があった。貴族階級、市民階級、労働者階級である。市民は他の二つの階級である貴族と労働者としての関係において規定されていたのであり、国民として規定されていたのではない。

しかし国内には階級とは別の集団が一つだけ存在していた。それがユダヤ人である。「ユダヤ人は階級社会の彼方に[16]」いたのである。生活の水準としては市民階級の上流に属していたが、資本主義的な企業には属しておらず、しかも独立した階級として認められているわけでもなかった。「ユダヤ人は資本主義の発展にだけは決して関与しようとしなかった[17]」のである。ユダヤ人は資本主義の発展に参加することには頑固に抵抗した。他方で「国民国家はユダヤ人の同化を妨げて、ユダヤ人を社会から締めだされた閉鎖的な集団にとどめておくことに経済的な利益をみいだしていた[18]」。たとえ政治的な利益は損ねようともである。

ユダヤ人の特殊な地位

ユダヤ人の解放とは、国民国家が特権的なユダヤ人だけに与えていた特権を、すべてのユダヤ人に認めるということだった。これは国民国家がユダヤ人の「奉仕の条件であり、報酬[19]」として与えた特権だったのであり、これをすべてのユダヤ人に与えることはユダヤ人の境遇を決定的に変化させることであった。しかしこれはすでに特権を与えられていたユダヤ人にとっては不満の種であり、大きな抵抗を招いたのである。

またユダヤ人はインターナショナル的な性格をそなえていたために、国民国家にとってユダヤ人にはもっと別の重要性があった。戦時の国民国家のあいだの交渉においても、ユダヤ人の国際的なつながりは重要だった。アレントは、「ユダヤ人が戦費を負担した最後の戦争は一八六六年の普墺戦争であって、議会がビスマルクに必要な信用を与えなかったとき、〔ユダヤ人の〕ブライヒレーダーが彼を助けた[20]」ことを指摘している。

そして一八七〇年の普仏戦争ではユダヤ人は戦費は調達しなかったが、フランスが敗北するとビスマルクは、「まずブライヒレーダーが〔パリに〕出かけなければならない[21]」と語ったのである。平和交渉で賠償を獲得するためである。「ユダヤ人はとりわけ講和条約を結ぶ際の財政顧問として、また今日のような組織化された報道機関がなかった当時では、あらゆる種類の情報の貴重な仲介者として、依然として重要性を失わなかった[22]」のである。

帝国主義とユダヤ人の特権の喪失

これが大きく変わってきたのは、帝国主義の時代にはいってからである。海外に膨張する以外に生存の道がなくなったことを認識した資本主義は、国家の権力を必要とした。それによって市民階級は、国家に投資することが有意義であることに気づいたのである。さらに国家が独占する権力手段の重要性が認識され、軍需産業と国家のむすびつきも緊密なものとなっていった。これがユダヤ人が「国家的事業における独占的な地位とともに、国民国家内でのその地位をも徐々に自動的に失っていく[23]」結果をもたらした。

まず一九世紀の半ばからは、諸国の政府は「ユダヤ人銀行の保証がなくても国債を発行すること[24]」ができるようになった。国民意識が高まりつつあり、市民の運命が自国の政府にかかっていることが認識されたために、市民が国債に応募するようになったからである。

第二に、帝国主義の時代に入ると、戦争がネーションを破壊する性格のものとなった。そして全体主義国家は国民国家体制の破壊をめざしていた。「ネーションとして編成されたヨーロッパの破壊を目指す政治は、集団としてのユダヤ人を必然的に絶滅しなければならなかった[25]」のである。というのはヨーロッパの体制を維持するには、ユダヤ人の存在が必要不可欠なものだったからである。

国民国家がヨーロッパの力の均衡を望んでいるときには、ヨーロッパの内部で戦争をするにしても、どの国もヨーロッパを支配しようとはしていなかった。「彼らはユダヤ人をその均衡のために利用した。だからこのネーションとしてまとまっていない一つの民族が共同の利益の、いや均衡そのものの象徴となりえた[26]」のだった。

しかしヨーロッパ体制が崩壊すると、ユダヤ人は不要になる。「ヨーロッパ諸民族の破局的な敗北が、ユダヤ民族の破局とともに始まった[27]」のである。そして人種イデオロギーと化した反ユダヤ主義によってユダヤ人を攻撃することで、「ヨーロッパの連帯性[28]」は破壊されたのである。「絶えず危険にさらされているヨーロッパの力関係の均衡を、ユダヤ人を排除することによってかきみだすことは、きわめて容易なことだった[29]」のだ。ユダヤ人を排除することによって国民国家は没落へと向かうのであり、国民国家が没落することでユダヤ人は絶滅への道を進むのである。

第三節　反ユダヤ主義の展開

ドイツにおけるユダヤ人の解放

近代のドイツにおいて反ユダヤ主義が明確な姿をとったのは、一八〇七年のナポレオンとの敗戦によって、古いプロイセンの国家構造が崩壊した後のことである。ナポレオンの統治のもとで、ドイツの各州でもユダヤ人の解放が進められた。フランスに占領されたラインラントでは、フランス帝国の指示で直接に解放令がだされたが、ほかの州でもフランスを模範としてユダヤ人の解放が進められた。

ユダヤ人の解放がフランスの影響のもとで進められたことは、「その後の数世代にわたって多くのドイツ人の愛国心を逆撫でする結果を招き、ユダヤ人解放とは〈外国の暴政〉によって無理やり押しつけられた政策にほかならなかったという見方を定着させていくことになる」[1]。愛国的な立場からは、ユダヤ人とフランス人が一緒に排斥される例が多いのである。これがドイツでの反ユダヤ主義の源泉となった。

一八〇七年、ナポレオン戦争に敗北したプロイセンは、政府を東プロイセンのメーメルに移して、帝国の根本的な改革を始めた。いわゆるシュタイン・ハルデンベルク改革である。一八〇七年の「十月勅令」では、「土地売買の自由、職業選択の自由、土地の分割と統合の自由、世襲隷農制の廃止」[2]などを定めていた。この「農民解放令」の精神に基づいて、一八一二年には「ユダヤ人解放令」が発布された。この解放令は、「その第九条に掲げられた国家公務員職からのユダヤ人排除という一点を除き、ほぼ全面的な解放令となった」[3]のだった。

これによって逆にユダヤ人の特権も原則的に否定されたのであり、「ユダヤ人は姿を消すか、あるいは同等の資格で〈公民《シュターツビュルガー》〉になるか、そのどちらかでなければならないとされた」[4]のだった。

これは「すべての市民が法の前では同権であり、国家の前では平等でなければならないという国民国家の原則」[5]によるものだった。しかしこの解放令は、「解放戦争のために特権も保護も受けていない大量のユダヤ人集団が、ふたたびプロイセン国家に押し寄せてくるとともに、ただちに撤回された」[6]のである。

反ユダヤ主義の発生

一方では、プロイセンで君主国を国民国家に変えようと試みられるとともに、プロイセンの貴族階級は反ユダヤ主義的になり、「貴族たちの国家にたいする敵意は、あたかもユダヤ人が社会のなかで国家そのものと同一視できる唯一の集団でもあるかのように、ただちにユダヤ人にたいする敵意に変わった」[7]のだった。

しかしこの貴族の反ユダヤ主義は、改革が失敗するとともに消滅した。それでもここで反ユダヤ主義のいくつかの論拠が示された。「人々が歓迎し必要とするユダヤ人と、依然として望ましくないユダヤ人との周知の区別はここで生じた[8]」のだった。歓迎し必要とするユダヤ人とは、銀行家や実業家のユダヤ人であり、望ましくないユダヤ人とは、知識層のユダヤ人である。銀行家や実業家のユダヤ人は保護しながらも、知識層のユダヤ人は「官職や自由職業でのいかなる地位からも締めだす[9]」ことが決められた。

これはユダヤ人の同化を阻止することを意味した。ビスマルクは「わが国の国家制度の維持」のために欠かすことのできない「金融ユダヤ人」と「新聞界と議会にいる貧乏ユダヤ人[10]」を区別していた。同化は、知識層のユダヤ人が働きかけなければ進まないのであり、知識層のユダヤ人が職業につけないことは、同化が進まないということである。これは政府の方針だった。

一方ではこのユダヤ人の解放は、国内に大きな影響を残した。「体操の父」として知られるフリードリヒ・ヤーンは、「交雑動物の例を見れば一目瞭然であるように、民族間の混血は国民の再生産力を失わせる愚挙である[11]」と主張し、ドイツにとっての災厄の種として「ポーランド人、フランス人、僧侶、田舎貴族、そしてユダヤ人という五つのカテゴリーの混在[12]」をあげた。このようなドイツの知識人によるユダヤ人攻撃が拡大し、一八一九年には民衆が直接にユダヤ人攻撃を始める。ドイツ全土の都市で、「ヘップ・ヘップ」暴動が始まり、群衆は「ヘップ！　ヘップ」と叫びながら「鉈、鉄の棍棒などで思い思いに武装し、ユダヤ人居住区に乱入しては、金目のものを根こそぎ持ち去る[13]」のだった。

反ユダヤ主義の第一の特徴——急進派による利用

この兆候のような貴族の反ユダヤ主義が明確な形をとったのは、ウィーン会議の後に、自由主義や急進主義が政府を攻撃するために、これを利用し始めたときである。この時期のヨーロッパでみられる反ユダヤ主義の第一の特徴は、ユダヤ人が一般に政府と密着しているとみられたことから、急進派が政府を攻撃するための手段として、反ユダヤ主義を利用する傾向があったことである。

とくにウィーン体制の後に、メッテルニヒの率いるオーストリア＝ハンガリー帝国が「全般的にユダヤ人の金によって財政的に支えられていることはよく知られていた[14]」。そのために「一九世紀の二〇年代のユダヤ人排斥運動は、本質的にメッテルニヒの反動的な警察国家体制に向けられたもの[15]」だった。警察国家を直接に批判することができないので、ユダヤ人を排斥するという方法が採用されたのだった。

フランスでは、啓蒙主義の流れにユダヤ人憎悪が強かった伝統もあって、ユダヤ人を貴族の財政上の代理人として憎むことが、「フランス人の最上の伝統に属した[16]」のだった。一八世紀と一九世紀の急進派と自由主義的な思想家たちにとっては、ユダヤ人が「家父長的な統治の野蛮な見本[17]」とみえたのはごく自然なことだった。

さらに王政復古以来、ルイ・フィリップからナポレオン三世にいたるまで、ロスチャイルド家が宮廷の御用銀行家をつとめていたこともあって、「反君主主義的で共和的な思想をもつ者はすべて必然的に反ユダヤ主義的になった[18]」のである。

小説家のセリーヌは、ユダヤ人がヨーロッパの統一を妨げていると考えて、ユダヤ人は戦争をあおって「ドイツとフランスの両国を、永続的な戦争で荒廃させようとした[19]」と主張する。ジロドゥーは「一〇万人のアシュケナジ[20]」がフランス人から職場を奪い、古い習慣や伝統を破壊したと語る。ジッドもすべてのユダヤ人の虐殺を主唱するセリーヌの「虐殺に捧げる小曲[21]」を読んで楽しんだのだった。

反ユダヤ主義の第二の特徴——自生的な発生

ヨーロッパの反ユダヤ主義の第二の特徴は、国内のユダヤ人との軋轢のない場所でも、金融を独占するユダヤ人というイメージのもとで、国内で反ユダヤ主義が自生的に発生しえたということである。オーストリアでは、ユダヤ人が居住していない地域でも、反ユダヤ主義が蔓延したのだった。

一八八〇年代になって、宮廷牧師シュテッカーは、反ユダヤ主義的な言辞を演説にいれるだけで、大衆に訴えかける強い力があることを認識するようになる。この頃には大衆のうちにまで、反ユダヤ主義が広まっていたのである。それは政府と貴族が主導した財界スキャンダルのためだった。パナマ運河事件などによって、フランスでは「共和国大統領までも含めて議会全体が投機や収賄や恐喝に連座していることが判明した[22]」のである。これによってなけなしの貯金を失ったのは小市民階級だった。この時代にユダヤ人たちは「株式取引の自由という形で彼らの前に姿を現わしてきた。この株式取引においては、ユダヤ人はいたるところで目だっていた」のであり、小市民にとっては、この「取引の自由という言葉で現われるもののすべてを、ユダヤ人と同一視すること[23]」はきわめて容易なことだったのである。

労働者階級は、マルクス主義的な教育もあって、銀行は寄生的な役割をはたすにすぎないものであることを認識していたが、小市民は、みずからの虎の子を失うという経済的および社会的な経験に基づいて、銀行とユダヤ人を憎んだのである。

このためヨーロッパのすべての急進的な小市民の運動や政党は、いかなる銀行資本にも反対するものとなり、反ユダヤ主義的なものとなったのだった。工業化が徹底的に進んだドイツでは、労働者が急進的な運動の中心となったこともあって、この段階では反ユダヤ主義はそれほど拡張しなかったが、小市民の多いフランスとオーストリアでは反ユダヤ主義が激しくなった。反ユダヤ主義はイデオロギーとして外部から注入されなくても、マルクスが指摘するように「貨幣人間」という「ユダヤ人の現実の本質が市民社会においてあまねく実現され、俗世間にいきわたったために……現在の社会の中に今日のユダヤ人の本質をみいだす[24]」ようになったのだった。それとともに「ユダヤ人憎悪は社会内部の葛藤からも[25]」自生的に発生しえたのである。

反ユダヤ主義の第三の特徴——国家への攻撃

反ユダヤ主義の第三の特徴は、反ユダヤ主義的な政党は政治に焦点をあて、国家そのものを攻撃するということにあった。大衆の反ユダヤ主義を組織するために、多数の急進的な反ユダヤ主義政党が結成されたが、この反ユダヤ主義政党は、国民国家における他の政党と異なる独特な特性をそなえていた。国民国家において結成された政党は基本的に、国民の内部の特定の利益を代表するものだった。一方で国家は、政党と階級を超越し、国民全体を代表すると主張しえたし、「利害と利害のあいだ、政党と政党のあいだの調停を行なうという任務をもっていた[26]」。この任務を広言するのはこれまでは国家だけだった。しかし反ユダヤ主義政党は、「諸政党の上にある政党である[27]」と自称したのである。国家に代わって、「権力を獲得し、国家機構を掌握し、政党政治にたいして中立的な姿勢をとる国家官僚を一掃して、自党の党員をその後釜にすえようという意図をもっていることをきわめてはっきりと表明した[28]」初めての組織だったのである。アレントは、これは後にファシズム運動の名のもとで「ヨーロッパ全域でみられる国民国家への宣戦布告の最初の明確な例[29]」だと指摘する。

一つの政党が国民国家に宣戦布告するというのは、政党としてはきわめて異例な出来事である。そもそも政党は国内の経済的な利益の対立を調停することを目的としたものであり、社会の領域で活動するものだった。これにたいして国家は外交という国家の対外的な関係を代表する役割をはたす。政党は一貫して、外交における国家の権力に挑戦することはなかったのだった。それが反ユダヤ主義政党だけは、外交における国家権力に「革命的な激情をぶつけた[30]」。それは国家の政治機構を破壊するためであり、反ユダヤ主義は、国家を破壊するための「道具[31]」として使われたのである。

その背景には、ユダヤ人が秘密結社のもとでヨーロッパを支配しているというイデオロギー的な信念があった。こうしたイデオロギーに染まった人々は、「ユダヤ人は世界を支配しており、われわれは彼らからその支配を奪いさえすればいいのだ[32]」と考えたのである。反ユダヤ主義政党は、ユダヤ人という民族のありかたに注目し、そのやり方にならおうとした。ユダヤ人はヨーロッパのすべての国に分散して暮らしている。そしてヨーロッパを支配しているのである。だから彼らもユダヤ人と同じように、民族概念を活用して、ヨーロッパの国民国家の境界を超えて、「国民的または領土的なつながりなしに共通の血統に基づいて結束し、それ以外のあらゆるつながりを無視して手を結びあって支配権を握ることができる[33]」と考えたのだった。この民族概念は、「民族と国家と領土というネーションの三位一体をぶちこわし、そうすることで国民国家の組織を破壊する[34]」力をそなえていたのである。

またこのユダヤ人の世界支配という妄想の背後に、ユダヤ人みずからの選民意識が存在していたことも忘れてはなるまい。アレントはこれに関連して、ユダヤ人批判ともとれる指摘をしている。

まずアレントは、ユダヤ人が長年にわたって同化を拒み、孤立してきた民族集団であることを指摘する。ユダヤ人はたとえその権利が認められても、社会の中に組み込まれるのを避けるために、「資本主義の発展にだけは関与しようとしなかった[35]」のだった。「資本主義の歴史のなかで目につくのは、ユダヤ人が与えた影響ではなく、資本主義の発展――その結果は疑いもなく、真の同化、すなわちその土地の市民階級に吸収されてしまうことになっただろうが――にまきこまれまいとするユダヤ人の頑固さであった[36]」。ユダヤ人たちはディアスポラの地で自己のアイデンティティを維持するために、真の同化を拒みつづけてきたのである。

その背後にあったのは、ユダヤ人こそ神から選ばれた民であるという強い選民思想である。この選民思想によって、「ユダヤ人はまったく土地も国家も持たないままで二千年にわたり民族としてのアイデンティティを守りつづけてきた民族[37]」なのであり、「同化されたユダヤ人は選びと裁きの神であるイスラエルの神への信仰を失っても、選民としての主張は放棄しなかった[38]」のである。

これが汎民族運動にとって、ユダヤ人を手本とし、ターゲットとするための重要な手がかりになったのだった。「ユダヤ人を二十世紀の人種イデオロギーのいわば自然な結晶核にした最大の要因は、汎民族運動の選民思想にとってユダヤ人の選民信仰が手強い競争相手だった[39]」ことにあるのは、明らかなのである。

さらにユダヤ人のルサンチマンが、こうした汎民族運動の少数民族としてのルサンチマンと類似していたことも確かである。こうした運動は、西欧的な国民国家に触発されたものでありながら、ルサンチマンを含むものとして、「多くの点でユダヤ人の状態とよく似ていた[40]」のである。

全体主義は汎民族主義からこのユダヤ人観をうけついだのであり、あるところまでは頑固に同化を拒みつづけて選民思想をすてなかったユダヤ人のありかたにも、責任があると言えるだろう。アレントは、ユダヤ人の選民思想が汎民族運動にイデオロギー的に利用されたことについて、「一民族が自分たち自身の歴史によってかくも過酷に、そしてかくも的確に報復されたことは、ほとんどほかに例がない[41]」と結論している。

後にアレントは、ナチスに多くのユダヤの民を犠牲者として捧げたユダヤ人評議会を批判して、大きな論争に巻き込まれるが、ユダヤ人にたいする批判的なまなざしは、この書物の頃からすでにアレントのうちで研ぎ澄まされていたといえるだろう。

ドイツ、オーストリア、フランスの反ユダヤ主義

このように、国家に挑戦する反ユダヤ主義が、愛国的な言辞によって大衆を組織していったのだが、注目する必要があるのは、「ユダヤ人問題を核として結晶した国は、ドイツだけだった[42]」ということである。ドイツは、周辺の諸国に多数の同胞が居住しているという意味で特異な国だった。具体的には反ユダヤ主義政党は、「他国民の中で少数民族として存在しているドイツ人を利用して、狭くなりすぎた国境を打破することのできる超国民的な組織を確立することで、国民国家を打倒しようとした[43]」のである。オーストリアに居住するドイツ人と手を結んで領土を拡大することを目指すナチスの計画が、そのもっとも象徴的なものだろう。ヒトラーは「七〇〇万人を越す人々が他国の支配に悩んでいる[44]」と、領土回復と国境変更を要求した。ドイツでは反ユダヤ主義は、全体主義のための触媒の役割をはたしたのである。

これにたいして「ユダヤ人が国家機構において決定的な役割をはたした[45]」オーストリア゠ハンガリー帝国では、「反ユダヤ主義が世論の競争の場で、他のイデオロギーを打破するイデオロギー的な力にまで初めて成長した[46]」のだった。オーストリア゠ハンガリー帝国は国民国家ではなかったが、国民国家の原理を採用しようと試みたため、民族の違いが階級の違いを作りだすことになった。支配的な民族はドイツ民族だったが、貴族階級になったのはハンガリー貴族であり、その他の民族は帝室と対立した。そしてユダヤ人はいかなる階級も占めることができず、帝室に癒着していたために、「帝室そのものと対立した民族は、まず第一にユダヤ人を攻撃することをもってその闘争を開始した[47]」のである。

こうしてオーストリアでは「全住民が積極的な反ユダヤ主義者になった[48]」のだった。そしてこの運動は、住民のうちにユダヤ人がまったくいない場所でも根づいたのであり、「経験にまったく曇らされていない純粋にイデオロギー

的な地方の反ユダヤ主義が、オーストリアでは結局勝利を収め、オーストリア・ナチス運動という形をとって[49]」既成の政党にとどめをさしたのだった。

第四節　ユダヤ人側からの対応

同化ユダヤ人

このようにヨーロッパで国民国家が形成されるとともにユダヤ人問題が発生し、反ユダヤ主義が広まってくる。それとともにユダヤ人の側でも、これに対処するためにさまざまなことが試みられる。第一の試みは、同化である。アレント家も同化ユダヤ人であり、ユダヤ人としての宗教的な営みは放棄していた。同化とは、ユダヤ人である出自を認識しながらも、ふつうのドイツ人として、あるいはフランス人として生きようと試みることである。

しかしユダヤ人の生活が周囲の人々の生活に近づくにつれて、ユダヤ人との違いが「周囲の人々にとってますます驚くべきものに思われてきた[1]」とアレントは指摘する。均質な社会のうちで人種の違いは明確に識別できる差異を作りだしたからである。同化を認めた社会がユダヤ人に要求したのは、「彼らが自分たちと同じ〈教養〉を持ちながら、〈普通のユダヤ人〉として自分たちと異なる行動をとること、しかも普通の人間であるかのようではなく、何か少々普通でないものがあるかのように（何といっても彼らはやはりユダヤ人なのだから）行動することだった[2]」。

この「原則的な曖昧さ[3]」に対応して、同化ユダヤ人たちは「例外ユダヤ人」となった。彼らは「おもてでは一人の人間、自分の家ではユダヤ人[4]」でありうると主張したが、実際にはおもてではユダヤ人として扱われ、自分の家では他のユダヤ人よりも優れた例外的なユダヤ人と感じていたのである。

メンデルスゾーン

第一世代の同化ユダヤ人の代表はモーゼス・メンデルスゾーンである。一八世紀の啓蒙の時代のプロイセンではまだ、ほんらいの反ユダヤ主義は存在していなかった。レッシングは一七四九年に演劇『ユダヤ人』を発表する。この書物において描かれたのは、身分を隠しながら、盗賊に襲われた男爵とその娘を救う高貴な風情のユダヤ人の〈旅人〉であり、このユダヤ人像をめぐって論争が起きた。

神学者のヨハン・ダーフィット・ミヒャエーリスは「レッシングが描く〈旅人〉のような高貴なユダヤ人など実在するわけがない[5]」と主張した。ユダヤ人のように「生活の準則と様式が抜きがたいまでに背徳的なものとなっている民のもとでは、ごく平凡な美徳を目にすることもできないはずだ[6]」というのだった。

ここでの論点は、「ユダヤ人が本来的に悪人なのか、それとも彼らが置かれた状況の責任はキリスト教社会にあるのかという二者択一[7]」だった。この二者択一にたいしてミヒャエーリスは、ユダヤ人そのものが腐敗しているのであり、キリスト教社会には責任がないと主張したわけである。

これにたいしてレッシングは、そうした美徳をそなえたユダヤ人は「現実に存在するし、お望みならその証拠をお目にかけることだってできる[8]」と反論したのだった。レッシングはその頃「あるユダヤ人青年から高邁この上なき感情が盛られた一通の手紙を受け取ったばかり[9]」だったのである。こうしたいきさつで「高邁この上なき感情」の持ち主としてドイツの文学界に紹介されたのが、ユダヤ人のモーゼス・メンデルスゾーンだった。

メンデルスゾーンは「人間のある種の美徳はキリスト教よりもユダヤ人において多く目にすることができます。人を殺すという行ないについてユダヤ人が表明する言い知れぬ嫌悪感を思ってみるだけで十分でしょう[10]」と語り、「ちょっとした侮辱を受けたというだけで簡単に人を殺している[11]」キリスト教徒との人間性の違いを強調したのである。

やがてメンデルスゾーンと交遊を求める多数のドイツ人の知識人が、彼のもとを訪れるようになる。教養を積んだメンデルスゾーンと親しくつき合うということは、レッシングからフンボルト、およびシュライエルマッハーにいたるベルリンの啓蒙主義者たちにとっても、「人類の尊厳のしるし[12]」と考えられたのである。レッシングの『賢者ナータン』もまた、メンデルスゾーンを手本としてユダヤ人を描いていた。

ユダヤ教を信奉していたメンデルスゾーンは、一七八三年には『エルサレム、あるいは宗教的権力とユダヤ教について』を発表し、同胞のユダヤ人の解放の必要性を訴え、「同胞たちへの市民権の授与」を求めた。そして「これを最終目的として、彼は非宗教の国家という考え方、すなわち種々の教会に認められている政治的、法的権限の撤廃という大胆な主張を繰り広げた[13]」。これは「政治哲学史上、政教分離思想の草分け的な意義を保ち続ける[14]」著作となったのだった。

ユダヤ人解放運動

メンデルスゾーンは啓蒙時代のドイツにおけるユダヤ人の最初の同化世代だった。メンデルスゾーンの友人でドイツ人のクリスティアン・ヴィルヘルム・ドームは一七八一年に、「ユダヤ人の文化的な改善について」という提案を発表した。そして啓蒙専制君主のオーストリアのヨーゼフ二世は、この提案に基づいて、一七八二年一月二日に「宗教自由勅書」を発表した。この勅書ではユダヤ人がキリスト教徒とまだ同権になることはできないとしても、「ユダヤ人の法律上の行為無能力を徐々に取り除き、また一般国民と混って生活することを促進させる原則が確立された[15]」のだった。

この啓蒙の時代のユダヤ人の同化と解放の目的は、ユダヤ人の政治的、市民的な解放と同化そのものではなかった。このキャンペーンが目指したのは、ユダヤ人の抑圧という政治的な不名誉を取り除くこと、偏見のない人間を作りだすことだった。「ユダヤ人の抑圧は、その時代の社会的な条件のシンボル[16]」とみなされていた。「ユダヤ人を解放する闘争は、抑圧された民であるユダヤ人を解放することを目指すものではなかった。理論的に要求されたのは、人間の解放、進歩、偏見の除去の目にみえるシンボルであるユダヤ人を解放することだった[17]」のである。

レッシングの『賢者ナータン』で描かれたユダヤ商人のナータンは、メンデルスゾーンを手本として、「ユダヤ人が高貴な人物でありうる[18]」ことを示すための詩的な見本だった。これまで人間扱いされていなかったユダヤ人が「もっとも考えられないことであるが、人間でありうること[19]」を示す実例とされ、「ユダヤ人の解放が、人間の解放のシンボルになった[20]」のである。

メンデルスゾーンは、ドームのこの提案は「ユダヤ民族やユダヤ人のための弁明を記したものではない。彼はたんに人間性の大義を提示し、人間の権利を擁護したのである[21]」と語っている。レッシングとドームにとっての「ユダヤ人問題」が、人間性とその権利の問題であって、ユダヤ人そのものの問題ではないことを明らかにしたのである。

そしてすでに確認したように、一七八九年のフランス革命と人権宣言は、そのことを明確に示した。宣言の第一条は「人は、自由かつ権利において平等なものとして出生し、かつ生存する。社会的差別は、共同の利益の上にのみ設けることができる[22]」と明記した。ユダヤ人をその宗教によって差別することは、人間の権利に反するものであることが、原理として謳われたのである。そして「一七九一年九月二十七日、解散を間近にひかえた憲法制定会議は、ほぼ満場一致でユダヤ人の全面的な解放を決議する[23]」。そしてその翌日には憲法制定会議が「奴隷制度の廃止を決議[24]」した。明らかに「時代が変わり、新しい精神がパリの空気を浸していた[25]」のだった。こうして「近代ヨーロッパの史上初めてのこととして、ユダヤ人がその国に生まれた市民と同等の権利を正式に認められることになった[26]」のだった。

しかし皮肉なことに、ユダヤ人問題を人権という基本的な次元で取り上げることの利点は、「経済的な同化のために、抑圧され迫害されたユダヤ人が銀行家、商人、学者になるとともに、大きな不利益となった[27]」のだった。というのも、ドイツではそれから八〇年間にわたって、ユダヤ人には政治的な権利は認められないのであり、その状態でユダヤ人が特権を維持したままで市民として同化しようとすると、かつての啓蒙の友人たちから、激しい攻撃をうけることになったのである。こうしたユダヤ人たちは、抑圧されたすべてのユダヤ人の解放を要求するのではなく、自分たちの特権を維持するために、解放という大義を使った裏切り者であるとみなされたのである。

第二世代の改宗

メンデルスゾーンは、ユダヤ人でありながら人間であることができると信じていた。しかし同化の第二世代の人々は、もはやそのようなことを信じることはできなかった。社会が求めていたのは、ユダヤ人が人間になることではなく、キリスト教に改宗して、社会のうちに同化し、埋没することだったからである。メンデルスゾーンには六人の子供がいた。長男ヨーゼフと次男アブラハムはユダヤ教徒にとどまったが、アブラハムは「キリスト教が大部分の文明人の宗教である」[28]という理由で、自分の子供たちをキリスト教に改宗させた（作曲家のメンデルスゾーンは彼の息子である）。

長女ドロテーアは夫を捨てて、ロマン派のフリードリヒ・シュレーゲルのもとに走った。やがて一八〇四年にプロテスタントに改宗し、正式にシュレーゲル夫人となった。その後、一八〇八年にはオーストリアで外交官をつとめるシュレーゲルの「昇進を考慮して、カトリックに改宗することになる」[29]。

三男のナータンは一八〇九年に改宗している。そして末娘のヘンリエッタはパリでサロンを開き、このサロンには「スタール夫人、ベンジャマン・コンスタン、作曲家のスポンティーニなどが集っている」[30]。彼女はカトリックに改宗した。このようにメンデルスゾーンの子供たちはいずれも改宗することで、「宗教と理性のバランス」[31]を保つことに長けていた父親を裏切ったのである。

サロン

ドロテーアがシュレーゲルと出会ったのは、カントの弟子だったマルクス・ヘルツ博士の妻、「ヘンリエッテ・ヘルツがベルリンで最初に開いたユダヤ人サロンにおいでだった」[32]。この時代のベルリンではユダヤ人女性が開くサロンが人々を魅惑していた。ヘルツ夫人は、この時代に「なにがしかの取り柄をもった人々が、皆、魔法にかけられたようにあのサロンに引き寄せられていった」[33]理由について、それまでの社交界の伝統からまったく切れていたことをあげている。「私たちが時代の偏見と完全に無縁でいられたのもはそうした理由によるものです。また、それによってまったく新しい泉から湧き出し、そのまま流れ落ちてくるような独創的な才気、社交界そのものをあらゆる因習の上方に押し上げる不羈と逆説の精神、思考の深さを決してないがしろにしない非常に辛味の利いた新奇さの魅力」[34]が、サロンでは生まれていたのである。

ヘルツ夫人は、こうしたサロンでは政治的な問題にかかわるのを避けて、純粋に友情の関係と親密さの関係を構築しようとした、そして「フンボルト兄弟、両ドーナ伯爵、シュライエルマッハーが所属していたいわゆる〈道徳会〉を設立した[35]」のだった。これは「純粋に社交的なもの、個人的な親密さからくるもの[36]」だった。

このヘルツ夫人のサロンは寿命が短く、一〇年後には宝石商の娘ラーエル・レヴィーネ〈後のラーエル・ファルンハーゲン〉のサロンに人々が集うようになっていた。「彼女は、見た目は醜く、愛想というものをまったく持ち合わせないが、しかし、同時代人たちが口をそろえて言うところによれば、喩えがたい魅力と天才的な知性を内に秘めた女性であった[37]」。彼女のサロンは「一時期、全ドイツに名を知られた文学活動の中心地となったのである。君主、詩人、旅行途中の著名外国人など、さまざまな人物が彼女のサロンに足を運んだ。そこはゲーテ崇拝の生誕の地でもあり、また、青年ロマン派が〈理性〉信仰の死を看取る最終宣告を打ち出した場所でもあった[38]」。

ここに集ったのは、プロイセンのルートヴィヒ＝フェルディナンド公、外交官のゲンツ、フンボルト兄弟、クライスト、シャミッソー、ブレンターノ、ティーク兄弟など、当時のドイツの一流の名士たちだった。ヘルツ夫人が「学識によって輝き、〈有徳な〉両ドーナ伯爵のおかげで社交の場を開けるようになったとすれば、ラーエルは自分の〈無知〉を誇り、特異な怜悧さと社交の才によって有名だった[39]」。

このサロンは、一八〇六年にナポレオンとの戦いでプロイセンが敗北した際に、「人生を最高に享楽しつづけながら、船のように[40]」沈んでいったが、ユダヤ人女性としてのラーエルは、それから同化と成り上がりという苦しみに満ちた一生をすごすことになる。アレントはアウグスティヌスについての博士論文を執筆した後に、このラーエルの伝記を執筆することになる。そこには同化ユダヤ人の女性の生涯が描かれると同時に、同化ユダヤ人として生まれるという「不運」がもつ意味が追求されているのである。このアレントの『ラーエル・ファルンハーゲン』については、節を改めて考察することにする。

このユダヤ人のサロンが成立したのは、この第二世代の時代において、ドイツの貴族階級がユダヤ人の同化傾向を歓迎したためである。このサロンに貴族たちが集まってきたのだった。「短期間ではあるが、真にユダヤ人と非ユダヤ人の混合した社交界が集ったあのユダヤ人のサロンが一八世紀末に成立できたのは、事実、こうした貴族たちのおかげだった」[41]。そしてサロンを主催した女性たちは、次々と貴族と結婚したのである。そもそもこの時期に貴族たちは、ユダヤ人から借金できなくなったために、「高額の持参金をもったユダヤ人の娘を妻にすることで、この事態の変化を切り抜けた」[42]のだった。

ただしフランスではサロンを主催したのはユダヤ人ではなく、フランス人の貴族の女性だった。そのためにプロイセンでは貴族がユダヤ人のサロンを訪れたが、「フランスのユダヤ人は貴族のサロンに出かけてゆかねばならなかったという重要な相違があった」[43]。アレントがその生涯を考察したラーエル・ファルンハーゲンは、サロンを主催して多くの貴族を集めたユダヤ人女性の典型であり、プルーストの『失われた時を求めて』で描かれたスワン氏は、貴族のサロンを訪れるユダヤ人の典型である。

隠された伝統

このように、この時代の多くのユダヤ人たちは、アレント家と同じように同化の道を選んで、西洋のキリスト教の社会のうちに埋没してゆくが、アレントはこれとは別の道を選んだユダヤ人たちがいたことに注目する。同化した後に特権的な地位を占める例外ユダヤ人には、こうした知識層の例外ユダヤ人と、昔ながらの金融界の例外ユダヤ人がいるが、これらのユダヤ人はそれぞれの社会で「成り上がり者」として行動することになる。他のユダヤ人を見下しながら、社会での恵まれた地位を享受するのである。成り上がることのできなかった一般のユダヤ人は、社会のうちでは賤民(パーリア)となったのだった[44]。

パーリアも成り上がり者も、社会のうちでは孤独であるが、パーリアは「成り上がり者になれなかったという悔しさ」[45]に苛《さいな》まれる。他方では成り上がり者は、「自分の属する民族を裏切り、自分の出生を否認し、万人のための正義を捨てて個人的な特権を取ったという後ろめたさ」[46]に苦しめられる。

しかしこのように社会のうちで成り上がることを拒み、パーリアのように悔恨の念に苦しめられるのではなく、「ユダヤ人のままで人間であろう」とするユダヤ人も存在した。アレントはこうしたユダヤ人たちを「意識的なパーリア」と呼ぶ。そして彼らが「政治的な自由を享受することも、ネーションの生に完全に参加することもできないことを十分に自覚しながら、それでも同じ民族の人々から分離され、ふつうの人間の単純で自然な生活との接触を断たれながらも、ほとんど独力で純然たる想像力によって、自由と人気の高さを獲得していった[47]」ことを称えている。

アレントはこうした試みを「隠された伝統」と名づけて考察している。これが隠されているのは、すでに指摘したように同じ民族から分離されたわずかな人々が「ほとんど独力で」行なった試みだからである。これは人々の注目を集めたが、知る人にしか知られなかったのである。これが伝統であるのは、「一世紀以上にわたって、同じ条件が維持され、同じ基本的な反応を触発した[48]」からである。同じ条件のもとで、同じ反応が発生することで、社会から孤立したユダヤ人の反応の「伝統」が生まれたのだった。

アレントはこのような「意識的なパーリア」としての道を選んだ人々を、四つの典型に分類している。「不運な者」の典型としてのハイネ、「意識的なパーリア」の典型としてのラザール、「疑わしい者」の典型としてのチャップリン、「善良な人間」の典型としてのカフカである。ここでこれらの四つの典型を順に検討してみよう。アレントは時代順にこれらのパーリア像を提示しているが、ある論者が指摘するように、ハイネとチャプリンはユートピア的で逃走的で非政治的なパーリアであり、ラザールとカフカはパーリアの置かれた状況に抵抗しようとする政治的なパーリアである[49]。

ハイネ——不運な者と夢の世界の宝

ハインリヒ・ハイネは一七九七年に、ベルク公国の首都デュッセルドルフの貧しいユダヤ人商人の家に生まれた。ベルク公国は一七九五年にフランス革命軍によって占領され、一八〇六年以降はナポレオンの義弟ミュラが統治するベルク大公国となった。ハイネの一家は「革命のフランスや、革命後のナポレオンのフランスのおかげで、市民的平等権を享受することができた[50]」のだった。

ハイネはさまざまな商売の修行をして失敗したあと、大学で法律を学びながら文学を志した。一八二一年から一八二三年にかけてベルリンに滞在し、そこで第二次のサロンを開いていたラーエルのサロンに迎えられた。「このようなサロンへの入会を許されることは、ある種の個人的栄誉でもあった[51]」。ハイネはラーエルのことを「宇宙で最も心の豊かな女性[52]」と呼び、ラーエルはハイネを「繊細で、しかも一風変わったところがありました[53]」と評している。二人はごく親しい友人関係を結んだ。

ハイネはドイツの名士たちが訪れるラーエルのサロンに出入りすることで、ドイツ文化に同化しようとする傾向を示したことになるが、それは「ユダヤ主義という窮屈な絆から解放され、十九世紀初頭のドイツの幅広い文化生活に晴れて参加したいという欲求[54]」によるものだっただろう。しかし同じ時期の一八二二年にハイネは「ユダヤ人文化・学術協会」の会員となり、「ユダヤ人という〈異物〉をヨーロッパの精神生活の中に組み入れるという文化的・政治的課題[55]」に熱心に取り組んだのだった。

一八二五年、大学を卒業する直前に、ハイネはプロテスタントに改宗する。ユダヤ教になじまず、キリスト教にも批判的で、「あらゆる既成宗教の敵[56]」であったハイネにとって、これは生活の必要のための改宗であった。「洗礼証書はヨーロッパ文化への入場券である[57]」とハイネは考えていたからである。ハイネにとっては宗教ではなく、自由と人類の解放こそが重要な課題であった。「自由こそ新しい一つの宗教であり、それはまた、われわれの時代の宗教である[58]」とハイネは主張する。ハイネは宗教よりも現世における幸福と自由を願って、「新しい歌」を謳ったのである。

ハイネは「新しい歌を、／よりよい歌を、／おお、友よ、私はひとつ諸君のために作って進ぜよう！／われわれはこの地上に／天国をつくろう。／われわれはこの地上で幸福でありたい、／そしてもう一生のたれ死はしたくはない——／勤勉な手が獲得したものを／暖衣飽食の徒が御馳走になるってことはない／この下界では麺麭《パン》は／すべての人の子のために十分に出来ている、／薔薇も桃金嬢も、美も歓楽も／甘豌豆にしろおんなじことだ[59]」と歌い、「天国のことなんか／天使や雀に委しておけ[60]」と締めくくったのだった。

アレントは、ハイネの詩は民衆の心に根差すものであり、「社会から追放された状態を共有するとともに、民衆の楽しみと悲しみ、喜びと苦難を共有する。実際に、人間の世界に背を向けて、人間の世界の流行に背を向けて、大地の開かれた無制約の恵み深さへと向かう[61]」と語っている。アレントはユダヤ人はパーリアであるために、社会の中にうけいれられないことから生まれる独特な特質をそなえていると考えている。それは「パーリアしかもっていない性質、すなわち人間性、善良さ、偏見のなさ[62]」であり、自然を愛する心であり、ただたんに人間であることから与えられる喜びを愛する心である。

アレントはラーエルは「太陽、暖かさ、大地、あらゆる生き物の幸福」とともに「何も要求せず、美しい人に身を委ねる」幸福を愛したが、それは「もっとも人間的な幸福[63]」だと語っている。ハイネが歌ったのは、こうした人間であれば必ず味わうことのできるはずの「もっとも人間的な幸福」だったのである。「政治的、社会的世界の中に先祖伝来の場をもっていない人々にとって、そうしたものこそ一番大事なもの[64]」なのである。

このように失うものがない者は「不運な者」であるが、この喜びの場から眺めてみると、社会のうちに特権的な場をもっている成り上がり者こそが、反対に不運な者にみえてくる。かれらは「社会的な利益という偶像のために、自然が気前よく与えてくれるものを捨てて[65]」しまったからである。太陽の光は、王も、宮廷の前に坐る乞食も同じように照らしてくれるのであり、乞食は王よりも自由であるかもしれない[66]。

ハイネはあるものから解放されるという意味でのリバティとしての自由を軽蔑していた。「ハイネにとって自由《フリーダム》は、公正な、あるいは不公正なくびきから解放《リベレーション》されることとはほとんど何の関係もなかった[67]」。ある論者が指摘するように、「彼の喜ばしい自然な自由の概念は、まだ明確な政治的な自由の概念ではなかったが、政治的な重要性をそなえていたのである[68]」。それによってハイネは「ヨーロッパの妥協を知らぬ自由の闘士[69]」の一人となった。彼の「自由への大いなる情熱[70]」は、このパーリアの自由から生まれたものなのである。

この基本的な立場から、ハイネは同時代の文化を徹底的に批判したが、その土台となったものは、「二つの無神論的な概念[71]」であった。一つは「心霊主義」を批判するための「感覚主義」であり、もう一つはキリスト教（「初代キリスト教」）を批判するための「ギリシア主義」である。ハイネは「禁欲的で〈超精神的〉で、しかも〈陰気な〉ユダヤ的・キリスト教的な〈初代キリスト教〉[72]」を批判するために、「かつての古代異教徒がもっていた（そして、初代キリスト教徒によって排除された）官能的・ギリシア的な明るさ、美への愛、旺盛な生の享楽」(73)を理想としたのだった。

ハイネはこのような批判を展開する上で、風刺と嘲笑という手段をよく使った。たとえば自由主義者のユダヤ人政策を批判するために、次のように歌う。「そうだ、ユダヤ人にだって／完全な市民権を与えよう／法律上ほかのすべての哺乳動物と／同等の地位をやらねばならぬ。／ただ、ユダヤ人に許してならないのは／広場で踊ることだけだ」(74)。ハイネがこのようにユダヤ人と哺乳動物との「同等の地位」を歌うのは、当時ユダヤ人が国境を越えるときには、人頭税を支払わねばならず、この関税は家畜の輸入関税と同額だったことによる。たとえば一七七六年にすでに有名になっていたモーゼス・メンデルスゾーンがドレスデンに入国する際には、「ポーランド雄牛一頭分の輸入税に相当する入国税を払わねばならなかった」(75)のである。

アレントはハイネのこうした手法も、ドイツ社会で生きるユダヤ人として強いられた嘲弄癖によるものと解釈し、「アクセントをずらし、パーリアとして激しく反抗しようとする態度」(76)から生まれたものだと指摘する。ハイネはこの姿勢においてこそ、「夢の世界の支配者」(77)としてふるまうことができたのである。ハイネは、「パーリアと不運な者の民であるユダヤの民衆との連帯を放棄することを拒んだがゆえに、そしてつねに民衆の側にありつづけたがゆえに、ヨーロッパのもっとも妥協することのない自由の闘士としてありつづけたのである」(78)とアレントは指摘する。

解放時代の初期には、ユダヤ人は軽蔑され抑圧された民族であるから、「われわれが努力して初めて脱却することのできる、もしくはまったく脱却することのできない政治的判断から免れている」(79)とミラボーから期待されたのだし、「他の人々以上に〈純粋に人文化〉され、〈諸科学の建設、人類全体の文化〉のために大いに貢献する」(80)とヘルダーから期待されたのだった。

しかしハイネは啓蒙の側からのこうした「有害な」(81)期待にこたえようとするのではなく、ユダヤ人という抑圧された民族の一人であるという自覚から、「解放（少なくとも文化に関する解放）を首尾一貫して叫び続けただけではなくて、現存の国家や、受け入れられようとして受け入れられなかった市民社会からの解放の、精神的な兵士の一人となった[82]」と言えるだろう。

ラザールと「意識的なパーリア」

ベルナール・ラザールは、一八六五年にフランス南部のガール県ニームの町の中産階級のユダヤ人家庭に生まれた。ニームはローマ時代の円形闘技場などの遺跡が残る都市で、「古代ローマにさかのぼるユダヤ人コミュニティが存在する[83]」ところである。両親から宗教教育はうけず、二一歳でパリに出て文学者となる。マラルメの「火曜会」への出席を認められ、象徴主義の機関紙に批評を掲載されるようになった。

ラザールは当初はこのような文学者として、そして社会主義的な知識人として登場したが、最初から他の批評家と明確に異なっていた顕著な特徴があった。それは「ユダヤ人問題の重要性を明確に認識し、この認識を彼の生涯の核心となる事実としようとする勇気を、一貫して失なわなかったことにある[84]」。

当初は同化主義を訴え、主著『反ユダヤ主義、その歴史と原因』(一八九四年執筆)では、同化したユダヤ人(彼はそれをイスラエリットと呼ぶ)と「隣人をくいものにして自分の利益をはかる」ユダヤ人はまったく別のものだと主張し、社会への同化を訴えた。この書物の結論部分でラザールは、「既存宗教のなかでもっとも古いこの宗教が、どうやらもっとも早く消滅することになるらしい[85]」と語り、一八九三年の論考では、反ユダヤ主義を免れるためには、「消滅すること、国民という大海のなかに紛れて消えてしまうこと」しかないと、同化の必要性を主張するのである[86]。

しかしドレフュス派としてドレフュス論争に参加するうちに、ユダヤ人としての自覚が強まり、同化の意味を否定するようになる。同化はユダヤ人のユダヤ人らしさを失わせてしまうからである。そしてこの論争によって、「ユダヤ人問題の唯一の解決策は、シオニズムにある[87]」という結論に到達したが、彼のシオニズムは「顕著な社会革命的な性格をおびた[88]」ものだった。

アレントはラザールを「意識的なパーリア[89]」と呼ぶ。それはラザールが、「ユダヤ人は意識的な反逆者として、ヨーロッパのすべての被抑圧者の国民的、社会的な自由のための闘いと連帯しながら、自らの自由のための闘いを行なうような被抑圧民族の代表者とならねばならない[90]」と考えたからである。
ラザールの生涯を紹介したシャルル・ペギーもラザールについて「彼は自由を習慣そのものとした人物だった。彼の自由は皮膚にも、骨髄にも、血にも、そして背骨にもあった[91]」と追憶している。

やがてラザールはシオニズム運動があまりに「ユダヤ人を無知な子供扱いしている[92]」という理由で、この運動から撤退するが、ほんとうの理由は、シオニズム運動が目的を達したときには、「ユダヤ〈民族〉の〈国民〉化[93]」が避けられず、ナショナリズムに基づいた新たな国家を一つ追加することにしかならないという批判が根底にあったからだろう。こうしてラザールはパレスチナにユダヤ国家を建設することを目指さない「ディアスポラのシオニスト[94]」とでも呼ぶべき存在となる。そしてこのシオニズム批判の姿勢を、やがてアレントも受け継ぐことになるのである。

ラザールはみずからを「パーリア」にすぎないと定義した。「わたしはユダヤ人だが、ユダヤ民族については何も知らない。だからわたしはパーリアであり、わたしはみずからの品位と人格をどのような要素から構築すべきかを知らない。わたしは自分が誰なのか、なぜ憎まれるのか、わたしが誰になりうるのかを、学ばねばならない[95]」と語っている。

アレントはこうした姿勢は「反逆者」であろうとすることから必然的に生まれるものと考える。「反逆者たらんとしないパーリアは誰であれ、自分自身の抑圧状態とともに、そこに含まれている人類への冒瀆にたいしても責任の一端を担う[96]」ことになることが洞察されたからである。

ラザールは、ユダヤ人は西洋の社会において、現実的に賤民としてのパーリアの地位に置かれていることを指摘した。ただしユダヤ人たちはまだ無意識的なパーリアであるにすぎない。西洋の社会がユダヤ人を「解放」したらどうなるだろうか。「無意識的なパーリアが意識的なパーリアになるだけだ[97]」とラザールは指摘する。ユダヤ人は西洋の社会では意識的なパーリアとして生きるしかないのである。

アレントは「意識的なパーリア」という概念を、「ユダヤ民族の政治的状態という基本的な事実からある新しい政治的なカテゴリー[98]」を作りだそうとした試みと考えて、ラザールを高く評価する。アレントもまた、この意識的なパーリアであろうとしたのである。

チャップリンと「疑わしい者」

アレントは、一八八九年生まれのチャップリンはユダヤ人ではないかもしれないが、その映画において「ユダヤ人のパーリアのメンタリティから生まれた性格を芸術的な形で体現している」[99]と高く評価し、パーリアの一つの類型としてあげている。この類型は「疑わしい者」[100]である。チャップリンの演じる人物は社会からうさんくさい人物とみなされる。そして「疑わしいという理由で、彼は自分のやっていないことのために苦しまねばならない」[101]のである。

ハイネの「不運な者」と同じようにこの人物は、罪を問われている事柄では無辜なのである。しかしこの人物はそれなりに知られずに罪を犯していて、しかも巧みに法から逃れる術を知っているのである。そのため他者からは厚かましくみえる。これは「ビクビクした厚かましさ」[102]なのであり、「ユダヤの民話によく見られるような、世界の身分秩序を認めない貧しく平凡なユダヤ人の厚かましさ」[103]である。

アレントはこの厚かましさがもはや通用しなくなるような運命に直面したときに、チャップリンは人気を失うことを指摘する。「苦境にあえぐ平凡な男の無垢な狡猾さ」[104]や、個人的な逃げ道がもはや通用しなくなると、その民衆性は失われるのである。

カフカと「善良な人間」

一八八三年生まれのカフカは、オーストリア＝ハンガリー帝国で労働者の保障をめぐる仕事につき、東欧ユダヤ人の友人たちに「滞在許可をとりつけるために奔走していた」[105]。そこで、帝国の官僚制度とユダヤ人の苦しみを熟知しており、『城』などの作品で、ユダヤ人の置かれた状況を描きだしている、とアレントは評価する。この作品の主人公Kはよそ者であり「民衆の側にも支配者の側にも属していない」[106]曖昧な状況に置かれている。

Kは完全な同化を望んでいるが、城はそれを認めない。そして城は「うわべだけ民衆に属していながら、実際には支配者側に加担するか、それとも支配者の有力な庇護を完全に断念して民衆の側にかけてみるか[107]」の二者択一を迫るのである。アレントは「同化しようとするユダヤ人のかかえる問題全体を圧縮して示すのに、この二者択一に示されたイメージほど的確なものはない[108]」と称賛する。

カフカはこの小説ではユダヤ性をまったく示していない。しかしアレントはこの小説が同化のもたらす問題、「住家、仕事、家族、市民権といった人間の権利のほかには何も実際に望んでいないユダヤ人[109]」が直面する問題を「〈理想的な〉状況[110]」のもとで描きだすためには、このような抽象化をする必要があったのだと考えている。そのことによって「ユダヤ人的な問題状況という枠を大きく越えた、新たな意義を担った人間を活写する[111]」ことができるようになったのである。

アレントは一九世紀のパーリアたちには、自分たちのリアリティが奪われていることに対処するために、二つの道があったことを指摘している。第一の道はパーリアたちが集まって、社会と対立しようとすることである。ただしこれはボヘミアンの生活になるだけで、社会の現実から乖離していることに変わりはない。第二の道は、ハイネの「不運な者」のように、孤立した同化ユダヤ人たちが採用したもので、自然の美しさや芸術の力で、「いわばすべての者を照らす太陽の圧倒的なリアリティにいたる道[112]」である。

しかしカフカは、このどちらの道も拒否した。ボヘミアンの生活も、自然と芸術の道も、「社会から追放された者の避難場所[113]」にすぎないと思えたからである。こうした避難場所に隠れているかぎり、「現実的で生き生きとした意味を失う[114]」だけなのである。

アレントは、カフカの特徴は、こうした避難場所を求めるのではなく、「新しい攻撃的な思考様式[115]」を採用したことにあると考えている。カフカは、「現実的なものとは、その力が思考によって損ねられず、かえって強められるもののことだと考えた。不運な者や詩人の自由でも、疑わしい者の無辜でもなく、また自然と芸術に逃避することでもなく、思考することだけが、新しい武器なのである。カフカによると思考することは、パーリアが社会と命をかけて戦うために、生まれたときから与えられている武器なのである[116]」とアレントは指摘する。

アレントは「成り上がり者」の理想主義も、ラザールのような意識的なパーリアの理想主義も、ともに「ユートピア的なものだった[117]」と考えている。これにたいしてカフカの小説の主人公は、「率直なまでの攻撃的な姿勢で社会に立ち向かう[118]」ことを選んだのである。そして「住家、仕事、家族、市民権といった人間の権利のほかには何も実際に望んでいない[119]」ユダヤ人が、支配者と同化するのではなく、「善良さという第二の道を選んだらどうなるか、同化という美辞麗句を文字通りまじめにうけとったユダヤ人がどうなるか[120]」を描きだしたのである。

ただしアレントは、カフカの小説の主人公の選んだ道、すなわち「個人の自由と不可侵のすべての要求を放棄して、ごく慎ましくささやかな生を生きようと努力することで満足する[121]」道は、たしかにユートピア的なものではないかもしれないが、「現在の社会の枠組みでは不可能なもの[122]」であることを指摘する。Kはそれに耐えられず、衰弱して死んでしまう。衰弱死を避けるためには、「ある民族のなかで、人々のなかにいる一人の人間として生きる[123]」必要があるからである。

アレントはこのことに、ユダヤ民族の重要な欠陥と課題をみいだしている。ユダヤ民族がヨーロッパで「政治的な責任をみずから引きうけ、ユダヤ人としての権利を闘いとり[124]」、他の民族に働きかけ、ともに責任を負って世界を構築していくのでなければ、ユダヤ民族はこの衰弱死を避けることはできないだろう。「他の民族と協調する民族だけが、われわれみんなが住まうこの大地の上に、われわれみんなが共同して作りあげ管理してゆく人間世界をうち建てることに寄与することができるのである[125]」。これがパーリアの諸類型を検討した後のアレントの結論である。

このようにアレントはパーリアの類型を展開しながら、社会におけるユダヤ人のさまざまなありかたを検討した。アレントが意識的なパーリアであるラザールにいちばん近かったのはたしかである。「パーリア」や「賤民」という自らを傷つけるような言葉をアレントがあえて選びとったのも、この立場に立ちつづけるという意志のゆえだろう。アレントは後に同じユダヤ人であり、アレントの前で誇り高きパーリアであることを、そのふるまいにおいて示してきたブルーメンフェルトに、「わたしたちは少なくとも、栄誉あるパーリアでありつづけることを望むことにしましょう[126]」と書き送っているのである。

第五節　『ラーエル・ファルンハーゲン』

執筆の動機

アレントが『ラーエル・ファルンハーゲン』を執筆した動機は、みずからのユダヤ人女性という特別なアイデンティティの意味を考察することにあった。アレントによると、この書物が目指しているのは、「周囲の世界の精神的・社会的な生活へ同化することが、具体的にどのように個人の生活史においてなしとげられ、個人の運命になったのかという同化の問題のひとつの側面」(1)を描くことだった。そしてそれはアレントにとっては、「彼女の曾祖母」(2)の実存の歴史を描くことであり、ユダヤ人女性としてのアレント自身の実存のありかを描くことだった。

ヤスパースとの論争

アレントはヤスパースとのあいだでラーエルについて二度にわたって議論している。アレントは一九三〇年に、ヤスパースにラーエルについての講演の原稿を送ったらしく、ヤスパースはその感想として、「〈ユダヤ的存在〉というものが、あなたによって実存哲学風に客観化されている。しかしそうすることで実存哲学的な思考はまったく根こぎにされてしまうのではないか」(3)と疑問を呈している。

ヤスパースは実存の哲学者であるから、人間の実存についての問いかけを重視する。しかしすでに考察してきたように、アレントにとって人間の実存という見地からは、「わたしは誰であるか」という問いかけに答えることはできない。わたしが「人間」として実存するということからは、アレントの一生について何ごとも明らかにならない。「わたしはユダヤ人の女性である」という運命性においてでしか、アレントは自分の生涯について語ることができないのである。

だからアレントはその返信において、ラーエルの生涯について考察するのは、ラーエルの実存をユダヤ人性として根拠づけるという実存哲学的な試みを目指しているわけではないと、次のように説明している。「ユダヤ人であるという地盤に実存のある種の可能性が育ちうることを示そうとして、それを当面のところ仮に運命性と呼んでおきました。この運命性は、まさに根無し草であるという事実から生じ、ユダヤ性からの離脱においてのみ現われるのです[4]」。

アレントにとって問題だったのは、ユダヤ性というカテゴリーを構築することでも、このカテゴリーによって自己の実存を解明することでもなく、同化ユダヤ人という自己の実存を歴史的に客観化してみることだった。ヤスパースが「客観化されている」と非難されたことについて、アレントはこの書物で実存を客観化したことを認めている。アレントは「ラーエルの場合、わたしが彼女を客観化することの根底にはすでに一つの自己客観化があって、それは省察的、つまりあとから顧みての客観化ではなくて、はじめから彼女にある独特な〈体験〉様式、彼女の経験の様式なのです[5]」と答えているのである。

アレントが『ラーエル・ファルンハーゲン』で試みるのは、人間の実存について考察する実存哲学の営みではない。一つの生きかたを説明すること、理解することであり、「例をつうじて説明する[6]」ことが目的なのである。「だからこそわたしは伝記を書こうとしているのです[7]」と。

このやりとりが行なわれたのは、まだアレントの『ラーエル・ファルンハーゲン』が出版される前のことである。『ラーエル・ファルンハーゲン』が出版された後にヤスパースはふたたびアレントと、この問題について話し合う。ヤスパースはまずこの伝記の意味、すなわち「例をつうじて説明する」ことが成功していることを祝福する。「この仕事は、あなたがユダヤ人的存在の根本問題と対決したものであって、ラーエルの現実を導きの糸としつつ、あなた自身の解決と解放をめざしているようにわたしには思えます[8]」と。

しかしヤスパースは同時に、アレントがラーエルをユダヤ人の女性としてしかみていないことを批判する。「ラーエルをユダヤ人問題の視点からだけ見ずに、ラーエル自身の意図と彼女の現実に寄り添い、その人生にユダヤ人問題が大きな役割を演じはしたが、けっしてそれだけではなかった人間として[9]」描くべきだと考えるのである。ヤスパースは、みずからユダヤ人の女性を妻としながらも、ラーエルが経験していた問題も、アレントが経験していた問題も、その運命性と現実性をうまく理解できなかったようである[10]。

そしてヤスパースは、この書物ではラーエルの苦しみと魂の深みが描かれてはいるが、「その本質においてユダヤ人であるのではなく、ユダヤ人としてこの世では通っている人間、そしてそれゆえに最悪のことを経験しもするが、それは何もユダヤ人だけにふりかかるわけではない、そうした人間自身の核心から語らせてはいない[11]」と批判するのである。さらに「あなたの本は、人間はユダヤ人としてはほんらい、ちゃんと生きることはできないのだと言われている気分にさせかねない[12]」と指摘する。

これは実存哲学者としてはまっとうな批判だろう。しかしアレントにとっての問題は実存哲学ではなく、ユダヤ人女性としてのみずからの運命的な実存そのものである。だからアレントは、その返信で、「人間はユダヤ人としては、ほんらいちゃんと生きることはできないのだといわれている気分」にさせられるというのは、「完全に正しいのです。そしてこのことがもちろん核心なのです[13]」とやり返す。

ラーエルの経験

ラーエルが経験したのは、啓蒙の時代に第一世代の同化ユダヤ人として、社会のうちに入り込むことがいかに困難であったかということだった。ラーエルはユダヤ人の娘としては、みずからの力で「同化をはたさなければならなかった[14]」のである。後の世代の人々ならば労せずしてできたことを、自覚的にやらなければならなかった。

アレントの世代ではすでにユダヤ人は同化していて、社会のうちに入り込むことに問題はなかった。しかし同化したユダヤ人であっても、すでに「隠された伝統」の文章を手がかりに考察したように、成り上がり者になるのではなく、さまざまな意識的なパーリアとして生きることを選ぶこともできたのである。アレントがこの書物を執筆したのは、このような社会の内部でのユダヤ人としてのさまざまな生き方の可能性を考察することで、自分の生き方を決める手掛りをみつけるためだったと言えるだろう。

アレントは、同化したはずのラーエルが死の直前になっても、ユダヤ人の女性として生きたことをまったく後悔していないこと、「人生のあれほど長い間にわたって、わたしにとって最大の恥辱であり、最もつらい悲しみと不幸であったこと、すなわちユダヤ人女性に生まれたことを、今では何にも替えがたいものと思うのです[15]」と語っていることに注目する。同化するということは、結局は成り上がり者になること、そして反ユダヤ主義を容認することである。「同化が可能だったのは、反ユダヤ主義に同化しただけだった[16]」のは事実だからである。

アレントはラーエルが「パーリアと成り上がり者の中間に立っている[17]」からこそ、興味を惹かれたのだと語っている。「マイナスのユダヤ性[18]」としての「成り上がり者根性をたえずパーリアの基準をもって測り、それを正すこと[19]」、それがラーエルのしていたこと、しようとしていたことだと考えるのである。それではその具体的な内容を検討してみよう。

ラーエルの条件

第一節で考察してきたように、この時代のドイツでユダヤ人がゲットーを出て、社会にうけいれられるためには、「例外ユダヤ人」となる必要があった。例外ユダヤ人には金融ユダヤ人と知識層の二種類があった。この二つは対照的な類型であり、「裕福な者は教養がなく、教養のある者は裕福でなかった[20]」。ラーエルは富裕な宝石商の娘であり、「生涯〈第一級の無知〉のままであった[21]」。そして彼女はユダヤ人であることから抜けだすべく努力していたのである。そしてその当時、「社会に通じる個人的な出口をみつけることは、まったく不可能なわけではなく、ただ困難とされていただけである[22]」。

ラーエルは美人ではなかったし、教養もなかった。それでも社会に出るには、何が残されていただろうか。当時の啓蒙の理念であったレッシングのいう「自立的な思考」を営むことである。「思考は、対象やその実在性から人間を解放し、思考しうるものだけの空間、経験と知識がなくても理性をもつすべての人が近づくことのできる世界を形作る[23]」ことができるのである。これが「教養ある無知[24]」の土台となる。

この思考は「思考しうるものだけの空間」に閉じこもるのであるから、その思考が思考するものはごく限られることになる。「思考が自己自身に還帰し、自分の心を唯一の対象とするなら、すなわち内省になるなら、それが理性的であるかぎり、いずれにせよ際限のない力を振るう。それは思考が世界から孤立し、世界にたいして無関心であり、唯一の〈興味ある対象〉、すなわち自己の内面を守ることによってである[25]」。これによって思考は「現実の力を失わせる[26]」ことができるようになるのである。

現実の力をなくすこの内省からは、現実から離れた嘘が作りだされる。「事実など、わたしにとってどうでもよいことです[27]」とラーエルは言い放つ。「嘘は内省の残したものを継承し、まとめ、内省によって獲得された自由を実現する[28]」のである。

この内省によって生まれるのが、その個人に特有の「人格」である。この人格は対話の場で発揮される。二人だけの閉じた対話の場で、各人は自己の人格のありかたを明白に示す。ラーエルは人々との対話のうちで、「人格の魔術[29]」を発揮して、人々を魅惑したのである。この「会話の無限定さ、すなわち人格の魅惑のなかでは、内省や純粋に自立的な思考と同様に、リアリティは締めだされている[30]」のだった。そして「誰かれの見境なく、彼女はすべての人を魅了しようとした[31]」のだった。

ラーエルは無知だったが、それゆえの機知があった。「彼女はどの言葉が同じ種類のものであり、どの言葉がそうでないか気づいていなかった。しかし、本当に独創的であり、慣用的な表現によって物事をあやふやにしなかった[32]」。逆に「機知のうちで、離れているものを集め、もっとも密接に結びついているもののなかに結びつきの欠如をみいだすことができた[33]」。これによって若きラーエルはゲーテから注目されるまでになったのである。

ラーエルのサロン

ラーエルが屋根裏部屋で主催していたサロンは、まさに彼女がこの内省と人格による魅惑と機知を発揮できる場だった。「サロンは、会話において自分自身を表現することを学んだ人々の会合場所であった[34]」。しかしこのサロンはラーエルにとっては両義的な意味をもった。ラーエルはサロンのために伯爵夫人になりそこなうのである。

当時は女性にとっては、貴族と結婚することが、成り上がるための最高の方法であった。すでに確認したように、貴族たちは持参金のあるユダヤ人の女性と結婚することで、財政難を逃れていたからである。そしてラーエルは、劇場でカール・フォン・フィンケルシュタイン伯爵をみかけて恋に落ち、すぐに二人は婚約する。しかしサロンにやってくると、フィンケルシュタインは「伯爵であることをやめ、内容のなさを暴露した[35]」のだった。持参金のないラーエルは、フィンケルシュタインに貴族であることではなく、「ひとかどの人間である[36]」ことだけを求めた。サロンでは人格の価値しか通用しなかったのである。この結婚が成立するはずはなかった。

サロンでは、ラーエルは自分が社会から排除されていることを逆手にとったのだった。「実際、彼女は、しばらくのあいだユダヤ女性であることを自慢していた[37]」ほどだった。ある証言によると、この屋根裏部屋のサロンには、「皇子、外国の公使、あらゆる地位の学者、実業家、女優が、……同じように競ってそこにいれてもらおうとした。そこでは各人は自分自身の教養と人格によって表わすことのできる以上の価値をもたなかったが、それ以下でもなかった[38]」のである。

それではラーエルにはどんな魅力があったのだろうか。プロイセン王家のフェルディナンド皇子はラーエルのサロンを訪れる理由として、ラーエルが「道徳的な助産婦であり、やさしく痛みもなくひとに話させたので、そのことによりもっとも痛ましい考えからも、やさしい感情が引き出された[39]」と語っている。

このサロンは閉じた会話のサロンであり、多数の人々が同席するものではなかった。肩が凝った人がマッサージ室で癒されるように、心が凝った人が、サロンでラーエルと語ることで、心の凝りがほぐされるとでも言ったらよいだろうか。ラーエルには「自分というものがなかった[40]」ので、人々は彼女に自分の考えていることを語ることができ、そうすることで「やさしい感情」にたどりついたのである。

彼女のサロンには、当代のほとんどすべての知識人が訪れた。フンボルト兄弟、フリードリヒ・シュレーゲル、ブレンターノ、フケー、ティーク、シャミッソー、ゲンツ、シュライエルマッハー、ジャン・パウルと、彼女が崇拝していたゲーテを除くと、ドイツの文学史の代表的な文人が、ほとんどみんな訪れてきたのだった。ラーエルは「いついかなるときも、自分のサロンの多様性をうまく扱い、各人にそのときどきに全体にとってふさわしいことを言わせるのが得意だった(41)」。

「成り上がり者」への道

しかしこのサロンは、わずか数年しかつづかなかった。一八〇〇年の七月に、ラーエルはパリに逃げだす。それはラーエルによると、サロンを訪れる人々、「わたしがここで愛した人がみんなわたしのことを虐待した(42)」からだという。アレントは、その「虐待」について、「誰もが彼女の示す〈見せ物〉に喜んでいた。しかし誰も、彼女が少しもぼかさずに叫ぶつもりだった真実を受け入れようとしなかった(43)」からだと説明している。「道徳的な助産婦」であることはたしかに辛いことに違いない。そしてラーエルは自分がユダヤ人の女性としてどれほど苦しい運命にあるかを人々に悟らせることができなかった。人々は「運命によって拒まれた、彼女とその真実を退けた(44)」のだった。

そして一八〇六年にナポレオンとの戦いに敗れて神聖ローマ帝国は崩壊する。「あらゆる身分の人々と一緒になり、社会的な身分なしで生活できる、社会に組み入れられていない人々にとって依然として一つのチャンスであったサロンは、一八〇六年の破局の犠牲になった(45)」のである。

サロンそのものがなくなったわけではない。しかし新たに登場したサロンは、高い身分の人々が設立した閉鎖的なサークルだった。しかも明確に反ユダヤ主義的な傾向を帯びていた。この「集まりはまったくといってよいほど愛国主義的な秘密結社の特色をそなえていたし、とくにユダヤ人のサロンの分け隔てのなさに意識的に反対し、非常に排他的であった(46)」。アルニムが設立した「キリスト教ドイツ食卓会(47)」がこうしたサークルの一つとして有名である。このサークルでは「会則によって女性、フランス人、俗物、ユダヤ人の入会は禁じられていた(48)」。

このようにプロイセンでユダヤ人の解放令が準備されている時期に、貴族のサークルでは反ユダヤ主義が台頭し始めていたのである。ラーエルは孤独になり、「社会の中に戻る道をみいだし、同化し、ほかの人々のようになろうと試みねばならなかった」[49]。そしてフィヒテの『ドイツ国民に告ぐ』に感銘をうけて、家族のもとに戻り、同化への道を進んだのだった。

一八〇八年、ラーエルはベルリンでアウグスト・ファルンハーゲンと出会い、恋に落ちる。彼はラーエルよりも一四歳も年下で、中途半端な知識人だった。彼はラーエルを崇拝した。彼は「道端の乞食」と自称し、強い好奇心をもってラーエルのすべてを知りたがった。「ラーエルは自分の人生のすべてを、何でも知りたがる好奇心そのものの男に打ち明けた。彼は、貪欲に耳を傾け、どのような細かな事柄も、聞き落とさずに自分のものにした」[50]。

ラーエルは自分のもっているものをすべて彼に与えた。彼はラーエルが書いた三〇〇〇通の手紙を所持していると、ジャン・パウルに自慢しているほどである。彼はラーエルの人生を手がかりに自分の人生を生きようとしたのであり、ラーエルは自分を崇拝する者をもつ幸福を味わった。そしてファルンハーゲンは、持参金なしの「一文なし」のラーエルと結婚したのである。

彼もまた無名な人物であったが、ラーエルは彼を出世させることで、みずからも成り上がり者の社会にはいろうとした。当時は、「ユダヤ人だけでなく市民も、依然として貴族が中心となっている社会において成り上がり者になり、自分たちの力で同じものを手にいれることができることを示すことによって、生まれながらの特権に反抗しようとした」[51]のだった。その成り上がり者の典型はゲーテだった。小説によってゲーテは一市民が「王の友人」[52]になれることを示したのである。ただしラーエルは、すでに上にいる人に引き上げられて「成り上がり者」になるのではなく、まだ下にいるファルンハーゲンを下から押し上げて、一緒に「成り上がり者」になろうとしたのである。

ファルンハーゲンは一八〇九年のオーストリアとフランスの戦争の際に、オーストリア軍に志願し、軍の上官の大佐と親しい間柄になる。そして大佐とともにパリを訪れ、そこで多くの人々と知り合い、コネを獲得した。ある伯爵の助手になり、ラーエルの助言で自分の家系を調べ、貴族の出身であることをみいだす。コネによってやがて皇帝に自分の貴族身分を承認してほしいと求めた。そして友人たちの力を借りて、そのために必要な寄付を調達し、貴族の仲間入りを遂げたのである。ラーエルはこうして成り上がり者になることに成功した。

「成り上がり」のもたらしたもの

しかし成り上がり者になって貴族たちとつきあうようになると、それまでには考えなかったような恥辱を味わうようになる。貴族たちのユダヤ人にたいする差別意識は強く、それをさまざまな機会に経験させられたのである。やがてラーエルは「自分が上にあがったことはみせかけにすぎず、パーリアはほんとうによい社会の中では、成り上がり者でしかないし、侮辱から逃れることはできないし、耐えられないような晒し者の状態からも逃れられない[53]」ことを理解したのである。

ラーエルは「成り上がり者」になることで、パーリアとしての自由な生活、パーリアであればごく自然に楽しめた「緑、子供たち、愛、音楽、天気[54]」を犠牲にしなければならないことを悟ったのだった。そしてラーエルは喪失したもののことを忘れることができなかった。それはパーリアにそなわった「人間性」を失うということであり、ラーエルはそれに耐えられなかったのである。アレントは、パーリアは「特権、生まれの良さ、身分的な高慢に基づく社会では、ほんらい人間的なもの、特殊人間的な一般性の際立つものを表わしていた[55]」と指摘する。その人間性を失うことを拒むことは、「まともな成り上がり者になること、成り上がり者としての自分が幸福であると感じること[56]」ができないということである。それがラーエルの「欠点」だった[57]。

ラーエルの生涯の願いは「ユダヤ人であることから抜けでること[58]」だった。しかしラーエルには、これは実現できないものであることが分かったのである。第一の理由は外的なものであり、他の人々がそれを許さないからである。周囲の人々はラーエルをつねにユダヤ人とみなし、ユダヤ人として扱う。どれほど同化して、貴族の夫人となろうとも、周囲の人々はラーエルをユダヤ人とみなすのである。

第二の理由は内的なものであり、ユダヤ人であることに強い恥辱を感じたからである。そして「暗い、民族の舞台裏から離れ、卑下されることを恥じ、〈遅れた状態にとどまっているユダヤ教の同胞たち〉にたいする〈啓蒙的な〉ユダヤ人の安っぽい虚栄心を軽蔑したときには[59]」ユダヤ人であることの恥辱がさらに強くなったのだった。軽蔑されるパーリアであることは恥辱を味わうことであり、成り上がり者になることも恥辱を味わうことである。どちらにしても、心の中にまるで染みのように恥辱がこびりついて、どうしても離れないのだった。

ラーエルにとっては、キリスト教に改宗することによる同化は、「罠」のようなものに思えたのだった。同化は、「ユダヤ人であることから抜けでること」ができると誘い、ユダヤ人は「二千年もの間とどまっていた穴熊の洞窟から、騙されておびきよせられた。名誉欲という毒が注入されたとき、彼らの人生は毒された[60]」のだった。パーリアとしての人間性を犠牲にして、ユダヤ性を否定したのに、周囲の人々はユダヤ人であることを忘れることはなく、侮辱し、恥辱を与えて苦しめつづける。その恥辱は、パーリアであった頃とは比較にならないほどに強いものであり、毒のようにラーエルを苦しめつづけた。

そしてキリスト教に改宗するならば、「それとともに同時代のユダヤ人憎悪も受け入れねばならなかった[61]」。それはみずからのユダヤ性を否定するだけではなく、憎むということでもあり、恥辱はさらに強まるばかりであった。だとすると、ラーエルに残されたのは叛徒になること、ユダヤ人でありつづけることしかなかった。ラーエルは成り上がり者になることには成功したものの、心の中ではパーリアでありつづけることでしか、生きようがなかったのである。

アレントはこの書物を執筆しながら、パーリアであるとはどのようなことか、成り上がり者になるということがどのような犠牲を強いるものであるかを、ラーエルの生涯をたどることで明確にしたのだった。それはみずからの同化ユダヤ人としてのアイデンティティと生き方を再検討するという意味をもっていたのだった。その意味でラーエルは、アレントにとって、「百年ほど前に亡くなってしまったけれど、わたしの真の最高の友[62]」でありつづけたのである。

第六節　アレントとパレスチナ

ドイツからの脱出

ラーエルが一時目指したような同化主義が、全体主義の時代にはまったく無効であることは、一九三三年以降のドイツでは明白なことだった。アレントは一九三三年に発表した「最初の同化」という文章を次のように書きだしている。「今日のドイツでは、ユダヤ人の同化の破産を宣告しなければならないようである。ドイツの社会の全体を反ユダヤ主義が覆っており、それは公式に法制化されて、主として同化したユダヤ人をターゲットにしている。同化ユダヤ人は、洗礼をうけることによっても、東欧のユダヤ主義と距離を置くことによっても、もはやみずからを守ることはできない(1)」。

完全に同化していたアレントは、ユダヤ人であるということだけで、生命の危険に直面したのである。この頃からアレントは、シオニストのカルト・ブルーメンフェルトから大きな影響をうけるようになった。アレントは「ブルーメンフェルトの主催で、シオニズムと反ユダヤ主義の歴史について講演するために、ドイツのあちこちの都市に旅を始めた(2)」のだった。

そしてアレントが警察に逮捕されるきっかけとなったのは、ブルーメンフェルトの依頼で、ドイツの反ユダヤ主義的な活動の展開を示す史料を収集したことだった。この事件はアレントにとっても決定的な意味をもつものであり、アレントと母親はビザなしで、スイス経由でパリに亡命することになる。

パリではアレントは、一三歳から一七歳までのユダヤ人の青少年をパレスチナに移住させる組織で働いた。それはすでに考察したように、アレントが「ユダヤ人として攻撃されたなら、ユダヤ人として自分を守らなければならない(3)」と考えたからである。アレントは人間としてではなく、ドイツ人としてでもなく、ユダヤ人として自分は何ができるかと考えて、ユダヤ人を助ける組織に入ろうと決める。「当然、シオニストの組織にです。それはうけいれ準備の整っていた唯一の組織でしたし、同化主義派の人々に加わることは意味がなかったと思います。ちなみにわたしは同化主義派とは実際にまったく関係をもちませんでした[4]」。

そしてアメリカに亡命した後も、アレントは「シオニズム運動の指導者たちへの不満にもかかわらず、移民やアメリカ人の作るシオニスト・サークルで働きたいと思った[5]」のである。やがてアレントは、アメリカに移住してきたユダヤ人たちの支援活動に重点をおいたドイツ語の新聞『アウフバオ』のコラムニストとして雇われたのだった。

この新聞に掲載されたアレントの論説は、大きく三つに分類することができる。第一がユダヤ人の軍隊の設立についての論説であり、第二がシオニズム批判であり、第三がイスラエル批判である。どれもこれからユダヤ人はどのようにして生きてゆくべきなのか、さらにパレスチナに移住したユダヤ人が、真の意味でパレスチナに住む住民として他の民族と平和に暮らせるためにはどうすべきなのか、という問題を手探りで考察する論考だった。これらの論考でアレントは、みずからユダヤ人として、いかにユダヤ人民族に貢献することができるかを模索する姿勢を示している。

ユダヤ人の軍隊

アレントは前に引用したインタビューで、シオニストの組織で働き始めた理由について、「ユダヤ人として攻撃されたなら、ユダヤ人として自分を守らなければならない」と考えたことを語っていた。ユダヤ人が軍隊を結成すべき理由も、それと同じである。アレントは『アウフバオ』に掲載された初めての本格的な論考「ユダヤ人の軍隊」（一九四一年一一月）で、「攻撃された人格においてしか、自分を防衛することはできない。ユダヤ人として攻撃された人間は、イギリス人やフランス人として自己を防衛することはできない[6]」と主張する。

もしも女性として攻撃されたならば女性として反撃すべきであり、市民として、あるいはある家の家族の一員として、反撃すべきではないということだ。ユダヤ人として追放されたのだから、ドイツ人としての権利を主張することで反論するのではなく、ユダヤ人としてのアイデンティティにおいて反撃する必要がある。ユダヤ人として、ユダヤ人の軍服を着用して反撃しなければならないのであり、イギリス人の軍服を着て反撃したのでは意味がないのである。

だからこそ「ユダヤ人として、ユダヤ人の軍服を着用して、ユダヤの軍旗のもとで、ヒトラーとの戦いに加わる[7]」ことが大切であり、パレスチナの防衛はその一環として行なわれるべきものだ、とアレントは主張する。すべての諸国のユダヤ人が支持し、参加すれば、「ユダヤ人の軍隊はユートピアではない[8]」だろうと。

ここで注目されるのは、シオニストたちの主張とは違って、アレントの目指すユダヤ人の軍隊はパレスチナの防衛だけを目的とするものではないということである。ヨーロッパはまだ戦争のさなかであり、むしろヨーロッパの戦争への参加を目指すべきなのである。そのためには「数十万の人々が自分たちの自由と民族の生存権のために武器を手にする用意がなければ[9]」ならない。

アレントはさらに次の論文「能動的な忍耐を」では、ユダヤ民族とヨーロッパの諸民族との連帯を訴える。それはユダヤ民族がパーリア民族としてヨーロッパから追放されただけでなく、ヨーロッパの他の民族も同じようにパーリアとなった、とアレントが考えるからである。「すべてのヨーロッパのネーションはパーリア民族となった。すべてのヨーロッパのネーションは、自由と平等を求める新たな戦いに進まざるをえなくなった。ユダヤ人の宿命が初めて、特別な宿命ではなくなり、ユダヤ人の戦いが初めて、ヨーロッパの自由を求める戦いと同じものとなったのである[10]」とアレントは指摘する。

アレントはラビのヒレルの言葉を引用する。「わたしがわたしのために闘うのでなければ、誰がわたしのために闘ってくれるというのか[11]」。すなわちユダヤ人はユダヤ人として、ユダヤ民族の自由のために戦わねばならない。そしてまた「わたしがわたしのためだけに闘うのであれば、わたしとはいったい誰だろうか[12]」。すなわちユダヤ人はまた自分のためだけではなく、かつて暮らしていた土地であるヨーロッパの自由のためにも闘うべきなのである。ユダヤ人の軍隊は、ユダヤ民族がヨーロッパの民族と連帯して、それぞれの自由を確立するために必要なのである。

これはかつてアレントにシオニズムを教えたブルーメンフェルトの主張を半ば批判するものとなった。彼は一九四二年の一月後半に、アメリカでユダヤ人の軍隊の必要性を主張する講演を行なったが、その講演では世界全土に散らばる無国籍者のユダヤ人に、自主的にパレスチナでユダヤ人の軍隊に参加することを求めたのだった。アレントは一九四二年一月の「最初の一歩」ではこの言葉を「理性の言葉」[13]として高く評価するものの、これはユダヤ人の軍隊の問題を、たんにパレスチナ問題としてだけ考えるものではないかと批判する。そしてユダヤ人の軍隊はパレスチナではなく、反ユダヤ主義が猛威を振るうヨーロッパでこそ、戦闘に加わるべきだと主張したのである。

たしかにパレスチナの住民にとっては、軍隊に入隊して死をうけいれることは困難なことではないだろう。それは「自分の畑と樹木、自分の住宅と工場、自分の子供たちと妻」[14]を防衛する闘いだからだ。しかし「ヨーロッパから亡命してきた無国籍のユダヤ人」[15]であるアメリカのユダヤ人移民にとっては状況は異なる。アレントはむしろ、「わたしたちはパレスチナにあっても敵から安全ではない。世界中のユダヤ人たちが自分の敵から自らを防衛する用意がなければ、パレスチナはわたしたちを助けることができない」[16]と指摘し、そのことは過去数年間の出来事が明確に示したことだと強調する。

シオニズム運動は、ヨーロッパからの脱出と、パレスチナへの移住だけを重視した。「パレスチナが、そしてパレスチナだけが、ユダヤ人問題を解決することができる」[17]というのが、昔ながらのシオニストの理念である。しかしアレントはこれでは、ヨーロッパのユダヤ人の問題も、アメリカに移住してきたユダヤ人の問題も解決できないと考えるのである。

ユダヤ軍の理念

アレントのユダヤ軍設立の理念は、たんにパレスチナを防衛することではなく、すべての民族の自由を目指す戦いに参加することにあった。アレントは一九四一年四月の「紙と現実」という文章で、シオニスト組織の幹部が実際の戦いを避けて、ユダヤ人の軍隊ではなく、アメリカ軍の武器の調達のために、資金の寄付集めをするような姑息な手段に頼っていることを強く批判した。「ユダヤ人の軍隊が紙上の軍にすぎない限り、それは世界で最高の素材であっても、たんに積み重ねられた使いようのない紙切れにすぎない。わたしたちが、最近やっとインドが手にした地位、すなわち〔枢軸側と対抗する組織としての〕ユナイテッド・ネーションズの一員として認められることに成功しないかぎり、わたしたちにはいかなる平和も訪れないだろう。この闘いで重要なのは、民族の数の多さや少なさではない。この闘いには、すべての民族の自由が賭けられているのだ。そしてユナイテッド・ネーションズの闘いは、すべての民族のうちのパーリアとともに同じテーブルにつき、彼らを前線に派遣する用意がない限りは、不完全なものにとどまるだろう(18)」。

シオニスト組織は、結局はユダヤ人の軍隊の構想を放棄する。それが明確になったのが「世界シオニズム連合」が一九四二年五月六日から一一日にかけて、ビルトモア・ホテルで開催したビルトモア大会の議決であった。この大会は、「ニューヨークの主要なシオニスト団体を代表するおよそ六百人の代議員の会合で、とりわけ運動の目標を討論し再定式化するために集まった(19)」ものだった。この大会の綱領は、「バルフォア宣言と委任統治の〈本来の目的〉の実現を求め(20)」るものであり、「この大会では、勝利に続くであろう新しい世界秩序は、ユダヤ人が故郷を持たないという問題が完全に解決されない限り、平和、正義、平等の基礎の上に確立されえないことが宣言(21)」された。

このように、ユダヤ人の迫害がヨーロッパで激しくなっているのに、この大会では迫害されているユダヤ人を救済することではなく、「ユダヤ人が故郷を持」つこと、すなわちパレスチナ共同体の設立を、次の目標として宣言したのである。このパレスチナ共同体では、多数派のアラブ人には少数民族としての権利しか認められないとされていた。そして「〈いわゆるユダヤ人の軍隊〉なるもの(22)」に関しては、「パレスチナのユダヤ人は、独自の旗の下に戦うユダヤ人軍事部隊によって、戦争努力と国土の防衛とに彼らの完全な役割を担う権利の承認を要求(23)」するだけだったのである。

アレントはこの大会の決定を批判した文章「いわゆるユダヤ人の軍隊」で、ユダヤ人の軍隊によってヨーロッパのユダヤ人を救済することを訴える。もしもユダヤ人の軍隊があれば、ドイツと交戦してドイツ兵を捕虜にして「ワルシャワのゲットーの生活状況を改善するための交渉の手段とすることを、期待できるだろう。少なくとも抹殺と逃走の法を、闘争の法に代えるように試みることはできるだろう」[24]。ユダヤ人が正規の軍隊を作ってヨーロッパで戦闘に参加することができれば、ナチスとの交渉のきっかけが得られたはずだと考えていたアレントは、この大会の決定によって、「ユダヤ人の軍隊の埋葬が公式的に行なわれた」[25]と断言した。

アレントはこの問題こそが、すなわち「ユダヤ軍の創設こそが、ヒトラーにたいする戦争で唯一重要な問題であった」[26]にもかかわらず、シオニストの政治的な都合のためにごまかされた、とシオニズムを強く批判したのである。シオニストたちは「パレスチナの威信」だけを大切にして、「ユダヤ人がユダヤ人として早い時期に、はっきりと分かる形でこの戦争に参加することは、勝利をうる以前からすでにユダヤ人をその勝利の寄生虫と呼んでいた反ユダヤ主義的スローガンを阻止する決定的な方法だったはずなのに、あきらかに彼らにそのことは考えも及ばないことだった」[27]とアレントは指摘している。

シオニズム運動の問題点

アレントは最初はシオニズム運動を支持していた。一九四一年一一月に執筆した記事「ケテルム・ケンセオー……」では、シオニスト組織だけが「唯一の現実的な政治組織」[28]であることを認め、「現代のその他の政治的な組織のように、官僚的で、妥協を模索したがり、現実からかけ離れた組織の無気力に陥りがちな傾向に抗して、ほんらいの国民的で、革命的な運動の言葉を取り戻し、こうした言葉をできるかぎり具体的な要求に作り変える必要がある」[29]と考えていたのである。

しかしシオニズム運動にはいくつもの重大な欠陥があった[30]。第一は、すでにブルーメンフェルトのユダヤ人の軍隊論やビルトモア大会の綱領に明らかにみられるように、シオニスト運動はイスラエル建国という目標を何よりも優先し、パレスチナの防衛を最高の目的とみなしていた。しかしパレスチナに住むユダヤ人だけが重要なのではないのであり、ヒトラーと戦って、まだヨーロッパで迫害されているさらに多数のユダヤ人たちを救援することが、何よりも重要だとアレントは考える。「わたしたちが武器を手にしてヒトラーと戦うのでなければ、反ユダヤ主義と闘うことはできない[31]」のである。

第二に、ユダヤ人の政治家たちは、姑息な手段によって、「小さな悪を許容する」。しかしこれは「古き大きな悪を維持し、新たな大きな悪を準備するという致命的な傾向がある[32]」とアレントは指摘する。「もっと大きな悪が訪れるのではないかという不安のために、小さな悪も善きことだと考えるようになると、ユダヤの民族は次第に悪と善を区別する能力を失ってゆく。悪に抵抗して立ち上がるのではなく、悪をうけいれることを習慣とした人々を相手にしては、それが大きな悪を避けるという口実のもとであっても、いかなる政治をすることもできない[33]」。このように小さな悪を呑み込んでゆくならば「災厄の淵のうちに落ち込む[34]」しかないのである。アレントには、「ユダヤ人の政治家は、ユダヤ民族がユダヤ人の政治に関心をもたなくするためにあらゆる努力をした[35]」としかみえないのである。

シオニズム運動の政治的欠陥

アレントは「シオニズム再考」の論文では、一九四四年一〇月のアトランティックシティで下された「パレスチナ全域を分割も削減もせずに包括する……自由で民主的なユダヤ人国家[36]」を創設するという決議によって、「修正派の計画がシオニスト全体によって認められた[37]」と指摘している。そしてこれは「シオニズム運動の歴史における転換点[38]」であると強調し、これ以降のシオニズム運動の政治的な欠陥を、次のように要約している。

第一に、パレスチナ民族がすでに居住している場所でこのような国家を設立する場合には、その国家はパレスチナの地において、新たな反ユダヤ主義を発生させることになるだろう。イスラエルは他の列強の力に依存して、アラブ国家と対立せざるをえず、「たんに大国の手先、すなわち部外の敵対的な権益の代弁者とみなされる[39]」ことになるだろう。そしてそれが新たに反ユダヤ主義を生みだすことになるだろう。シオニズム運動は民族運動であるために、「帝国主義がネーションを破壊する力であるということ、したがって弱小民族にとって帝国主義の同盟者や代理人になろうとすることは、自殺に近いという事実に気づかなかった[40]」のである。

第二に、パレスチナに「民族の郷土《ナショナル・ホームランド》[41]」ではなく国家《コモンウェルス》を建設するというこの決定によって、パレスチナの内部と外部で解決しがたい問題が発生する。パレスチナの現地では、ユダヤ人とアラブ人の闘争がさらに先鋭化するだろう。パレスチナの国外では、外国にとどまるユダヤ人とパレスチナ国内のユダヤ人の利害が、直接に一致しなくなるだろう。「われわれはパレスチナではヘブライ民族、ディアスポラの地ではユダヤ民族ということになる」[42]。

そもそもパレスチナに移住することで、「約束された土地にすでに住んでいた住民と、民族闘争を行なうようになるという危惧をまったく抱いていなかった」[43]ことは奇妙なことである。「彼らは、あたかも世界の邪悪さに煩わされることのない土地である月に逃れようとでもするかのように、パレスチナに逃れた」[44]のだった。パレスチナにいるアラブ人の住民のことをまったく考慮していなかったのは、「無邪気な無思慮さ」[45]としか言いようがないが、これは許されることではないのである。

第三に、ナチスとのあいだでユダヤ人の移送協定を締結したことは、政治的に大きな惨禍を招かざるをえない。ヨーロッパ大陸ではユダヤ人評議会が同胞の移送の手続きをして汚名を残したが、パレスチナのシオニストたちもこの責任から免れることはできない。これは「パレスチナ・ユダヤ人の貴族階級の多くの政治的失敗のなかの際立った一例」[46]であるとアレントは指摘する。「シオニスト機構は、ユダヤ民族の自然な感情とは反対に、ヒトラーと取引をすることを決め、ドイツ系ユダヤ人の富とドイツの商品を交換し、パレスチナ市場にドイツ商品をあふれさせた」[47]。これによってシオニスト組織は、「ユダヤ人の入植にしか関心がないこと、世界的な規模の民族運動の主唱者になる気がまったくないことを改めて強調することになった」[48]のである。

こうしてシオニズム運動は、最初は崇高な理想を掲げて出発した「社会革命的なユダヤ人民族運動」だったが、今や「今後友人になりうる人々や現在の隣人とも敵対する、民族主義的であるばかりでなく、排外主義的な」[49]要求をつきつける運動に成り下がったのである。

イスラエル建国批判

すでにアレントのシオニズム批判のうちに、イスラエルという国家についての批判は明確に示されている。アレントは一九四五年に発表した文章「近東における民族の相互理解――ユダヤ民族の政治の基礎」において、「わたしの隣人が承認せず、尊敬しない故郷は、故郷ではない。ユダヤ人の故郷の国は、隣人の民族が承認せず、尊敬しないならば、故郷の国ではなく、幻想にすぎず、屠殺場になるだけだ(50)」と結論している。アレントはこのことを「この簡単な事実」と語っているが、そのことに眼が開かれない人々が多かったのである。

以下ではアレントがイスラエル建国の頃に発表した論文「ユダヤ人の郷土を救うために」によって、アレントのイスラエル批判をまとめてみよう。アレントはこの論文において、ユダヤ人の「国民国家」ではなく「郷土《ホームランド》」を建設することは、ユダヤ人にとっての長年の夢であることを認める。「ユダヤ人の郷土《ホームランド》の建設が今世紀のユダヤ人のもっとも重要な、ことによると唯一本物の成果になるだろう。そしてユダヤ人でありつづけたいと望む者であれば、最終的にだれひとりとして、パレスチナにおける出来事から超然としてはいられないだろう(51)」と、つねづね考えていたと語るのである。

しかし一九四八年五月一四日のイスラエルの建国宣言と、その翌日から始まった第一次中東戦争の様子を見守るアレントには、状況はきわめて差し迫ったものと思われた。それはイスラエルのユダヤ人たちが、それまでの意見の差異をほとんど解消して、全員が同じような意見をもち始めたためである。

この統一的な意見によると、ユダヤ人国家は必要であり、アメリカはユダヤ民族を裏切ったのであり、イルグンやシュテルンなどのグループの「テロルによる恐怖の支配は多少なりとも正当化される(52)」のであるとされる。そしてベングリオンたちはユダヤ民族の真の政治家であるとされた。

この合意が暗黙のうちに語っているのは、第一に、イスラエル国家の建国の機会は今しかないという緊急性の強調であり、第二にアラブ人は敵であり、軍事的な方法によるしか解決することができないという徹底的なアラブ人の敵視であり、第三に建国の目的のためには、悪も許されるというマキアヴェリズムと、そのためにテロルを行使する政治家を許容しようとする姿勢である。

アレントはそれまで分裂していた政党が合併されて、野党と呼べるものが存在しなくなったこと、このように世論が急に全員一致のようになってきたことに危惧を抱く。「全員一致の世論は、異なる人々をまるごと排除しがちである。というのも、大衆の全員一致は同意《アグリーメント》の結果ではなく、狂信的な排外主義とヒステリーの表われだからである。全員一致は同意とは対照的に、特定の定義の明確な目標にとどまらず、関連するあらゆる争点に伝染病のように広まっていく[53]」からだ。

アレントは第一点として指摘された緊急性について、パレスチナに住むユダヤ人たちが、「いまこそ、すべてを手に入れるか、それともいっさいを失うかというときが到来した[54]」という切迫感を抱き始めたことを指摘している。これまでユダヤ人は民族として生き延びることをひたすら求めてきたのに、今や唐突に「いかなる犠牲を払ってでも闘う」ことが重要だとみなすようになり、「〈破滅〉は政治の賢明な方法であると感じている[55]」かのようである。

ユダヤ人が突然こう考えるようになった背景には、シオニズムの昔からの信念がある。シオニストはさまざまな民族の存在を想定しない。ユダヤ人と、ユダヤ人以外の民しか考えないのである。シオニズムの伝統的な感情によると、「あらゆる異教徒は反ユダヤ主義であり、あらゆる人が、あらゆるものが、ユダヤ人を嫌っている[56]」とされている。シオニズムの創始者である「ヘルツルの言葉でいうなら、世界は恥を知る反ユダヤ主義者と恥知らずの反ユダヤ主義者に分けることができる[57]」が、どちらにしても反ユダヤ主義者であることに変わりはないのである。

アレントが指摘するように、このようなユダヤ人と異教徒の二分法は、「あからさまな人種差別主義的ショーヴィニズムであり、人間をユダヤ人と、敵に分類される他のあらゆる民族に分類することは、他の〈支配人種〉の理論と同じである[58]」としか言いようがないのである。シオニズムの理論がイスラエルの建国に災いをもたらしているのである[59]。

そしてこの信念から、「アラブ人とユダヤ人の主張は和解不可能であり問題を解決するには軍事的決定しかない[60]」という第二の確信が大衆のあいだに生まれることになった。こうして「すべてのアラブ人はわれわれの敵[61]」であるとみなされる。そして和解が可能であると考えてそれを試みるのは「時代遅れのリベラルな連中だけ[62]」であると結論され、ベングリオンなどの右派の政治家の正当性が認められるのである。

このような見解のもとでは、テロルは耐えうる小さな悪であり、目的の実現のためには許容されるものであるという第三の確信がはびこることになる。しかし悪は、たとえそれが善のために行なわれるものであっても、悪しかもたらさないことは明らかなのである。

このような確信に基づいて、人々は今ではアメリカがユダヤ人を裏切ったと感じるようになっているが、その信念の背後には、アメリカに限らず、ユダヤ人が長年にわたって列強諸国に依存してきた歴史がある。「どこかの兄貴分《ビッグ・ブラザー》が現われてユダヤ民族に力を貸してくれて、ユダヤ民族が抱えている問題を解決し、かれらをアラブ人から守ってくれ(63)」、ユダヤ人に国家をプレゼントしてくれるという願望が控えているのである。イギリスが委任統括の方針を示した『白書』が発表され、ユダヤ人国家の建設が望めなくなるまでは、イギリスがこの兄貴分だった。その後はアメリカにこの期待がかけられ、今やソ連に兄貴分の役割をはたすことが期待されている。アメリカへの失望は、政治的な経験のないユダヤ人のこうした幻想が裏切られたことによって生まれたものであるが、そのあいだに「何十年にもわたって、ユダヤ人指導者たちはいくどとなくアラブ人との相互理解に達する機会を逃した(64)」のだった。

ユダヤ人の郷土

これらのすべての要因によって、パレスチナで戦争が勃発することになった。このままユダヤ人の郷土を作りだすという構想が失敗したならば、失われるものは大きいとアレントは警告する。第一に、「全世界のユダヤ人の大いなる望みであり、大いなる誇り(65)」であるこの計画が失敗に終わることは、「ユダヤ民族の自己解体の始まり(66)」となるかもしれない。ユダヤ人であることの意味が失われてしまうかもしれないのである。

第二に、「ユダヤ人の郷土のもっとも高尚な部分(67)」であるキブツという社会的な実験が崩壊する可能性がある。アレントはキブツについては基本的に高く評価する。キブツについては、「物質的な豊かさや搾取やブルジョワ的な生活などを軽蔑し、文化と労働をユニークな形で結びつけ、小さな共同体の中で社会的な正義を厳格に実現しようと試みており、肥沃な大地と、自分の手の仕事に愛着のこもった誇りを抱いており、個人的な所有への願望がほとんど欠如しているのは、驚くべきことだ[68]」と評価しているのである。

しかし同時にアレントは、キブツが小さな共同体の中に閉じこもっており、「ユダヤ人の政治状況にもパレスチナの政治状況にもほとんど関心をもたず、ユダヤ民族全体の運命には気づかず、実際にそれを重荷に感じることもしばしばであった[69]」ことに懸念を抱いている。そのことがユダヤ人の郷土を作り出すことにマイナスの効果を発揮しているのはたしかだろう。ただしこれによってキブツは「現代のより有害なイデオロギーに妨げられない[70]」でいたという利点もあったのである。

失われる第三のものは、ユダヤ人とアラブ人の協同の可能性である。「ヨーロッパ文明のもっとも進んだ点を具現する民族と、かつての植民地の抑圧や後進性の犠牲である民族[71]」との協同という歴史的な出来事が実現する可能性が失われるのである。これは失われるもののうちで、もっとも重要なものかもしれない。

パレスチナの幻想

このような喪失の代価として生まれてくるユダヤ人国家は、ユダヤ人の郷土とはまったく異なるものとなり、「ユダヤ人の郷土を犠牲にする[72]」ものでしかないだろう。現実のイスラエルという国民国家は、そのようなものとして成立しているのである。アレントはイスラエルを建国し防衛することが、他の諸国に住むユダヤ人の利害と対立する可能性があることを見抜いた。そして「パレスチナのユダヤ人は、結局は世界のユダヤ人という大きな塊からみずからを引き離し、孤立した形でまったく新しい民族へと発展することになるだろう[73]」と予測した。軍事国家となったイスラエルの政策が、他の諸国とそこに住むユダヤ人の利益を無視したものとなっている現状を鋭く予見した言葉である。

これを防ぐためにまだ残されていた時間においてアレントが提案することができたのは、次の五点である。これはユダヤ人の軍隊の創設を訴えることで現実の政治の世界にかかわったアレントが、政治的な提言をする最後の機会となった。

第一は、パレスチナのユダヤ人が目指す目的を、国民国家の建設ではなく、あくまでも「ユダヤ人の郷土」の建設とすることである。政治的、軍事的な戦略を優先させるのではなく、真の目的を明確に捉えなおす必要がある。第二は、第一の目的を実現するために不可欠な条件として、「パレスチナの独立は、ユダヤ人とアラブ人の協同という堅固な基礎にもとづいてのみ達成される[74]」ことを見失わないことである。

第三は、あらゆるテロリスト集団を排除することである。すでに指摘されたように「悪に抵抗するのではなく、悪をうけいれることに慣れている人々とは、それが大きな悪を防ぐという口実のもとであっても、いかなる政治をすることもできない[75]」からである。テロリストの行為を非難し、処罰することから始めなければ、「パレスチナのユダヤ民族が政治的な現実感覚を取り戻す[76]」ことはできないだろう。それはシオニストの指導部が責任能力をそなえていることを示す「唯一の妥当な証拠[77]」となるだろう。

第四は、パレスチナへの移民の人数と時間を制限しないことである。

第五は、地方自治政府を構築し、ユダヤ人とアラブ人が混在する多数の都市と田園で、評議会を結成することである。アレントはこの評議会が基本組織となり、ユダヤ人とアラブ人の協議のもとで結論された内容が、地方自治政府に反映されると考えていたはずである。それは評議会という政治体にたいするアレントの深い信頼の念からも、想定することができるだろう。アレントはこの提案をしながら、「まだ時間は残されている[78]」と、人々に根本的なやり直しを求めたのだった。

マグネスとの協力

これらの提言はたんにユートピア的なものであるわけではなかった。パレスチナの野党の代表的な指導者と言えるジューダ・マグネスから称賛されたからである。マグネスはユダヤ機関に対抗する野党イフード党を設立しており、「彼の柔軟さと誠実さとは、一九四八年には灯台のようにパレスチナの闇を貫いて輝いていた[79]」のだった。マグネスは、紛争解決のための提案を、国連と国連パレスチナ調停官のベルナドット伯爵に提出することになり、アレントはイフードの歴史の概略を示す文書を作成した。「マグネスは、国連の信託統治になった場合、イフードを交渉グループとして推薦したいと思っていた。ハンナ・アーレントもこの努力に加わり、国連事務局のパレスチナ問題担当者と面会したりした[80]」のだった。

残念なことにマグネスは一九四八年一〇月に死去する。アレントは「ジューダ・マグネス財団」を支援しながらマグネスのあとを継いで、政治的な活動家になることも試みたのだった。しかし「敵意をもった聴衆にマグネスの努力について講演してから、自分が指導者に向かないことを確信した[81]」のだった。アレントは「わたしは直接的な政治的活動をする資格がありません[82]」と告白して、指導者の地位につくことを拒んだのだった。

第七節　アイヒマン裁判

アイヒマンの悪

このようにアレントは政治活動に参加することは放棄したが、文筆面で政治的な問題を考察することは放棄しなかった。ユダヤ人の問題にかんするアレントの執筆活動においてとくに重要だったのが、イェルサレムでのアイヒマン裁判を考察した試みだろう。

第一部で検討したように、全体主義が国民を巻き込んでゆくメカニズムを分析した『全体主義の起原』が刊行されたのは一九五一年のことである。その一二年後の一九六三年には、アレントはイスラエルでのアイヒマン裁判の傍聴記録として、『イェルサレムのアイヒマン』を刊行する。この書物のサブタイトルは「悪の凡庸さについての報告」である。

このサブタイトルは大きな論争のきっかけとなった[1]。アレントはこの書物で、テロルを行使した人々を免罪し、被害者に罪を負わせようとしていると誤解されたのだった。これは考えられないような誤解であるが、アレントがナチスにおいてユダヤ人を収容所に送り込む作業の責任者であったアイヒマンについて、その悪が根源悪ではなく、凡庸なものであると語っているのもたしかである[2]。悪を凡庸なものとみなすようになったのは、アレントにどのような変化が生じたからなのだろうか。強制収容所の悪は、「このようなことがあってはならなかったのだ(3)」としか言いようのない根源悪であることは、『全体主義の起原』で詳しく示されただけに、これは大きな疑問となる。アレントは考えを変えたのだろうか(4)。

おそらくそうではないだろう。強制収容所の悪は絶対に根源的な悪である。しかしその悪は悪魔的な人々によって作りだされたものではなく、ごくふつうの凡庸な人が陥る事態によって作りだされたものかもしれないのである――わたしたちの誰でもが陥るような事態によって。そのことをこの書物を検討しながら考えてみよう。

アイヒマンの仕事

アイヒマンはこの裁判で「ナチス体制の全期間を通じて、とくに第二次世界大戦のあいだ、ユダヤ民族にたいする罪、人道にたいする罪、ならびに戦争犯罪を犯した(5)」ことで起訴された。これにたいして被告は、「ユダヤ人殺害には私は全然関係しなかった。私はユダヤ人であれ非ユダヤ人であれ一人も殺していない、そもそも人間というものを殺したことがないのだ。私はユダヤ人もしくは非ユダヤ人の殺害を命じたことはない(6)」と反論した。

ナチス体制の時代にアイヒマンの手がけた最初の仕事は、ユダヤ人を国外に移住させることだった。これはナチスの第三帝国にとっては、邪魔な貧しいユダヤ人を追放し、その代償として多額の収入を確保する方法だった。彼が手がけていたのは、ユダヤ人問題の肉体的解決、すなわち絶滅ではなく、「政治的解決」、すなわち国外への追放を実行することだった。「いかにしてユダヤ人に住むべき土地を与えるかということ以外は、ほとんど念頭に(7)」なかったのである。

一九三八年にアイヒマンはオーストリアのユダヤ人移住本部長となり、敏腕をふるった。「一八か月足らずのうちにオーストリアから一五万人近くのユダヤ人が〈清掃〉された(8)」のだった。そのための方法はアイヒマンではなく上司のハイトリッヒが考えだしたものだった。この方法とは、「ユダヤ人自治体を通してわれわれは移住を望む金持ちのユダヤ人たちから一定の金額を引きだした。彼らがこの金額を支払い、さらに外国通貨である額を支払うことによって、貧乏なユダヤ人が出国できるようになる。問題は金持ちのユダヤ人を出国させることではなく、ユダヤ人貧民をかたづけることだった」[9]と、ハイトリッヒは語っている。

アイヒマンが行なったのは、そのアイデアを実行するためのシステムを作りだすことだった。多数の書類が必要であり、しかも最後に必要な書類を入手できる頃には、最初の頃に入手した書類が期限切れになっていることが多かった。そこでアイヒマンは大蔵省、税務署の所得税係、警察、ユダヤ人自治体などの関係者を一つの場所に集めて、申請者の面前で即座に仕事を片づけさせることにした。そして「まず最初の書類をいれ、次々に書類をいれてゆくと、最後に旅券が出てくるというアセンブリー・ライン」[10]を機能させたのである。この任務においては、アイヒマンはユダヤ人たちを出国させてパレスチナに送り込んだのであり、そのことで裁かれることはなかっただろう。

しかし一九三九年に戦争が始まり、アイヒマンはベルリンに呼び戻されて、ユダヤ人移住全国本部の所長に就任する。一九四一年からはユダヤ人の国外移住が禁止され、「最終解決」に向けて進み始める。アイヒマンはユダヤ人を送り込む場所をみつけようと、最初はポーランド国内の広い地域をゲットーにする案を上司に示し、次にはマダガスカル島に送りだすことを計画し、最後にボヘミアに送りだすことを計画した。それらのすべてに失敗して、ヒトラーの「最終解決」の真意を知らされ、やがては収容所にユダヤ人を送り込む作業を担当するようになったのである。これがアイヒマンがイスラエルで裁かれるようになった理由である。

アイヒマンはこの事実を認めている。彼は「自分の組織的な才能、自分の機関で行なわれた強制移動や移送の手順は、事実上犠牲者たちの救いになっている」と一度ならず主張した。それによって彼らの運命が多少耐えやすくなっているというのである。どうせ行なわれなければならぬことなら、整然と行なわれるほうがましだ」[11]と主張したのだった。

アレントの診断

アイヒマンは、ユダヤ人が殺戮されることを承知の上で、輸送のための専門家として活動したことをみずから認めている。しかし裁判ではそのほかに、東方でのユダヤ人の殺戮にアイヒマンが責任を負っていたこと、「ユダヤ人問題にかんすることでは彼がすべての命令を発していた[12]」ことが主張された。

東方のユダヤ人殺戮に関しては第一に、一九四一年に軍の出動部隊のアインザッツグルッペンが実行した東方での虐殺に関与していたこと、第二にポーランドのゲットーから近くの〈死の収容所〉へのユダヤ人の移送に関与していたこと、第三に殺戮収容所でみずから権威を振るっていたこと、第四にゲットーにおける生活条件の決定にあずかっていたことが問題とされた。アレントは、これらのすべてのことについて、アイヒマンは「十分に知らされていたが、こうしたことすべては彼の仕事とは関係がなかった[13]」と指摘している。

アレントはアイヒマンが有罪であることは、裁判が始まる前から確定されていたことであり、これらの事実が否定されても死刑を宣告されたのはたしかだろうと考えている。それでもこうした事実が検察側によって主張されたのは、「決して人を殺したことのない、そして彼の場合にかぎっていえば、人を殺す勇気すらない大量殺人者というものを理解することができない検察側は、つねに個別的な殺害の立証を心掛けていた[14]」からだとアレントは考える。これは検察側のメンタリティの問題なのである。

判事の側にも同じような問題があった。判事たちは、多量のユダヤ人を殺害した人物が、アイヒマンのようなふつうの正常な人物であることを信じられなかったのである。「判事たちはあまりにも善良であり、おそらくはまた自分の職業のよって立つ理論をあまりにも意識しすぎていたので、精神薄弱でもなく、思想教育されたのでもなく、ひねくれた心の持ち主でもない、〈正常な〉人物が、善悪を弁別する能力をまったく欠いているなどということを容認することができなかった[15]」のである。

問題はそこにあった。判事も検事も、このような忌まわしい犯罪を犯した人間は、極悪非道な人物だと思い込んでいた。しかし目の前に登場したのは、ごくふつうの一般市民にしかみえない人物だった。しかしこのような忌わしい犯罪を犯し、しかもこのように平然とふるまっていることがありえるだろうか。そこで判事も検事も、アイヒマンはふつうの市民の仮面をかぶっているだけで、その仮面の背後に極悪なる心を秘めているのだと考えた。アイヒマンは証言においてときどき嘘をついた。そこで彼らは「アイヒマンは嘘つきだ[16]」と信じたがったのである。

しかしアレントはそうは考えなかった。すでにみてきたように、アレントは『全体主義の起原』の第三巻で、一般住民がどのようにしてファシズムのイデオロギーに取り込まれ、全体主義の主張を信じて、体制を支援するようになったのかという謎を精密に解いてきた。この裁判ではアレントは、もともとは一般住民とそれほど違わなかったアイヒマンが、そして「狂的なユダヤ人憎悪や狂信的な反ユダヤ主義の持ち主でもなく、何らかの思想教育の産物でもなかった[17]」人物が、ナチスの中間管理職として、どのようにして自分の倫理観を喪失し、善悪を弁別する能力を喪失するようになっていったかを追跡するのである。

法と良心

まず確認しておくべきことは、第三帝国が国民の大多数の支持のもとに成立した完全に合法的な国家だったということである。第三帝国の法律は、市民が遵守すべき正統な法律であった。アイヒマンはその法律を遵守したのである。「彼は法に忠実な市民だったのだ。彼が最善をつくして遂行したヒトラーの命令は、第三帝国においては、〈法としての力〉をもっていたからである[18]」。だからアイヒマンは、この裁判で裁かれているのは第三帝国という「〈国家行為〉であり、これについては他の国は裁判権をもたない。服従するのは自分の義務だった[19]」と反論できたはずなのである。

国家の法律が定める命令にしたがわないということは、犯罪者となるということである。そして法律に反することをなすべきだと良心をもって考えることは、それが国の法律に反するものであるために、きわめて困難なものであったのはたしかである。良心をもつことがただちに犯罪者になるという状態だったのである。アレントはこの事態について「良心と言えるような良心は一見したところ、ドイツから消滅したと結論するほかはない[20]」と指摘する。

もちろんヒトラーに反対していた人は必ずいたはずである。「しかし彼らの声は決して人に聞かれなかった[21]」。アレントはヤスパースや、SSに入隊を拒否して死刑になった二人の農民の少年たちの例をあげている。少年たちは「ぼくたち二人は、あのような重荷を心に負うくらいなら死んだほうがいいと思います。SS隊員がどんなことをしなければばならないのか、ぼくたちは知っています」[22]と家族に書き残したのである。

こうした人たちは「英雄でも聖人でもなかった。そして完全に沈黙していた。絶望的な行動によってこのまったく孤立した無言の分子が公然と姿をあらわしたことが一度だけある」[23]。ミュンヘン大学の学生だったショル兄妹の白バラの事件である。抵抗したのは少数者、問題にもならぬ少数者だった。当時の状況にあっては、「この少数者が存在したこと自体が奇蹟だった」[24]と言わざるをえないのである。

良心の麻痺のプロセス

だからアイヒマンが良心を失っていたとしても不思議ではないし、それだけで咎められることではないのである。アレントはアイヒマンが自分の良心を麻痺されていったプロセスと、その要因を分析している。第一の要因は、このように抗議する声が、ほかにまったく聞かれなかったことである。「アイヒマンの語ったところでは、彼の良心をなだめるための最も効果的な要因は、最終的解決に実際に反対する人には一人も、まったく一人も会わなかったという事実である」[25]。

アレントはこの沈黙について、両義的な指摘をしている。良心が破壊されていない住民は、ただ沈黙するしかなかったし、その沈黙は貴重なものだったのはたしかである。いかなる組織もないところで、反対の声をあげるのは、絶望の結果でしかなく、「こうした〈反対〉は事実としてまったく〈無意味〉[26]」だったからである。だから第三帝国でナチスらしく振る舞わない唯一の方法は、まったく表《おもて》に現われないこと、「公的生活への有意味な参加を取り消すこと」[27]だった。これは当時、「国内亡命」と呼ばれた。

しかしこの国内亡命という語は「盲目的に信じる大衆の中で、自分の国民のあいだで、あたかものけ者であるかのように生きていた」[28]者だけに認められるべきものである。このような者の数は、「抵抗運動の戦士たちのあいだですら取るに足らぬものだった」[29]。それなのに、やがてはこの語が冗談のように使われて、犯罪者が自己を弁護するためにまで使われるようになった。そして誰もが「自分自身のしていることに〈内心では反対〉していた」[30]と主張したのである。

第二の要因は、このような周囲の沈黙だけではなく、尊敬すべき「上流社会」の人々が、ナチスを称賛する声をあげていたことである。アイヒマンの周囲は、「最高の理想、民族共同体という理想[31]」と声高に語るインテリで満ちていたのである。判決ではアイヒマンが良心の声に耳を塞いだと語られているが、その必要はなかった。「彼に良心がなかったからではなく、彼の良心は、〈尊敬すべき声〉で、彼の周囲の尊敬すべき上流社会の声で語っていたからである[32]」。

第三の要因は、アイヒマンみずからがユダヤ人の殺害に手を汚す必要はまったくなかったことである。ユダヤ人評議会がそのために手を貸したのである。この指摘はアレントのこの書物を激しい論争に渦に巻き込む結果となった。ユダヤ人評議会のユダヤ人役員は、ヨーロッパのいたるところで、「名簿と財産目録を作成し、移送と絶滅の費用を移送させる者から徴収し、空き家となった住居を見張り、ユダヤ人を捕らえて列車の乗せるのを手伝う警察力を提供するという仕事を任されており、そうして一番最後に、最終的な没収のためにユダヤ人自治体の財産をきちんと引き渡した[33]」のである。

アイヒマンは移送されるユダヤ人を選別したと告訴されていたが、選別したのはユダヤ人評議会だった。ハンガリーのユダヤ人評議会のカストナー博士は、「四七万六〇〇〇人を犠牲にし、正確に一六八四人を救った[34]」のだった。そして救われたのは共同体の役員、「最高の名士[35]」たちだった。「犠牲者自身が協力しないかぎり、数千人ばかりの人手で、しかもその大部分は事務室で働いているというのに、何十万人もの他の民族を抹殺するのは不可能だったのは間違いない[36]」と言わざるをえない。

第四の要因は「戦争という事実そのもの[37]」だった。アイヒマンは「死者がそこらじゅうに見られるときには、個人的な態度が変わる[38]」ものだと語っていた。各人が自分の死を無関心な態度で見るようになると、他人の生死など、どうでもよいものとなるものだというのである。みずからの生命に無関心になると、他者の生を奪うことに罪悪感はなくなるというのだ。

第五の要因は、ヒトラーが「殺害」という語の代わりに、「慈悲をもって死なせる」という語を使ったことである。アレントはこの「言葉が用いられているこのヒトラーの最初の戦時命令以上に、殺し屋どものメンタリティに決定的な効果を及ぼしたものは一つもない(39)」と指摘している。「許すべかからざる罪は、人々を殺すことではなく、不必要な苦しみを与えることだという考え方(40)」は、アイヒマンの頭に染みついていたという。アレントは、ユダヤ人たちがガス室で殺害されるようになって、死刑の執行者たちはほっとしたに違いないと考えている。それまでは「安楽死の恩恵は真のドイツ人のみに与えられる(41)」特典だと明記されていて、ユダヤ人には使えなかったからである。これが使われることは、ユダヤ人を安楽に死なせること、「不必要な苦しみを与える」ことなしに死なせることだからである。

第六の、そして最後の決定的な要因は、アイヒマンは自分が義務を遂行していると信じることができたことである。そして驚いたことに、アイヒマンはカントの定言命法を引用して、自分の道徳性を弁護したのである。アイヒマンはカントの定言命法を「私の意志の格律はつねに普遍的な法の格律となりうるようなものでなければならない(42)」とほぼ正しく引用したのだった。

ただしアイヒマンは「最終解決」の時代にはこれをそのまま実行することはできなかった。アイヒマンも、当時は「国家によって犯罪が合法化された時代(43)」と認めていたので、もはや「普遍的な法の格律」と語ることはできず、これを「汝の行動の原則が立法者の、もしくは国法の原則と同一であるかのごとく行動せよ(44)」と言い換えたのである。これは総統《フューラー》の意志するように行動せよといういわゆる「第三帝国の定言命法」であった。

アイヒマンの定言命法

カントはすべての人はみずからに道徳法則を定める者であるべきであり、実践理性によって導かれるべきだと考えていたが、アイヒマンは実践理性の代わりに、総統の意志をもってきたのである。アイヒマンはこの定言命法に忠実にしたがっていたのであり、それは彼の義務を果たすことだった。ある論者が指摘するように「アイヒマンの問題は、というよりもアイヒマンの問題を考えるわたしたちの問題は、アイヒマンがあまりに正しく規則にしたがって判断したことから生まれる[45]」のである。アイヒマンは二度、この義務に違反したという。ユダヤ人である従兄弟と、伯父がとりなしたユダヤ人夫婦を助けたのである。そしてこれは彼の義務に反することだったので、彼は良心に反することをしたと自らを咎め、そして上官に「罪を告白した[46]」という。例外を作ったことは、彼の義務に反する行為であり、良心が咎めたのである。

アレントは、ドイツの法律が犯罪行為を命じていた以上、カントの定言命法がこのような形で使われうるものであることを認めている。これはある意味でカントの形式的な定言命法の欠陥なのである。もちろんカントの定言命法をきちんと吟味すれば、アイヒマンの行動は擁護できないことは明らかである。「上司の命令や意志にしたがって人を殺せ」という命題を普遍的な格律にしたならば、人類が滅びる可能性があるからである。しかし形式的な命法には、その内容を吟味すること、そして自己のうちのもう一人の自己と対話をすることを禁じてしまうという性格があるのもたしかである。

アレントはこれは第三帝国の法律のもたらした〈悪〉の異例な性格であると考えている。「ヒトラーの国の法律は、良心の声がすべての人間に〈汝殺すべし〉と語りかけることを要求した[47]」のだった。多くの人は「殺したくない」と考えていたに違いない。しかし良心が「殺すべし」と語るのであれば、殺さないことは悪である。殺すことが善なのだ。良心に逆らう心は、殺すなと命じる。しかし良心はそれは悪であると語る。

アレントは、「第三帝国における悪は、誘惑するという特性を失っている。しかし人間が悪を識別するのは、それが良心の声に逆らって誘惑するものであることによってである[48]」ことを指摘している。これは逆説的な事態である。人々は、「殺すな」と語りかける自然の声の誘惑に逆らって、良心にしたがって悪をなしたのだった。人々はそれまで道徳律にしたがって、「いかにして誘惑に抵抗するかということを学んでいたのである[49]」。ところが第三帝国では、嫌々ながら道徳律にしたがって善と思われるものを実行し、他人を殺しつづけたのである。

小物理論

このように国の法律が悪をなすことを命じる状況では、アイヒマンは自分は大きな組織の一つの歯車にすぎないと主張することができたのだった。歯車は組織に抵抗することができない。「自分はつねに命令にしたがっただけ[50]」であり、罪は命令をだした上司と組織にあり、歯車にはないというものである。これは言い逃れにすぎないが、多くの戦争犯罪の裁判で提起される主張だったことに違いはない。

アウシュヴィッツ裁判では、これは「小物《こもの》理論」として提起された。裁かれた人々は、たしかに「小物」だった。そして被告たちは「問題なのはわれわれが何をしたかではない。われわれを不幸に誘いこんだ人物こそを問うべきなのだ[51]」とか、「しかし一番上にいた紳士たちはどこにいったのか。奴らこそ有罪なのだ。机に坐って電話をかけていた奴らこそが[52]」と叫ぶのだった。

アレントの結論——「一人のうちの二人」

アレントは論文「裁かれるアウシュヴィッツ」において、こうした小物理論を一蹴した。アウシュヴィッツ収容所の雰囲気をみて、ただちに立ち去った人々もいるし、収容所の中でも「平和の島[53]」を作りだした兵士もいたからである。そして裁かれるのは、「歯車」として機能することをみずからうけいれた個人なのであり、システムではないのである。

アレントはまた連続講義「道徳哲学のいくつかの問題」においては、大衆社会において「誰もが自分のことをある種の機械の〈歯車〉にすぎない[54]」と考えがちであるが、裁判においては「責任を問われた個人の人格に注目せざるをえない[55]」ことを指摘する。そして裁判において人は一つの歯車としてではなく、一人の個人として裁かれるのであり、その瞬間から「問われる問いはもはや〈このシステムはどのように機能するか〉ではなく、〈被告がこの組織の一員になったのはなぜか〉というものに変わるのです[56]」と指摘するのである。

ただしこのような歯車理論が生まれる精神的な背景として、ドイツを道徳的な退廃が覆っていたことは、認める必要がある。「通常の生活においてはいかなる意味でも法律に違反したことのないようなごくまっとうな人々が、公然とサディストのようなふるまいをしていることを考えると、通常の市民たちがこうした行為に走らないのは、たんにその機会が与えられないからにすぎないのではないか、じつは多数の市民もこのような世界を夢のうちに思い描いているのではないかと考えたくなる」[57]からである。

そのとき、アイヒマンにみられるように、カントの定言命法がまったく無効であり、反対に「汝殺すべし」という命令を良心に語らせるように機能させたことは、アレントにとっては衝撃的なことだった。アレントは、アイヒマンが義務に基づいて行動することで、結局は犯罪を犯したこと、善の誘惑にカント的な義務の概念によって抵抗したことに驚かざるをえない。

このような事態において、カントの道徳律はまったく無力だった。それでもアレントはドイツにもごく少数ではあってても、自分の内面の声に耳を傾けた人々がいることに注目し、それがどのようにして可能であったのかを探ろうとする。アレントは「道徳が崩壊したナチス時代のドイツにも、ごく少数ではありますが、まったく健全で、あらゆる種類の道徳的な罪をまぬがれていた人々がいました。こうした人々は大きな道徳的な矛盾や良心の危機のようなものをまったく経験していません[58]」と指摘する。

これらの人々は、「たとえ政府が合法的なものと認めた場合にも、犯罪はあくまでも犯罪であることを確信していました。そしていかなる状況にあれ、自分だけはこうした犯罪に手を染めたくないと考えていたのです。言い換えれば、こうした人々は義務にしたがってこのようにふるまったのではない[59]」のだった。これらの人々はカントの定言命法にしたがって「わたしはこんなことをすべきではない」と考えたのではなく、ただ「わたしにはそんなことはできない[60]」と考えただけだった。そのことは、こうした人々には「道徳的な命題が自明なように、その本人にとって自明なもの[61]」だったのである。

アレントはその自明性について、「〈汝なすべし〉とか〈あなたはそうすべきである〉という命令にたいしては、〈わたしはどんな理由があろうとも、そんなことはしない、またはできない〉と言い返すことができるのです[62]」と説明している。道徳の命令にたいして、自分の内面の声がこれを拒むのである。ごく自明なこととして。このカントの定言命法の罠をくぐり抜けるこの声は、いったいどこからやってくるのだろうか。

アレントはこれをソクラテスの対話編のうちにみいだそうとする。ソクラテスは『ゴルギアス』で、「わたしのリュラ［琴］やわたしが後援している合唱隊の調子があわず不協和な状態にあっても、そして大多数の人々がわたしと意見が合わずに反対のことを言うとしても、そのほうが、わたしというたった一人の人間がわたし自身と不調和であり、矛盾したことを言うよりも、まだましだ(63)」と語っていた。

琴の調子が外れているのは気分の悪いものである。しかしわたしがわたし自身と不調和であるのは、もっと耐えがたいことである、とソクラテスは語る。わたしが自己と不調和になるということは、わたしのうちにもう一人のわたしがいて、その内なるわたしが外なるわたしに語りかけ、反駁し、非難するということである。

すでに第一部で考察してきたように、この「一人のうちの二人」は思考の基本的なありかたである。「わたしはわたしである」と言うとき、すでにこの二人が語られている。わたしたちは考えるとき、自分の内側にいるもう一人の沈黙した自分と対話するものだ。そして語りかける相手を二人称で呼ぶ。この内面の別の自己との対話は、思考の原初的な状態なのだ。「プラトンは後にこの原初的な分裂を、わたしと自己との無言の対話として思考を定義するときに引用します(64)」とアレントが指摘するとおりである。

プラトンは『大ヒッピアス』ではこの原初的な分裂を、反駁者として明確に表現している。ソクラテスはたとえヒッピアスに説得されたとしても、議論が終わって帰宅すると、「ダイモン的な運命」が待っているというのである。それは自分が信じていないことを他人に説得されて帰宅したりすると、「とくにいつもわたしを反駁するこの男からありとあらゆる悪口を聞くのです。それも、この男はわたしに血筋が一番近くて、同じところに住んでいるからなのです(65)」という。

アレントはこの「一人のうちの二人」が思考の基本的な条件であると同時に、自分を忌まわしい行為で汚すことを嫌わせる重要な道徳的な働きをすると考える。「ソクラテスにとっては、この〈一人のうちの二人〉とはたんに、思考しようとすれば、思考のための対話を実行する二人の仲がよいこと、パートナーが友人であるようにしなければならないということにすぎません。悪しきことを為すよりも悪しきことを為されるほうがましなのは、悪しきことを為されたとしても、まだ自己と友人でありつづけることができるからです[66]」というわけである。

ソクラテスが語ったこの「みずからの自己と対立しているくらいなら、世界の全体と対立しているほうがましだ[67]」ということは、犯罪に手を貸すように求められても、「わたしにはそんなことはできない」と、ごく自明のことのように答える根拠となるのである。というのは、自分の唯一のパートナーが犯罪者であることは、わたしにとっては耐えがたいことだからである。

王になりたいがために、邪魔になる親族を次々と殺害していったリチャード三世ですら、殺人者である自分が恐ろしく、忌まわしいと語っている。「何だと、おれ自身が恐ろしいとでもいうのか。側には誰もおらぬ。／リチャードはリチャードが好きだ。つまり、おれはおれだ。／ここに人殺しでもいるというのか。いや、いない。そうだ、おれが人殺しだ。／じゃ逃げろ。なんと、おれ自身から逃げるとでもいうのか。いったいどんな理由からか。／おれが復讐するといけないからだ。何だと、おれがおれに復讐するというのか。／ところが悲しいかな。おれはむしろ自分がしでかした忌まわしい行為のために／おれ自身が嫌いなのだ[68]」。

アレントは、公的な地位についてナチスに手を貸すことを拒んだ人々は、そのような地位についた場合には、「自分と仲違いせずに生きていくことができないことを見極めたから[69]」、そのような行為を拒んだのだと説明している。リチャード三世のように、殺人者とともに暮らすことはできないと考えて、公的な生活をすることを避けたのである。「公的な生活に参加することを強制された場合には、これらの人々は死を選びました[70]」とアレントは指摘する。

「こうした人々が殺人に手を染めることを拒んだのは、〈汝殺すなかれ〉という古い掟をしっかりと守ったからではなく、殺人者である自分とともに生きていることができないと考えたからなのです[71]」。カントの定言命法を守るためではなく、殺人者をパートナーとして生きることができないのは自明なことだと考えたから、このようにふるまったのである。自分は殺人者である自分とともに生きていくくらいなら、死んだほうがましと考えたのだ。

このアレントの説明は説得力がある。いささか奇妙なことだが、アレントはこの論理をアイヒマンに死刑を求刑する理由として提示している。このような人物と、世界はともに生きてゆくことができないから、死刑にすべきだというのである。アイヒマンはユダヤ人とともにこの地球で生きていくことを拒む政治を支持し、実行したから、そのために「何人からも、すなわち人類に属する何者からも、君とともにこの地球上に生きたいと願うことは期待しえないとわれわれは思う。これが君が絞首されねばならぬ理由、しかもその唯一の理由である」[72]というのがアレントの死刑求刑のための結語である。

すでに第一章で考察したように、アレントは人間が活動することができるためには、「赦し」というものが必要であることを指摘している。「自分の行なった行為から生じる結果から解放され、赦されることがなければ、わたしたちの活動能力はいわば、たった一つの行為に限定されるだろう。そして、わたしたちはそのたった一つの行為のために回復できなくなるだろう。つまり、わたしたちは永遠に、そのたった一つの行為の犠牲者となる」[73]のである。しかし赦すことのできない行為というものがある。それは赦すという行為の可能性の条件である人間の複数性を破壊する行為である。赦すということは「多数性に依存し、他人の存在と活動に依存している」[74]からである。アイヒマンの行為は、このような人間の多数性を否定する行為として、赦しがたいものと言えるだろう。[75]

悪の凡庸さ

さて、アレントが根源悪の概念を放棄したかどうかという謎は、悪の凡庸さという概念を考察することで明らかになるだろう。アレントは、ナチスの犯罪が「こんなことは決してあってはならないことだ」という根源悪であることを忘れたわけではない。しかしアイヒマンという人物はいかにも凡庸な人物だった。「犯された悪はきわめて怪物的なものでしたが、その実行者は怪物のようでも、悪魔のようでもありませんでした」[76]というのがアレントの素直な印象だったのである。「検事のあらゆる努力にもかかわらず、この男が〈怪物〉でないのは誰の目にも明らかだった」[77]のである。

アレントはそのことでアイヒマンを免罪しようとするのではない。この凡庸な人物がなぜナチスの犯罪に手を貸すようになったのか、ということのほうが重要な問題だと考えたのである。[78] ナチスの犯罪の極悪さ、怪物性は明らかである。これはとうてい赦すことのできない犯罪だった。しかしアレントが指摘するように「この悪は、その実行者の邪悪さ、病理、あるいはイデオロギー的な確信などから説明できないものでした。悪の実行者の個人的な特徴と言えば、せいぜい異例なほど浅薄だということでしょう[79]」と言わざるをえないのである。だからある論者が指摘するように、「悪の凡庸さという言葉は、行為者自身の精神と性格の特殊な質を示すものであって、その行為について語るものでも、こうした行為の背後に隠れていた主犯について語るものでもない[80]」のである。

アレントはアイヒマンのこの浅薄さを『イェルサレムのアイヒマン』で繰り返し指摘している。アイヒマンは官庁用語でしか語れなかった。「ここで肝心なことは、彼が官庁用語でしか語れなくなった原因は、型にはまった文章以外は全然口にすることができなかったからだということである[81]」。法廷でもどこでも、いつも同じことを同じ言葉で表現したという。「彼の語るのを聞いていればいるほど、この話す能力の不足が考える能力、つまり誰か他の人の立場に立って考える能力の不足と密接にむすびついていることが、ますます明白になってくる[82]」とアレントは指摘する。

アレントはアイヒマンと意志を疎通することは不可能であると考える。嘘をつくからではない。アイヒマンが「言葉と他人の存在にたいする、すなわち現実にたいするもっとも確実な想像力の欠如という防衛機構で、身を覆っているからである[83]」。

アレントによるとアイヒマンは、「いつも使う決まり文句の数はかぎられたものでしたが、それに新しい決まり文句をつけ加えて使っていました。アイヒマンが無援になるのは、こうした決まり文句を使えない状況だけでした[84]」という。そして死刑台では、死者を悼むために使われるべき葬儀での決まり文句を使ったのだった。「それはこれから死刑になるべきアイヒマン本人が使うことはできない言葉だったのです[85]」。アレントは、アイヒマンが自分の葬儀であることを忘れて、他人の葬儀にしか使えない決まり文句を使ったことは、「恐るべき、言葉に言い表わすことも考えてみることもできぬ悪の凡庸さという教訓を要約しているかのようだった[86]」と結論する。

アレントはアイヒマンにみられるこの「言語の誤用」にあくまでもこだわる。それはこの言葉の誤用が全体主義の体制においては蔓延しており、それがこの体制の参加者たちに、真実を認識することを妨げたからである。『全体主義の起原』が明確に示したように、党員たちはヒトラーの言葉をそのまま信じるほど素朴であってはならないのであり、言葉の裏につねに別の意味を探らねばならなかった。これは言葉はつねに誤用されることを想定しているということである。(87)

アレントはこの書物の「あとがき」でこのことを再確認する。「彼は愚かではなかった。完全な無思想性（これは愚かさと同じではない）、それが彼があの時代の最大の犯罪者の一人になる素因だったのだ。このことが凡庸であり、それだけでなく滑稽であるとしても、またいかに努力してみてもアイヒマンから悪魔的な底の知れなさを引きだすことは不可能だとしても、これはけっしてありふれたことではない」(88)のである。サブタイトルの「悪の凡庸さ」という言葉はこの意味だったのである。アレントは根源的な悪という概念を放棄したわけではない。ナチズムの悪は、言葉を絶するような悪である。しかしそうした悪を犯すために、人間は特別な悪人である必要はないのだ。恐ろしいのはそのことである。(89)

アイヒマンがリチャード三世のような極悪人であれば、もっと事態はましだっただろう。リチャードは王になりたかったのである。そのために自分が王になることを妨げる可能性のある人物を次々と殺していく。第三者からみても、その悪の動機は明らかであり、リチャードの行なう悪の行為も予測できるものである。このような悪人は人間にとって忌まわしい者ではあるが、理解が可能な悪人である。しかしアイヒマンの場合には、自分が何をしているか、思考することによって認識することがなかった。(90)彼は悪魔的な悪を行なったが、自分ではその認識がなかったのである。そしてユダヤ人を殺したいという動機すらなかった。彼の行為は人間の理解を超えていたのである。全体主義のテロルの悪魔性は、いかなる動機もみつからず、いかなる説明も拒むところから生まれたのである。

「一人のうちの二人」は思考の基本的な条件であった。心の中のパートナーとの対話をやめてしまえば、思考することはできなくなる。それだけでなく、悪をなすことも厭《いと》わなくなるのである。アレントは、「このような現実離反と無思想性は、人間のうちに恐らくは潜んでいる悪の本能のすべてを挙げてかかったよりも、猛威を逞しくすることがあるということ、これが事実イェルサレムにおいて学びえた教訓である[91]」と結んでいる。思考の欠如が、他者の立場に立って考えるという想像力の欠如が、この巨大な根源悪をもたらしたのである[92]。

この思考の欠如によって生まれる悪の凡庸さは、アイヒマンだけに限られるものではない。多くの人は、悪をなそうという動機なしで悪をなすことが多いものだ、とアレントは指摘している。「悲しいことに、大部分の悪事は、自分で善を行なうか、悪を行なうかを考えてきめることのなかった人々によってなされるのである[93]」。ということは、多くの悪事は悪をなそうとする意志も動機もなしで犯されるということである。多くの人々のなす悪を防ぐことができるのは、自分の行為の意味について、他者の視点から思考することのできる能力だけなのである。

第八節　ショーレムとの論争

ショーレムの批判の論点

すでに述べたように、この『イェルサレムのアイヒマン』の刊行によって、アレントは激しい論争の渦中に巻きこまれた。とくに「悪の凡庸さ」というサブタイトルが人々を誤解させた。この言葉は、アイヒマンがごく普通の人間であったことを示すものだと誤解されたのであり、アイヒマンをはじめとするナチスの幹部を弁護する議論だという誤解も多かった。しかしとくにユダヤ人を刺激したのは、ユダヤ人評議会がナチスに加担したというアレントの主張だった。アレントと親しかったショーレムもまた、アレントからこの書物の寄贈をうけて、返信でこの問題をとりあげた。こうして二人の論争が開始されたのだった。アイヒマン論争そのものは、それほど興味深いものではないが、親しいショーレムとのこの公開書簡による論争は、アレントの『イェルサレムのアイヒマン』の総括のような性格のものであり、きわめて興味深い。

この書簡においてショーレムは、アレントの書物には二つの「中心問題」があると語っている。一つは「ユダヤ人とあのカタストロフにおける彼らの行動」であり、もう一つは「アドルフ・アイヒマンと彼の責任(1)」の問題である。第一の中心問題で議論の焦点となっているのは、ユダヤ人評議会がナチスを助けたというアレントの厳しい指摘である。第二の中心問題で問われているのは、歴史的な事実がまだ十分に解明されていない状態で、われわれはアイヒマンを裁くことができるだろうかという問いである。以下ではそれぞれの論点について、ショーレムの批判とアレントの回答を検討してみよう。

思いやり

まず最初のユダヤ人評議会の行動についてのショーレムの批判は、二つの論点に分かれている。一つは、アレントの文章に、ユダヤ人にたいする「思いやり」が欠けているという指摘である。ショーレムはまず、このユダヤ人評議会の行動の是非が重要な問題であることは認める。そして「あの出来事の意味を深く考えている他の人々と同じように、わたしはこの問題全体がいかに複雑に絡み合った深刻なものであり、いかに単純な要素に還元できないものであるか、あるいは解明が困難なものであるかをよく弁《わきま》えています(2)」と語っている。その上でアレントの文章には「ある種の客観性を可能にするような距離が欠けている(3)」ことを指摘するのである。

そしてショーレムは、アレントがユダヤ人でありながら、「ほかでもないわたしたちの民族の娘(4)」でありながら「ユダヤ人への愛」が欠けていると、次のように指摘するのである。「親愛なるハンナ。あなたには、ドイツ左翼出身の多くの知識人と同じように、この愛がほとんどみうけられないのです(5)」。

そしてアレントの語り口が、「心の礼儀(6)」に欠けた、軽薄さを匂わせるものであること、「あなたの本のなかでわたしたちの生の傷口に触れながら、これらの事柄が扱われるあの心のなさ、頻繁に現れるほとんど冷笑的で悪意に満ちた語り口(7)」を批判するのである。

ショーレムにとってはアレントのこの文体が苦痛だったとみえて、アレントがこの問題を「あまりにも強調しすぎるため、説明は客観的であることをやめ、むしろ悪意を帯びているように見える(8)」と繰り返し、指摘している。

アレントの回答

この非難にたいするアレントの回答は、ユダヤ人の女性としてのアイデンティティを構築してきたアレントにとっては明確なものだった。まず、アレントはショーレムから「ドイツ左翼出身の多くの知識人」の一人として扱われたことに異議を申し立てる。第二部の最初で紹介したインタビューでは、アレントは「ドイツ語だけが残った」と語っていたが、この書簡では若い頃からマルクスもあまり読まず、政治的な活動もしていなかったので、左翼の知識人ではなかったことを強調する。そして自分のバックボーンは「ドイツ哲学の伝統」(9)であることを指摘するのである。

次に「わたしたちの民族の娘」とみなされたことについては、ある民族の「娘」という表現にいささかのわだかまりをみせる。自分が「民族の娘」と呼ばれるのを肯定するためには、その民族を母なるものとして認める姿勢が必要だからである。これまで考察してきたように、アレントにとって自分がユダヤ人であることは、子供の頃から他人によって思い知らされた事実、ほかの子供たちの言葉で認識するようになった事実にすぎない。アレントにとってユダヤ人の風習は異質なものであり、自分がユダヤ人の「娘」としてユダヤ民族を愛するという姿勢を示すことはできなかったのである。

そのために、ショーレムから示すことを求められた「ユダヤ人への愛」の欠如については、その事実を明確に認める。その理由をアレントは二つ挙げている。一つはある「民族」を愛するということは、アレントにとっては無縁なことだったことにある。アレントはさまざまな個人を愛してきたが、民族を愛することはなかったのである。「わたしはいままでの人生において、ただの一度も、何らかの民族あるいは集団を愛したことはありません」(10)と、アレントは明確に告げる。自分が「ユダヤ民族の娘」であることを、みずから肯定することはないということである。

ショーレムは、ユダヤ人であるからには、ユダヤ民族を愛するのは当然だと考えていただろう。ユダヤ人にとって、自分のアイデンティティがユダヤの民族に属することであるならば、ユダヤの民族を愛することは自分を愛することだからである(11)。

しかしアレントはそのような民族への愛を明確に拒否する。それは危険なことでもあるからだ。アレントはヤスパース宛ての書簡で、現代がノアの洪水の時代であると、次のように語ったことがあった。「洪水のさなかには、できるかぎりどこにもぬくぬくと腰をすえないよう、民族を頼りにしないよう、努めます。民族というのは瞬時に大衆と化して、滅亡の盲目的な道具となることがありうるのですから[12]」。アレントにとっては、洪水の時代に、「民族の娘」としてのアイデンティティを求めるショーレムの言葉のほうが、時代の現状の認識に欠けているものと思えたに違いない。

第二の理由は、アレントにとってはユダヤ人であることは、みずから望んだことでも意図したことでもなく自然に強制された事実であり、運命にほかならない。そのことを「愛する」というのは、奇妙なことだということにある。アレントは、自分がユダヤ人であるからこそ、こうした「愛」には「何か疑わしいもの[13]」がつきまとうことを指摘する。愛とは他者に向かうべきものであり、「わたしは自分自身、あるいは自分という人間の一部であるものを愛することはできない[14]」という。

アレントは、おそらくここで自分がユダヤ人の女性であることを一度は呪ったラーエルのことを想起したに違いない。そしてラーエルが死の直前に自分のユダヤ人性を肯定したことを想起したに違いない。そして自分がユダヤ人であることは「与えられたものであって、作られたものでもなければ作りようもないもの、あるいは自然によって（フュセイ）あるのであり、人為によって（ノモー）あるわけではないもの[15]」であることをアレントは指摘する。そしてそのことに「基本的な感謝の気持のようなものがあります[16]」と語っている。ユダヤ人女性として経験した過酷な人生にたいして、アレントはラーエルと同じように肯定し、感謝すると語っているのである。

また「心の礼儀」が欠如しているという文体の問題については、この言葉が本心を隠すために使われることが多かったことを指摘する。「こうした感情が実際の真実を隠すために使われることがどれほど多いか、わたしたちは二人ともよく知っているはずです[17]」と指摘する。この軽薄にみえる文体は、本心をごまかすようなことのないように意図的に選んだものだったのである。

評議会の行動の判断の困難さ

ショーレムはユダヤ人の行動についての最初の「中心問題」について、とくにユダヤ人評議会の問題について、客観的な判断は困難であり、誰もこれを裁くことができないのではないかと考える。「ユダヤの長老たちが――あるいは彼らをどのように呼ぶとしても――あの状況のなかでどのような決断をするべきだったのか、今日のわたしたちの誰が述べることができるでしょうか。わたしはあなたと同じくらいこの問題について調べてきましたが、いまだにはっきりしたことは言えないのです[18]」と。そしてユダヤ人評議会の行動についてのアレントの論調には、「バランスのとれた判断の代わりに、一種のデマゴーグ的な誇張の意見があまりに多くみられます[19]」と批判する。

アレントの回答

この問題については、誰がアイヒマンの責任について判断を下すことができるのかというのと同じ問題がある。十分な歴史的な知識が欠けているならば判断を下すことはできないとか、当事者ではない人間に当事者を批判できないという非難の言葉は、アイヒマン論争でアレントが浴びた非難の一つである。アレントはしかし、批判をすることは重要な任務だと考えて、この書物を著わしたのだった。

そしてアレントはこの問題についてはショーレムの意見をある程度は認める。たしかに公平な判断を下すには「時期尚早だというあなたの意見は正しいかもしれません[20]」。しかしただちに二つの点でこれに留保をつける。

アレントはそもそもそのような「公平な判断」というものを下すことができるかどうか、「疑問に感じます[21]」と語る。すべての人が自分個人の立場から判断を下すべきなのであり、そもそも公平な判断というのは虚構ではないかというのである。

それだけにアレントは、自分で判断を下すことの重要性を強調する。アレントはレッシングの「独立的な思考[22]」が、「いかなるイデオロギー、いかなる世論、いかなる〈信念〉によっても代替することのできない[23]」自分だけの思考が重要だと考えるのである。

またたとえ十分に判断するための資料がすべてそなわっていないとしても、判断し始めることは、精神的に解放をもたらすものであることを指摘する。「わたしは自分たちが判断することを始め、それについて率直に話すことによってのみ、過去と折合いをつけることができるのだと思っています」[24]というのである。

さらにアレントは、ユダヤ人評議会にとっても、『イェルサレムのアイヒマン』で示された受動的な抵抗のありかたは可能だったことを指摘する。ユダヤ人たちは、ナチスの暴力にたいして、ワルシャワのゲットーのように暴力をもって対抗することは困難だっただろう。しかしユダヤ人評議会には、暴力的な抵抗ではなく、行為するのをやめることはできたはずなのである。行為しないこと、ナチスの命令にしたがって、あるいは救われるべきユダヤ人の利益を考慮して死ぬべきユダヤ人を選ぶという行為を拒否することはできたはずなのだ。

アレントは、「わたしは抵抗の可能性はなかったと言いましたが、何もしない可能性は存在していました。そして何もしないでいるためには、ひとは天使である必要はなく、ただこう言えばよいだけです。わたしはたんなるユダヤ人にすぎないから、他の役割をはたそうという気はない、と」[25]と指摘している。

もしもユダヤ人評議会のすべてのユダヤ人がこう言って身をひいたならば、多くのユダヤ人が死を免れた可能性は高いのである。殺戮収容所に配備されたドイツのSSの殺人者でも、「自分は殺人の仕事から逃れて楽になりたい」[26]と言ってその仕事から身を引くことが許され、しかもその人にはいかなる処罰も加えられなかったのだった。それと同じようにユダヤ人の長老たちも、潜在的な殺人者の仕事から手を洗うことはできたはずであることを、アレントは指摘するのである。

アイヒマンの責任

アイヒマンの責任について判断を下せるのかというショーレムの批判にはアレントは、判断を下す行為に含まれている解放の力についてと、「独立的な思考」の重要性についての言及で、ほとんど答えている。ショーレムは、アレントが『全体主義の起原』ではまだ「根源悪」の概念を使っていたことについて、「当時まだあなたは悪が凡庸であるということを発見していなかったわけですね[27]」と皮肉な言葉を述べていた。これについてアレントは、「その点を指摘してくださってありがたく思います[28]」と感謝している。そして善と悪について興味深い言葉を述べている。アレントは、悪は根源的なものではなく、「ただ極端なのです。つまりそれは深遠さも、デモーニッシュな次元ももっていないのです。それは茸のように表面にはびこりわたるからこそ、全世界を廃墟にしうるのです[29]」と指摘するのである。いわばアレントは言語を絶するような悪の問題を考えるために、「悪魔の概念に頼らない[30]」こと、ごくふつうの人間の問題として考えることにしたのである。

アレントは、『イェルサレムのアイヒマン』では、思考の欠如こそが悪であり、これはごくふつうの欠点として、誰にでも発生しうることを指摘していた。これは深さもデモーニッシュな次元ももたないものであり、それだけに破壊的な影響を及ぼすものなのである。そもそも思考は善のような深さをもつものについての考察であり、悪について考えるには適していない、とアレントは指摘する。「善のみが深遠さをもち、根源的でありうる[31]」のであり、思考は浅薄で凡庸な「悪とかかわる瞬間に挫折する[32]」というのである。「その意味で悪は思考を不可能にするのです。それが悪の凡庸さです[33]」というアレントの言葉は、この書物を巧みに要約する言葉である。

第八章　新たな公的領域の構築の可能性

第七章の第六節の最後で示したように、アレントはジューダ・マグネスの死後、第七章第七節で考察したアイヒマン裁判までは、イスラエル問題への発言をほとんどしなくなった。そんなアレントにあるとき、発言の要請があった。イスラエル情勢がさらに深刻なものとなっていったためである。イスラエルではベングリオン首相のもとで国家統合が進められ、アラブ諸国との対立は次第に激しいものとなっていた。アレントは「まだ時間は残されている」と語っていたが、事態はアレントが予測した最悪のコースに沿って進んでいた。

一九五二年から翌年にかけて、自分の郷土に戻ろうとしたアラブ人が数百人も逮捕され、殺害された。イスラエルは一九五二年に「国籍法」を発布したが、この法律では「イスラエル在住のアラブ人のほぼ一〇パーセントをイスラエル市民権から締めだした(1)」のだった。さらにイスラエル国防省に教唆されたアラブ人居住区への数度におよぶ〈報復的急襲〉があった(2)。

この事態に、マグナスの信奉者だった『ジューイッシュ・ニュースレター』の編集者が、アレントにこの事件についてのコメントを求めてきたのだった。アレントはさんざん迷った後に、依頼を断わり、「もっとも簡潔に意見を言うとすれば、汝殺すなかれ、アラブの女性や子供でも、です。しかしこれでは少々短かすぎます。事のすべてはまったく吐き気を催させます。私はユダヤの政治にはもはや関わるまいと決心しました(3)」と答えたのである。

事態はまったく暗澹としたものと思われた。しかし時代は少しずつ動き始めていた。一九五三年四月にはスターリンの死去が伝えられ、ソ連での「雪解け」が始まった。やがて一九五七年にはハンガリー革命が勃発する。この革命は、ローザ・ルクセンブルクが語った「自発的な革命」に近い形で、民衆が自発的に叛乱を組織し、新たな権力装置を構築したのだった。このことは、アレントに大いなる希望を与えた。全体主義の体制のうちから、民衆がみずからの力で公的な領域に歩み入り、そこで公的な活動を行ない、新たな公的な領域を構築する試みを始めたからである。

アレントはこの民衆の営みに力づけられて、近代のヨーロッパの政治理論を体系的に再検討する試みを開始する。そして主権と自然状態と社会契約に基づいた伝統においては、「〈哲学者たちの古くからの懐疑〉から解き放たれた政治的洞察をみいだす[4]」ことはできないことを見極めた。そしてこの伝統から切れたところに、新たな可能性を探し求めたのである。一つはハンガリー革命の評議会の制度にみられたパリ・コミューンから労農ソヴィエトをうけついだ伝統であり、もう一つはアメリカ合衆国の憲法の土台をなしていたタウンシップの伝統である。

どちらも結局は蹉跌にいたるのであるが、アレントはこの蹉跌した二つの伝統のうちにこそ、古代のギリシア以来失われてきた公的な領域を、民衆が構築する可能性が今なお潜んでいると考えた。この章では、アレントが「始まり」という概念に依拠しながら、この新たな可能性をどのように模索していたかを検討することにしよう。まず第一節ではアレントがフランス革命とアメリカ革命の原理を比較した書物『革命について』を検討し[5]、フランス革命が失敗に終わった理由を考察する。第二節ではアメリカ革命の特異性を検討し、第三節ではその政治的な洞察がどのようにして失われていったかを考察することにしよう。最後に第四節では、コミューンの伝統が現代によみがえったハンガリー革命へのアレントの評価を検討してみたい。

第一節　フランス革命とルソー

革命の定義

これまで考察してきたようにアレントは、近代にいたって公的な領域が消滅し、それに代わって社会的な領域が人々の生活の場となってきたことを指摘してきた。これは人間が公的な領域で活動しなくなったということを意味するわけではない。政治的な活動の場はつねに残されているし、公的な領域が新たに形成されることもある。この節では、フランス革命以後の現代社会において、どのようにして公的な領域が新たに確立できるか、政治の可能性はどこにあるかという問題を中心に、政治と社会の問題を考えてみたい。

近代を切り開いたのは、フランス革命とアメリカ革命という二つの革命である。この二つの革命は、政治的な革命として、人々に「現われの空間」を提供し、公的な領域での活動の場を与えたのだった。アレントは革命についてはきわめて政治的な定義をする。普通は革命という語は、政治的、社会的、経済的な意味で語られる。『ブリタニカ国際大百科事典』によると、革命の本質とは「政治権力がある階級から他の階級の手中に移行し、この政治的変革を通じて、経済的、社会的構造の転換が促進され、その結果、社会的生活のあらゆる領域に深刻な変化がもたらされる」こととされている。

この定義は、政治的な出来事の発生と、それによって生まれた経済的および社会的な結果の重要性に着目するものである。しかしアレントは革命の概念においては、政治的な出来事の性格だけに注目し、経済的および社会的な結果は、革命の概念の定義には含まれるべきではないと考える。アレントはコンドルセなどのフランス革命の当事者たちの経験に基づいて、「革命は自由を目的としており、自由の誕生はまったく新しい物語の始まりを意味する[1]」と定義するのである。言い換えると、「近代の革命を理解するうえで決定的なのは、自由の観念と新しい始まりの経験が同時的であるということ[2]」だというのである。

それではこの自由とは何か。自由《リバティ》の概念は解放《リベレーション》の概念とつねに重なりあうが、アレントは自由を「あるものからの自由」という解放の意味に理解しない。こうした解放としての自由は、「欠乏と恐怖からの自由というわれわれ自身の主張を含めて、もちろん本質的にネガティヴなものである[3]」という。アレントがここで考える自由はこうしたネガティヴなものではなく、「公的関係への参加、あるいは公的な領域への加入[4]」という積極的な自由の概念、「活動への自由」の概念である。

この定義にしたがう限り、自由を創設しない革命は革命ではないことになる。そして革命の結果として、どのような社会的あるいは経済的な影響が発生するかは、まったく問題ではないことになる。アレントはあくまでも人々が「現われの空間」に登場して、公的な活動を行ない、自由を創設するかどうかという観点から革命を考えるのである。

この観点からみるとき、近代のフランス革命とアメリカ革命は、きわめて重要な意味を帯びるとともに、そのどちらの革命も、究極的には失敗に終わったことになる。フランス革命においては、公的な領域での自由が求められながらも、社会的な領域の圧倒的な重要性が、公的な領域における自由の意味を消滅させてしまったことによって、革命は失敗に終わった。これにたいして、アメリカ革命においては、民衆の自由な活動の領域から始まった革命が、その自由な領域を窒息させることによって失敗に終わった、とアレントは考えるのである。このフランス革命とアメリカ革命には自由の創設と喪失のプロセスに大きな違いがある。その違いを具体的に考察してみよう。

飢えた群衆と自由

アレントはフランス革命の特異性は、公的な領域に大衆が登場することで、活動の自由の意味が失われたことにあると考えている。アメリカ革命は、自由な国家の創設を目指して、知識人によって進められた。それが可能であったのは、アメリカが富んだ国だったからである。「アメリカは貧困なき社会のシンボル」[5]だった。そしてアメリカは国民国家ではなく、共和国だった。

ヨーロッパ大陸において革命が行なわれるための条件は二つあった。そしてそのどちらにも、アメリカの革命の成功が重要な役割をはたしていた。一つは社会的な条件で、アメリカという「貧困なき社会」が成立しうることが知られたことだった。「そのことがヨーロッパに知れ渡ってから、初めて社会問題と貧民の叛乱は、ほんとうに革命的な役割をはたすようになった」[6]のである。もう一つは思想的な条件であり、このアメリカの状況に影響をうけて、ロックが、そしてアダム・スミスが「労働と労苦は貧困の属性ではなく、貧困ゆえに財産なき者に押しつけられたこの労働は、その反対に富の源泉であると述べたときに、革命の舞台ができあがった」[7]のである。

アレントは、ヨーロッパで、そして全世界で革命の潮流が動きだしたのは、このアメリカという先例のおかげだと考える。ヨーロッパの革命は、この貧困なき社会というアメリカの実例に大きく動かされたのであり、自由な共和国を創設しようというアメリカ革命の政治的な目標には、まったく鈍感だったという。アメリカはフランスに共和政の理念を伝えたが、フランスでは主権という概念が支配的であり、共和政には賛同しなかった。何よりもアメリカという豊かな社会の実例が人々を革命的にしたのだった。だからフランス革命においては、「政治的領域の構造を変革することよりも、独立革命以前のアメリカにみられたように、社会の構造を変革することのほうが重要と思われるようになった」[8]のである。

フランスで革命を始めたのは飢えた大衆だった。アレントは、革命家たちがこの大衆を目の前にして明確に感じたことは、それまでは自由であった人々、生計のための心配事から解放されている人々が占めていた「公的な領域の空間と光」が、この飢えた人々、「日々の生活の必要に追われているがゆえに自由ではないこの無数の群衆に与えられなければならない」[9]ということだったと指摘している。

やがてこの群衆に与えられた公的な空間は、自由を目指す伝統的な公的な領域ではなく、あらたに登場した「社会的な」[10]領域へと変貌していた。ここは政治に携わる人々が議論によって問題を解決してゆく場ではなく、「専門家の手に委ねられるべき管理の問題」[11]の領域だったのである。大衆の福祉を目指すこの領域は、「実際には家政の分野に属するような事柄、そしてたとえ公的領域にもちこまれるのが認められても、政治的手段では解決できないような事柄や問題に圧倒されていた」[12]のである。

自由と必然

この大衆の行動には、必然的で抵抗することのできないものであるという性格が伴う。大衆の革命的な運動は、「何ものも容赦せず、何人もこれを阻止することのできない壮大な革命の溶岩の流れ」[13]のイメージで思い描かれた。「この歴史は強力な底流のように抵抗しがたい流れによって人々を運びさるのであり、人々は地上に自由を創設しようとするまさにその瞬間に、それに身を委ねなければならない」[14]とみなされた。これがヘーゲルやマルクスが語った

「自由は必然と一致する」という弁証法の意味だという。

この流れを目前にして、フランス革命の指導者たちは、政治的な制度への関心を失った。ロベスピエールは「共和政だって？　王政だって？　わたしの知っているのは社会問題だけだ[15]」と叫んだのだった。というのも、大衆の要求は「暴力的であり、いわば政治以前のものであった。自分たちを力強く迅速に救ってくれるものはただ暴力だけであるかのようにみえた[16]」からである。

このようにして、フランス革命の進路が決定された。革命の進路は絶対君主の「暴政からの解放ではなく、必然性〔貧窮〕からの解放の緊迫性によって決定され、人民の悲惨とこの悲惨が生みだした憐れみの両方の際限のない広がりによって力を与えられた[17]」のである。

アレントは自由を創設するのが革命であるのに、フランスでは革命が始まった瞬間から、大衆の要求によってすべてが必然性のうちにさらわれてしまい、「革命そのものを失った[18]」と指摘する。そしてこれ以降のすべての革命は、このフランス革命の手本にならってしまうのである。

現実に飢えた大衆が存在し、飢えを解消するための方策を求めているために、世界における革命の歴史は、ほぼフランス革命の歴史の反復とならざるをえない。革命は、アメリカ革命で目指された自由の創設というほんらいの公的な領域における活動ではなく、公的な領域の外部に登場してきた社会という領域の問題、すなわち「社会問題」を解決するための方策になってしまったのである。こうして「フランス革命は悲惨のうちに終わりはしたものの世界史を作り、他方でアメリカ革命は誇り高く勝利したものの、局地的な重要性をもつすぎない出来事にとどまった[19]」という皮肉な事態が生まれたのである。

ただしフランス革命に固有の特性も作用した。それは革命がすぐに戦争に変わったからである。ルイ十六世は外国の支援を要請したために、王政と共和政の対立がすぐに「外国の武装侵略とフランス国民の問題[20]」に変わったのである。王政が復古するか、共和政が確立するかが、外国での戦争によって決定されるのであれば、「運命を左右するのは権力ではなく、暴力のはず[21]」であり、「新しく生まれはしたが、正式には構成されなかった人民の権力は、暴力ののである。

混沌のうちに崩壊した[22]」のである。革命は崩壊して戦争となり、革命の熟れた果実はナポレオンの手のうちに落ちたのである。

ルソーの一般意志

フランス革命の方向を決定したのは、この飢えた大衆にたいする同情だった。革命において求められたのは、人民にたいして連帯感をもつこと、「市民ではなく下層人民[23]」に同情を示し、「人民の福祉を考えること、自分の意志を人民の意志に合致させること、ただ一つの意志が必要である[24]」ことを意味した。革命の目的はもはや自由ではなく、人民の福祉になったのである。

この「ただ一つの意志」が、ルソーの考えた「一般意志」であることは間違いない。若い頃にルソーに会ったことがあるロベスピエールはルソーの一般意志の概念を採用した。ルソーは一般意志を全体の意志とは異なるものと明確に定義していた。全体の意志とは、その国家の全員で合意した意志である。それにたいして一般意志とは、その国家の共同の利益を促進しようとするものであり、それが全員の合意であるとは限らないのだ。ルソーは「一般意志は、全体意志とは異なるものであることが多い。一般意志は共同の利益だけを目的とするが、全体意志は私的な利益を目指すものにすぎず、たんに全員の個別意志が一致したにすぎない[25]」と考えていたからである。

この一般意志の概念をうけつぐことで、ロベスピエールは国民の全員の合意を求めることなく、みずから一般意志と信じるものを国民に押しつけることができるようになったのである。アレントは、ロベスピエールらのジャコバン派が採用したテロルの理論は、「全体の利害は自動的に、そして実際に永遠に、市民の特殊利害とあいいれないはずだということを前提としている[26]」と指摘している。全体の利益を守るためには、個人の特殊な利益を犠牲にしなければならないというところから、テロルが正当化されるのである。

アレントは、このテロルの論理をルソーのうちにみいだす。アレントはルソーが一般意志と全体意志の違いを説明したところに注をつけて、「各人の利益はそれぞれ異なる原則をもつ。ある二人の人の個別な利益が一致するのは、第三者の利益と対立したときである」[27]というダルジャンソン侯の言葉を引用していることに注目する。そしてこれは共通の敵に直面したときに、その国のすべての市民の利害が一致することを示したものであると考える。そして「政治的に言えば、ルソーは国民共通の敵が存在することを前提にし、その敵が味方を統一させる力に頼ったのである」[28]と指摘している。

これは国民的な統一が存在するのは、国際関係だけであることを示している。しかしアレントは、ルソーは国内問題でもこの統一を作りだす方法をみいだしたと考える。それは国民一人一人のうちで、私的な利害と一般意志との違いを対立させるという方法である。国際関係ではないところで敵を作りだすにはどうすればよいか。その敵は「それぞれの市民の胸のなかに、すなわち市民の特殊意志と特殊利害のなかに存在する」[29]というのである。ルソーはさきの引用のあとで、「すべての人の利益が一致するのは、各人の利益と対立した場合である」[30]とつけ加えている。だから「国民内部の共通の敵は、全市民の特殊利害の総計である」[31]ということになる。国民は一般意志のために、自己のうちの特殊利害を否定することを学ぶということになる。

カントのヌーメノン人間

ただし個人の内部でこのように市民の特殊意志と一般意志が対立するというアレントの解釈は、ルソーの主張を敷衍したものであり、ルソーそのものの言葉ではない。しかしルソーの論理のうちにこのような個人の内部の対立の概念の萌芽が存在していたことは、ルソーから強い影響をうけたカントが、この対立を叡知人と現象人の対立として概念化していることからも明らかだろう。

カントは、人々が根源的な契約によって国家を形成するのは、自己の所有と安全を維持するためであるが、その国家において、市民が裁かれ、ときに死刑にされることがあるのでは、この契約の意味はなくなってしまうと考えた。そして国家において市民が死刑をうけいれるようになるためには、自己のうちに分裂が存在している必要があると考えたのである。

カントは、「良心において自分を告発し、裁く人間は、自己自身を二重の人格であると考えなければならない[32]」と指摘する。自己のうちに裁き手である原告と、裁かれる被告が存在しているのである。原告と被告とが同一の人物である。しかし原告は、自由の概念に由来する道徳的な立法の主体である叡智人（ホモ・ヌーメノン）であり、悪しき行為を行なうこともある感性的な人間、現象人（ホモ・フェノメノン）とは別のものして存在し、現象人を裁くのである。アレントはこのホモ・ヌーメノンとホモ・フェノメノンの対立を、ルソーのうちに読み込んだのだろう[33]。

同情、連帯、憐れみ

アレントはフランス革命では、指導者の人格的な正統性を保証するのは、不幸な人民への同情の気持だったことを指摘している。「同情を最高の政治的熱情と最高の政治的な徳の地位にまで引き上げる意志[34]」をそなえていることが必要だった。ここにおいてもルソーの影響は大きかった。

ルソーは人間にはほんらい、素直に自己を愛する自己愛と、他人の苦痛をみて胸を痛める憐れみの情がそなわっていると考えていた。そして「人間は、自分の同胞が苦しんでいるのを目にすることに、生まれつき嫌悪を感じる[35]」と主張する。この二つの感情によって、人間は自己を愛し、他人を苦しめるのを嫌う生き物であり、基本的に善良な存在なのだ、とルソーは考えた。

注目されるのは、このどちらの感情も理性の原理ではなく、情念の原理であることである。ルソーは、ソクラテスのような資質をもった人であれば、理性に基づいて美徳を養うことができるかもしれないが、「すべての人が理性を行使することだけに依存していたのであれば、人類はすでにずっと昔に滅んでいただろう[36]」と考える。

ルソーは他者の苦痛をみると、人は自然に苦悩を感じると指摘する。そして子供が猛獣に喰い殺される情景をみたならば、どんな人でも「どれほどひどい苦痛に苛まれるだろうか」と問いかけ、そして「どれほどの苦悩を感じているだろうか[37]」と問いかける。この他者の苦痛に苦悩を感じるのが人間の本性であるというルソーの思想が、フランス革命の指導者を引きつけたのだ、とアレントは考える。「やがてフランス革命を遂行することになる人々、貧民の圧倒するような苦難に直面し、彼らに歴史上初めて公的領域への戸口を開いて光を与えた人々、このような人々の心にルソーが巨大な支配的影響力を与えることができたのは、彼の教義のいかなる部分にもまして、この苦悩の強調のおかげてあった[38]」というのである。そして「ルソーが同情を政治理論に取り入れたとすれば、それを偉大な革命的な雄弁の激情をもって市場に持ち込んだのは、ロベスピエールであった[39]」のである。

アレントは、この同情は他者にたいして感じる情念であるから、「距離を、すなわち政治問題や人間の事柄のすべての領域が占めている人間と人間のあいだの世界的な空間を取り除いてしまうので、政治の観点からいえば、同情は無意味であり、何の重要性もない[40]」と指摘する。同情する人間は苦悩するだろうし、苦悩した人間は政治的な行為によってではなく、手っ取り早い手段によって解決しようとするだろう。こうして「苦悩は、迅速で直接的な活動、すなわち暴力的な手段による活動を求めるはずである[41]」。これは公的な領域の政治的な活動とはまったく異質な活動である。

根源的な善の暴力

この苦しむ他者に同情し、苦悩して、その苦しみを取り除こうとする人間は善の人であるに違いない。しかしその手段が悪であるとき、それによってもたらされる善は破壊的な結果を生む。メルヴィルはフランス革命の成り行きを見つめて、『ビリー・バッド』を著わした。アレントが指摘するようにビリー・バッドは「徳を超えた善、すなわち自然的な善[42]」を体現する。ビリー・バッドが殺害したクラッガートは、「悪徳を超えた悪[43]」を体現する。

悪は自然からの堕落であるから、自然的な善は悪よりも強い。善は悪を打倒してしまい、ビリーはクラッガートを殺してしまう。しかし法があるかぎり、この悪を打倒した善は、暴力として裁かれねばならない。裁く役割をはたす「ヴィア船長が、根源的な善の暴力だけが悪の堕落した力に対抗することができると認めているとしても、法律はこの善を罰さざるをえない[44]」。人間の社会では善の暴力は、悪の暴力に劣らず悪しきものなのである。

メルヴィルはこの小説を著わした理由をその序文で語っている。「〔ナポレオンを攻撃した論文〕『時代の精神』が提唱した冒頭の句に、〈世界の継続的な社会悪を是正せよ〉という一文があった。これは、ある程度、流血の惨によって実現された。だが、その結果はいかん？　たちまちにして〈革命〉そのものが王朝制に優る圧制の悪しき手と化し去り、さらにナポレオンの擡頭を見るに及んで、幾多の成り上がり者を帝座に就かせたではないか[45]」。

アレントはこの冒頭の一文が語っているのは、根源的な善の恐ろしさだと指摘している。「善は〈根源悪〉と同じように、あらゆる強さに固有の根源的な暴力、そしてあらゆる政治的組織の形態に有害な根源的な暴力をもっている[46]」からである。この善からは政治は生まれようがないのである。

同情と憐れみの情

アレントはこの同情という感情は、さまざまな形で派生する思想や感情を生みだすと指摘している。たとえば連帯という思想と憐れみの情という感情である。どちらも虐げられた人々への同情から生まれることができるが、きわめて対照的である。連帯はフランス革命の三つのモットー「自由・平等・同胞愛」の最後の同胞愛の概念として結実した。この概念の特徴は、「複数の人々を概念的に、すなわち一階級、一国民、一人民としてはもとより、最終的には全人類として包括することができる[47]」ことにある。

連帯は苦悩とは対照的に、人間の「偉大さ、名誉、尊厳[48]」などの観念にかかわるものであり、弱者や貧者だけでなく、強者や富者も包括することができる。憐れみとは反対に抽象的で冷たくみえるが、この距離によって「活動を鼓舞し、導く原理[49]」となることができる。「抑圧され、搾取されている人々と同じ利害をもった共同社会を慎重に、そして情熱抜きでつくる[50]」ことができるのは連帯なのである。

これにたいして憐れみの情は、対象となる相手とのあいだに「感情的な距離」をおきながら、「運と不運、強者と弱者を平等のまなざしでみることができない[51]」。そして不幸な人々の不運に引き寄せられるのである。「憐れみは一つの感傷であるために、人は憐れみのための憐れみを感じることができる。そのために、もともと憐れみの原因であった他の人々の苦悩をほとんど無意識のうちに賛美するようなことにもなる[52]」のである。

この憐れみの情は、フランス革命においては残酷なものとなった。「憐れみのため、人間にたいする愛のため、非人間的になれ[53]」と語られたのである。アレントはこのテロルの言葉は、「憐れみの真実の言葉[54]」であると語っている。フランス革命においては、この憐れみの情がテロルの原動力となったのである。

アレントはこの状況が革命を失敗に終わらせたことを指摘すると同時に、そこにはやむをえない状況も存在していたことを認めている。飢えに苦しむ人々を前にして、ほかにどうすればよいというのだろうか。人々を救うための手段をまず講じるしかないのである。自由を目指した革命が、社会問題を解決するための政権になる。アレントはロベスピエールが国民を大洋にたとえたことに関連させて、「実際、自由の創設を溺れさせたのは、大洋のごとき〔大衆の状況の〕悲惨と、それがひき起こした大洋に似た〔憐れみの情という〕感傷だった[55]」と指摘している。そしてそれは「不運と悲惨の破壊力を解放する[56]」ことにしか役立たなかったのである。

この悲惨な状況はその後のほとんどすべての革命の手本となった。ロシア革命を含めて、悲惨な大衆に主導されたすべての革命は、「暴政と抑圧にたいする闘争のなかで悲惨と極貧の強大な力を利用し、また誤用した[57]」のである。「社会問題を政治的手段で解決しようとする試みは、いずれもテロルを導き、ひるがえってそのテロルこそ革命を破滅においやる[58]」というのが、その後の革命の進む常道となる。

このようにアレントは、フランス革命が自由の理念に導かれながらも、この人民の悲惨な状態を改善するという目標のために、ほんらいの自由の理念を裏切り、公的な領域から社会的な領域へと、活動の中心を移してしまったと考えるのである。

第二節　アメリカ革命

タウンの民主主義

このフランス革命の状況と比較すると、アメリカは豊かな土地であった。そこに住む人々は、自分の力で新たな土地を切り開き、あるいは新たな商売を始めた人々であった。そこにはヨーロッパ大陸の悲惨さはみられず、人々は公的な場で自分たちの卓越を示すことに情熱をかけていた。アメリカを訪問してその民主主義のありかたを目撃したトクヴィルは、「人民の公務への関与、課税についての自由な投票、権力行使者の責任、個人の自由と陪審裁判、これらの原則がここでは議論の余地なく、実際に確立している」[1]と語っている。この地方自治は「アメリカの自由の原理であり、その生命をなす」[2]ものだった。

ヨーロッパでは政治の動きは上層から下層へと向かう。しかしアメリカではまずタウンで始まり、それが郡へ、その後で州へ、最後に連邦へと波及していく。そしてタウンの内部には「真の政治生活が、活発で、完全に民主的で共和的な政治生活が支配していた」[3]のである。タウンでは、アテナイを思わせるような自由で民主的な政治が実現していた、とトクヴィルは証言している。

この政治の特徴は、人々が「公的な自由とは、公務に参加することであり、この公務と結びついている活動は決して重荷になるのではなく、それを公的な場で遂行する人々に、ほかでは味わえない幸福感を与えることを知っていた」[4]ことにある。「人が世界を愛し、同輩の仲間とつきあい、公務に駆り立てられるのは、卓越したいという欲望のゆえなのである」[5]。この世界への愛から生まれる幸福感は当時、「公的幸福」という言葉で呼ばれたのだった。

アメリカ革命と憲法

アメリカ革命は、このような人民の自由で民主的な政治経験を裏づけとして、自由の創設を目指したのであるが、そのために中心となったのは、憲法の制定だった。フランスでは次から次へと憲法が作られたが、正式に承認もされず、憲法の無力が実感された。しかしアメリカでは憲法の作成に、政治家たちの叡智が集められたのである。

アメリカでは、独立宣言の後に、この憲法の作成の試みが、一三の植民地のすべてで行なわれた。アメリカ第二代の大統領になるジョン・アダムズは「一三の時計が一つとなって、時を告げた」[6]と述べているくらいである。このようにして作られた憲法が目指しているのは二つのこと、すなわち第一に、国家のいずれかの権力が過剰にならないようにすること、権力を分立させて、たがいに制約し、たがいにバランスをとりあうようにすること、第二に、国家の権力が国民を抑圧しないように、国家の権力そのものを制限することだった。

アメリカの政治家たちは憲法を制定することによって、イギリスの君主制のような抑圧的な権力ではなく、また連邦政府が設立される以前の連合のように、州が主体となった弱体な権力でもなく、国家として発展することのできる新しい権力機構を設立できると考えたのである。

アメリカは植民地としてスタートし、さらに多数の植民をうけいれる用意をしていただけに、この権力のもとで自由を享受するのは、国内に居住するすべての人々であるべきだということになったことも、アメリカ憲法の重要な特徴である。フランスの憲法では、憲法で認められた自由を享受するのは、フランス国民、フランスで生まれ、フランスで育った市民である。「フランス革命によって宣言された人間の権利は、まったく文字通りに、各人は生まれたことによって一定の権利の所有者になっている」(7)のだった。これがネーションとしての国家、国民国家の前提である。

ところが国民国家としてスタートしなかったアメリカ合衆国は、このような生まれによる権利を考慮しない。アレントはある市民の次のような言葉を引用している。「諸君がイングランド人であれ、アイルランド人であれ、ドイツ人であれ、スウェーデン人であれ、……諸君は〔アメリカ人が要求していた〕イングランド人の自由とこの国制の自由をすべてうける権利がある(8)」。

憲法の起草にあたっては、この移民の受け皿としての国家が、トマス・ペインが指摘したように、すべての国民の自由を保護し、「人はおのおの平和と安全との中で、かつ可能なかぎりの最少の経費で、その職業に従事し、その勤労の成果とその財産の生みだすものを楽しむ(9)」ことができるようなものであるべきだと考えられた。この国家の目的がもっとも好ましい形で実現するようなシステムを作りだすこと、それが憲法の役割である。そしてこの権力の特徴は、各人がこの私的な幸福を享受することができるとともに、トクヴィルが目撃したようなタウンから連邦政府にまだ積み上がってくるような民主的なシステムが、もっとも巧みに作動できるようなシステムとなっていることである。

法と権力

イギリスの政治が教えたことは、過剰な権力は滅びるということである。連邦政府が設立される前のアメリカの植民地同盟の経験が教えたことは、権力が不足した国家は分裂し、国家の権力はもっとも弱体な州の権力にまで低落するということである。権力は集まることで強くなるのである。その強くなった権力を過剰で抑圧的な権力にすることなく、その強さを維持するにはどうすればよいかというのが、アメリカ合衆国憲法を作成した人々がもっとも苦労したところだった。

ここで注意する必要があるのは、権力は法によっては制限できないこと、たとえ憲法によっても制限できないということである。権力は法の網の目をかいくぐって行使されるだろうし、法がそもそも権力の行使を禁じてしまったのでは、政府の意味はなくなる。政府は権力をしっかりと行使すべきなのである。だから国家のシステムを決定する憲法の役割は、権力を制限するのではなく行使させること、しかし同時に権力を分立させ、分立した権力がたがいに他の権力の濫用を防ぐようにしておくことにある。モンテスキューが描いた三権分立の構想は、「統治の一部門による権力の独占を防ぐばかりではない。それは、新しい権力を絶えず生みだす一種のメカニズムを、統治の中心そのものに据えつける(10)」ものだった。

連邦制

立法権、行政権、司法権の三権分立は、憲法制定の前提として広く認められた原則だった。それよりも重要な課題は、連邦政府の権力と州政府の権力の分割をどのように定めるかということだった。アメリカ独立宣言が発布された後から、一三の植民地が外国にたいして一つの国家として行動できるような制度が必要であることは痛感されていた。そこで結成されたのが植民地同盟であった。しかしこの同盟は貨幣を発行する権限はあってもその財源はなく、州のあいだで対立が発生しても、それを調停する力もなかった。この同盟には権力がなく、無力だったのである。

そこで新しい憲法の制定においては、まずこうした無力をなくすことが求められた。そのためには強力な連邦政府を創設する必要があった。連邦制の利点を強調したニューヨーク州代表のアレクサンダー・ハミルトンは、連合共和国の必要性を説いたモンテスキューの文章を引用しながら、連邦制度の利点を指摘している。モンテスキューは、「共和国は小さければ外国の力によって滅び、大きければ内部の欠陥によって滅びる」(11)と指摘した上で、この問題を解決するのは連合共和国の制度であると主張した。これは「共和政体のもつすべての内部的諸利点と、君主政のもつ対外的な力とを兼ね備える(12)」政体となるはずだった。

この制度によって共和国の資源を統合することで、対外的には強力になる。さらに対内的には、一つの共和国においてあまりに強力な力を発揮する者がいて権力を簒奪しようとしても、他の共和国がこれを妨げるだろう。一つの共和国で叛乱が起きても、他の共和国がこれを鎮圧するだろう。一つの共和国が滅びても、他の共和国が残っているだろう、とモンテスキューは指摘する。

ハミルトンはこの連合共和国の方式を採用することで、アメリカ合衆国の規模を拡大していくことができると考えた。多数の共和国が連邦政府のもとに集まることで、優れた人材が活用できる。さらに派閥の問題も、共和国の多様性によって、解決できる。連邦制度であれば、「より多数の市民と、より広大な領域とをその範囲内に含みうる(13)」。そして「領域を拡大し、党派や利益群をさらに多様化させれば、全体中の多数者が、他の市民の権利を侵害しようとする共通の動機をもつ可能性を少なくすることになろう(14)」。

たとえば奴隷の多い南部と奴隷の少ない北部、農業を中心とする南部と商業を中心とする北部のように、連邦共和国に多様性があれば、一つの国で作られる派閥は、他の国では力をもたないだろう。また「党派の数を多くすることによって、より大きな安全性が確保されるという利点(15)」もあげられる。

アレントは諸州がたんに同盟するのではなく、この方法によって連邦を結成することで、「共和国の潜在的な権力が侵害されないようにしながら、さらに共和国が広がり、〈他のメンバーが加わることによって拡大される〉ようなときに、多様な権力の源泉が枯渇するのを防ぐように慎重に考案されていた」ことを指摘し、これは「完全に革命の産物であった[16]」と高く評価する。この連邦制度は、「自由の創設[17]」であり、「同盟した権力が相互に抑制物として作用するのではなく、相互に消滅しあう[18]」ような植民地同盟の状態を防いで、新たな権力を作りだすことを目的とするものであった。

タウンにおける権力の発生

アメリカ合衆国は、このように強力な連邦政府をもつ国家となった。しかしこの国はあくまでも「合衆国」、すなわち州が集まって、特定の事柄だけについて連邦政府に権力を集中している国家である。地方の州は州の内部の事柄について自治を行なっているのであり、州に権力のある事柄については、連邦政府の干渉を拒むのである。

州はさらに郡に分割され、郡はさらにタウンに分割される。というよりも、地方の統治の実権はタウンにあり、複数のタウンにかかわる事柄については郡に実権があり、複数の郡にかかわる事柄については州に実権があり、複数の州にかかわる事柄についてはは連邦政府に実権があると考えるべきだろう。

トクヴィルは、この地方自治のメカニズムがアメリカの民主主義の根幹にあると考えた。タウンにおいて、人々にみえない形で権力が創設されたのである。アレントが語るように人々の集まるところで権力は創設されるのであり、権力は集中されると弱まり、分割されると強まるのである。

トクヴィルが観察したタウンは四〇〇〇人から五〇〇〇人の住民で構成されていた。そしてタウンの事柄はすべてタウンの住民の全員が参加する会議で決定されていた。これを招集する権限があるのは理事であるが、住民が開催を要求した場合には理事はこれを拒めない。理事は毎年、選挙で選ばれる。その際に、タウンの重要な役職が任命される。タウンの日常的な業務は、この役職が担当する。課税額査定官、収税人、保安官など、多数の役職が定められていて、「住民は誰しも任命されたなら、これらのさまざまな職務を引き受けなければならず、断われば罰金が課せられる。だが公職の多くには俸給が支払われるので、貧しい市民も損失をこうむることなく公務に時間を割《さ》くことができる[19]」。

この公務はたがいに独立して完全な権限を行使する。この公務の遂行について、上部の組織である郡、州、連邦政府からの干渉はない。そして人々は自分のタウンの出来事に強い関心をもっているので、公務の遂行に熱心である。トクヴィルは、このタウンの運営において、権力が分散された形で行使されると指摘している。そしてこの権力の行使から、自主的で自由な生活と郷土愛が生まれるのである。

「一般に人間の愛着は、力あるところにしか向かわないことをよく知らねばならない。愛国心は征服された国では永く続かない。ニュー・イングランドの住民がタウンに愛着を感じるのは、そこに生まれたからではなく、これを自らの属する自由で力のある団体とみなし、運営する労を払うに値すると考えるからである」[20]とトクヴィルは指摘する。

トクヴィルは、ある国で権威の力を低下させるには二つの方法があると語っている。一つは社会から自衛の権利と能力を奪い、権力をその原理において弱めるという方法であり、「このようにして権威を弱めることをヨーロッパでは一般に自由の創設と呼んでいる」[21]。しかしこれは真の意味での自由の創設ではないのである。もう一つの方法は、「社会からその権利のいくつかを奪い取ったり、社会の営みを停止させたりするのではなく、社会の諸力の行使を複数の人の手に分散させることである」[22]。

アメリカのタウンにおける公職の任命と行使は、この第二の方式を採用したものである。これによって行政の権力は分割され、権力者の権威はほとんどみえないものとなる。そして権威に抵抗しやすくなるが、権威の作用がなくなることはないのである。公務員は、権威をもつ政府の命令にしたがうのではなく、タウンの必要に応じて行動するだけである。そこには「社会の力を原理において攻撃し、社会の権利に異を唱えるような発想はなく、執行において権力を分割するにとどめられた」[23]のである。タウンの公職者のもとに権力が分割され、そこが権力の源泉となるようにしたのである。

アレントはこのようにアメリカ合衆国の権力の源泉は、タウンを構成する多数の市民、草の根的な大衆のうちにある考えた。新しい政治体に組織された人々も、「開拓地に住んでいた人々にしても、創設者にとってけっして単数的存在ではなかった。人民《ピープル》という言葉は、彼らにとっても多数《メニーネス》という意味をもっていたのである。つまりその尊厳がまさにその複数性《プリュラリティ》に存するような、限りなく変化に富む複数者《ムルティテュード》という意味であった[24]」。

ヨーロッパ大陸の革命にもたしかにピープルもムルティテュードも存在していた。しかしフランス革命ではこの複数者は、「たんに数的な意味でのムルティテュードであるにすぎなかった[25]」ために、こうした権力の源泉となることができなかったのである。これから検討する憲法のアポリアを解決する上で、この権力の源泉としてのムルティテュードの存在が、決定的な意味をもつのである。

憲法創設の二つのアポリア

このようにアメリカ合衆国は、あくまでも連邦国家であった。権力の源泉は末端のタウンにあったのである。ただしアレントは、アメリカ合衆国が一つの国家になろうとしなかった理由の一つとして、憲法創設の際に発生する正統性のアポリアを回避する意図があったと考えている。

すべての革命による権力の創設には、二つの正統性のアポリアが発生する。「憲法創設前の正統性」の問題と、「政治体の形成前の正統性[26]」の問題である。まず「憲法創設前の正統性」のアポリアは、憲法を制定するための会議は、憲法によってその権限が定められたものではないために、その権限がどこから発生するのか、正統性を示すことが困難だということにある。法を制定するすべての法措定的な権力は、その正統性を法ではなく、別のところに求めねばならない。そのために伝統的に君主の血筋や、宗教的な根拠があげられてきたのである。

憲法制定権力

しかし近代の革命による国民国家の憲法の場合には、そのような根拠に依拠することができない。革命は、伝統的な君主の血筋や宗教的な根拠を否定するからである。この問題がとくに顕著に現われたのがフランス革命とアメリカ革命である。フランス革命では、シィエスの議論が有名である。シィエスは、政治社会の形成を三つの時期に分けて考えた。第一期は、「孤立してはいるが結合を望んでいる個人が多かれ少なかれ、かなりの数で存在する[27]」時期である。シィエスは彼らだけで、すでに国民を形成すると考える。この時期には、まだ法が存在していないために、結合は個別の意志をもって行なわれる。第二期は共通の意志が生まれる段階である。そこで彼らは協議し、共通意志によって権力が形成される。この段階で憲法が制定される。第三期になると、社会の構成員が多数になり、地域も広大になるので、権力の行使を他者に委ねることになる。これは「授権により行われる統治の段階[28]」である。

この第二期と第三期の権力行使の違いは、第二期では共通の意志によって、国民がみずから憲法を制定したのであり、これは全体の意志によるものであるために、正統性の問題はないことにある。これにたいして第三期は国民の委託により、一部の人々が、限られた権限をもって法を制定するということにある。第三期に作成された法は、第二期に定められた憲法にしたがったものである必要がある。すなわち「統治体が真の権力を行使するのは、憲法に従っている限りである。統治体が適法であるのは、定められた法律に忠実である限りである[29]」。これにたいして第二期に作成された憲法は、国民の意志によって生まれたものであり、このような制約はうけない。「国民の意志は、存在しさえすればつねに適法であって、すべての適法性の源である[30]」とシィエスは主張する。

この第二期に憲法を作成するのが、「憲法制定権力[31]」である。他方、制定された憲法にしたがって法を制定する権力は、「憲法により設けられた権力[32]」である。これにたいして憲法制定権力は、国民の意志によるものであり、これの正統性は国民の意志であることだけで十分であるとシィエスは主張したのである。

その根拠としてシィエスは、「地上の諸国民は、社会的結びつきがまだ存在しない、すなわちいわゆる自然状態にある個人と同様に考えられねばならない[33]」と主張する。自然の秩序のうちにあるのだから、「意志の自然のままの性質をもちさえすればよい[34]」ということになる。国民がルソーやロックの自然状態から社会契約を締結して憲法を制定するのであるから、憲法は国民の自由な意志によって生まれたものであり、国民の自由な意志によって、憲法制定権力の正統性は保証されると考えるのである。

憲法制定権力の悪循環

しかしアレントは、これでは憲法制定権力と憲法によって制定された権力の悪循環は解決されないと指摘する。それは憲法によって制定された権力の正統性は、憲法制定権力によって保証されるといっても、憲法制定権力が立憲的ではないために、その正統性は認められないからである。シィエスはこれらの権力と法の正統性の源泉を国民の意志に求めているが、アレントはこの意志というものは変動しつづけるものであり、翌日には違うことを意志するかもしれないのであるから、こうした正統性の源泉にはなりえないと指摘する。「むしろシィエスの解決策は、君主政あるいは一人支配を、民主主義あるいは多数者の支配に変えた[35]」ことにあるという。

シィエスがこの理論を提起した状況は、まだ革命前の三部会の招集の段階にあった。三部会の構成について第一身分および第二身分と第三身分のあいだで意見が対立し、第一および第二身分が妥協しなかったために、第三身分はみずからを国民と名乗り、第三身分だけで憲法を作成することを主張するようになる。その際に、このシィエスの理論が役立ったのである。

この理論は、革命の理論として有意義なものであったが、憲法制定権力の正統性は、誰のもとにあるのかも分からない国民の意志という仮構に依拠していることに間違いはない。そこにあるのは、立憲的な正統性ではなく、ある種の暴力である。デリダが指摘するように、「どんな国家であれ、それを基礎づける作用は、このような革命的と言える状況のなかで突然に起こる。この基礎づけ作用は、新たな法／権利を創設する。しかもそれは、つねに暴力のなかから法／権利を創設する[36]」のである。

さらにアレントが指摘しているように、ここには法の源泉と権力の源泉の混同がある。「フランス革命の人々の致命的な失敗は、権力と法はまったく同一の源泉から生まれるという、彼らのほとんど無意識的で無批判的な信条にあった[37]」のである。憲法制定権力は、第三身分の代表の集会である立法議会であり、実際に権力を所有していたこの議会がそのまま憲法を制定できると考えたが、権力を所有していることは、憲法を定める権利があることを意味しないのである。

アメリカの特殊性

ところがアメリカ革命の場合には、いささか事情が異なる。アメリカ革命においても、憲法制定権力の正統性は保証されない。憲法制定会議に集まった人々は、州の代表ではあったが、州の憲法を否定する連邦政府の憲法の審議を行なったのであり、代表として委託された事項に反することを行なったのである。この憲法は、正統性に欠けているのである。

しかしフランス革命との違いは、憲法を制定する権利の正統性には問題があるとしても、この憲法制定会議は、すでに州の憲法を制定してきた州の代表者で構成されていたことにある。だからこの権力は、「すでに植民地が州政府を設立するときにおこなっていたことを、全国的な規模で繰り返したものにすぎなかった(38)」と主張できるわけである。アレントは、憲法制定会議が州の権力を廃止してしまったならば、憲法制定権力もまた喪失することになることを指摘する。アメリカ合衆国の創設者たちのうちで、「強力な中央政府をもっとも強く支持していた人々でさえ、州政府の権力をすべて廃止することを望まなかった」のはそのためであるという。「それは憲法制定権力と憲法によって制定された権力の悪循環に落ち込まないための唯一の方法でもあった(39)」。

神の権威

ただしこのようにして憲法制定権力の正統性を確立して、「憲法創設の正統性」の逆説は解決することができたとしても、まだ、第二のアポリアである「政治体の形成前の正統性」の問題は残っている。人々が自由な人間として、そもそも新しい政治体を形成するという行為に、どのような正統性があるのかという問題である。「新しい政治体の権威の源泉(40)」はそもそもどこから生まれるのだろうか。

そのためにアメリカ革命を担った人々も、神の権威をもちださねばならなかった。独立宣言を起草し、第三代の大統領に就任したトマス・ジェファーソンは、独立宣言においてアメリカ合衆国は「自然の法と自然の神の法とにより付与された自立平等の地位(41)」を獲得しようとしたのであり、「われわれは、自明の真理として、すべての人は平等に造られ、造物主によって、一定の奪いがたい天賦の権利を付与され、そのなかに生命、自由および幸福の追求の含まれていることを信ずる(42)」と唱えたのだった。アレントは、「権威の源泉として、人間のつくった法に妥当性を与えるためには、ジェファーソンがやったように、〈自然法〉に〈自然の神〉をつけ加えなければならない(43)」ことの意味を考える。それが絶対君主を処刑したフランスだけではなく、アメリカ合衆国にもあてはまることが問題なのである。

アレントは、一三の植民地の「あらゆる州憲法に」、「来世でのむくいと処罰(44)」という言葉が書き込まれていたことに注目する。ここで宗教的な言葉が使われているのは、逆説的なことであるがアメリカが「ネーションという仮面(45)」を必要としなかったからだという。シィエスの議論が示しているように、「ネーションの意志」は絶対的なものとなりうるとされていた。ところがアメリカはこの絶対者の概念を必要としなかったのである。

アレントが指摘するように、統治における絶対者の概念は、まずキリストの代理人である司教と教皇が担い、次に国王がそれをうけつぎ、フランス革命で「絶対的なネーションの主権」が登場したのだった。主権の概念を確立したジャン・ボダン以来、ヨーロッパの国家の理論はこの「主権」の概念に依拠しているのである。そしてネーションとは、「絶対者が政治的領域でいつもかぶるもっとも安価でもっとも危険な仮面(46)」なのである。

ところがアメリカ合衆国は同質な国民で構成された国民国家ではなかったために、このネーションの主権という概念を必要としなかったのである。「旧世界における人民自身の根と起源からの断絶(47)」がアメリカの宿命だった。しかしそれでも、アメリカはこのような「来世でのむくいと処罰」という神的なものを必要としたのはなぜだろうか。

それは絶対的なものの問題が、法の正統的な概念に固有なものであることがわかったからだ、とアレントは考える。「世俗的な法の本質が命令であるとすれば、その命令に妥当性を与えるのに必要となるのは神性であり、自然ではなく自然の神であり、理性ではなく、神によって導かれた理性であった(48)」からである。

しかしアレントは、創設者たちがそのように考えたとしても、実際にアメリカ革命の成功を保証したのは、このような絶対的なものへの信仰ではなかったことを指摘する。「新しい共和国の安定を保証したのは、不滅の立法者にたいする信仰とか、〈来世〉における報いの約束や罰の恐れなどではなく、また独立宣言の前文に挙げられている真理の疑わしい自明さでさえなく、実際は、創設の行為そのものが含んでいた権威であった[49]」と考えるのである。

アメリカ合衆国の場合には、憲法の制定の第二のアポリアを解決するために、絶対者を探す必要はなかったのである。というのはある絶対的なものが「そもそも始まりの行為そのもののうちにあるからである[50]」とアレントは指摘する。そのことは、アメリカ革命の人々が自分たちを「創設者」と考えていたことから明らかであるという。「新しい政治体の権威の源泉は結局のところ、不滅の立法者とか自明の真理とか、その他の超越的で現世超越的な源泉などではなく、むしろ創設の行為そのものであることを、彼らがいかによく知っていたかを示している[51]」のだという。彼らは「権力の中心は人民にあるというローマ的原理に忠実であった[52]」が、それは「その権力が法によって行使され、法によって制限されている組織されたムルティテュードという、現実に動いているリアリティのかたちで考えていたからである[53]」。国家と権力の創設者が、みずからを権力のリアリティであるムルティテュードと考えていたことによって、そのまま権力の源泉となることができたのである[54]。

始まり

アレントはこの創設の行為のもつ正統性のアポリアを「始まりの難問」と表現する。アウグスティヌスは、ギリシア的な時間の循環説や永遠回帰説を批判しながら、人間はたえず新たな存在として誕生することを主張した。「もしも魂が解き放たれて、かつてそれがけっして解放されてはいなかったところのあの悲惨へと二度と戻ることがないなら、そのばあいには、それ以前にはけっして生起しなかったあるものが魂のうちに生起するのである。しかし、それこそはじつに大いなるもの、すなわち、もはやけっして終わりを告げることのない永遠の幸福なのである[55]」と主張した。アレントはそこから「始まりが存在せんがために人間はつくられた[56]」という文を取りだす。

これはアレントが誕生について、始まりについて考察するときに、決まって語る言葉である。たとえばアレントは『全体主義の起原』の最後に新たに追加されたエピローグ「イデオロギーとテロル」を、この言葉で締めくくっている。アレントは全体主義は砂嵐となって人間を襲ったが、つねに新たな始まりの可能性は残されていると語り、「政治的には始まりは人間の自由と同一のものである。〈始まりが存在せんがために人間は創られた〉（Initium ut esset homo creatus est）とアウグスティヌスは言った。この始まりは一人一人の人間の誕生ということによって保障されている。始まりとは実は一人一人の人間なのだ[57]」と締めくくるのである。

また『人間の条件』では「活動」の章の最初のところで、「人間はその誕生によって、始まり、新参者、創始者となるがゆえに、創始を引き受け、活動へと促される[58]」と指摘しながら、アウグスティヌスのこの一文を引用している[59]。どの文脈でも、人間の誕生による創始がうたわれている。「人間の創造とともに、〈始まり〉の原理が世界の中に持ち込まれた[60]」のである。

いずれの文脈でもアレントは、たんに創造主による人間の創造の営みが確認されているだけではなく、人間が誕生するたびに、この世界に新たな始まりがもたらされること、あらゆる人間の誕生は、新たな始まりの端緒であることを意味するものであると考えている[61]。「人間が一人一人誕生するごとに、なにか新しいユニークなものが世界に持ち込まれたのである[62]」。これは存在論的な概念ではなく、実存的な概念であることは、アレントがこの始まりと誕生の概念によって、ハイデガーを批判しているところからも明らかである。

アレントは、ハイデガーが『存在と時間』の中で提示した「被投性」という概念を厳しく批判する。「ハイデガーは間違っている。人間は〈世界の中に投げだされている〉わけではない。われわれが投げだされているとすれば、それは動物としてのみ、地上に投げだされているにすぎない。人間はまさに世界の中に導かれるが、投げだされてはいない。ほかならぬ世界においてこそ、人間の連続性が創りだされ、世界への所属が明らかになる[63]」というのである。人間は世界のうちにユニークなものとして誕生するのであって、投げだされてなどいない、とアレントは考える。

アレントは人間の誕生においても、アメリカ合衆国の建国においても、この「始まり」の原理が働いていると考える。人間は絶え間なく生まれてくる。そこに新しいものはないように思える。そしてアメリカ合衆国の建国においても、ローマの伝統への復帰が考えられた。しかしローマをふたたび建国するのではなく、新しいローマを建国することが目指されたのだった。

アレントは、「始まり《プリンピキウム》」という語には、始まりと原理の両方の意味が含まれていることを指摘しながら、始まりと原理は同時的な意味をもつものである、と次のように指摘する。「始まりは自己の妥当性の根拠となり、いわばそれに内在する恣意性から自分を救ってくれる絶対的なものを必要とするが、そのような絶対的なものとは、始まりとともに世界にその姿を現わす原理にほかならない(64)」。始まりは、創設の絶対性の問題が問われたときに確認された難問を解く力があるのである。

　ということは、アメリカ合衆国の建国は、メイフラワー号の誓約によって新たな試みとして創始された植民地の経験に基づき、すべてのことをみずから作りだしてゆくという試みによって生まれたものであるために、建国のうちにその「始まりの原理」をそなえているのであり、「始まりの難問」から逃れることができるということである。

　アレントはこう語る。「創設が一人の建築家の力ではなく、複数の人々の結合した権力によってなされるあの決定的な時期を通じて明らかになった原理は、相互の約束と共同の審議という、内的に連関した原理であった(65)」。アレントは、アメリカ合衆国は憲法において神のような絶対者に依拠する必要はなかったのであり、多数者、ムルティテュードである人民がみずから立法に参加しながら、この「始まりの原理」に依拠することで、その権力と憲法の正統性にかんする疑問からは免れることができると考えるのである。ムルティテュードこそが権力の源泉だからである。

第三節　アメリカ革命の成功と挫折

革命の精神の喪失

アレントはこのようにアメリカ革命を高く評価したが、同時にアメリカではこの革命の精神がすぐに失われたことを指摘する。アメリカでは「このような政治思想や政治理論にたいする関心が、課題の達成のほとんど直後に枯渇した(1)」のである。そして革命後にこのような関心が失われたために、国民のすべてが「記憶喪失(2)」を患うようになったのだった。創設の父たちの苦労は、すっかり忘却されたかのようである。

アレントは革命がアメリカ合衆国をうみだしたこと、そして共和制が「自覚的で熟慮された行為、すなわち自由の創設によってもたらされたことを記憶していない(3)」ことは、きわめて残念なことだと考えている。制度だけが残って、精神が失われたのでは、意味がないからである。

その理由はいくつか考えられる。一つは、フランス革命が悲惨な結果に終わったものの、フランス革命の教訓が忘れられず、繰り返し理論化されたことが指摘できるだろう。アレントは「ヨーロッパの思想家や哲学者たちがフランス革命にたいして与えた膨大な理論的関心や概念的思考が、フランス革命に、その悲惨な結末にもかかわらず、全世界的な成功をもたらすことに決定的に貢献した(4)」と考えている。逆にいえば、アメリカ革命の精神が失われたのは、思想家たちの怠慢が原因であると考えることができるのであり、アレントのこの書物は、ヨーロッパで生まれ、アメリカに亡命したアレントが、その恩に報いるために、思想家としての課題を遂行したものとも言えるだろう。

第二の理由は、アメリカ史が、ヨーロッパの歴史家たちによって解釈されるようになったことである。アレントは「トクヴィル以来、アメリカ史の解釈は、経験の根をアメリカ以外の地に置いている理論に屈服した(5)」と指摘している。これはアメリカの歴史家の怠慢を責める言葉でもあろう。とくにアメリカでの「疑似科学的なナンセンス(6)」の流行は、嘆かわしいものとなっていると指摘する。

第三の理由は逆説的なものである。アメリカは権力の分立、とくに強力な立法府を上下両院に分立させるというシステムによって、「共和制の構造そのもののなかに、公的な見解《オピニオン》を形成するための永続的な制度をつくりあげる方法を知っていた(7)」のだった。しかしその制度の卓越さが逆に作用したというのである。それはどのような意味においてだろうか。

マディソンの権力分立案

アレントはこの制度については、とくに上院という制度に注目する。憲法の制定の際には、国民の利害の多様性を反映させることの重要性が強調された。ヴァージニア州議会で活躍し、第四代大統領になったジェームズ・マディソンは、「正義こそ政府の目的である[8]」と主張しながら、「強大な党派が容易に結合して、脆弱な党派を圧倒しうるような政治形態の下にある社会[9]」ではこうした正義が守られないおそれがあるため、このような状態を防ぐ必要があることを指摘する。そのためには国内に「多くの異なった利害が存する[10]」ようにすることが重要であり、こうした多様な利害は、立法府を二つに分けることで実現できると考えられた。

具体的にはこの利害の多様性を立法府に反映させるために、上院と下院では議員の選出方法を変えるという措置が採用された。ハミルトンはこれについて、「下院は直接人民によって、上院は州の立法部によって、大統領は人民によりその目的のために選出された選挙人によって、それぞれ選出されるので、これらの各部門を結びつける共通の利害が生まれて、ある特定の階層の有権者が特別扱いされる可能性はほとんどない[11]」と説明している。

議会の中心となるのは、人民から直接に選挙される下院である。上院は、「選り抜きの少数の人々が集まり安定した議院[12]」として、下院の暴走を制御する役割をはたすことが期待されている。マディソンはアテナイにおけるソクラテスの処刑を反面教師の例としてあげる。下院が理性を失ってソクラテスを処刑し、その後に後悔して彫像を立てたようなことは、上院が存在していれば防げたはずだと、次のように説明する。

「この危機的な瞬間に、理性、正義、および真理が人民の精神にその力を取り戻すまで、誤った方向に進むのを抑制し、人民が自分たち自身に向ける攻撃を控えさせておくのに、節度をもち尊敬されている市民の一団が介在することは、いかに有益であろうか[13]」。アテナイに上院があれば、「ある日は毒薬を命じ、次の日には彫像を命じるといったぬぐい去りがたい非難を免れる[14]」ことができただろう。

この下院の暴走は、世論の力によるものである。アレントは世論《パブリック・オピニオン》と意見《オピニオン》を対立させる。意見は個人的なものであり、市民の多様性によって、多様なものであるだろう。しかし市民が一致した意見をもち、そうした一致した意見が世論として働き始めると、それは「意見の自由とは決定的にあいいれない[15]」ものとなるだろう。それは「ほんとうの意見を、いたるところで圧殺する[16]」ようになるだろう。そのような民主主義は「専制の新しい形式[17]」にほかならないだろう。

アレントは、上院が世論の専制を防ぐために役立つ組織であることを指摘する。市民の多様な意見を世論とするのではなく、「すべての公的見解が通過せねばならない〈媒体〉となることが、アメリカ上院がもともともっていた特殊な役割であった」[18]。この制度は、「その新しさとユニークさの点で、アメリカ最高裁判所の制度に表現されているような司法による統制の発見に匹敵する」[19]ものであるという。

西洋の哲学でプラトン以来、意見《ドクサ》の軽視が伝統となってきたことを考えると、上院による「意見のための永続的な制度」[20]と、最高裁判所による「判断のための永続的な制度」[21]は、政治思想の伝統においてアメリカ革命が新たにつくりだした貴重な制度だとアレントは考える。

この立法的な権力をもたない上院と司法制度は、権力に対立する権威という性格をそなえている。ローマでは権力は人民にあるが、権威は元老院にあるとされていた。しかしアメリカ革命では、このローマの精神をうけついで、とくに司法制度に権威をもたせた。「司法制度の権威そのものがみずからを権力に不適切なもの」[22]とするのである。この分権体制は、さまざまな権力の分立だけではなく、権力をもたない組織に権威をもたせることで、権力を抑制する制度なのである。

そしてアレントは、この権威そのものが、すでに考察してきた憲法の正統性のアポリアを解決し、国家の安定性を保障するものだと考えている。すでに確認したように、「新しい共和国の安定を保障したのは、不滅の立法者にたいする信仰とか、〈来世〉における報いの約束や罰の恐れなどではなく、また独立宣言の前文に挙げられている真理の疑わしい自明性でさえなく、実際には創設の行為そのものが含んでいた権威であったと結論したくなる」[23]というのである。

しかしそれが貴重な制度であり、永続的な制度であるということは、逆にいえば創設者の子孫たちには、もはや何も手を加えることができないということである。この制度はもはや革命的な精神を鼓舞することはないのであり、「自己破綻をきたす」[24]ことになってしまうのである。活動する自由、「公的な自由と公的な幸福は、創設者たちの世代にのみ許された特権[25]」となってしまうのだろうか。

ジェファーソンの悩み

アレントはジェファーソンがこの問題に深刻に悩んでいたことを指摘する。一七八七年にマサチューセッツ州で貧民たちが過重な税金に反対して、武装して蜂起したシェーズの反乱が起きたとき、ジェファーソンはこれを熱烈に歓迎し、「神はわれわれがこのような反乱なしに二〇年間を過ごすことを禁じている[26]」と主張し、「自由の木は時々、愛国者と暴君の血でよみがえらせねばならぬ。それがその自然のこやしなのだから[27]」と語ったのだった。彼はトロツキーの永続革命ならぬ「反復革命[28]」を目指したのである。子孫の世代の人々も、創設者たちと同じように公的な活動の喜びを味わうことができるべきなのである。

具体的にはジェファーソンは、地方自治の根幹であったタウンの集会に注目した。「他の場合にはたとえどんなに恐ろしいものであれ必ず起こる反乱に代わる唯一の可能な代案として、区制《ウォード・システム》[29]」を政治のシステムに繰り込むことを考えていたのである。というのも思想家のラルフ・ウォルド・エマソンが「人民の学校[30]」と語った郡区《タウンシップ》を憲法の中に織り込むことができなかったのは、「悲劇的な失策[31]」と考えたからである。

アレントもこのことに同意する。そこでしか人々は活動の喜びを享受することができず、このような集会での経験なしでは、「統治はたんなる管理に堕し、公的な領域は消滅する[32]」からである。このシステムが取り込まれていれば、市民のあいだにこうした経験が蓄積され、継承され、革命の精神が維持されたかもしれないのである。

たしかに憲法に盛り込まれた権力の分立と分権制は巧みなものであり、「権力の分散によって抑制と均衡が働き、それによって自らコントロールする政府[33]」が樹立された。しかしこれは国民を「昏睡状態に[34]」陥らせるという逆説的な効果を発揮した。「憲法そのものが、人民自身にではなく、人民の代表たちだけに公的空間を与えていたからである[35]」。このようにしてアメリカの国民は、革命の最大の成果であるアメリカ憲法によって、「そのもっとも誇るべき財産[36]」である革命精神を騙しとられたとアレントは考えるのである。

フランス革命における代表論

アレントは、フランス革命においても同様な状況が別の形で展開されたことを指摘している。ロベスピエールもサンジュストも、反対派として活動しているあいだは、人民との協議の重要性を認めていた。この協議の場においてこそ、人民は公的な事柄に参加することができたのである。一七九一年七月に国民議会が、革命的な人民の集まりであるクラブや協会の政治権力を弱めようとした際には、ロベスピエールは「クラブと協会は、フランスで、その自由が実際に姿を現わし、市民によってそれが行使される唯一の場である(37)」と主張して、これに抵抗したのだった。そして革命にたいする犯罪の中で「最大のものは協会にたいする迫害であった(38)」と非難したのだった。しかし一七九三年にはロペスピエールは、国民議会だけが「フランス国民の集中した不可分の権力を保持している(39)」と主張しながら、クラブや協会と戦うようになったのである。

サンジュストも革命の初期には、パリの民主政を称賛し、「この民主政は、もし党派の餌食にならず、自分自身の本来の精神にしたがって行動したならばいっさいを変革したはずだった(40)」と主張していた。しかし権力を握るとすぐに、「人民の自由は、その私的生活の中にある。けっしてそれを侵害してはならない。政府をして、この単純素朴な状態を暴力そのものから守る唯一の力たらしめよ(41)」と、人民の公的活動を否定するようになる。これはアレントの指摘するように、「人民のすべての機関にたいする死刑の宣告であり、革命への希望がいっさい終わりを告げたことを、まれにみる率直さで表明したものである(42)」と言わざるをえない。

フランス革命の状況は、アメリカ革命と奇妙な対照性を示している。アメリカ合衆国は憲法において権力の分散と均衡を目指していた。そして草の根のタウンでは、公的な活動が市民によって担われていた。しかし憲法はこのタウンにおける草の根の民主主義を取り入れるのを怠った。それは権力者が市民の力を恐れたからではない。権力者たちは「植民地時代を通じて形成され培われた精神(43)」である革命精神に動かされていたので、市民がこの革命的で民主主義的な活動を喪失するはずがないと信じていたからである。

ところがフランス革命においては、権力者たちは権力は不可分なものと信じていた。そして権力の集中を妨げる革命的な諸組織と闘ったのである。というのも、「権力が集中している状況のもとでは、協会やそれ自身の小さな権力構造や、コミューンの自治体は、国家の集中権力にとって明らかに一つの危険であった[44]」からである。そしてこうした協会は権力を分散させる連邦主義を目指していると判断して、権力者たちはこうした傾向と闘ったのである。

権力者たちはこのコミューンの中から登場したにもかかわらず、権力を握るとこれを抑圧しようとする。この構図はロシア革命でも、各地のソヴィエトとボルシェヴィキ党政権の対立という形で再演された。その後のほとんどすべての革命は、フランス革命を再演するのである。

自治の精神

アレントは、フランスでもパリ・コミューンにおいて、アメリカのタウンの自治に近い精神が、市民のあいだに広まっていたことを指摘する。これはもともとは、国民議会の選挙のために上から作られた有権者のための集会であった。しかしそれが「自ら変化して市の団体となり、その中からパリのコミューンという偉大な市の評議会を構成した[45]」のだった。この評議会こそが、市民が公的に活動することのできる場であり、自由で民主的な政治体だったのである。

アレントはこの評議会制と対立する形で、政党制が登場したことを指摘している。評議会はきわめて「非党派的な性格[46]」をそなえていた。評議会で活動する人々には、「諸党派のあいだで発展してきた野心とファナティシズムは、革命の人々の革命前の動機以上に、人民には一般に理解もされず、共感もされなかった[47]」。しかし党派は、たがいに協定できる余地がなかったので、人民協会に浸透して、これを乗っ取って国民議会を支配しようとした。そして自分の党派に属する人民協会が真の人民議会であり、それ以外の人民協会は偽の人民協会であると宣言するようになる。こうして一党独裁が誕生する。アレントは、同時代に生まれてきたこの二つのシステム、すなわち「政党制のみごとな成功と、評議会制のそれに劣らぬみごとな敗北の原因は、ともに国民国家の勃興にあった[48]」と指摘する。

思えばアレントは、ジェファーソンのウォード・システム（区制）が実現された場合に生まれるはずの「基本的共和国」の構想は、「フランス革命のときのパリ・コミューンのセクションや、人民協会にみられる新しい統治形態のかすかな萌芽を、はるかに凌駕していただろう[49]」と高く評価していたのだった。

このウォード・システムの構想が示しているのは、「公的幸福を共有することなしにはだれも幸福であるとは言えず、公的自由を経験することなしには、だれも自由であるとは言えず、公的権力に参加しそれを共有することなしには、だれも幸福であり自由であると言うことはできない[50]」ということだった。

しかしアメリカ合衆国の憲法は、こうした公的な権力への参加を不要にするものであり、人民の公的な幸福を目指すものではなく、「人民の幸福はもっぱらその私的な福祉のうちにある[51]」と考えるものだった。人民の公的な幸福は、ジェファーソンとアレントの夢にすぎないのかもしれない。それでもこのパリ・コミューンの評議会制が実際に示したのは、「革命は国家と政府の廃止によって終わるのではなく、反対に、新しい国家の創設と新しい統治形態の樹立を目的としている[52]」ということだった。ところが革命家たちは、そのことをまったく理解できない。この「革命から生まれる唯一の新しい統治形態を真面目に考える[53]」ことができず、この制度を敵視するようになる。評議会の組織は、いわばアメリカ革命における「創設の営みを永続化させる[54]」ことを目指すものだったのである。

評議会こそが、革命の目的である「自由の空間[55]」なのであり、「国家の変容にたいする希望、すなわち近代的な平等主義的社会の全成員が公的な問題の参加者になることができるような新しい統治形態にたいする希望[56]」を体現したものだったのである。以下では、パリ・コミューンとロシア革命の初期に労農ソヴィエトとして登場したこの評議会制度について、ハンガリー革命を手がかりに考えてみよう。

第四節　現代における評議会運動

評議会の特徴

評議会が登場したパリ・コミューンにおいても、ロシア革命の初期においても、革命家たちは「国民国家の伝統にしっかりと根をおろしていたので、革命を権力奪取の手段として考え、権力を暴力手段の独占と同一視していた。しかし現実に起こったことは、古い権力が急速に解体し、暴力手段にたいするコントロールが突然失われ、驚くべきことに、その存在を人民自身の組織化への衝動以外の何ものにも依拠しない新しい権力構造が形成された(1)」ということだった。

パリ・コミューンの際にマルクスは、プロレタリアート独裁の構想に反するコミューン評議会は「一時的な機関にすぎない(2)」と結論した。ロシア革命では労農ソヴィエトが党の独裁に反抗し、「新しい評議会と政党制が調和できないことが明白になったとき(3)」、レーニンは即座に評議会を粉砕する決意をきめたのだった。

しかし評議会制度は革命家の側から粉砕されただけで終わることはなく、現代においても新たに復活してきたのだった。それを示したのが、一九五六年に、ソ連の抑圧的な支配に抵抗して民衆が全国的な規模で叛乱を起こしたハンガリー革命である。アレントはハンガリー革命の実際の経緯を追跡しながら考察し、評議会の特徴を新たに提示する。そして評議会のシステムに基づいて、伝統的な主権国家と異なる国家を構想するのである。

たしかにこれまでは評議会制度は、「いつでも、どこでも、直接的には国民国家の官僚制や政党マシーンによって滅ぼされてしまった(4)」のだった。しかし国民国家の限界があらわになった現代において、この評議会制度こそが、新たな政治の可能性を秘めている、とアレントは考える。これは一八世紀以降の革命において、革命のさなかから登場した「新しい統治形態(5)」であると思えたのである。

アレントはこの評議会方式によって、国家の枠組みをこえた「連邦」が可能となると考えた。「この方向にわたしは新しい国家概念が形成される可能性をみいだす。主権の原理とはまったく無縁であろうこの種の評議会国家は、さまざまな種類の連邦にとくに適したものである(6)」と考えるのである。評議会の組織化の原理は「下から始まって、次第に上へと進んで、最後には議会にいたる(7)」とされていることから考えると、国家の枠組みを超えることが難しいとみられるこの評議会が、どのようにして「評議会国家」にいたるか、アレントは明確にしていない。しかし市民の公的な活動の場がこうした評議会から始まるのはたしかであり、それが国家の権力的な支配への抵抗の場となる可能性を秘めているのもたしかであろう。

この評議会のシステムの第一の特徴は、「それが自発的に生まれてきた[8]」ということにあった。これはレーニンの前衛論とは正面から対立するものであった。そして評議会は、「自分自身の意見をもち、活動する平均的な市民の能力[9]」を働かせる組織だった。革命家は専門家であり、専門的な知識を大衆に与え、応用する。しかし平均的な市民は、このような方式には満足しないのである。自分で考えることを望むからである。

第二の特徴は、それが「活動の機関であると同時に、秩序の機関でもある[10]」ということにあった。この秩序構想をめぐって、評議会は革命家と争う必要があった。マルクスとは反対に、「評議会はみずからを革命の一時的な機関であるとみなすことを一貫して拒みつづけ、反対にそれを統治の永久的な機関として樹立するためにあらゆる試みを行なってきた[11]」のである。それというのも、評議会はたんに既存の政権を倒すことではなく、「国の公的な問題に全市民が直接参加することを望んでいた[12]」のであり、革命が終われば姿を消すようなものであってはならなかったからである。

第三の特徴は、秩序を形成するために、連邦制に近づいたことである。パリ・コミューンについて同時代の歴史家のオーギュスト・バローは「リベラルで共和主義的な観念である連邦的観念に近づくために、……その綱領から〈唯一不可分〉という言葉をとりのぞき、権威主義的な観念は、まったく君主的な観念であるとして拒否した[13]」と語っていた。ハンガリーでも革命評議会、地域的な評議会、作家や芸術家の評議会、工場の労働者評議会、大学の学生評議会などが成立した数日後には、「地域的・地方的な性格の上級評議会を形成しつつ、協力と統合の過程を促進し始め[14]」、やがては全国を代表する会議の代議員を選挙するようになったのだった。

アレントはこれは北米の植民地と同じような連邦と同盟の原理であると考え、それが「活動それ自身の基本的な条件から生まれた[15]」ことに注目する。その目的は「新しい種類の共和政体を作る[16]」ことにあったのである。これは「統治権力に必要不可欠な分散[17]」を目指した政治体であった。このように権力を分散させることを目指すということは、アメリカ革命でえられた教訓、すなわち「国民は唯一でも不可分でもなく、権力の分散は無力をもたらすどころか、権力を生みだし安定させるものである[18]」という認識を前提とするということだった。

政党のエリート

アレントは現代の政治制度は基本的に政党制であり、これは二党制と多党制および一党独裁に分類されると考えている。アメリカとイギリスの二党制は、国民が分裂していることを前提として、対立する党派を「統治の制度として承認する[19]」ものである。これに対して多党制と一党独裁には、「独裁的で寡頭制的な構造、内部的な民主主義と自由の欠如、〈全体主義的になる〉傾向、無謬性の主張[20]」などの特徴がある。この政党のありかたの違いは、「政治体全体をみたしている権力概念の根本的な違い[21]」となっているとアレントは考える。

この政党制のうちで、「生存能力と同時に憲法上の自由を保障する能力を証明してきた[22]」のは、アメリカとイギリスの二党制だけだった。しかも政党制が実現できるのは、「被支配者による支配者のある程度のコントロール[23]」にすぎず、市民は政治には選挙でしか参加できないのである。

市民はこのシステムでは、公的な問題の検討にみずから参加することはできない。ルソーが「イギリスの人民はみずからを自由だと考えているが、それは大きな思い違いである。自由なのは、議会の議員を選挙するあいだだけであり、議員の選挙が終われば人民はもはや奴隷であり、無にひとしいものになる[24]」と言うとおりである。市民が期待できるのは、みずからの意見ではなく、利害が代表されることだけである。意見というものは、公的な場での議論によって生まれるものであり、そうした公的な場が存在しないところでは、「気分があるだけで、意見は存在しない[25]」のである。

だから今日の民主主義は、寡頭制的なものとなる。デモクラシーとは民衆による支配であるよりは、「多数者の利益のため少数者が支配する[26]」統治形態である。この統治形態は、たしかに「人民の福祉と私的な幸福をその主要な目的としているという意味で民主主義的であるが、公的な幸福と公的な自由がふたたび少数者の特権となっているという意味で寡頭制と呼びうるのである」[27]。

アレントはこのように、イギリスとアメリカの議会政治では二党制がうまく機能しており、「代表者と投票者、国民と議会のあいだにコミュニケーションが存在している」[28]ところに、その他の西洋諸国の政党制との違いがあると考えている。しかしそれでもこのコミュニケーションは、「統治することを熱望する人々と統治されることに同意する人々のあいだのコミュニケーション」[29]にすぎない。そこでは「政治の本質は支配関係であり、主たる政治的情念は支配し、統治する情念である」[30]ことが当然のように前提されているのだ。この政治は「人民の中から生まれたエリートによる人民の統治」[31]へと堕落しているのである。これを防ぐことができるのは、評議会という組織形態だけだ、とアレントは考える。

このエリートの政治家が生まれるプロセスの問題は、「政治が職業やキャリアになっていること、したがって〈エリート〉が、それ自身はまったく非政治的な基準に基づいて選ばれていることにある。本当の意味で政治的な能力の所有者がまれにしか自己を主張しえないのは、あらゆる政党制の性格からきている」[32]のである。これはウェーバーが『職業としての政治』で語ったことを、その真の意味で明らかにするものである。

評議会のエリート

これにたいして評議会の制度では、参加者はたしかにエリートであるが、「人民のうちから生まれた人民の唯一の政治的エリート」[33]であるという特徴がある。彼らは上から任命されたのでも、下から選ばれたのでもなく、「革命が公的に場につれだした人民の政治的エリート」[34]であり、「みずからイニシアティヴをとった人々」[35]だった。

このエリートの特徴は、同輩からの信任だけによってその資格を獲得していることである。エリートはその組織においてたがいに平等であるが、この平等は「共同の企てにみずからコミットし、今やそれに従事している人々の間の平等」[36]である。この評議会はさらに上位の評議会に代表を送るが、この上位の評議会でも代表は平等である。階層構造を形成しても、つねにそのレベルで代表は平等なのである。これは権威をもつエリートによる統治になるが、この権威は「上部や下部で生まれるのではなく、ピラミッドの各層でそれぞれ生まれる」[37]ことが大きな特徴である。アレントはこの評議会制度が「今日の大衆社会を、疑似政治的大衆運動を形成しようとするその危険な傾向ともども、解体するのに最良の道具である」[38]とまで高く評価する。この制度へのアレントの熱意は強い。この制度は、みずから共同の企てにコミットし、人民から選ばれたエリートが統治する「貴族政的な」[39]政治形態を意味するのである。アレントは普通選挙を廃止することすら考えているのだ。

この評議会やジェファーソンの「基本的な共和国」では、「自分の幸福以上のものに気を配り、世界の状態を憂慮していることを証明した人だけが、共和国の業務を遂行する上で発言権をもつ」[40]とされている。これによって政治から排除される人々がでてくるのは当然である。しかしアレントはそれはみずからが望んで排除されること、すなわち「自己排除」であると考える。公的な問題に関心がない人々は、「政治からの自由」[41]を享受することができるのである。アレントはこれはギリシアでもローマでも認められていなかった自由であり、「キリスト教的遺産のもっとも重要な部分である」[42]と強調している。

評議会制度の限界

現代の福祉社会は、同時に官僚制の社会である。「福祉社会の政治問題は、すべて結局は専門家が処理し決定すべき管理の問題である」[43]と言わざるをえない。政治の争点となる多くの問題、たとえば現代日本の年金問題、消費税の増税問題、子供手当て問題などは、背後にある官庁の複雑な仕事なしでは処理できないものである。どの政党も、同じ問題にたいして、わずかな違いを示すことができるにすぎない。そして問題ごとに、同じ政党の内部でも意見の違いがある。このため結局は官僚制度の示した提案に依拠するようになってしまう。「統治が実際に管理になってしまうならば、政党は結果として無力かつ無益なものとなる」[44]のである。ただ資金を集めて支出するためのマシーンとして働くだけである。

評議会もまた同じ問題に直面する。「評議会もまた、近代社会の統治機構が実際にどれほど巨大な管理機能をはたさねばならなかったか、理解できなかった[45]」のである。そして労働評議会は工場の経営を試みたが、つねに失敗に終わった。評議会の活動は公的な問題への参加であるべきであり、「公共の利益にかかわるものの管理あるいは経営[46]」に手をだすべきではなかったのである。

公的な活動の原理は自由であるが、管理や経営の原理は必然性である。評議会の活動は自由の原理のもとに行なわれるのであり、必然性の原理は評議会には不適切である。評議会の失敗したところで、政党が成功することができたのは、「まさに政党がもともと寡頭制的な構造をもち、専制的構造さえそなえていた[47]」からだとアレントは指摘する。

第五節　現代における公的な領域の可能性

評議会の役割

アレントは、むしろこの評議会システムは、行政を担当するものであるよりも、公的なものを考察するためのフォーラムであるべきだと考えたのである。アレントはすでに指摘したように、このシステムの彼方に、新しい「国家概念」が形成されることを期待していた。ただし評議会は、公的な問題を討議する場ではあっても、国家を管理する能力は欠如しており、国家が直面する社会的および経済的な問題を解決する能力に欠けているようである。だから評議会からどのような新しい国家概念が形成されるかは、その直接民主主義的な原理から、萌芽のように思い描くことができるだけだろう。この評議会のシステムが現実に国家を形成することは不可能だろう。これが実現できると考えるならば、それは「政治的なアナーキズムの素朴さ[1]」の誤謬を犯すことになるだろう。

しかしこの評議会システムのモデルは、国家の内部において、公的な問題を考察する場としては役立つのではないだろうか。それはわたしたちが市民として、公的な問題にかかわるときに自発的に形成しうる組織の形式を示すものだからである。

公的なもの

そもそも公的な問題というものは、国家の官僚組織の決定によってではなく、市民の自発的な協議と合意のもとで決定すべき性質のものである。日本では、「おおやけ」という言葉の概念に長いあいだ混乱があった。「おおやけ」という概念は、「大宅」、すなわち皇居、天皇、朝廷に由来する語であり、まず政府や官庁を指す言葉として使われた。そして後に個人の立場を離れて全体にかかわる問題という意味で使われた。公的なものとは、国の政府が決定する事柄であり、これを国民の私的な利害と対立させることが多かった。しかしアレントはこの第一の意味ではなく、第二の意味において「公的な」という語を使っているし、この書物でも一環してこの意味において使ってきた。

この意味での「公的なもの」は、相対的なものであることは明らかだろう。たとえばある企業について考えてみよう。その企業の全体にかかわる問題は公的な問題である。企業の全体に比較すると、ある部門だけの問題は私的な問題である。その部門にとっては、企業の全体が公的な問題となる。しかしその部門の全体にとっては、一人の従業員の問題は私的なものであり、部門の問題は公的なものである。

逆に、他の企業と競合する一つの企業としては、社会の全体にとってその企業の問題は私的な問題である。ある企業の存続も、国家の全体の戦略の問題として決定されることもありうるのである。そして一つの国家全体の問題も、地球全体の問題にとっては私的なものにすぎない。

だからその問題が検討されるのがどの次元であるかによって、その問題は私的なものであるか、公的なものであるかが定められるべきなのである。それがどのようにして「公的なもの」であるかということは、三つの次元から決定されるだろう[2]。第一の次元は、その問題の決定にすべての当事者が参加できるかどうかという「当事者の関与性」の次元である。この場合には私的なものとは、「閉ざされたもの」「排除されたもの」「隠されたもの」を意味する。たとえば、原子力発電所を運営する企業の決定は、外部の者が参加することのできない閉ざされた決定であるために、その決定はその企業だけの私的な決定である。しかしその企業内部の当事者にとっては、その決定はその企業の従業員全体を拘束するものとして、公的な決定でありうる。

第二の次元は、その問題によって影響をうける当事者の範囲の大きさと「帰結の重要性」の次元である。原子力発電所の安全性にかんするその企業の決定は、私的な決定であるにもかかわらす、原子力発電所で事故が発生したときに生じる被害が、国民のすべてに、そして外国の人々にまで影響するものであることから、それは公的な性格をおびる。もはや民間企業の私的な決定とみなすことができなくなる性質のものである。

そこで第三の次元は、その決定を公的な次元で管理すべきかどうかにかかわる「公的な関与性」の問題である。電話会社の政策は、ユーザーの全員に影響する公的な性格をそなえるが、競争の公平性など、いくつかの基本的な前提を別とすれば、公的に管理されるべき性質のものとされることはないだろう。しかし原子力発電所の安全性や再稼働に関する決定は、その決定のもつ重要性から考えて、もはや一つの民間企業だけに委ねられるべきものではなく、公的に決定すべきものであろう。

そしてこの第二の「帰結の重要性」と第三の「公的な関与性」という次元においては、その重要性から考えて、その時点の政権の恣意的な決定に委ねられるべきものではなく、影響をうける国民の総意によって決定されるべきものとなるだろう。

参加民主主義

このように考えるときに、アレントの評議会というシステムのもつ自発性と参加可能性と総意という特徴が重要な意味をもちうる。評議会は市民が自発的に組織しうる参加民主主義的な団体であり、希望する者はこれに参加することができる。そしてこうした組織の集合体が、国民の総意を代表して、政府にたいして国民の意見を代表することができるだろう。

これは選挙による間接的な民主主義の概念とは対立するものである。アレントは、国民の政治的な権利を代議士の選挙だけに限定する代表制の民主主義のシステムには批判的であった。そのことは、アメリカ憲法の批判からも明らかだろう。このシステムには二つの重要な欠陥がある。

まず何よりも重要な欠陥は、それが市民が議論に参加するための場としてのフォーラムをもたないことである。市民が決定を代議士に委ねる自由しかないとすれば、それは市民には政治的な自由というものがないということだからだ。「政治的自由とは、市民が〈統治の参加者〉でありうる権利を意味するのであって、そうでなければそれは何ものも意味しない(3)」のである。

第二に、代表制の民主主義には、市民が議論する場がそなわっていないために、意見の複数性を確立できないという欠陥がある。そもそも「意見」というものすら生まれないのである。委任しうるのは、「有権者たちの利害や福祉だけであって、その活動や意見は代表されることができない(4)」のは自明なことである。「意見は、公然たる義務と公的な論争の過程で形成されるものであるから、意見を形成する機会の存在しないところでは、大衆の気分と個人の気分という、どちらも同じように移り気で信頼のできない気分があるだけで、意見は存在しない(5)」のである。この気分とは単一の「世論」のようなものであり、これは国民の多様な意見ではないのである。

代表制の民主主義はこのように国民の利害や福祉を考慮することはできるとしても、代表でない国民からはすべての政治的な自由も公的な幸福も奪われており、選ばれた代議士だけが自由と幸福を享受するシステムなのである。この国民の利害と福祉というものは、「客観的に確かめることができるもの(6)」であり、政治的に決定する必要のない「社会的なもの」である。この問題については議論は不要なのである。

社会的なものと政治的なもの

アレントはこのように、政治的な事柄は市民の協議のもとに決定すべきであり、社会的なものは客観的なものとして、管理組織の決定に委ねるべきものだと考えているようである。もしも統治の目的が人民の福祉だけであるならば、すなわち国家が人民の福祉のためだけに存在する福祉国家であるならば、市民の討議は不要であり、専門家の委員会が決定し、政府が管理すればよいだろう。革命家と評議会の違いはここにあるのだった。すでに確認したように革命家は「統治の目的は人民の福祉であり、政治の実体は活動ではなく管理である(7)」と考えていた。これにたいして評議会は、「国の公的な問題にすべての市民が直接参加することを、はっきりとみずから意識して望んでいたのである」[8]。

このように問題となるのは、人民の福祉が重要なのか、それとも公的な問題にたいする市民の参加が重要なのかということだった。人民の福祉は社会的な問題であり、これは討議の対象とするよりも、国家の組織が決定するほうが適切だろう。しかし公的で政治的な問題については、政府が沈黙のうちにその智恵を傾けて決定するのではなく、市民が討議し、市民が直接に参加して決定すべきである。それでなければ、その国は自由な国ではない、とアレントは指摘する。

ここで重要な違いを作りだしているのは、社会的なものと政治的なものの違いである。アレントがすでに幼年時代に、反ユダヤ主義的な言辞に関連して、公的なものと社会的なものの区別という問題に直面していたことは、第二部の最初のところで指摘したとおりである。アレントは後年にアメリカの政治的な問題について発言するなかで、この区別をさらに明確に概念化した。

この社会的なものと政治的なものという概念は、アレントの現代の政治的な問題を考察する際の重要な概念になる。たとえば「リトル・ロックについて考える」という文章が、彼女のこうした考察の好例である。そこでアレントは政治的な領域と社会的な領域を支配する原則の違いを示している。公的で政治的な領域の原則は「平等」であり、半ば私的で半ば公的な社会的な領域の原則は「差別」である[9]。そして私的で個人的な領域の原則は「排他性」である[10]。

この文章で考察されているのは、最高裁判所が平等という公的な原則を教育という社会的な領域に適用し、公立の高等学校に黒人の生徒をうけいれることを求めたために発生した事件だった。アレントは学校の問題は社会的な問題であるが、そこに政府が公的な政治的な権力を行使して両親に強制を加えるのは、両親から「自分の子供に対する個人的な権利と、自由な結びつきを求める社会的な権利を奪うものである」[11]と指摘する。この問題についてのアレントの考察は明確で説得力がある。アレントは公的な権力が個人の自由を侵害することに批判的であった。公的な権力はこのような強制的な統合を推進するために行使されるべきではなく、むしろ白人と黒人の結婚の自由を妨げている南部の諸州の法律の規定や選挙権の制限など、「分離の強制[12]」をなくすために使われるべきだと考えていたのである。

ここで注意したいのは、アレントが教育は社会的な領域のものであり、こうした社会的な領域に公的な権力が介入すべきではないと主張しているのではないことである[13]。国民が適切な教育をうけることは社会的な領域の問題であるが、公的な権力のもとで、すべての人がその権利を認められるべきである。しかし国民の統合と人種差別の廃止という公的な問題のために、国民にある学校に通学することを強制するときには、それは公的な権力が社会的な問題に介入してきたということである。

アレントはある討論で、社会的なものと政治的なものは区別しがたいという指摘をうけて、適切な住宅を国民に与えるというのは「社会的な問題です」と指摘し、「この適切な住宅が国民の統合を意味するかどうかという問題は、確実に政治的な問題です」と主張し、「すべての問題には二つの顔がある」という言葉でこれを説明している[14]。こうした社会的な領域の問題にも、公的な議論が必要となる場合があるのである。現代では、性差別問題、セクハラ問題、幼児虐待問題、家庭内暴力問題など、ほんらいは社会的な問題であるはずのものが、公的な権力の行使を必要とするような「顔」をおびていることは確かだろう。これらの問題はかつては社会的な問題として解決されるべきだったものであるが、それが公的な領域に登場するようになったのは、それぞれの社会の歴史的な経緯によるものである。アレントは公的なものの歴史性について、「特定の時期にあって何が公的なものとなるかは、それぞれの時期ごとにまったく異なると思います[15]」と語っている。

アレントの目指したもの

これまで検討してきたように、第一章で考察した公的な領域の概念においても、この章で検討した評議会の概念でも、アレントが究極の思考のテーマとしていたのは、人間がどのようにして公的な領域に姿を現わし、そこで活動し、人々との間で権力を築いていくことができるかということだった。

ギリシアのポリスについての考察では、人間は私的な生の領域から公的な領域へと立ち現われて、名誉を輝かすことによってのみ、生きることの意味をみいだすことができると語られていた。アメリカ革命の破産の考察では、アメリカ憲法がタウンという民衆の政治的な活動の場を憲法にとりいれることに失敗したために、革命の遺産がついえたことが指摘された。そしてパリのコミューン、ソ連のソヴィエト、ハンガリーの革命評議会の伝統においてのみ、そのような民衆の政治参加の可能性が確保できることが示されていた。

アレントのギリシアのポリスの考察にも、評議会の議論にも、さまざまな批判が行なわれている。しかしアレントがどうしても譲ることができなかったのは、このような「現われの空間」がなければ、人々は私的な生活に埋没してしまって、公的な場に現われることができないのであり、この空間こそが重要であるということだった[16]。そしてこの公的な空間が確保されることこそが、全体主義の時代のような人間性の喪失を防ぐ可能性を作りだすものだ、とアレントは考えたのだった。

これはハンガリー革命のような国家の存続にかかわる問題だけではなく、わたしたちの日常的な生活そのものにおいてもあてはまる問題である。アレントは評議会が労働者評議会だけでなく、マンションの理事会のような評議会でもありうると語っていた。評議会は「小さなところ、すなわち近隣評議会、専門職評議会、工場内評議会、マンション内評議会などから始める[17]」こともできるのである。工場の問題、マンションの問題を解決するためにも評議会のシステムが好ましいのは、そこですべての当事者が参加して、一つの公的な問題を検討することができるからである。

こうした市民的な問題について、この評議会が望むのは、次のようなことである。「われわれは参加したい、議論したい、公衆にわれわれの声を聞かせたい、そしてわが国の政治の進路を決定しうる可能性をもちたい[18]」。このような地道な希望を実現するには、国家的な組織は規模が大きくて、不適切である。「国はわれわれみんなが集まってわれわれの運命を決定するには大きすぎるから、そのなかにいくつかの公的な空間が必要なのだ[19]」。

この公的な空間はテーブルが一つある部屋のような場所であってよいのである。「たった一〇人でもテーブルの回りに腰掛けて、めいめい自分の意見を表明し、他人の意見も聞くならば、そうした意見の交換を通じて、理性的な意見の形成がなされうる。またそこで、もう一つ上の評議会で、われわれの見解を述べるのに誰がもっともふさわしいかが明らかになるだろう。今度はその上の評議会で、われわれの見解は別の見解の影響を受け、訂正され、誤りがあればそれを正して、明晰なものになるだろう[20]」。

この公的な空間は、現代であればインターネットのメーリングリストのような「現われの空間」であってもよいだろう。意見がある者がみずから正しいと考えることを提示し、それが他者によって批判され、検討され、さらに適切な見解へと練り上げられてゆくならば、それは公的な議論としての性格と権威をおびるだろう。

市民的不服従

アレントが考える評議会とは、たんにハンガリー革命の際のような国家を改造するための市民的な参加組織だけを意味するものではない。現代の市民社会において、ここで考察したような公的な空間が形成される可能性があるときには、それはアレントが考えた評議会となるのである。そのことは、アレントが一九六八年以降の学生運動や市民的な不服従運動を、こうした評議会の一つの形式として支援し、支持したことからも明らかだろう。

アレントは大学における学生の叛乱を「非常に肯定的に評価[21]」した。その理由は三つある。第一は、この叛乱が学生たちが共同で、公的な問題の議論に参加することを、行動によって要求したことにある。

アレントはこうした学生運動を市民的な不服従運動の一つに考える。伝統的に市民的な不服従は、良心的な徴兵拒否のように、個人の良心と信念に基づいたものと考えられてきた。しかしアメリカの公民権運動、ベトナム反戦運動、大学闘争は、個人としてではなく、共同で行為すること、「共通の利害関心をもつ大勢の人によって行なわれる[22]」という特徴があった。

このような共同で行なわれる行為は、それまでの徴兵拒否のような市民的な不服従が、みずからの良心に基づいて行なわれていたのとは異なり、複数の人々が公的な領域に登場して行為するという特徴をそなえていたのである。

第二に、この学生叛乱はアメリカの西海岸だけではなく、フランスのパリ、日本の東京や京都など、「全世界的な運動」[23]としての広がりをみせたものであり、たんなるアメリカ的な現象ではなく、新しい世代の運動だったことにある。この運動は、それまでの市民的な不服従とは異なる質の運動だったのである。

第三に、この運動がそれまでの運動とどのような違いがあるかを検討してみると、そこには公的な活動をすることへの喜びがあったことである。「あらゆる国で運動に参加している世代がそれ以前の世代とどこが本当に違っているか」[24]を考えてみるならば、「その世代の人たちは行為しようとする決意、行為することの喜び、自分の努力で、物事は変えることができるのだという確信」[25]を抱いていたのである。

第四に、この喜びは、たんに公的な活動に参加することの喜びではなく、「ほとんどもっぱら道徳的な動機から行為した」[26]という喜びだったことである。「この道徳的な要因が加わったことで、現代にとって新しいもう一つの経験が政治のゲームに登場したのです。行為するのは楽しいということがわかったのです」[27]という。

アレントは、この喜びは、アメリカ革命の際のタウンでの活動のもたらした「公的な幸福」と同じ性質のものであることを指摘する。それは「人が公的な生活に参加するときには、それ以外の場合には閉ざされたままである人間の実存のある次元が、彼に開示されるのであって、何らかの仕方でこれがその一部となって、完全な〈幸福〉を構成するものなのです」[28]。これは実存的な喜びなのである。

アレントはこのように学生運動などの市民的な不服従の運動は、良心によるものではなく、共同で公的な生活に参加するときにうまれる実存的な喜びを作りだすものであることを指摘しながら、これがアメリカ革命の原初的な「草の根」運動を再現したものだと考えるのである。こうした活動はアメリカ革命の精神を再現するものであり、トクヴィルが考察したアメリカ革命の初期にみられた「自発的な結社」の運動を、現代の状況で反復したものである。この精神は、今でもなお「日常生活のうちに埋め込まれている」[29]のである。

アレントは、市民的な不服従は「自発的な結社の最新の型であり、したがってこの国〔アメリカ〕の最古の伝統にぴったり一致している」[30]と考える。初期の植民地のタウンの伝統を現代に蘇らせることができるのは、この自発的な結社という組織形態であり、評議会という形式なのである。評議会は、公民権運動のうちに、学生の叛乱に、反戦運動に、たえず姿を現わしているのであり、現在でも市民が公的な活動をしようとするときに利用できる組織形態なのである。(31)

そしてアレントは、このような結社に基づいた公的な活動としての評議会的な統治のうちから、「従来のものとはまったく異なる組織化の原理(32)」が生まれてきて、やがては伝統的な主権の概念に依拠した国家とは違う国家の概念が登場してくるのではないかという希望を抱いていた。「この方向にわたしは新しい国家概念が形成される可能性をみるわけです。主権の原理とはまったく無縁であろうこの種の評議会国家は、さまざまな種類の連邦にとくに適しているでしょう。それはとりわけ、連邦では権力が垂直的ではなく、水平的に構成されるからです(33)」。

これはアレントの夢ではあるが、わたしたちが新しい国家の概念を模索する際に、一つの手掛かりとなる夢であるだろう。一九六八年に始まる日本の学生叛乱の蹉跌の原因の一つは、こうした夢をもてなかったことにあったかもしれないのである。(34)

第九章　アレントとハイデガー

第一節　ハイデガーの影響からの離脱

出会い

この章では、アレントの思想と生涯にとって、ハイデガーがもっていた意味を考えてみたい。アレントにとってはハイデガーは青春期の恋人であった頃から、八〇歳の祝いの文章を執筆するまで、すなわち彼女の一生をつうじて、愛着の対象であり、批判の対象でありつづけた。アレントはハイデガーとかかわりのあるテーマを考えるごとに、すなわち哲学のほとんどすべての領域で、ハイデガーと内的な会話を交わしながら、文章を書いていたに違いない。その意味ではハイデガーは、アレントの思想と生涯を理解するための鍵のような役割をはたしていると言えるだろう。そしてアレントのハイデガー批判は、何よりもアレントの重要な課題であった公的な領域の可能性の問題を軸として展開されるのである。

アレントがまだフライブルク大学の学生だった頃から、ハイデガーの魅力は若者たちを圧倒的に惹きつけた。当時の哲学の世界でのハイデガーの魅力について、同時代のカール・レーヴィットは次のように回想している。

「われわれはハイデガーに〈メスキルヒェの魔術師〉というニックネームをつけた。……彼の講義のテクニックは、思想の大伽藍をつくりあげたかと思うと、つぎにはみずからそれを取りこわし、魔法にかかった聴衆にひとつの謎を与え、つぎには彼らを手ぶらのままに残すというところにあった。ときどき魔法をかけるこの能力はきわめて重大な結果を伴った。それは多少とも病的な性格の人びとを惹きつけ、一人の女学生などは、三年のあいだ謎を解き明かそうとしたあげくに、自殺してしまった(1)」。

女学生の自殺の原因がハイデガーの講義にあったのかどうかは別として、アレントがこの魔法にかかったのはごく自然のなりゆきだったろう。アレント自身はハイデガーの八〇歳を祝う文章で、まだ一冊の著書もなかった大学教員のハイデガーの「名声」について次のように回顧している。

「ハイデガーの場合には、名声の土台たりうる作品というものはまだ一つとしてなかったのです。手から手へとわたっていった講義筆記録を別とすれば、著作はなにもなかった。しかも講義は一般によく知られたテクストを扱っていたわけでも、聴いた者が語り伝えうるような教義を含んでいたわけでもありません。あったのは一つの名前ばかり、しかしその名前が、あたかも世間の目から隠された王の噂のように、ドイツ中を駆けめぐったのです(2)」。

「アモー、ウォロー・ウト・シス」

魔術師であり、「思索の国の王(3)」である指導教官の愛の言葉は、アレントに激しく作用したようである。それを象徴するのが、ハイデガーがアウグスティヌスの語った言葉として示した「アモー、ウォロー・ウト・シス」である。ハイデガーはアレントの愛をかちえた後のある書簡で、「きみは知っているだろうか、一人の人間に負うべく与えられるもののうち、もっとも重いものはなにかを。ほかのことすべてには道があり、助けや限界や理解がある。だがここでは、いっさいが次の等式に尽きる。愛のうちにあること＝もっとも自分ほんらいの実存に追い込まれること。アモーとは、すなわちウォロー・ウト・シスのことであると、アウグスティヌスは言っている。わたしがあなたを愛するとは、あなたがあること、あなたのあるがままを、わたしは欲する、ということだと(4)」。

アウグスティヌスの原典からは、この言葉は確認されていない。しかしアレントはこの「ウォロー・ウト・シス」を生涯にわたって、何度も繰り返す。アレントの処女作である『アウグスティヌスの愛の概念』では、他者を肯定すると同時に否定するものであることが指摘され、「わたしはあなたが存在することを欲する(5)」（ウォロー・ウト・シス）ものの、それはあなたそのものを愛するというよりも、「他者がそのほんらいの存在へと達するように[6]」、他者をも否定しながら愛することだと指摘されている。ここではアウグスティヌスのこの言葉は、愛の言葉であるよりも、「自分ほんらいの実存に追い込まれる」という、前掲のハイデガー的な存在論的な概念として提起されている。

一方で晩年の『精神の生活（下）意志』では、この言葉が他者を肯定する愛の言葉として語られる。「ものあるいは人についてこれを愛すること、すなわちわたしはあなたが存在することを欲している――わたしは愛する、すなわちあなたが存在するように意志する（アモー、ウォロー・ウト・シス）と言うこと以上に、大きな肯定は存在しない[7]」。

あるいはこの言葉は、「世界への愛」と結びつけて語られる。アレントは一九六五年から六六年にかけて行なわれた道徳についての連続講義でも、この四語を引用したあとで、「その物、その人にたいするわたしの肯定は、いずれにしても存在するその物や人とわたしを結びつけます。わたしの否定は、その物や人からわたしを遠ざけます。この意味では世界は、〈世界への愛〉なのです。ところで世界への愛は、世界をわたしのために作りだし、わたしを世界のうちにはめ込むのです[8]」と語っているのである。

この愛の言葉について語るたびに、アレントの胸は揺れたに違いない。わたしはあなたがあることを、あるがままのあなたを愛する。この言葉は愛について語ると同時に、あなたの存在を意志するという意志の概念についても語るのである。愛と意志は世界を通じて緊密に結ばれている。アレントの博士論文が『アウグスティヌスの愛の概念』であり、遺作が『精神の生活（下）意志』であることは、たんなる偶然ではないのかもしれない。この四語に、愛と意志が象徴的に結ばれているのであり、アレントの思索の道程はある意味では愛から意志へ、意志から愛へと橋を架ける営みであった。

ただしいずれ検討するように、遺作の『精神の生活（下）意志』ではハイデガーの意志論は否定的に紹介されている。この時期にあっては、この言葉はハイデガーとの結びつきよりも、ただ若い頃の愛の記憶の雰囲気のうちで想起されているのかもしれない。

アレントのアイデンティティとハイデガー

またアレントがハイデガーに惹かれたことには、別の要因も考えられるだろう。アレントとハイデガーの恋愛関係を初めて暴いたエティンガーは、ハイデガーが学生に及ぼしていた強烈な影響力を考えれば、アレントがハイデガーに惹かれたことは「ほとんど不可避だった(9)」と結論する。そして、若い頃に父親を失って、「支えを求めていた少女だったという彼女の過去も、傷つきやすい、メランコリックな性質も、彼女の心を得ようとするハイデガーの断固たる努力に抵抗できる力には、とてもなりえなかった(10)」と指摘しながら、ラーエルの夢と類比して次のように語っている。「彼女は多くの同化ユダヤ人と同じように、いまなお自分の帰属の位置があやふやで、自分自身についての疑念をまだ抱えていた。ハイデガーは彼女を恋人に選ぶことで、幾世代ものドイツ・ユダヤ人の夢、ラーエル・ファルンハーゲンのような同化の先駆者たち以来の夢を、ハンナにかなえてやったことになる(11)」。

アレントがハイデガーとの恋によって、ある種の同化を夢見たかどうかは明らかではない。ハイデガーは既婚者であり、彼女に同化の落ち着きをもたらすことは期待できなかったはずだからである。さらにアレントはラーエルのような積極的に与える立場にはなかった。ラーエルはファルンハーゲンに、彼があたかも「道端の乞食」であるかのように、みずからの経験の記憶を無償で与えたのだった。それとは反対にアレントはハイデガーから生涯にわたって、「女子学生」のように扱われた。後にアレントは一九六一年になっても、ヤスパースに次のようにこぼしている。

「彼にとって、私の名が世間に出る、私が本を書くなどということは耐えがたいことなのだと、私には分っています。彼にたいして私は生涯ずっといわば嘘を演じてきました。あたかも私の名前だの本だのは存在しないかのように、私は彼の本の注釈をするしか能がなく、そのほかのことでは言うなれば三つまで数を数えることもできないかのように、振る舞ってきたのです。そして注釈でなら私が三つまで、ときには四つまでも数えられることが判明すると、彼はいつもたいへんご機嫌でした(12)」。

ということは、アレントはハイデガーとつき合っているかぎり、自分が誰であるかを示すことができず、みずからも納得することができなかったということである。アレントはハイデガーとともにではなく、ハイデガーに抗してなければ、みずからのアイデンティティを確立することができなかった。そのため、ハイデガーの哲学の理論に対抗することが、アレントにとっては重要な課題になる。みずからの理論体系を構築しなければ、ハイデガーの優位を崩すことができないからである。『アウグスティヌスの愛の概念』から『精神の生活(下)意志』までの著作の背景には、浴びるほどにハイデガーの影響をうけたアレントが、ハイデガーの理論の魅惑から身を脱するための営みが隠されていると考えるべきだろう。

第二節　『アウグスティヌスの愛の概念』とハイデガー

ハイデガーの影響

アレントの『アウグスティヌスの愛の概念』は、アウグスティヌスの愛の概念を神学的にではなく、現象学的かつ実存論的に考察しようとするものであり、ヤスパースとハイデガーの影響は顕著である。用語だけをみても、人間の現存在（ダーザイン）の概念、[1] 世界内存在（イン・デア・ヴェルト・ザイン）の概念、[2] 人間存在の「本来性と非本来性」（アイゲントリッヒカイト／ウンアイゲントリッヒカイト）[3] の概念など、ハイデガーの概念を駆使していることからも、この論文がハイデガーの『存在と時間』に負うところが多いのは明らかだろう。

実存論的な分析の一例をあげると、アレントは現世的な愛クピディタスによって人間は世界を故郷としたが、同時に好奇心（ノイギア）[4] によって、外の世界に心を奪われることを指摘している。これは「本来の自己の喪失」[5] である。この好奇心は、「世界への従属がいわば習慣化した状態」であり、「自己自身を回避して生きようとする人間的なものに固有の不確かさと空しさ」[6] である。

この好奇心が、公的な世界のうちに世人（ダス・マン）として、世間話のうちに過ごして自己を喪失してしまうハイデガーの『存在と時間』の世界内存在の頽落した在り方として批判されているものと同じ意味をもつのは明らかであろう。『存在と時間』第三六節「好奇心」では、「見ようと気遣うことにとって問題なのは、捕捉することでもなければ、知りつつ真理のうちで存在することでもなく、世界におのれを引き渡すことの諸可能性である[7]」とハイデガーは語る。頽落することは、「世人の非本来性のうちへと旋回し入れられている[8]」ことなのである。

このようにこの論文でアレントは、ハイデガーの『存在と時間』で展開された基礎的存在論の概念を駆使している。その意味ではハイデガーのこれらの概念は、アレントの現象学的な分析の基本的な土台となっているのであり、それを回避することはできない。アレントがハイデガーに異を唱えようとするのは、この次元ではないのである。

ハイデガー批判

それではアレントはこの論文で、ハイデガーをどのように乗り越えようとしていたのだろうか。すでに指摘したように、アレントはこの論文の脚注で、ハイデガーの論文『根拠の本質について』でのアウグスティヌスの扱い方を批判していた。ハイデガーがアウグスティヌスにおける世界の二重性を捉えながら、「天と地」という純粋な被造物としての世界の側面を無視して、人々が作りだした故郷としての世界だけを重視していたことをアレントは批判した。

しかしハイデガーの現象学的な分析では、世界内存在としての人間が住む世界が重視されることは自明のことであり、アレントの批判はハイデガーへの批判としては有効ではない。

ただアレントにとっては、この「天と地」としての世界の側面は無視することができないものだった。第一に、人々が世界に住みながら、世界を故郷とする運動と、世界が荒野となる運動の弁証法を考察するためには、この荒野としての世界は必須の要素であるからである。

第二に、この「天と地」としての世界は、アウグスティヌスの哲学におけるギリシア・ローマ的な側面を代表するものであり、ギリシアの時間論を体現したものである。アウグスティヌスのキリスト教的な要素とギリシア的な要素の二重性は、アレントがとくに重視する問題であり、その意味でも「天と地」は重要な意味をもっていたのである。

それよりもむしろ、アレントがこの論文の結論で示したように、人々が共同で作りだす社会生活の重要性にこそ、アレントのハイデガー批判の根幹があるはずである。次の節で紹介するアレントの「実存哲学とは何か」では、ハイデガー批判のこの側面が明示的に批判されることになろう。

ただしここでは、アレントが一九六〇年代の半ばになってこの論文を英語で出版することを計画し、ドイツ語版で脚注に回されていたアウグスティヌスの原文を本文に組み入れながら、ある程度の書き直しを行なった箇所で、新たなハイデガーへの批判が行なわれていることに注目しよう。もちろん後年のこの書き直しは、博士論文を執筆していた時代のアレントの思想そのものを示すものではないが、アレントは論文の完全な書き直しを計画していたのではないのであり、若い頃にこの論文でうまく表現できなかったことを、かつて彼女の内側に潜んでいた思想の蕾を開くように、展開しようとしていたと考えられるのである。

英語版でアレントがハイデガーに関連して第一に指摘するのは、出生の重要性である。アレントは、アウグスティヌスが世界の端緒（プリンピキウム）と人間の端緒（イニティウム）を区別していることを指摘する。世界の端緒は神による創造である。しかし人間の端緒は魂の発生であり、「こうした端緒があるために、人間が創造された」（Initium ut esset homo creatus est）[9]のである。人間が創造されたのは、始まりがあるためであり、これによって時間が、さらに創造された世界が、「いかなる新たなことも発生せずに、永遠に目的もなしに自転しつづけることができなくなった」[10]のだった。これは天体の円環する時間から、直線的で後戻りすることのできない人間の時間への転換である。だから「人間が創造されたのは〈新たなもの〉（ノウィタス）のためである。このようにして「人間は自分の〈始まり〉と起源を知り、意識し、記憶することができるために、始める者として行動することができるのであり、人類の物語を作動させることができるのであることになる」[11]。

アレントは、「始まりがあるすべてのものは、新しい物語が始まるという意味で〈プリンピキウムではなくイニティウムであるという意味で〉、終末をもたねばならず、真の意味で存在するということはできない」[12]ことを指摘する。アレントは、アウグスティヌスのこの思想に強い感銘をうけたのだった。自己中心主義《ソリプシズム》に陥る危険性のある欲求としての愛の概念ではなく、新たに生まれてきた者、かけがえのない一回だけの歴史を自己の物語として紡いでゆく宿命にある者に、その存在のかけがえのなさに、「ウォロー・ウト・シス」としてその存在にふりそそぐ愛の概念に注目する。人間は新しいことを始めるために生まれるのであり、その生は一回ごと、一回かぎりである。

人間は生成し、死滅するものであり、永遠の「存在」ではない。存在するものは、始まりをもたず、終わりをもたない。人間は存在することで始まりをもち、終わりをもつ。時間の中に生きる人間は過去の喜びを想起することで、将来においてその喜びが戻ることを期待し、過去の悲しみを想起することで、将来においてその悲しみがふたたび訪れることを恐れる。だから過去の起源に戻ることは、将来の死を予測することと同じ意味をもつ(13)、とアレントは主張する。

「存在」である神は時間をもたず、「同時」である。絶対的な過去であり、絶対的な未来であり、絶対的な現在である。しかし創造されて実存するにいたる人間は、記憶と期待によってしか、この二つの時間を結びつけることができない。そして何よりも過去の記憶と想起によって、人間はひとつの全体として実存するようになる。それがなければ、瞬間の継起と連続にすぎない。人間が瞬間の継起と連続であることから免れるためには、何よりも過去の記憶と想起という精神の「集中」を必要とする。この集中という営みによって、永遠の「今日」に到達することができるのである(14)。

ここでアレントはハイデガーの「死への先駆」の概念を批判する。わたしたちの期待と欲望は、わたしたちが過去に経験したことの記憶と知識に導かれるのである。人間の存在の全体性と統一性をもたらすのは未来への期待ではなく、すなわちハイデガーの死への予期などではなく、過去の記憶である。ドイツ語版の分析では、未来において訪れるはずの自己の死は「世界内存在の虚無性を人間に示す(15)」役割をはたすとされており、アレントはハイデガーの「死への先駆」の概念を採用していた。その意味ではドイツ語版の分析はハイデガー的なものであった(16)。しかし英語版では死よりも過去の記憶と新しいことを始めることのできる出生の意味のほうが重視されている。

現在の瞬間において人間は記憶によって過去を現前させ、予期によって未来を現前させることで、自己を統一し、時間を統一する。これが人間の実存を決定するのである。これによって人間は「不易なもの」に加わることができるとされているのである。遠い過去と遠い未来は、人間の「前に」あるものだが（過去は人間の「以前」として前にあり、未来は人間の「いまだ来らざるもの」として前にある）、どちらもこの記憶と予期によって人間が生きているうちに、現前させることができるのである。[17]死という最終的な境界に向かって生きながらも、究極の起源に向かって生きることができるのは人間だけである。人間の存在の時間的な構造は、ハイデガーのように未来への予期だけで構成されるのではなく、何よりもまず過去についての記憶によって構成されるとアレントは考える。起源としての創造者の神学的な思想が、存在の時間構造として人間学的にも考えられているのである。

人間は想起と予期によって集中して、記憶の力によって生涯を現在のうちに現前させることができ、それによって永遠に参加することができるのであり、生きているうちから「幸福に」なることができる。[18]この記憶の力についてドイツ語版では、アウグスティヌスは「記憶は過去を現在として現前化させ、同時にそれを通じて過去と絶対的未来を、すでに所持され、ふたたび追求される可能性として同一化させる」と語っているが、[19]アレントはここでは人間の特権について、幸福になる可能性について考えているのである。英語版は「過去と未来が現在化され、そのうちで過去と未来が一致することにより、時間が消滅し、人間の時間への従属も消滅するのである[20]」とされている。生きながらにして過去の愉悦を再現できる可能性は、ここにあるのである。

第二に、この批判はハイデガーの時間論と異なる構造の時間論に依拠したものである。アレントは、アウグスティヌスが記憶の力について、「わたしは不幸でありながら、至福の生を記憶するように、悲しいときにも喜びを記憶する[21]」と語っていることに注目する。欲望の本性が、現在を超越して未来に向かうことにあるのと同じように、記憶の本性は「現在の経験を超越して過去に向かう[22]」ことにある。すべてのひとは幸福であろうとするし、「幸福な生」という言葉を聞くときに、その生を想起するのである。[23]

想起するといっても、かつての幸福な生が純粋に想起されるのではない。それでは失われた幸福への悲しみを伴うだろう。そうではなく、現在の一部として、未来の至福な生への待望として、過去の幸福な生への記憶がよみがえるのである。アウグスティヌスはわたしが神を探し、幸福な生を探すとき、わたしは自分の記憶の中に歩みいると語っている。だから欲求が未来を待望するのは、その背後に記憶の力が、過去の次元が存在するからである。こちらの方が根源的なものなのだ。

重要なのは未来ではなく過去であり、欲求ではなく記憶である。神を愛するということは、神との幸福な関係がすでに存在していたことを記憶しているということである。アレントは、告白と回想と記憶の目的は、起源を探求すること、「わたしを創造した」神を探求することだと言う[24]。ハイデガーは「死への先駆」によって、未来にあるみずからの死の瞬間から現在に立ち返ることで、現在の実存を確実なものにしようとした。アレントは未来から現在に立ち戻るのではなく、現在のうちに過去の記憶をみいだそうとする。死への先駆ではなく、いまだ生まれざる前の幸福への記憶に遡るのである。未来を待望するという営みの背後に、いつともわからない過去の記憶、出生という出来事への記憶の幸福さが、すでに存在していることを指摘するのである。

ここでハイデガーの時間の構造とは異なる時間の構造が取りだされる。アレントはアウグスティヌスの記憶の概念を分析し、駆使することによって、ハイデガーの時間概念を乗り越えようとしたのである[25]。

第三節 「実存哲学とは何か」

ハイデガーの責任の追及

ハイデガーはやがて一九三三年にナチスに入党し、学生たちに祖国に尽くすことを求める総長演説を行なうようになる。アレントはこの年には『ラーエル・ファルンハーゲン』の最後の二章を除いて執筆を完了し、同化の空しさを確認する。アレントはひそかに国を離れて、無国籍者となる。ハイデガーがユダヤ人のフッサールにたいして、師にたいする思いやりのない姿勢をとったことは、アレントにとっても耳にするのもつらいことだったろう。

アレントは一九四六年に発表した論文「実存哲学とは何か」の脚注で、「ハイデガーが一九三三年に、きわめてセンセーショナルな仕方でナチスに入党した[1]」ことを指摘したあと、「ハイデガーはフライブルク大学総長という地位を用いて、彼の師にして友人でもあり、また講座の前任者であるフッサールにたいして、彼がユダヤ人であるという理由から、大学教員の一員として構内に入るのを禁じた(2)」と断罪している。

アレントはやがてヤスパースとの往復書簡で、ハイデガーの大学でのフッサールへの対処について、厳しい言葉を吐くようになる。アレントは一九四六年の書簡で、ハイデガーが総長としてフッサールの構内立ち入りを禁じる書簡に署名したことについて、「ハイデガーはこの文書に自分が署名せざるをえなくなったその時点で、辞職すべきだったと、わたしはずっと思っていました。いくら世間知らずと言われる人でも、それくらいのことは理解できたはずです。その限りでは彼の責任を問うことはできるのです(3)」と指摘している。

そして同じ書簡で、「この書簡とこの署名が彼〔フッサール〕をほとんど死に追いやるところだったと知っているからには、ハイデガーを潜在的な殺人者とみなさざるをえないのです(4)」とさらに厳しく断罪しているのである。

カントの位置

この「実存哲学とは何か」という論文は、カントから始まってキルケゴールを経由し、ハイデガーとヤスパースの実存哲学を比較するという構成になっている。アレントは、カントは「現代哲学の隠れた、しかしいわば真の創始者であり、それればかりか今日にいたるまでその隠れた王でありつづけてきた(5)」と指摘する。それは主として二つの意味においてである。第一に、カントは「思考と存在の一致を打ち砕いた(6)」からである。カントは現象と物自体を区別し、人間は物自体でありながら物自体を認識することはできないと主張した。これは人間の思考は、存在としての物自体を認識することができないということである。古代以来の真理の定義は、概念と対象の一致であったので、このカントの主張は、人間は真理を認識することができないことを認めたことになる。

第二に、それでもカントは人間の自律性を確立しようとした。「カントが古来の存在概念を破壊しようとしたときに意図していたのは、人間の自律性を打ち立てること、彼自身のいう人間の尊厳を確立することだった(7)」。人間は物自体としては存在の普遍的な連関から離れて行動することのできる自律的な存在である、とカントは指摘した。ただしこの自律した意志に基づいて行動するときには、人間は自然法則の必然的な領域にはいりこむのである。

ハイデガーの哲学の位置づけ

この二つの観点からみるときアレントには、ハイデガーの試みは「カントによってその破壊が着手された古典的な存在概念の復元(8)」を意図するものにみえる。そのためにハイデガーは、「本質と実存が同一であるような存在者をみいだしたと主張する。その存在者とは人間にほかならない(9)」。そして本質と実存が同一であるのは、伝統的に神だけであったから、これはカントの破壊したものを回復し、しかも人間を神と同じ地位にまで高めるものであると考えられる。人間は「存在の主(10)」として、さまざまな存在者と異なる特権的な地位を占めることを主張することになる。ハイデガーは人間という用語を使わないで済ませるために、人間を〈そこにある存在〉、すなわち現存在と呼ぶ。この現存在にとっての哲学という活動は、みずからの実存を把握することにある。哲学すること、すなわち思考することが、人間のもっとも実存的な活動なのである。この思考の営みによって、現存在は本来的な自己に連れ戻されるはずだった。

しかしこの現存在には重要な欠陥がある。人間は神のような至高の存在ではなく、世界のうちに投げ込まれた被投性のもとにある存在として、つねに頽落してあるのである。この頽落は、人間がつねに思考するだけの存在ではなく、他者とともに世界のうちに共同で存在する存在であることによって生まれる。「ハイデガーが結果として〈頽落〉として描く事態は、人間が神としてあるのではなく、みずからと同じ者たちとともに世界に生きる、人間の実存のあらゆる様態を含むことになる(11)」のである。ハイデガーにとって他者とともにあることは「頽落」であり、本来的でないあり方なのである。

ハイデガーはこの頽落から回復するために、「死への先駆」という概念を提起した。わたしの死は、わたしだけが死ぬことのできるものとして、個体化の原理となるのであり、この「無そのものとしての死を〔思考のうちで〕経験することにおいて、わたしはもっぱら自己であることのみに、みずからを捧げる機会をもつ(12)」のであり、共同世界から自己を解放することができるのである。

ヤスパース哲学との対比

このハイデガーの哲学は、やがてはこの孤立した自己の共通の基盤として、「〈民族〉や〈大地〉といった神話的で混乱した概念を用いるようになった[13]」ことをアレントは指摘する。これにたいしてヤスパースは、ハイデガーのように思考活動を実存そのものとみなすことはない。ヤスパースにとって重要なのは、孤独な思考ではなく、他者とのコミュニケーションである。ヤスパースにとって「〈実存〉という言葉はここでは、人間が自発性に根差したみずから自身の自由によって行為し、〈コミュニケーションを通じて他者の自由と結びつく〉かぎりでのみ、人間は現実的なものとなる、ということを意味する[14]」のである。

このようにヤスパースは他者とのコミュニケーションに決定的な重要性を与えた。そのために他者の地位がハイデガーとはきわめて異なるものとなる。ハイデガーにとっては他者とは、共同存在する者として「構造的に必要ではあるが、それにもかかわらず自己の存在にとって障害となる実存の要素[15]」である。それにたいしてヤスパースにとっては、「実存は彼らすべてに共通の世界に住まう人間たちが分かちあう生のうちでのみ展開しうる[16]」のである。「人間は他者とともに生き、行為する[17]」者である。その意味ではアレントはヤスパースの哲学の構えを非常に高く評価するのである[18]。

このハイデガーとヤスパースとの哲学の比較において、アレントが『アウグスティヌスの愛の概念』で模索した隣人愛と社会という共同性の問題が問われていることは明らかだろう。アレントは博士論文では「死への先駆」の概念を駆使していたが、この概念が個体化の原理として有効なものであっても、あくまでも思考のうちの実験のようなものとして役立つにすぎないことを、この文章で改めて確認する。

「死への先駆」では、他者との共同性は生まれようもなく、世界は荒野のままである。社会が生まれるためには、他者とともに共存しようとする意志、他者とコミュニケーションしようとする意志が必要なのである。アレントのこの論文でのハイデガー批判は、他者が「自己の存在にとって障害となる」存在としてしか考えられていないことに集中している。このハイデガー批判は、ある意味では『アウグスティヌスの愛の概念』の結論を敷衍したものと言えるだろう。

さらにアレントは後年、ヤスパース宛ての書簡において、ハイデガーの哲学を含めたドイツの哲学、さらに遠く遡って「プラトンからニーチェまでを含めた西洋の伝統」には、社会における人々の関係についての真の意味での「政治」について考察することがなかったことを指摘している。「この西洋哲学が、政治的なものについての正確な概念を一度としてもたなかったこと、人間について語るばかりで、複数性の事実を付随的にしか扱ってこなかったがために、そのような概念をもちえなかったこと(19)」を指摘するのである。これはこの時期のアレントのハイデガー批判の一つの論拠でもあっただろう(そして暗黙のうちに、ヤスパースもこの西洋の哲学の伝統における政治性の欠如という批判から逃れることはできない)。この伝統の下でアレントはいわば政治哲学を、これらの哲学者の代わりに、新たに構築しなければならなかったのである。

ハイデガーのロマン主義

なおアレントはハイデガーが潜在的な殺人者であったことを批判したことはあっても、ハイデガーの哲学をナチスの哲学とみなしたことはないことを確認しておこう。たしかにハイデガーはナチスの哲学と親縁性のある「民族」や「大地」の概念を利用した。ハイデガーは、「宿命的な現存在は、世界内存在として、本質的に他者と共なる共存在において実存するかぎり、そうした現存在の生起は、共生起であって、運命として規定されている。この運命でもってわれわれが表示するのは、共同体の、民族の生起なのである(20)」と語ったのである。

こうした民族の概念は、ハイデガーが思考の働きを重視していたこととそぐわないものであり、ナチスの哲学への接近を否定できない。後の時代からみて、「ハイデガーはナチズムの時代に広く流通した考え方(特殊な種族的なものではあったが)と隣り合わせるところへまで行く(21)」と批判されてもしかたのないものである。

しかしアレントはこの論文では、こうした概念はたんに「神話的で混乱した概念」であると批判するにとどめている。アレントはここではハイデガーをドイツ・ロマン主義と同じものとみなしているのである。そして「ハイデガーは実際、（望むらくは）最後のロマン主義者、いうならばとてつもない才能に恵まれたフリードリヒ・シュレーゲルかアダム・ミューラーである」(22)と指摘しているのである。

『全体主義の起原』では、シュレーゲルやミューラーのような「政治的ロマン主義に、ドイツのナショナリズムに独特の種族的性格の責任を負わせるのは誤りである」(23)と指摘されるようになる。カール・シュミットが指摘するように、「ロマン的なるものは、何らかの道徳的、法的、もしくは政治的な基準とはまったく結びつけられない」(24)ものだからである。アレントはハイデガーを厳しく批判しながらも「〈ハイデガーの思想がナチズムを準備した〉といったような意味での、積極的な役割を彼に負わせようとする態度が欠如」(25)しているのは明確であり、アレントはこの姿勢を生涯変えることがなかったのである。

第四節　戦後のハイデガー問題とアレント

ハイデガー問題

一九四四年一一月八日に、ハイデガーは民族突撃隊に徴用される。当時五五歳だったハイデガーが、年長者でありながら「最初に招集され、他方で若い同僚が免除されたままであった」(1)ことから、ハイデガーはナチス政権が彼を「厄介払いしようとした」(2)という風評を流したようである。フライブルク大学はハイデガーを除隊させようと尽力したが、それよりも医師の診断書で除隊が認められ、ハイデガーはその後は兵役につくことはなかった。

一九四五年五月八日にドイツは無条件降伏し、フライブルク大学はフランスの軍事政府の監督下に置かれた。そして「政治的浄化」(3)が大学の重要な課題となった。ハイデガーの住居は、ナチス党員の住居として半ば接収された。浄化委員会はハイデガーにたいして厳しい審問を開始した。最初の尋問でヒトラーの『わが闘争』を読んだことがあるかどうかと尋問されたハイデガーは、「内容にたいする抵抗感から」(4)部分的にしか読んでいないと答えた。「これは一九三三年十一月三日にフライブルク学生連盟に呼びかけたさいに表明したヒトラー賛美の言葉とのあいだで、解決不能な内的矛盾に陥る」[5]ものだった。

ハイデガーの弁明

ハイデガーの弁明は基本的に次のようなものであったという。

「――自分は、共産主義の侵攻を食い止める唯一の、そして最後の可能性が、ナチズムへの支援にある、とみていた。

――自分は、学長職をただきわめて渋々と、もっぱら大学の利益のみを考えて引き受けた。

――たえずひどい経験をしていたにもかかわらず、自分が職にとどまったのは、ただいっそう憂慮すべき事態を阻止するためであった。……

――自分はのちに講義のなかで、とりわけニーチェについてのゼミナールのなかで明確な〔ナチズムへの〕批判を行なった」[6]。

フランスの占領軍は、大学の個々の審問に露骨に干渉しており、たとえば七月には「フライブルク大学の解剖学の正教授に対し、保安課報部のメンバーであったとの理由で、強制収容所への勾留が行なわれていた」[7]という。ハイデガーはフランス哲学に取り組むことで、フランス当局の心証をよくしようと考えたようであり、パスカルの『パンセ』研究会を設立しようと考えた。

しかし大学当局は、ハイデガーにたいしては退官よりも厳しい措置を検討していた。このことを知らされたハイデガーは、一〇月一〇日にただちに自主的な退官を申請した。哲学部は一九四五年一二月一日からハイデガーの問題に取り組み始めた。なかでも重要な問題とされたのは、ハイデガーのフッサールへの姿勢だった。「とりわけ一九三七／三八年の長期にわたるフッサールの病気にさいしてのハイデガーの不適切な振舞い、葬儀へのハイデガーの欠席、そしてフッサールの死後における彼の沈黙」[8]が重視された。

ヤスパースの評価

ハイデガーは浄化委員会が、一九三三／三四年の自分の意図については、「正しく評価[9]」してくれていることを感謝し、さらに二人の友人、すなわち大司教コンラート・グレーバーと哲学界の同僚として親しくつきあっていたカール・ヤスパースが、自分の免責を実現してくれるのではないかと考え、この二人の見解を求めることを委員会に要請した。

委員会からの見解表明の求めに応じたヤスパースは一九四五年一二月二二日に見解を表明したが、その内容は厳しいものだった。ヤスパースは、ハイデガーが大学のユダヤ人スタッフについて「ナチ党への加入を許可する前に、しかるべき保護観察期間が設けられねばならないであろう[10]」と回答したことを指摘して、人種差別的な言辞があったことを認定した。それだけでなく、ハイデガーの学問的な姿勢にも厳しい評価を下した。ヤスパースの評価は次のようなものだった。

「ハイデガーはきわめて有能な人物ですが、それは彼の哲学的世界観の内実によってではなく、思弁的な道具の操作においてなのです。私見では、彼は驚くほど無批判的であり、本来の学問からは遠いところにいるにもかかわらず、興味深い知覚能力を有する哲学的な器官のようなものが彼にはあります。彼はときおり、まるでニヒリズムの峻厳さが魔法使いの秘法伝授と結びついているかのような印象を与えます。彼は折に触れて彼なりの言葉遣いにおいて、哲学的思索の急所を、人知れぬ素晴らしい仕方でつくことができるのです。この点で、彼はドイツの同時代の哲学者のなかでは、私の見るかぎり、唯一の人物でしょう[11]」。

学問的にこのように厳しい評価をしたヤスパースは、ハイデガーを教師としての地位につかせるのではなく、たんなる研究者として処遇し、ある程度の年金を与えることを提案した。これは「権利付きの退官」でも「慣例通りの年金付きの退官[12]」でもなく、例外的な個人年金付きの免職を提案するものだった。

このヤスパースの見解はハイデガーには打撃だった。一九四六年一月には、大学の評議会は「講義の権利を放棄したうえでの退官[13]」を求めることを決議した。一九四六年一二月二八日に最終決定が下された。「教育活動の禁止と大学でのすべての職務の打ち切り[14]」という厳しいものだった。

再会と和解

アレントがヤスパースにハイデガーを「潜在的な殺人者」として咎める書簡を送ったのは、ハイデガー問題が最終的に決定される前の一九四六年七月九日のことだった。ヤスパースはこうした経緯で、ハイデガーの戦時中の行動については詳細に知っていたのである。三年後の一九四九年にはヤスパースは、かつての親しい交際を復活させることを期待して、ハイデガーに書簡を送った。

ヤスパースは浄化委員会の依頼によってハイデガーについての所見を執筆したことをハイデガーに明かし、ハイデガーがヤスパースとの交際を拒絶している理由について、そしてハイデガーが学長時代にバウムガルテンについて作成した所見について、ヤスパースに何らかの説明をするように求めたのだった。そして「私たちのあいだで哲学的思索に関して、またもしかしたら私的な事柄に関しても、一方から他方へと言葉が交わされても一向に差し支えないであろうと思います[15]」と、交際の復活を提案したのである。

このヤスパースの提案にハイデガーはしばらくしてから返事をだし、「あなたがお便りを下さったということ、そのことの事実は、私にとって、大きな喜びです[16]」と感謝しながら、対話の再開に同意したのだった。ヤスパースが答えるように求めた二点については「私は今は、あなたの最初のお手紙に対する説明には立ち入りませんが、だからといって私は、何事をも無視するつもりはありません。たんなる説明は、ただちに果てしなく、あやしげで厄介なものになってゆくからです[17]」と、黙したままだった。

しかし結局のところ、ヤスパースとハイデガーのあいだに真の意味での対話は復活しなかった。ヤスパースは何度も問いを投げかけているが、「ある本質的な点、私にとっておそらく不可避な点に関しては、私にお答えになっていないかのように思われるのです[18]」と指摘し、ハイデガーのスターリンにたいする姿勢は、「全体主義的なものの勝利を準備するものになるのではないでしょうか[19]」と難詰した。そしてハイデガーに、あなたは「隠された秘義にもとづいて超感性的なものを指し示す預言者として、登場しようとしているのでしょうか。そして、現実を離れていくよう誘惑する哲学者として、あなたは登場しようとしているのでしょうか。虚構によって、可能的な事柄をなおざりにさせようとする哲学者として、あなたは登場しようとしているのでしょうか[20]」と厳しい問いを投げかける。しかしハイデガーは黙して答えない。

やがてヤスパースも諦めて、七年後にハイデガーの七〇歳を祝う書簡では、「一九三三年以来、私たちのあいだには、砂漠が広がってしまいました。その後に起こった事柄や語られた事柄からすれば、この砂漠はいよいよ通行不可能なものになってゆくばかりのように思えました[21]」と、二人を隔てる砂漠の広さを嘆くようになる。

ところでヤスパースはハイデガーとの対話を再開した一九四九年の九月にアレントに書簡を送って、ハイデガーの書簡をアレントに読ませると約束していた。そしてハイデガーについて、「不純な魂をもつ者、つまり魂の汚れに無自覚で、それをきれいにしようとたえず努めることはせず、無思慮に汚れたままで生きつづける者、そういう不正直な人間がもっとも純粋なものを見ることなど、ありうるでしょうか？　それとも彼はみずからの革命的変化を体験するのでしょうか？　ひじょうに疑わしいとは思いますが、私にはわかりません[22]」と書き送っている。

アレントはこれに答えて、「どの文章もおっしゃるとおりです。あなたが不純と呼んでおられるものを、私なら無性格と呼ぶでしょう[23]」と語り、ハイデガーの「子どもじみた不誠実さ」を咎めながら、「ヘルダーリン論と、ひどいお喋りばかりのニーチェ講義も、こちらで読みました[24]」と書いている。すでに確認したように、ハイデガーはこの講義でナチズムへの明確な批判を展開したと主張していたのだった。しかしアレントは、みずから「お喋り」と呼んだハイデガーのこのニーチェ論を、やがてハイデガー擁護のために利用するようになる。

アレントは一九四九年の一二月にバーゼルに住むヤスパース夫妻を初めて訪問した。アレントは夫のブルッヒャーへの手紙で「すべてが素晴らしく進んでいます。まさにわたしが夢にみたように、素敵です。まったく自然で無理がありません。いかなる抑制もありません[25]」と書き送っている。

そしてこの出会いの場で、アレントはヤスパースに若い頃のハイデガーとの愛について告白したのである。ヤスパースから、約束のハイデガーとの往復書簡を読ませてもらったアレントは、「ヤスパースは最初の非難の言葉でも、驚くほどにオープンでした。ハイデガーはすべてを認め、ヤスパースがふたたび書簡を送ってくれたことはとてもうれしいと語っていました。とても感動的ではありますが、ハイデガーの嘘なのです[26]」と記している。その後で「わたしはハイデガーとのことをすべて開けっ広げに告白しました。ヤスパースは〈ほう、でもとても興味深い話だね〉とだけ語りました。その反応の自然さは、真似ようもありません[27]」と書いている。

一九五〇年の一月三日にはアレントはロンドンから夫に手紙を書き、ドイツではふたたび「ハイデガー洪水になっている[28]」と書いた後で、ハイデガーに会いにゆくかどうかわからない、「すべては運に任せます。ヤスパースが読ませてくれたハイデガーの書簡は、いつもどおりでした。本心を語るかと思うと嘘をつく、というよりも臆病さが顔をだす。嘘と臆病が支配的なのです。ヤスパースに会って、ハイデガーにどうしても会いたいという気持はなくなりました[29]」と語っている。

パリを経由してバーゼルに戻ったアレントは、二月五日に夫に、「月曜日には〔ハイデガーのいる〕フライブルクに行きます。行かねばならないのです。あの人と再会したいとはまったく思いません[30]」と書き送っている。アレントはユダヤ文化再建委員会の執行委員として、ナチスに強奪されたユダヤ文化財のリストを作成する仕事があったのだ。

しかしアレントは二月七日に、フライブルクに到着するとすぐに、ハイデガーに短い手紙を送ったらしい。それにたいしてハイデガーは「親愛なるハンナ」で始まる招待状を送ったが、二人称には形式的な「あなた《ジー》」を使った挨拶だった。ただし電話がなかったためにハイデガーは直接ホテルに赴き、そこでアレントと再会している。二月七日にアレントがハイデガー家を訪問した後の八日の夜、アレントは「昨晩と今朝《けさ》は、全人生を確認してくれるものとなりました。ほんとうのところまったく予期してなかった確認です。ボーイがあなたの名を告げたとき（わたしはじっさい、あなたのおいでを予期していませんでした。お手紙はまだ受けとっていなかったのです）、突然時間がとまってしまったかのようでした[31]」とハイデガーに書き送っている。

ハイデガーはアレントの最初の手紙をうけとった後に、妻にかつての不倫を告白している。そこまでしてアレントを迎えようとしたのは、「彼女が著名なユダヤ人であり、それゆえ彼女の支援は反ユダヤ主義者ハイデガーという執拗な糾弾を中和するのに役立つ[32]」からだったのは間違いないだろう。妻のエルフリーデは激しい嫉妬に駆られながらも、アレントの有用性はやがて認めるようになる。

アレントのハイデガーへの愛

この年（一九五〇年）に、ハイデガーはかつての愛が戻ったかのように、アレントに多数の詩を送っている。一九五一年にも親しい書簡の往復がつづくが、一九五二年には数も減り、六月にはハイデガーは「今は手紙をくれないほうがいいし、立ち寄ることもしないほうがいい。よろず心の痛む厄介なありさまになっている[33]」と通告するようになる。それでもアレントはハイデガーの著書の翻訳出版に尽力しており、一九五四年四月二九日にアレントは、「親愛なるハイデガー様」という書き出しで『存在と時間』の英訳のおかしなところを指摘しておいたという手紙を、形式的な二人称の「あなた《ジー》」を使って出している。ハイデガーはそれまでのアレントの書簡をほとんどまったく保存していないので、どのような経緯があったのかはわからない。

この手紙にハイデガーが慰めの書簡を送ったらしく、アレントは次の書簡では親しい二人称の「あなた《ドゥー》」に戻って、今どんな仕事をしているかというハイデガーの問いに『人間の条件』についての構想を語っている。そして「これをわたしがやれるとしても、若い頃にあなたのもとで学んだものなしにはとても不可能でしょう[34]」とまで語っているのである。そしてこの年には、ハイデガーが一〇月に「君の忠実な追憶、そして特に翻訳作業へのきみの貴重このうえない助力に、心から感謝します[35]」という書簡を送って終わっている。

ところでこの年にアレントはアメリカ政治学会で、「近年のヨーロッパ哲学思想における政治への関心」という講義を行なっている。この講義はアレントのハイデガーにたいする新たな姿勢を示すものとして注目される。すでに述べたように、一九五一年にアレントはヤスパースあての書簡において、ハイデガーを含む西洋の哲学の伝統における政治的な関心の欠如を厳しく指摘していた。この講義ではこの問題に関連して、ハイデガーの後期の哲学の新たな姿勢に注目している。

アレントは、前期のハイデガーと後期のハイデガーの「歴史性」の概念の違いに着目する。初期の『存在と時間』におけるハイデガーにとって、歴史性は、世界に存在する人間の時間的なありかたに依拠するものだった。現存在は「おのれの存在の根拠において時間的に存在するゆえにのみ、この存在者は歴史的に実存するのであり、また実存しうるのである(36)」というのが、存在論的な歴史性の概念だったのである。そして歴史そのものについては、ヘーゲルの「歴史の狡知」の概念と同じように、哲学者が「民族の運命」を解読することのできる特権を確保しているものと考えていた。「この運命でわれわれが表示するのは、共同体の、民族の生起なのである(37)」。ハイデガーは、哲学者はこの運命を読み取ることができると考えているのであり、ナチスとの同調も、こうした信念に依拠していたのだった。

アレントは、後期のハイデガーはこうした哲学者の特権を放棄したことを指摘する。アレントは、「物」という一九五一年の論文から「われわれはあらゆる無制約者という想定を放棄した」というハイデガーの文章を引用する。この時代のハイデガーにとっては人間は特権的な存在ではなく、存在が語りだす場所のようなものにすぎないからである。ハイデガーは「物がいつ、どのようにして物として現われるのか。物は人間が意図的な行為をすることによって現われるのではない。ただし死すべき人間たちが見守る中でしか現われない(38)」と語るようになったのである。

アレントは、ハイデガーにおいて哲学者が「智者」としての地位を放棄したことによる「政治的にみておそらくもっとも重要で実りの多い帰結として、政治に対する新しい哲学的な関心が生まれた」ことを高く評価する。そして「智恵への要求を拒否することで、政治の全領域をこの領域の内部にある基本的な人間の経験に照らして、あらためて検討する道が開かれた(39)」と考えるのである。哲学が政治をまともに考える可能性が生まれたというわけである。

そしてアレントはこの新しい歴史性の概念によって、ハイデガーが原子力や技術の問題などについて鋭い考察を展開できるようになったことを高く評価する。「ハイデガーの概念的な枠組みが、時代の一般的な趨勢、すなわち世界の技術化、地球規模での単一の世界の出現、個人にたいする社会の圧力の増大、それにともなう社会の原子化といった歴史の用語でもっともよく理解できる現代のあらゆる問題に、高い感度をそなえている理由はこのあたりにある(40)」

と評価するのである。アレントもこのハイデガーの洞察から大きな恩恵をうけていることは、『人間の条件』の世界疎外論をみれば明らかだろう。

しかしアレントはこのハイデガーの時代への洞察が逆に、歴史的な状況への着目のために、かえって政治そのものへの注目を阻害する結果になったと考える。「政治とは何か、政治的な存在者としての人間とは誰か、自由とは何かといった政治学のより永続的な問い、すなわちある意味ではとりわけ明確に哲学的な問いは、すっかり忘れ去られてしまったかのように思われる」(41)と指摘するのである。

ただしこの論文の最後でアレントが、ハイデガーを再評価する新たな視点を提起していることにも注目しておこう。前期のハイデガーは人間の代わりに「現存在」という概念を提起していたが、これは単数形で考えられていた。自分の死に直目することができるのは、ただ自分一人であり、人間は孤独な存在なのである。しかし後期の文章では、さきほどの引用にみられるように、ハイデガーは人間を「死すべき人間たち」と複数形で語るようになる。

アレントは「政治を扱う際の哲学の決定的な障害の一つは、つねに人間を単数形で語り、あたかも単一な人間本性のごときものが存在するかのように、また、もともと地上にはたった一人の人間しか住んでいないかのように語りつづけたことにある」(42)と指摘している。アレントはここに、ハイデガーの哲学における新たな政治哲学の可能性をみいだしているかのようである(43)。

ところで、その後は一九五九年までは、ハイデガーの短い挨拶の手紙が一通残されているだけである。翌年の一九六〇年の書簡は一通だけが保存されている。それは珍しくアレントの書簡で、アレントが刊行されたばかりの『人間の条件』のドイツ語版『ウィタ・アクティウァ』を出版社から送付させたという通知とともに、この書物に献辞がない理由を次のように説明している。

「お気づきになるでしょうが、この本には献辞がありません。もしわたしたちのあいだが尋常であったら――わたしの言っているのはあいだであって、あなたでもわたしでもありません――、あなたに献呈していいかどうか、お尋ねしたことでしょう。これは最初のフライブルクの日々から直接に生まれた本で、あらゆる点でほとんどすべてをあなたに負うているのですから。でも事態がこうである以上、それは不可能だと思えました。けれどもなんとかしてあなたに、せめてこのありのままの事実を申しあげたかったのです[44]」。

アレントがこの書物『人間の条件』が「あらゆる点でほとんどすべてをあなたに負うている」と語った真意は不明であるが、アレントがハイデガーの思想から大きな影響を受けているのはたしかである。デーナ・リチャード・ヴィラにならって、ここでその影響を大きく分けて四つに絞って考えてみよう[45]。第一に、ハイデガーの現存在とその被投性という概念は、伝統的なデカルトの主体の概念を否定するものであり、世界という状況の中におかれた人間の現象学的な読解を促すものだった。アレントのアウグスティヌス論からも明らかなように、アレントの主要な手法は、現実の世界に生きる人間のありかたを「理解する」というハイデガーの現象学的な分析を軸とするものである。

第二は、このような世界の状況のうちに投げ込まれた人間のありかたの分析のうちから、人間の自由の概念が新たに構築され、伝統的な意志の自由とは異なる自由の概念を、展開できるようになったことである。自由は政治哲学にとって基本的な概念であるだけに、これはアレントにとっては、政治哲学を構築する上で重要な役割をはたすものとなった。

第三は、ハイデガーが展開した形而上学の脱構築の手法を、アレントもまたプラトン以来の西洋の哲学の根本的な批判として実行したことである。ハイデガーは哲学の立場から形而上学の克服を目指したが、アレントは政治哲学の立場から、ハイデガーを含む哲学的な形而上学を批判することを目指したのだった。

第四は、ハイデガーはすでに述べた技術論や現代社会論などの時代の批判に、するどい感度を示していたが、アレントもこれをひきついで、大衆社会批判、消費社会批判、技術批判などを、この書物で展開したのである。

考えてみればこの書物でアレントは、ハイデガーが行なった形而上学の脱構築を、政治哲学の分野で行なったのである。そしてその際に、ハイデガーによるアリストテレス批判が踏まえられており、しかもハイデガーが存在論で示した概念をアレントなりに展開した概念を使っていた。だからこの書物の概念も目的も、ハイデガーによるところが多いのである[46]。ある論者が指摘するように、アレントはハイデガーが「ナチスと戯れるのではなく、カント後の哲学者として書くべきだった政治哲学を書いた[47]」と言えなくもないのである。

いずれにしても、アレントとしては自分の思索の営みの価値をみずから貶めてまでハイデガーに語ったこの愛の手紙は、ハイデガーの逆鱗に触れたらしく、彼はまったく答えなかった。伝記作者のエティンガーが語るように、「悲しくも正直なこの手紙はハイデガーの怒りを買った[48]」のだった。ハイデガーは以後一九六五年に、七五歳の誕生日を祝うアレントの送ったカードに返礼の短い手紙を送るまで、五年間もアレントに書簡を送らなかったのである。

ただしアレントはこの書物『ウィタ・アクティウァ』に無記名の献辞を用意していたらしい。遺稿には次の献辞が残っているという。アレントの愛の切なさがひたひとと伝わってくる、宛て先の空白の献辞である。

ウィタ・アクテーウァについて
この本の献辞は空白のまま。
どうしてあなたに捧げることができましょう、
信頼するあなたに、
わたしは忠実でありつづけるとともに
不実でもあったのです、
どちらも愛のゆえに[49]。

ところでこのようにハイデガーが示唆するように、この書物が自分に献呈されなかったことに不満を抱いたからだろうか[50]。それよりもこの書物の内容が気にいらなかったのではないだろうか[51]。公的な領域の価値を高く評価するこの書物の内容は、この領域の活動を世人《ダス・マン》の頽落の場とみなしたハイデガーの哲学に正面から対立するものであり、「ほとんどすべてをあなたに負うている」とは言いがたいものだからである。

一九六六年になってやっと、ハイデガーはアレントの六〇歳の誕生日を祝う手紙を送ってくる。これで仲直りというわけである。アレントは折り返し「あなたの秋のお手紙は最大の、つまりこれ以上大きいものはありえない喜びでした[52]」と最大級の喜びを表明する手紙を送る。「春に心をずたずた引きさかれた者を、秋がふたたび癒してくれるのですね」とつけ加えながら。

翌一九六七年の八月にはアレントは、フライブルクでベンヤミンについての講演を行なった。知らせてあったらしく、ハイデガーは講演会場に姿を現わした。ハイデガーとアレントが再会して以来、ハイデガーの自宅以外の場所で出会ったのはこれがほとんど初めてのことだった（なお、この前日にパウル・ツェランがハイデガーを山小屋に訪問している）。アレントは盛大な拍手で迎えられて、「尊敬するマルティン・ハイデガー、紳士淑女のみなさま[53]」という言葉で講演を始めた。ハイデガーは翌日の手紙で、「きみがあの呼びかけの言葉で講演をはじめたとき、私はすぐさま、よからぬ反応を招きはしまいかと心配になりました[54]」と一抹の懸念を表明していたが、アレントは「〈よからぬ反応〉、わたしもそれに気がついています。もしも予想していたら、もうちょっとドラマティックなかたちでやったでしょうに[55]」と茶目っ気をみせている。

この頃から、アレントはハイデガーの新刊書を熟読し、高く評価するようになる。かつての「お喋り」と言い捨てていた頃とはずいぶんと変わったものである。ハイデガーの『道標』については、「憂鬱なことの多いこの冬に差し込んだ光明であり、慰めでした。もう一度ぜんぶを、非常にゆっくりと味読しました[56]」と書き送っている。

またフランスのル・トールでハイデガーがヘーゲルに関して行なったゼミナールの記録についても、「並外れた記録文書ですね。あらゆる点で。わたしにとっては特別な意味があります。あなたが先生だったマールブルク時代をまざまざと甦らせます。しかもそれでいて、あなたの今日の思索とこのうえなく緊密に結びついているのです[57]」。アレントは無用のお世辞を言うことのない人物であるから、彼女がハイデガーの後期の思想を前期の思想と結びつけながら、本気で考察し始めていることを示唆する言葉である。

第五節　晩年の愛

「八〇歳になるマルティン・ハイデガー」にみられる新たな課題

やがてハイデガーは八〇歳を迎える。そのおりにアレントはラジオ番組のために「八〇歳になるマルティン・ハイデガー」という講演を、一九六九年九月二五日にニューヨークで録音した。これはバイエルン放送の「夜のスタジオ」という番組で放送された。この章の最初で紹介した一九二〇年代のドイツの大学での「世間の目から隠された王」の噂はこの講演で語られたものである。

アレントはこの講演では、当時のハイデガーの印象のほかに、二つの重要な事柄を語っている。一つはハイデガーにおける思考の意味、一般的に活動と区別された思考そのものの意味についての考察である。もう一つは、ハイデガーを念頭においた、私的な領域における思考と公的な領域における政治的な活動の関係である。

どちらも重要な意味のある考察なので、少し詳しくみてみよう。アレントはヤスパースとの往復書簡において、ハイデガーのことを政治的にナイーヴな人間として扱ってきた。「不純な」というヤスパースの評価について「無性格」と語り、「嘘と臆病が支配的な」人間として語ってきた。ハイデガーは政治的な意味での責任のとりかたを知らないし、政治の意味も知らないと考えていたのである。

なおこれについてはヤスパースも同意見であり、すでにハイデガーに宛てた書簡において、本人に向かって「あなたは、ナチズムの諸現象に対して、まるで子供のごとく振る舞ったように思えたわけです。その子供は、夢を見ていて、自分が何をしているのかが分からず、まるで盲目のように、また忘却しきっているかのように、企てに参画するのですが、その企てはその現実の姿とは別様に彼の眼には映じており、そのためにそのあとでは彼はやがて瓦礫《がれき》の山の前に途方に暮れてたたずみ、あとは流され続けるままになる、というわけです[1]」と語っている。

しかしアレントはこの講演では、それをハイデガーに固有の「性格」や「責任のとり方」の問題とみなすのではなく、哲学に固有の問題とみなそうとする。むしろハイデガーにおいて、この問題が「兆候」として、もっとも顕著に現われたと考えるのである。これはハイデガーの個人的な性格の問題としてではなく、哲学と政治の問題として考えようとするということだった。

　これはある意味では問題をすり替えて、ハイデガーをその犯した過ちから救済することである。しかし別の意味では、ハイデガーの問題を哲学の問題として考えようとすることである。アレントにはその方が重要だと思えたのである。アレントにとってはハイデガーは結局は、かつての恋愛の相手にすぎないからであり、その個人の問題をいくら考えても、思考の課題にはならない。むしろハイデガーを特別な例として、思考そのものについて考える手がかりとしようとしたわけである。

　この視点の転換は、アレントがハイデガーのことを「放っておく」べきだとヤスパースに告げたことにも現われている。アレントは雑誌『シュピーゲル』にハイデガーの「弁明」が掲載されたときに、ヤスパース宛ての書簡で「『シュピーゲル』のハイデガー＝ルポルタージュをどうお思いですか？　私はまったく気に入りません。彼のことはそうっと放っておくべきです(2)」と語ったのだった。

　これにたいしてヤスパースは強く反応した。「この場合には、ハイデガーを〈そっとしておく〉のは望ましいことではないと思いますよ。彼は一勢力であり、今日ではふたたびみんなにとって、彼を引き合いにだして自分自身のナチ関与を弁解できる存在なのです(3)」。ヤスパースにとってはハイデガーがドイツの政治状況においてはたしている重要な役割を無視することはできなかったのであり、政治的にはヤスパースの判断がまったく正しいだろう。しかしアレントはこの問題をもはや政治的に考える意味をみつけられなくなっていたのではないだろうか。問題はたんにハイデガー個人のものではなく、哲学と政治の重要な問題だと思われ始めたのである。

　アレントにとっては、この視点から政治と哲学の問題を考察するための重要な手がかりがあった。プラトンである。プラトンはかつてシュラクサイの僭主ディオニュシオスを哲学者王にすべく努力したことがあった。そして『国家』では、哲学者が王であるべきだという理論を展開したのである。哲学者が政治に手を出すとどうなるか、その問題をプラトンからハイデガーへとつながる西洋の思想の系列において考察する。これがアレントがハイデガー問題に悩まされながらみいだした新しい思考の課題である。この課題はアレントの晩年の『精神の生活』の上巻『思考』と下巻『意志』の二冊で正面から取り組まれることになる。この八〇歳を祝う講演は、その最初の試みと言えるだろう。

思考の特徴

この講演の文章でアレントは思考について、とくにハイデガーの思考について、三つの重要な特徴をあげている。第一は、それがほかに目的をもたない活動であるということである。アレントはハイデガーは思考を「他動詞的に」[4]考えると表現する。「ハイデガーはけっして何かに〈ついて〉思索するのではない。何かを思索するのです」[5]。この思索を道にたとえるならば、それは「森の道」[6]である。ただ森の中を散策することだけを目的とする道であり、「それは森の外部にある目的地へ通じているわけではなくて、〈不意に途切れて通れなく〉なってしまう」[7]道である。

その意味では思考は、みずからを目的とした「情熱」となる。アレントは、ハイデガーが教えたのは、「純粋な活動としての思索、つまり知識欲や認識衝動に駆られてするのではない思索が、一つの情熱になりうるということでした」[8]と語る。ハイデガーにおいては、思索するのは「なんらかの結果を得るため」[9]ではない。この思索は「最終目的を——認識であれ、知識であれ——もちえません」[10]。思考することそのものが目的なのである。

第二の特徴は、それが破壊的な作用を及ぼすということである。「思索はそれ自身にたいして独特な破壊的ないし批判的態度をとる、という結果を伴う」[11]のである。ハイデガーにおいてはこれが徹底して行なわれたために、「伝統的な形而上学という建造物を、倒壊にみちびいた」[12]とアレントは指摘する。モグラのように形而上学の土台の下を「深く掘りすすむ思索によってまず切り開いたこの地下の次元で、そのような思索の小径の大きな網の目をつくりあげ」[13]た結果、形而上学は倒壊したのである。これは「歴史的事件、おそらく第一級の歴史的事件とさえ言える」[14]とアレントは高く評価する。そしてこれは「形而上学がその最後のぎりぎりのところまで考え抜かれた」[15]ことによってのみ可能になったであり、「たんに後から来たものによっていわば蹴散らされたのではなかった」[16]という。アレントは同じ年に発表されたハイデガーの論文『思索の事柄へ』を念頭におきながら、哲学は終焉した、しかも「哲学の名誉を保持した終焉[17]」を迎えたと、ハイデガーの功績を称える。

第三の特徴は、思考するという営みは、ほとんど無益なものであり、しかも孤独なものだということである。ペネロペの織り物のように、「夜になると昼間に織ったものを、翌日またあらたに織り始められるように、容赦なくほどいてしまう[18]」のである。そしてつねに「すでに思索したことを新たにまた思索する[19]」のである。そのために哲学者の「思考する我」には「年齢がない、そして思想家が真に存在するのは思索のうちにおいてのみなのだから、老化することなしに年をとることは、彼らの呪いであり、祝福でもある[20]」ということになる。

この思考は、思考する者にとっては「嵐」と感じられる。「思索する〈われ〉は猛威をふるう嵐のただなかに、ハイデガーの言うように、〈立ち尽くす〉。〈われ〉にとって時間は文字どおり止まっている[21]」のである。

第四の特徴は、思考が孤独なものである理由は、それが「言いがたいもの、言語をつうじては音になりきれず、そもそも言葉にならないもの、つまり他者にばかりか当人自身にも伝達不可能なものが、ともにひびいているから[22]」である。この伝達できないもののことを、アレントは「驚き」と表現する。プラトンもアリストテレスも、哲学の端緒を「驚き」と表現した。哲学者の奇妙なところは、見知らぬ奇妙なものをみいだして驚くのではなく、この驚きを「日常的なもの、自明なもの、よく知られ馴染みのあるものに感じる[23]」ところにある。そのためにこの驚きは他者に伝達できず、「知識によっては鎮められない[24]」のである。

第五の特徴は、哲学者の驚きが、その情熱が、このように風変わりなものであるために、一般の人々には理解できないものであること、そのために「危険性[25]」をもたらす可能性があることである。アレントはプラトンが語った有名なトラキアの娘の逸話をあげる。タレスが「星を眺めようと上ばかり見ていて泉に落ちてしまった[26]」という逸話である。その様子をみていたトラキアの娘が、「天を知りたがる人は足元になにがあるのか目に入らなくなる[27]」と嘲笑したのである。

思考する者たちは、「思索がおのれの考えたことを市場にもちだそうとすれば、他の人々の嘲笑をまぬがれないのを知っていた[28]」のである。思考は市場《アゴラ》には適さず、人間の事柄には適さないのである。この危険性は、たんに嘲笑されるだけにとどまらない。プラトンが『国家』の洞窟の比喩で明らかにしたように、思考する者は人々から狂人のようにみなされ、ソクラテスのように処刑されることになる危険性もあるのである。

アレントはこれらの思考の特質を、思考一般の特徴としてあげるとともに、ハイデガーがそれらを極限的な形で体現していたことを指摘する。ハイデガーはたんに驚く能力をもっていただけではなく、「この驚きをおのが住家としていひきうける[29]」覚悟と能力をそなえていたという。アレントはこのことは「マルティン・ハイデガーとはどういう人かを考える上で決定的に重要[30]」だと指摘する。これは「きわめて稀有な能力なのです。これがあったことを裏づけるある程度確かな証拠がみいだせるのはプラトンの場合だけです[31]」とまで言い切るのである。ハイデガーはプラトン以来の稀有な思考者だということになる。

これらのすべては一九五四年のものとされる「哲学と政治」の文章で、ある程度はすでに語られていたことである[32]。また『精神の生活』の上巻『思考』でさらに詳しく考察される事柄でもある。ただしここで注目すべき点は、『人間の条件』ではこの思考の活動の特徴が、公的な領域の活動を否定するものとして否定的に扱われていたのにたいして、この文章ではきわめて肯定的に描かれていること、そしてプラトンとハイデガーを、この思考する者の歴史における二人の例外的な人物として描きながら、ハイデガーの政治的な「逸脱」が弁明されることである。

ハイデガーへの弁明

プラトンは「ソクラテスの弁明」を描いたが、アレントは「ハイデガーへの弁明」を描く。それはプラトンとの共通性を通じてである。プラトンとハイデガーは、思考するという稀有な能力によって共通するだけではなく、哲学者として政治に手をだすという行為においても共通しているのである。

プラトンは、「すでにかなりの年配に達していた」にもかかわらず、「三度のシケリア旅行を敢行し、哲学の入門者には必須だと思った数学を教授することで、シュラクサイの僭主を励まそう[33]」としたのだった。プラトンはこれに失敗して、最初の旅行では奴隷に売られかけるが、友人の配慮でどうにか奴隷にならずにすんだのだった[34]。ところがハイデガーの場合には、「専制者とその犠牲者たちは海の彼方にではなく、自国にいましたから、プラトンのときより、かなりひどいことになりました[35]」。

しかしアレントはこのように、ハイデガーの誤りをプラトンの誤りと同列に並べることで、ハイデガーを救済しようとする。稀有な思索者に共通の誤りだったとみなすのである。それだけではなく、アレントはハイデガーを次の三点によって救済しようとする。第一に、ハイデガーの誤りは「当時ざらにあった〈誤り〉とはかなり違う[36]」という。どう違うかというと、思想的に深い誤りだったというのだ。ハイデガーはナチズムのうちに「地球大で明確になった技術と近代的な人間との出会い[37]」をみいだしたのであり、このようなことをできた者が「彼のほかにいただろうか[38]」というのである。

第二に、ハイデガーのこの誤りは、「国会炎上の直後から作られていたゲシュタポの地下牢や強制収容所の拷問地獄での現実から目をそむけて、もっと意味がある領域だと自称するところに逃げ込んでしまった[39]」当時のドイツ知識人たちの「もっとはるかに決定的な過誤とくらべれば取るに足らない[40]」のだという。かつてあれほどまでにハイデガーの過誤を咎めていたアレントが、他の知識人の過誤と比較して、「取るに足らない」と断言するまでになったのである。

第三に、ハイデガーはこの誤りをすぐに自覚し、「その後は当時のドイツの大学で普通だったよりもかなり大きな危険を冒すことまでしている[41]」とアレントは主張する。アレントは、大学で自分が危険を冒したというハイデガーの弁明を鵜呑みにして、免責してしまうのである。たしかにハイデガーはすぐに自分の誤りを自覚しただろうが、しかしそのことを公的に認めることも、謝罪することもなかった。ハイデガーが偉大な思想者であればあるほど、その責任は大きかったのにである。そしてアレントは、このことは、「無数の知識人やいわゆる学者については主張できない[42]」と語り、これらの知識人はハイデガーのように改めることなく「汚水から生まれたあの恐ろしい現象を、人文科学や思想史の言語で化粧直しをするのを好んでいる[43]」と指摘するのである。

このようにアレントは、ハイデガーはたしかに過ちを犯したが、思想的に深い過ちであり、すぐに改めたのであるから罪が軽く、罪を償うために危険も冒したので、この罪はもはや赦される、と主張することになったのである。愛は盲目と言うべきだろうか。川崎修とともに、「少なくとも事実のレベルでは、理解が困難であると言わざるをえない(44)」かもしれない。

さらにアレントは、ハイデガーはたんに過ちを犯し、それを贖《あがな》っただけでなく、思想的に自己の過ちととりくみ、さらに深い思想的な発展を遂げた、と主張する。ハイデガーは「まだ学ぶだけの若さをもっていました、そして、経験したことをおのが思索のなかに根づかせることができました(45)」と語っている。それが『ニーチェ』における「意志への意志としての、それとともに力への意志としての、意志の発見でした(46)」という。それではこのハイデガーの発見とはどのようなものだろうか。そのことをアレントの『精神の生活（下）意志』から考えてみよう。

実はアレントはこの書物において、ハイデガーの思想をさらに深いところから批判しているのである。この「八〇歳になるマルティン・ハイデガー」という祝賀の文章では、八〇歳の誕生日を祝ってハイデガーの人格的な「過ち」を救済しようとしたようにみえる。しかし老年のハイデガーがもはや読むことがないだろうという見込みのもとで執筆されたこの書物では、ハイデガーの思想と哲学について、さらに厳しい総括と批判を展開するのである。

第六節　存在の歴史と公共性

ハイデガーの転回

ハイデガーは一九二七年に『存在と時間』を出版したが、この書物はハイデガーの本来の存在論の構想の第一部のうちの第一篇と第二篇にすぎず、第三篇「時間と存在」は発表されなかった。さらにハイデガーはこの構想の第二部として、存在論の歴史的な考察を展開する予定だった。この考察は、『カントと形而上学の問題』などの書物から、その内容をうかがうことができるが、ハイデガーはやがて、この構想を放棄するようになる。それが彼の言う

「転回《ケーレ》」である。

ハイデガー自身の説明では、この転回は存在の概念を軸として行なわれたとされているが、アレントは『精神の生活（下）意志』において、実際にはこの転回は「意志」の概念を軸として行なわれたことを重視する。そこでアレントはハイデガーの転回について考察するが、そのためにまずハイデガーの説明した転回《ケーレ》について検討し、次に実際にハイデガーに起きていた転回をハイデガーの講義録『ニーチェ』から跡づけ、最後に後期ハイデガーの哲学のもつ限界を明らかにするという手続きをとる。

ハイデガーはこの転回《ケーレ》についてはみずから何度も説明している。『ヒューマニズムについて』では、第三篇が発表されなかったために「全体が逆転する」(1)と語っている。「問題の第三篇が差し控えられたのは、思索がこの転回《ケーレ》を十分に言い述べようとしてもうまくゆかず、また、形而上学の言葉の助けによっては切り抜けられなかったからである」(2)と言う。ハイデガーはこの転回について、「一九三〇年に思索されて打ち明けられながら、しかしようやく一九四三年になって初めて印刷された『真理の本質について』という講演が、『存在と時間』から「時間と存在」への転回の思索の内部を窺わせる若干の洞見を与えている」(3)と説明した。『存在と時間』の刊行のすぐ後から、その思索が転回し始めていたというわけである。

ここで注目されるのは、ハイデガーは『ヒューマニズムについて』(4)においてみずからの転回について説明する際に、「意志にではなく存在と人間のあいだの関係に焦点を据えていた」とみられることである。ハイデガーは『存在と時間』の失敗について語りながら、この思考の行き詰まりが、「存在へと身を開きそこへと没入するありかたで、存在の開けた明るみへとかかわることとして、思索してはいない」(5)ために生じたことを指摘しているのであり、問題はすべて存在と思考にかかわる問題として提起されていたのである。そして『存在と時間』の欠陥は、存在の問題を人間の問題として、基礎存在論として提起したことにあることが確認されていた。「この〈転回〉は、『存在と時間』におけるいわゆる主観主義に反対し、この著作が人間の存在様式である実存に、主たる関心を寄せていることに反対したのであった」(6)。

この反省に基づいた「転回」によって、ハイデガーの存在の哲学に重要な転換が生じた。第一は、実存への関心が否定されたために、人間の思考の主体性が否認され、言語の重要性が強調されたことである。「確かに人間によって思考されることがなければ、存在はけっして明るみにでない(7)」だろう。そして人間の「言語が存在の住処である(8)」。人間こそが存在を守護するのであり、「人間は存在の牧人である(9)」のである。

しかし人間はみずから主導してこのような立場に立つのではない。「人間が考えることは、彼自身の自発性や創造性からは生じない。それは、存在が要求することにたいする従順な応答なのである(10)」。

第二の特徴は、人間は現象界に生きるものであるために、現象に目を奪われて、その背後の〈存在〉を忘却しているということである。この「〈存在の忘却〉は人間と存在との関係のまさに本性に属する(11)」のである。それだけにハイデガーの哲学の営みは、「存在へと身を開き、そこへと出で立つ者として、存在の真理を損なわれないように守る(12)」ことを目指すのである。こうして思考こそが、人間の「唯一真正な行ないである(13)」ことになったのだった。

アレントの解釈

しかしアレントは、この存在と人間の思考の関係によるハイデガーみずからの転回《ケーレ》の解釈は、後からの再解釈であると指摘し、ハイデガーの真の転回は、一九三五年以降のニーチェ講義の間に発生したと考えている。その根拠として、一九三六―一九三七年の講義「芸術としての力への意志」、一九三七年の講義「同じものの永遠なる回帰」、一九三九年の「認識としての力への意志」が含まれた『ニーチェ』第一巻におけるニーチェにたいする姿勢と、一九四〇年の「ヨーロッパのニヒリズム」を中心とした第二巻におけるハイデガーの姿勢には、大きな違いがみられることをアレントは指摘する。

アレントは「第一巻はニーチェに同意しながら解釈されているのに対して、第二巻は、抑えてはいるが、しかし間違いなく論争的な調子で書かれている(14)」ことに注目しながら、「彼の転回の時期を、第一巻と第二巻の具体的な自伝的な出来事として、正確に確定したい(15)」と語るのである。

そうだとすると、ハイデガーの転回は本人の語る一九三〇年のことではなく、一九三九年から一九四〇年のことになる。しかもアレントはこの転回は、『存在と時間』の構想の行き詰まりによって生まれたものではなく、ニーチェの「力への意志」の概念との対決から生まれたものだと考えるのである。

『ニーチェ』の第一巻と第二巻の記述の違い

このアレントの主張は、『ニーチェ』の第一巻と第二巻の記述の違いから裏づけることができる。ハイデガーは第一巻では講義の目的を、ニーチェの解釈においていた。ハイデガーは講義の目的を「われわれにとって肝心なことは、彼の思索者としての根本的境涯を知ることであり、そしてただこれのみである」[16]と語っていた。

アレントが指摘するように、第一巻のニーチェの批判的な考察では「厳密に現象学的な意志の分析」[17]が行なわれていた。そしてハイデガーがこの書物で示す意志あるいは意欲の概念は、『存在と時間』ときわめて類似したものである。『存在と時間』では配慮の概念が自己との関係を作りだしていたが、『ニーチェ』の第一巻では、意志が自己との関係を作りだす。「意欲とは自分への覚悟であるが、その自分とは、意欲の中で意欲されたものとして立てられている物事を意欲する者のことである」[18]というのである。

ハイデガーは意志を「あるものへの単なる傾向」と対比させる。この傾向においては、「われわれは本当にわれわれ自身に直面させられることがなく、それゆえにまたここでは自分を越えて傾向する可能性もない」[19]。しかし意欲においては、われわれは「自己への覚悟をもって、いつも自分を越え出て意欲する」[20]とされているのである。

ニヒリズムと価値の批判

ところが『ニーチェ』第二巻では、ニーチェのテキストの解釈よりも、ニーチェの意志の概念そのものが分析され、批判的に考察される。アレントが指摘するように、論調は「間違いなく論争的」[21]になり、ニーチェを西洋の形而上学の完成者であり、その最悪の結論を引きだした者として考察することになる。この第二巻の分析では、永遠回帰の思想は背景に退き、力への意志の思想とニヒリズムの分析が中心になる。ニヒリズムとは、「力への意志としての存在者のただなかで同じものの永遠なる回帰に臨んで、すべての従来的な価値が転倒されること[22]」である。ここで重要なのは価値の転倒である。

ハイデガーはその当時の新カント派が流行させた価値哲学を批判しながら、価値哲学の根本的な思想はニーチェのもとにあることを指摘する。「価値思想が形而上学において支配的になったのはごく近頃のことであり、決定的にはもっぱらニーチェによってなのである。そして、形而上学はこれによってその本質の完成へ決定的な方向転換を遂げたのである[23]」ことが指摘される。そしてニーチェの力への意志は、「価値を定立しなければならない[24]」思想として、価値との関係で考察されるようになるのである。

この価値思想の重要な特徴は、すべてのものを自己の観点からみつめることでそれに価値を付与すること、その価値を計算することである。「ひとたび価値思想が出現したからには、〈客観〉が〈主観〉にとってのみ存在するように、価値は計算が行なわれるところにのみ〈存在する〉ということも承認されなければならない[25]」。これは自然を計算と価値のまなざしで眺めるということであり、自然を「数学的認識および〈数学〉に基づく認識によって接せられるもの[26]」とみなすということである。この背景にあるのは、「存在は表象されていることであるという命題[27]」であり、自然を数学的な延長とみなすデカルトの思想であるとされている。そしてカントを経たニーチェにおいて、この自然を表象とみなす思想が完成された、とハイデガーは考えるのである。

すべてのものに価値を付与しようとするこの人間は、技術によって地球を支配しようとする意志をもった人間であり、ニーチェの「超人」である、とハイデガーは考える。「いま必要とされるのは、近世の技術の独特な根本的な本質とそれの形而上学的真理とに根底から適合する人間類型である。すなわち技術の本質によって全面的に支配され、こうしてかえって個々の技術的な過程や可能性をみずから統御し、利用することのできる人間類型なのである[28]」。ハイデガーによるとこれこそが、ニーチェの超人であるということになる。そして「逆に超人は、地球全土の無条件的な支配の設定のために、あの機械的経済学を必要とする[29]」ことになる。

超人の概念の書き換え

このようにハイデガーは、「ヨーロッパのニヒリズム」において、価値の概念を手がかりにして、ニーチェの超人の概念を完全に書き替えた。『ニーチェ』第一巻では、超人とはツァラトゥストラのことであり、「従来的な人間を超えでていく人間のこと[30]」、受動的なニヒリズムの行きついた極を代表する〈おしまいの人間〉の反対の人間であり、あらたな思想を構築する主体となるべき人間であった。この第一巻では超人とは、「神々を迎えいれる態度の支度であり、存在の肯定を告げること[31]」であり、「超人とは、存在を新しく、知の厳しさにおいて、そして創造の偉大な様式において、根拠づける人間のこと[32]」だったのである。

ニーチェの超人の概念についての解釈は、第一巻のこの解釈こそが適切であり、第二巻の超人の解釈はきわめて歪曲されていると言わざるをえない。ハイデガーは何らかの理由から、超人の解釈をこのように変え、ニーチェを価値の哲学、西洋の形而上学の完成者として攻撃する必要があると判断したのであろう。ハイデガーがニーチェのほんらいの意図を歪めてまで、ニーチェをこのような地球と自然の破壊者とみなしたのはなぜだろうか。アレントの言うように「支配する意志を抱いた」という原罪のためだろうか。

というよりもこのニーチェへの攻撃は、ハイデガーの保身と弁明の言葉だと考えることができるだろう。ハイデガーは一九五三年に刊行された後年の『形而上学入門』においては、かつてのナチズムの運動の「内的な真理と偉大さ」のうちに、「地球全体の惑星的な本質から規定されている技術と近代的な人間との出会い[33]」をみいだしているからである。そしてハイデガーはこの書物では『ニーチェ』第二巻と同じように、ニーチェは「価値観念の混乱に巻き込まれて、価値観念の怪しげな素性を見分けることができなかった[34]」ことを指摘するのである。

ハイデガーはナチズムの運動が二重の意味でこの技術と自然の問題にかかわったと考えているようである。一つにはハイデガーは、ナチズムは惑星的な支配をめざすことで、この西洋の形而上学のもつ技術的な性格を体現するものであると厳しく指摘する。しかし同時に、ハイデガーはこの運動の偉大さを称えることによって、ナチズムのうちにこれを超えてゆくものがあったと主張するのである。このナチズムの第二の性格、すなわち形而上学を越えでてゆこうとする性格を称揚することにおいて、ハイデガーはこの運動に加わった自分を擁護する。そしてナチズムの第一の性格、技術のもつ威力としての性格を指摘することによって、ハイデガーは自分がナチズムの運動から離脱したことを正当化するのである。

技術論

これについてハイデガーは戦後の一九七六年の「シュピーゲル対談」で、「近代的技術の惑星的運動は一つの威力であり、歴史を規定するその偉大さはどんなに大きく評価されてもされすぎることがないほどです[35]」と説明している。そして「この技術の時代に、いかにして一つの、そしていかなる政治的組織が伴いうるか[36]」が「今日の私にとっての決定的な問い[37]」であると語っている。ナチズムはこのような政治的な組織でありえなかったという悔いと批判がこめられた言葉である。

ハイデガーの自己弁護の戦略は、近代の技術のもつ両義的な意味、その弊害とそれを克服する方向性を指摘しながら、ナチズムへの参加を弁明することにあったわけである。そのために彼はニーチェを必要としたと言えよう。ハイデガーにとってニーチェは、西洋の形而上学の批判者として、その完成者であると同時に、それを超克する者という位置にあった。第一巻ではこの超克者の視点からニーチェを高く評価し、第二巻ではその完成者として、形而上学の行き詰まりを代表する人物として、ニーチェを批判する。第一巻ではニーチェにナチズムのもっていた可能性（とハイデガーが考えるもの）を代表させ、第二巻ではニーチェにナチズムの欠陥を代表させる。第二巻のニーチェ批判の要点は、近代技術が自然の破壊をもたらしたこととの対比において、ニーチェの意志の概念が自然にとって破壊的なものであることを指摘することにある。

意志と技術

アレントは、意志がこのようなものになったとき、あらゆる客体は「主体によって征服されるためにある。〈力への意志〉は、近代的主体化の原点であり、人間の能力の一切は、意志の命令の下に立つ(38)」ことを指摘する。その時、意志は「否定、破壊、荒廃を意志すること(39)」になるのである。このように意志が破壊的になると、意志は自然を技術によって支配し、破壊する意志になる。「技術の端的な本性は、意志する意志、つまり世界全体を意志の支配と統治権に従わせることであり、この統治によって当然のことながら結果としては、ただ全面的な破壊に終わるだけである(40)」という。

アレントは、ハイデガーが批判する意志は、このように自然を支配しようとする意志であることを指摘する。そして「ハイデガーの転回はもともとこの破壊性に反対してのことである(41)」と考える。後期のハイデガーの戦略は、意志しないこと、そして意志せずに「放下」することにある。これは「意志の働きにおける目的的性格の気分とは反対(42)」のものであり、「〈意志でない思考〉に〈われわれを備えさせる〉平穏さ(43)」である。このようにしてアレントは、意志の否定から、「存在に耳を傾ける」人間のありかたへと、ハイデガーの思考の道筋が形成されたと考えるのである。

アレントは『人間の条件』の冒頭で、地球を外部から眺めた宇宙飛行士の視点を取りだして、人間が人間の条件から逃れる試みをやめないことを指摘していた。この地球にたいするまなざしは、ハイデガーの「地球全体の惑星的本質から規定されている技術と近代的な人間との出会い」を思いださせる視点である。その意味では、アレントはハイデガーの技術批判を継承していると言うことができるだろう。

しかしアレントは後期ハイデガーの思想のうちに、重要な難点をみいだしている。ハイデガーはニーチェを考察しながら「思考の働きと意志の働きは〈人間〉と呼ばれる謎にみちた存在におけるたんなる二つの異なった能力というのではなく、対立的なものだ(44)」という結論に到達したのであり、意志することを拒否して、思考へと閉じこもろうとしたのである。そしてアレントは、この姿勢によってハイデガーは、意志の破壊的な作用から逃れることはできるとしても、別の隘路に入り込むことになったのではないかと考える。

ハイデガーの思考の概念への批判

アレントによるハイデガーの思考の概念への批判は、三つの側面から考えることができる。第一に、ハイデガーが思考を人間の「行為」そのものと考えて、現実の行動を拒否しながら、孤独な思考の営みに閉じこもってしまう結果となったことである。もしもハイデガーのように、「一人での思考それ自身は、歴史という事実の記録の中で唯一意味のある行為である(45)」と考えるならば、人間は思考の外にいかなる行為をする意味もなくなることになる。

思考の繭の中に閉じこもった人間の孤独な哲学の営みは、その思考の結果が著作となって人々に恩恵を与えることができるとしても、それは現実との絆を断ち切るという大きな代価を伴うものであらざるをえない。

第二に、ハイデガーはこの思考の優位を維持するために、「存在の歴史」という概念を提起するが、この概念は重要な欠陥をそなえていることをアレントは指摘する。この概念は人間の意志と行為の意味を否定しながら、思索と思索者の重要性を強調することによって、人間を孤独な思考の営みに宿命づけるのである。

ハイデガーは人間が思考することにおいて、「存在へと身を開き、そこへと出で立つ在り方にもとづいて、存在の運命の中に立つ(46)」と主張する。思索において与えられるのは、「存在の歴史なのであって、この存在の歴史のうちへと、思索はこの歴史の追想的思索のありかたで、この歴史そのものによって呼び求められ、促がされて、帰属してゆく(47)」という。そしてこのように存在について思考することで、存在の真理を認識することができるのは、思索者が能動的に意志することによってではなく、受動的に存在が語りだすままに「放下」しておく場合に限られる。アレントが指摘するように、この存在の歴史が「思考する自我に対して姿を現わすのは、思考する自我が意志の働きに勝利して、〈あるがままに放置しておく〉のを実現できる場合なのである(48)」。このようにして存在の歴史は、思考の優位を保証する役割をはたすのである。

第三に、それだけではなくこの概念は人間の行為そのものの意味を失わせる役割をはたすことになる。ハイデガーは「存在の光のなかで、存在者が、それがそれである存在者として現出してくる(49)」ことが重要であると語りながらも、その存在者がどのようにして現出してくるのかを示さない。ただ「このことを決定するのは人間ではない。存在者の到来は、存在の運命に基づく[50]」ものだと語るだけである。存在の運命と存在の歴史は、人間のさまざまな意志に基づく行動を超えたものとして、人間の運命を決めるのである。

「存在の歴史」の概念の問題性

アレントはこの「存在の歴史」の概念は、カントの「自然の意図」やヘーゲルの「歴史の狡智」と同じように、人間のさまざまな行動を超えたところで人間の運命を決定する力をそなえたものとされていることを指摘する。これは「人々の活動はそれ自身では説明不可能であり、背後に隠された目的や隠された行為者の働きとしてのみ理解されうる[51]」という古くからの観念なのである。

この概念は人間の行為の意味を失わせるものであり、人間の意志の重要性を否定するものである。それだけではなく、ハイデガーの存在の歴史と運命の概念には、カントの「自然の意図」やヘーゲルの「狡智」の概念とは異なる重要な違いがある。まず第一に、「自然の意図」や「歴史の狡智」は、当事者である人間の理解を超えたものである。しかしハイデガーの「存在の歴史」は、人間の思索のうちで、人間を訪れることができるものである。それだけに人間は「存在の牧人」としてのみずからの本質を守るべきだとされているのである。「この運命にふさわしく、人間は存在へと身を開き、そこへ出で立つ者として、存在の真理を損なわないように守らなければならない[52]」とされているのである。

存在は思索する者を訪れるのであり、「今や自分ではなにもしないのに、行為している思索者の生活の中に具体的な姿をとって現われる[53]」ことになる。思索する哲学者、すなわちハイデガーは、「〈実存論的独我論[54]〉の中で〈孤独〉にとどまっている。ただし今や世界の運命、つまり存在の歴史が彼に依存することになってしまう」のである。世界の運命があたかもハイデガーに依存するかのようである。

第二に、この「存在の歴史」の概念は、意志の意味を否定し、思索の重要性を強調するだけでなく、行為を否定し、むしろ外的には行為とはみえない思索だけが、唯一の行為であることを主張する。それによって公的な活動の意味はまったく失われてしまう。この思索こそが、存在の歴史と運命を「損なわないように守る」という重要な役割をはたすことになるのである。

第三に、この「存在の歴史」の概念は、人間の開かれた世界と公共性の意味を完全に否定する役割をはたす。存在の歴史が思索者の思索のうちだけに現われ、そこで守られるのだとしたら、他者が存在する意味はほとんど失われるのは明らかなことだろう。「〈存在の歴史〉は、表層で起こっていることを密かに刺激して導き、他方で〈世人〉によって隠され、世人から保護された思索者は、存在に応答し、存在を現実化する[55]」ことになる。その場合には思索者にとって世人である他者は、いかなる意味ももたないのである。

そもそも世人というありかたをする人間たちは、私的な実存であることに固執しようとする存在者たちであり、真理に目をつぶる人々のことである。そしてこのありかたは、意志する人間、自然に技術によって暴力を振るう人間に固有のありかただとされている。ハイデガーは後期の『ヒューマニズムについて』でも、「私的な実存は、たんに、かたくなに公共的なものに固執しているだけである[56]」と主張する。この「公共的なもの」は、『存在と時間』では世人という頽落したありかたであった。その意味では後期のハイデガーと前期の『存在と時間』のハイデガーにおいて、世人の理解は変わっていないことになる。

ただし前期の『存在と時間』では、世人の頽落は死への先駆によって、実存的に解消されべきものだった。しかし後期のハイデガーでは、これは言葉の喪失という人間の本質の危険性を象徴するものとなる。この公共的なものは「主観性の支配に由来する[57]」ものであり、自然を「対象化」する働きをするものである。これは存在を支配し、「存在者の開けを、あらゆるものの無制約的な対象化へと向けて整序し始め、かつそうすることの権限を打ち立てようとしている[58]」のである。

ハイデガーはただし、人間は言葉によって原初的な存在の真理に到達することができると考える。「言葉は、存在の家である。言葉による住まいのうちに人間は住む[59]」と考えるのである。それだけではなく、「言葉は存在の真理の家である[60]」。ところが公共的なものは、存在の真理の家であるはずの言葉を支配してしまう。「言葉は公共性の独裁に隷従してゆく。この公共性は、何が理解可能なことであるのか、そして何が理解不可能なこととして却下されねばならないのかを、あらかじめ決定している[61]」からである。近代における技術の支配と、存在の真理の家である言葉の公共性への隷従は、人間の本質を危険にさらすものである。「言葉の荒廃は、人間の本質が危険にされていることに由来している[62]」とハイデガーは指摘する。人間は存在の家である言葉のうちにいるべきであり、他者とともにあることで生まれる公共性は、この家を破壊しかねないのである。

このようにアレントは、ハイデガーの「存在の歴史」と運命の概念は、究極的に他者と世界の意味を否定するものであることを指摘する。この視点は、アレントが「実存哲学とは何か」の論文で、ハイデガーの公共性の概念を批判したときから一貫するものである。アレントにはハイデガーは、生涯にわたって「世界への愛」（アモール・ムンディ）を知ることのできない孤独な哲学者にしかみえなかったのである[63]。

そしてハイデガーの思考がこのように世界と公共的な空間を否定するものとなり、思考の穴という「罠」に陥ってしまったとき、ハイデガーはたんにナチスに同調するという「過ち」だけでなく、思想的に大きな誤謬を犯したのである。すでに確認したように、ハイデガーは思考することそのものが一つの行為であると主張したのだった。ハイデガーは「思惟するとは何も行為しないことではありません。思惟することとそのことがそれ自身ですでに、世界の運命との対話の内に立っている行動なのです[64]」と語る。そしてこの自負のもとで、ハイデガーは思考という行為以外にはいかなる行為も拒否するのである。

その意味では、完全な思考の欠如によって多数の人々の殺害に手を貸したアイヒマンと、純粋な思考の罠に陥って、世界における行為の意味を否定したハイデガーは、「その人格と行動の大きな違いにもかかわらず、奇妙なまでの補完性を示している[65]」と言えるかもしれない。ハイデガーの純粋な思考は、現われの世界の「汚れから浄化されて[66]」純粋なものとなるとともに、「判断の死」をもたらした。そのことによってこの純粋な思考は、アイヒマンの思考の欠如と同じ意味をもつようになった、と言えるだろう。「純粋な思考と思考の欠如は、判断能力の欠如という同じ現象の両面である[67]」と言わざるをえないのである。

終わりに

アレントと活動

これまでアレントが「世界への愛《アモール・ムンディ》」のもとで、かつての公的な空間に匹敵する「現われの空間」、人間が真の意味での活動をすることができる場を、現代の社会においても作りだすことを願っていたことを考察してきた。アレントは古代のギリシアのポリスのありかたを理想としていたと語られることが多いが、回顧趣味で古代のギリシアのポリスの公的な領域のありかたを考察したわけではない。アレントが古代ギリシアのポリスを重点的に考察したのは、西洋の歴史において公的な領域が確立されていた最初の空間がポリスだったからにすぎない。

アレントがとくに注目していたのは、こうした活動の場としての公的な空間が確立される道筋であった。本書では、西洋の歴史において、こうした公的な空間が確立された事例を順に考察してきた。古代のギリシア、ローマの共和制、アメリカ合衆国、ハンガリー革命である。そのそれぞれにおいて、アレントはその制度の確立の経緯を考察し、その問題点を明らかにしてきた。それはいずれも、新たな公的な空間の形成の可能性を点検するためだったのである。

最後にアレントのこうした考察を簡単にふりかえってみよう。まず古代ギリシアのポリスについては、こうしたポリスでの公的な空間が作られるきっかけとなったのは、王として認められるような卓越した指導者の活動だった。市民たちはこの王にしたがって活動を開始し、王の企てを実現するのである。王が始めたこと《アルケイン》を市民たちは実践する《プラッティン》のである。やがて当初の活動の目的が実現された後も、人々は共通の空間での活動に大きな価値をみいだして、永続的な政治体としてのポリスが設立され、維持されるようになった。

この空間で人々は他者に見られ、その活動が記憶され、名誉が語りつがれ、永遠のものとなるはずだった。「公的な領域は、人々が他人と取り換えることのできない真実の自分を示しうる唯一の場所であった。各人が司法や防衛や公的問題の管理などの重荷を多かれ少なかれ進んで引き受けていたのは、真実の自分を示すというチャンスのためであり、政治体にたいする愛のためであった(1)」。公的な空間は、活動のために必要であり、「世界への愛」は自分のアイデンティティを確立するためにも必要だったのである。

しかし古代ギリシアのポリスの空間には、すでに確認してきたような活動に固有の三つの欠陥のほかに、大きな欠陥があった。それはギリシア人たちが、この公的な空間で互いに競いあうことを重視したために、ポリスが破壊されたということである。ポリスは、貴族が権力を握るか、市民が権力を握るかにかかわらず、「競争《アゴーン》の精神に鼓舞されているかぎり、貴族制的でありつづけた。その貴族的であること（アリステウエン）における無謀なまでに徹底した個人主義は、最終的にポリスに破壊をもたらした。それは市民の間に同盟関係を築くことをほとんど不可能にしたからである(2)」。

ローマの共和制は、このギリシアの経験を踏まえていた。ローマは貴族と平民の力関係のバランスを王的な統治のもとに統合するという政治体制を構築した。これによって人々が自己の卓越を競うあまりに、他の市民との競争のうちにポリスを危険にさらすことがなくなった。また、ローマは他の都市との間に巧みな同盟関係を構築して、世界的な帝国となったのだった。これはメーロス島の男たちを殺戮して、女と子供たちを奴隷にしたアテナイには、およびもつかないような賢明な政治的な能力だった。

しかしこのローマの共和制は、世界を征服したことで、帝国となってゆく。この帝国は公的な領域を二つの道で破壊することになった。一つは、他の都市や国家との同盟関係なしでも支配することのできるだけの強力な権力を構築したために、こうした同盟関係に基づいた公的な領域が不要になったことだった。こうしてローマは「〈世界の支配者〉になり、共通世界を破壊した(3)」のだった。

もう一つの道は、帝国の内部で自由人と奴隷の違いが明確でなくなるとともに、公的な領域と私的な領域の区別が消滅していったことである。自由人の活動すべき共通世界が破壊されるとともに、奴隷が解放されて農村で雇用されるようになると、その二つの領域の「区別そのものが重要性を失った」[4]のだった。

それでもアウグスティヌスにいたるまで、ローマの政治的な統治の智恵と、この二つの領域の区別の概念はうけつがれ、アウグスティヌスを通じて、西洋の政治的な伝統の遺産となったのだった。キリスト教が帝国の国教となり、帝国の内部に教会という公的な制度が確立されるとともに、原始キリスト教の時代には嫌悪された公的な領域での活動の重要性が、ふたたび認識されるようになるのである。

アレントがこの公的な領域が新たに形成される出来事として注目した第三の事例は、アメリカ合衆国の建国である。メイフラワー号に乗船してアメリカにやってきたピルグリム・ファザーズは、社会契約の原型を示した。その後、それぞれの植民地でタウンの自治が行なわれ、このタウンの自治を土台にして、それぞれの州ごとに地方分権制度が確立され、最終的に憲法が定められて連邦制のアメリカ合衆国が成立した。

トクヴィルが称賛したこのタウンの自治は、人々が公的な事柄をみずからの問題として担い、実行していったものであり、ここに民主主義の原型が誕生する。アレントはこの自治において人々は「世界を愛し、同輩の仲間とつきあい、公務に駆り立てられた[5]」こと、そしてそこに「公的な幸福」を経験したことを指摘する。人々はかつてのギリシアのポリスと同じように、「世界への愛」によって、公的な事柄に献身し、そこに幸福を味わったのである。

アレントは、アメリカ合衆国の憲法において、この土台となる民主主義の経験を生かすことを目指しながら、権力を創設するための努力が行なわれたことを認めている。この憲法では三権の分立だけでなく、連邦政府と州政府の権力の分立など、権力をさまざまな形で創設し、活用する工夫がこらされていた。権力は、分割されることによって小さくなるのではなく、ますます大きくなるのである。

しかしアメリカ合衆国の憲法には重要な欠陥があった。この憲法はタウンの民主的な自治の経験を取り込むことをしなかったのである。それは政治家たちが草の根の自治を嫌ったからではない。むしろこうしたタウンでの自治の経験が失われることはないだろうと過信していたためであった。こうして革命の精神が失われてゆくことになり、やがては政治はワシントンやマディソン街で、すなわち専門の政治家と宣伝会社の手に独占されるようになる。アレントは「わが国の全体の政治的な光景が、婉曲に広報という名で呼ばれる習慣と決まりによって、すなわちマディソン街の〈智恵〉によって支配され(6)」るようになったことを嘆いている。こうして他の民主主義の諸国と同じように、アメリカの民衆はただ選挙のときにだけ、政治に参加するようになったのだった。

一九五六年にハンガリー革命が起きたとき、アレントは「歓喜(7)」した。それはパリ・コミューンからロシア革命のソヴィエトに匹敵する新しい共和的な政治組織が、評議会という形式でふたたび誕生したためだった。この評議会を結成した人々は「われわれは参加したい、議論したい、公衆にわれわれの声を聞かせたい、そしてわが国の政治の進路を決定しうる可能性をもちたい。国はわれわれみんなが集まってわれわれの運命を決するには大きすぎるから、そのなかにいくつかの公的空間が必要なのだ(8)」と主張したのである。ハンガリーの市民は、評議会という制度によって、新たな公的な領域を創設する試みを開始したのである。

しかしこの評議会の制度はソ連の戦車によって粉砕された。さらに評議会にはいくつかの固有の欠陥があった。たとえば、近代国家の統治のための巨大な管理能力を発揮することができなかったのである。それでもアレントは、この市民の自発的な行為による新たな公的な領域の創設だけが、国家の改革を実現しうる手段であると考えた。アレントは、この評議会方式で政治的な統治を行なうことは、あるいはユートピアにすぎないかもしれないと認める。それでもこの方式は、「歴史上いままでに現われた、それも繰り返し現われた、たった一つの代替案(9)」なのであると考えている。

思い起こしてみれば、『革命について』は、この「たった一つの代替案」を提示するために、それに先立つ二つの政治的な試みの失敗の歴史を提示した書物だった。社会的な問題を解決するために、「自由の創設」という革命のほんらいの目的を放棄せざるをえなかったフランス革命と、自由を創設したはずなのに、民衆の公的な領域での幸福の追求のメカニズムを憲法に取り込むことを忘れたアメリカ革命である(10)。これらは「革命的伝統とその失われた宝(11)」なのである。

アレントは引用ばかりで一冊の書物を作ろうしたベンヤミンの試みを思いだしながら[12]、彼の方法を真珠採りに譬えた。ベンヤミンは「海底に穴を掘り、そこに光を当てるためにではなく、豊かなものや不思議なもの、すなわち海底深く横たわる真珠や珊瑚をてこでゆるめ、それを海面にまでもたらすべく海の底に降りて行く真珠採りのように[13]」引用を集めたのである。そしてアレントも革命の伝統を探りながら、そこで失われた宝、海の底に沈んだままの宝を取りだそうとするのである。この宝こそがパリ・コミューン以来、評議会方式として体現された民衆的な政治参加方式の萌芽なのである。

古代のギリシアで、ローマで、アメリカ合衆国で試みられた新しい公的な領域の建設は、このような下からの市民のイニシアティヴによって作りだされるしかないというのが、アレントの確信だった。「この方向にわたしは、新しい国家概念が形成される可能性をみる[14]」と語っているとおりである。実現の可能性は少ないかもしれないが、「もしかすると、次の革命が盛り上がればできるかもしれません[15]」とアレントは期待をかけたのだった。

最初に述べたように、アレントは初めての政治哲学の書物『人間の条件』を、「世界への愛」と名づけようとしていた。そしてその理由として、「私は世界を真に愛することをこんなに遅ればせに、ほんとうのところ近年になってようやく始めた[16]」ことを挙げている。全体主義の嵐の中で迫害され、無国籍者としてアメリカに移住したアレントが、自分が世界を愛すると確信をもって語るようになったのは、実に一九五五年になってからだった。そしてアレントが世界を愛するようになったのは、アメリカ革命についての研究によって、古代の公的な領域の建設の可能性が、評議会方式によって、現代にも残されていることを認識したからだと考えられる[17]。

この評議会方式で、実際の国家を運営するのが困難であるのは明らかである。アレントの評議会が目指すものが、「諸社会問題を行政的に処理することから免れた国家、社会政策の諸問題から純化された政治、福祉の組織化から独立した公共的自由の制度化、社会的抑圧の前では立ちどまる根底的な民主主義的意志形成[18]」であるならば、ハバーマスとともに「それはど<u>の</u>よ<u>う</u>な現代社会にとっても考えうる道ではない[19]」と言わざるをえないだろう。しかし真の共和制がこのような下からの自治によってしか生まれないのも明らかである。この方式は、国家のうちでみずから公的な空間を組織し、現われの空間を作りだすための貴重な方法なのだ。そしてわたしたちが真の意味で公的な経験をするのは、このような自律的な空間を形成することによってであり、それは既存の国家と社会の内部でも、可能なことなのである。しかもこれまでの多くの革命は、こうした民衆による自律的な組織の形成から始まってきたのである。世界への愛は、このような方式によってこそ、初めて現実の力を発揮することができるのだろう。

アレントは『人間の条件』において、古代において明確に示された活動《アクション》が、近代の画一的な社会のうちで、行動《ビヘイヴィア》に変わったことを指摘していた。近代の大衆社会は、公共的な活動の意味を否定する性格をそなえているのである。「画一主義は社会に固有のものであり、それが生まれたのは、人間関係の主要な様式として、活動《アクション》の代わりに行動《ビヘイヴィア》が登場したためである」[20]。しかし近代においても、新しいことを始める能力のある活動の可能性がなくなったわけではない。活動とはそもそも新しいことを始める能力だからである。「新しいことは、つねに奇跡のような姿を示す」[21]ものである。そして人間は「その誕生によって、〈始まり〉、新参者、創始者となるがゆえに、創始をひきうけ、活動へと促される」[22]のである。

人間のこの能力のゆえに、現代においても、ハンガリー革命や白バラの抵抗やワルシャワ・ゲットーの反乱のように、人々に語り継がれる公的な活動はつねに行なわれてきたのである。アレントはその可能性が政治的な意味をもつ場として、評議会のようなものを考えていたのである。それがアレントの「世界への愛」であったのだろう。

註（邦訳のあるものは対応頁数を示したが、多くの場合、訳に手を入れている。）

第一章

第一節

（1）アレントは一九五五年八月六日付けのヤスパース宛ての書簡で、最近になってようやく世界を愛することができるようになったと語り、「感謝の気持から私の政治理論の本をアモール・ムンディと名づけるつもりです」と語っている。Hannah Arendt, *Karl Jaspers Briefwechsel*, 1926–1969, Piper, p. 301. 邦訳は『アーレント＝ヤスパース往復書簡1』大島かおり訳、みすず書房、四一頁。なおElisabeth Young‐Bruehl, *Hannah Arendt, For Love of World*, Yale University Press, p. 324. 邦訳はエリザベス・ヤング＝ブルーエル『ハンナ・アーレント伝』荒川幾男・原一子・本間直子・宮内寿子訳、晶文社、四三三頁も参照されたい。なおこの概念は後に示すように、アウグスティヌスから借りたものである。

（2）アレントが、人間の本性という考え方を明確に拒否することについては、「人間の条件というのは、人間の本性と同じものではない」と語っていることも参照されたい。Hannah Arendt, *The Human Condition*, The University of Chicago Press, pp. 9–10. 邦訳はハンナ・アレント『人間の条件』志水速雄訳、ちくま学芸文庫、二二頁。またこれが実存主義的な人間論に基づいたものであることは、川崎修『ハンナ・アレントの政治思想』岩波書店、一五頁参照。またヴィラはこの目的論的な観点の否定に、ハイデガーの開示性の概念の影響をみる。「開示性というハイデガーの実存概念によって、アレントにポスト形而上学的な枠組みが与えられている」（デーナ・リチャード・ヴィラ『アレントとハイデガー』青木隆嘉訳、法政大学出版局、二二六頁）と考えるのである。

（3）アレントの「世界」の概念の重要性と複雑さについては、Margaret Canovan, "Politics as Culture: Hannah Arendt and the Public Realm," *Hannah Arendt, Critical Essays*, edited by Lewis P. Hinchman and Sandra K. Hinchman, State University of New York Press を参照されたい。

（4）Hannah Arendt, *The Human Condition*, op. cit., p. 55. 邦訳は前掲書、八二頁。

（5）Ibid. 邦訳は同。

（6）Hannah Arendt, *Vita Activa*, Piper, p. 33. これはHannah Arendt, *The Human Condition* のドイツ語版であり、アレントがかなり手を加えている。邦訳の該当部分は前掲書、四三頁。

（7）Hannah Arendt, *The Human Condition*, op. cit., p. 55. 邦訳は同、八二頁。

（8）Ibid, p. 198. 邦訳は同、三二〇頁。

（9）Ibid. なお川崎はアレントの世界の概念を「出現の世界」と「人工物の世界」に分類する（川崎修『ハンナ・アレントの政

治思想』前掲書、九二頁以下)。しかしここでは、アレントの三つの基本概念に合わせて、さらに後述のアウグスティヌスの世界論も考慮に入れて、労働によって存続が維持される歴史性の場としての世界、仕事が展開される場としての社会の持続性が維持される世界、他者とともに活動が展開される他者性の場としての世界、の三つに分類したいと考える。

(10) Martin Heidegger, *Sein und Zeit*, Max Niemeyer, p.65. 邦訳はハイデガー『存在と時間』第一四節「世界一般の世界性の理念」、渡辺二郎訳、中央公論社、一五二頁。

(11) Hannah Arendt, *Essays in Understanding*, 1930-1954, Harcourt Brace & Company, p.179. 邦訳は『アーレント政治思想集成1』齋藤純一・山田正行・矢野久美子訳、みすず書房、二四三頁。

(12) Ibid., p.180. 邦訳は同、二四四頁。

(13) Hannah Arendt, *The Human Condition*, op. cit., p.244. 邦訳は前掲書、三八一頁。

(14) Ibid. 邦訳は同。

(15) Ibd., p.55. 邦訳は前掲書、八二頁。

(16) Ibid. 邦訳は同、八三頁。

(17) Karl Marx, *Das Kapital*, Erster Band, Karl Dietz, pp. 748-749. 邦訳は中山元訳、カール・マルクス『資本論第一巻』第四分冊、日経BP社、三七二頁。

(18) Ibid., pp. 749-750. 邦訳は同、三七三頁。

(19) Hannah Arendt, *The Human Condition*, op. cit., pp. 254-255. 邦訳は前掲書、四一一頁。

(20) Ibid., p.256. 邦訳は同、四一三頁。

(21) Ibid., p.115. 邦訳は同、一七三頁。

(22) Ibid. 邦訳は同。

(23) Ibid. 邦訳は同。

(24) Ibid., p.255. 邦訳は同、四一一頁。

(25) Ibid., p.250. 邦訳は同、四〇五頁。

(26) Ibid. 邦訳は同。

(27) Ibid., p.251. 邦訳は同、四〇六―四〇七頁。

(28) Ibid., p.256. 邦訳は同、四一三頁。

(29) Ibid., p.257. 邦訳は同、四一五頁。

(30) Ibid. 邦訳は同。

(31) Ibid., p.133. 邦訳は同、一九五頁。

(32) Ibid. 邦訳は同。

(33) Hannah Arendt, *Elemente und Ursprunge totaler Herrschaft*, Piper, p.977. 邦訳はアレント『全体主義の起原』第三巻、大久保和郎・大島かおり訳、みすず書房、二九八頁。

(34) Ibid. 邦訳は同。

(35) Ibid. 邦訳は同、二九九頁。

(36) Ibid., p.978. 邦訳は同。

(37) Ibid., p.979. 邦訳は同、三〇〇頁。

第二節

(1) アレントの世界の概念が活動の三つの概念と重要なかかわりをもつこと、とくに労働の概念は、世界の概念を考えなければ理解できないことについては、佐藤春吉「H・アレントと公共空間の思想」、山口定・佐藤春吉・中島茂樹・小関素明編『新しい公共性』有斐閣、三三頁以下を参照されたい。

(2) Hannah Arendt, *The Human Condition*, op. cit., p. 7. 邦訳は前掲の『人間の条件』一九頁。

(3) Ibid., p. 96. 邦訳は同、一五一頁。

(4) Ibid. 邦訳は同。

(5) Ibid. 邦訳は同、一九—二〇頁。

(6) Ibid. 邦訳は同、二〇頁。

(7) Ibid. 邦訳は同。

(8) Ibid., p. 95. 邦訳は同、一五〇頁。

(9) Ibid., p. 80. 邦訳は同、一三四頁。

(10) John Locke, *Two treaties of Government*. 邦訳はジョン・ロック『市民政府論』鵜飼信成訳、岩波文庫、三三頁。

(11) Hannah Arendt, *The Human Condition*, op. cit., p. 80. 邦訳は前掲書、一三五頁。

(12) Ibid., p. 81. 邦訳は同、一三六頁。

(13) Ibid., p. 90. 邦訳は同、一四三頁。

(14) Ibid., p. 83. 邦訳は同、一三七頁。

(15) Ibid., p. 81. 邦訳は同、一三五頁。

(16) Ibid., p. 136. 邦訳は同、二二三頁。

(17) Ibid., p. 87. 邦訳は同、一四〇—一四一頁。

(18) Ibid., p. 140. 邦訳は同、二二八頁。

(19) Ibid., p. 139. 邦訳は同。

(20) Ibid. 邦訳は同。

(21) この自然に暴力をふるい、自然にたいして主人としてふるまう工作者の像には、ハイデガーの技術論における「ゲシュテレ」の概念の影響をみることができる。

(22) Hannah Arendt, *The Human Condition*, op. cit, p. 147. 邦訳は前掲書、二三六頁。

(23) Ibid., p. 146. 邦訳は同。

(24) Karl Marx, *Das Kapital*, Erster Band, op. cit., p. 445. 邦訳は前掲の中山元訳の『資本論第一巻』第二分冊、一三三頁。

(25) Hannah Arendt, *The Human Condition*, op. cit., p. 146. 邦訳は同、二三六頁。

(26) Ibid., p. 147. 邦訳は同。

(27) 前掲のヴィラ『アレントとハイデガー』二二八頁

(28) Hannah Arendt, *The Human Condition*, op. cit., p. 114. 邦訳は同、一七二頁。

(29) Ibid., p. 115. 邦訳は同。

(30) Ibid., p. 137. 邦訳は同、二二四—二二五頁。

(31) 工作者にはこのように、世界を形成する役割があると同時に、たんに労働に使用されることだけを目的とした道具を作る役割がある。この二重性については、Kenneth Frampton, "The Status of Man and the Status of his objects: A reading of 'The Human Condition'", *Hannah Arendt: The Recovery of the Public World*, edited by Melvyn A. Hill, St. Martin's Press, pp. 108-109 を参照されたい。

(32) Hannah Arendt, *The Human Condition*, op. cit., p. 179. 邦訳は前掲書、二九〇頁。なお、わたしたちはこの「何であるか」を制御することはできても、「誰であるか」は他者が決めるものであり、自分では制御できない性質のものであることについては、Peter Fuss, "Hannah Arendt's conception of political community," *Hannah Arendt: The Recovery of the Public World*", op. cit., pp. 162-163 を参照されたい。ヒンチマンはこの概念の区別にヤスパースの「実存の概念」の強い影響をみいだしている。Lewis P. Hinchman and Sandra K. Hinchman, "Existentialism Politicized : Arendt's Debt to Yaspers," *Hannah Arendt, Critical Essays*, edited by Lewis P. Hinchman and Sandra K. Hinchman, State University of New York Press, p. 144 参照。

(33) Hannah Arendt, *The Human Condition*, op. cit., p. 175. 邦訳は同、二八六頁。

(34) Ibid., p. 176. 邦訳は同、二八八頁。

(35) Ibid., p. 177. 邦訳は同。

(36) Ibid. 邦訳は同。

(37) Ibid., p. 178. 邦訳は同、二八九頁。

(38) Ibid. 邦訳は同。

(39) Ibid., p. 13. 邦訳は同、二七頁。

(40) この自由の概念が、「本質と実存の伝統的な形而上学的な区別を拒否」することから生まれたものであることについては、Hauke Brunkhorst, "Equality and elitism in Arendt," *The Cambridge Companion to Hannah Arendt*, Cambridge University Press, p. 181 を参照されたい。

(41) Hannah Arendt, *The Human Condition*, op. cit., p. 179. 邦訳は同、二九一頁。

(42) Ibid., p. 180. 邦訳は同、二九三頁。

(43) Ibid., p. 182. 邦訳は同、二九七頁。

(44) Ibid., p. 183. 邦訳は同。

(45) Ibid., p. 188. 邦訳は同、三〇四頁。

(46) プラクシスは、このように目的をもたない自律的なものであることで、目的の実現をもって終了するポイエーシスと異なるものとなる。この二つの概念とハイデガーの理論との関係については、Jacques Taminiaux, *The Thracian Maid and the Professional Thinker, Arendt and Heidegger*, translated by Michael Gendre, State University of New York Press, pp. 93-94 を参照されたい。

(47) Hannah Arendt, *The Human Condition*, op. cit., p. 190. 邦訳は同、三〇七頁。

(48) Ibid., p. 191. 邦訳は同、三〇九頁。

(49) Ibid., p. 192. 邦訳は同、三一〇頁。

(50) Ibid. 邦訳は同、三一一頁。

(51) Ibid., p. 220. 邦訳は同、三四八頁。

第三節

(1) Hannah Arendt, *The Human Condition*, op. cit., p. 196. 邦訳は前掲『人間の条件』三一七頁。

(2) Ibid., p. 197. 邦訳は同。なお、活動は言葉で語られることによって他者に伝達される。アレントは「彼が始める活動は、言葉によってこそ、人間に理解できるように暴露される」と語っている（op. cit., p. 179. 邦訳は同、二九〇頁）。アレントにおける言葉と活動の関係については、Stephan Kampowski, *Arendt, Augustine, and the New Beginning*, Eerdmans, pp. 59–61が詳しい。

(3) トゥキュディデース『戦史』上巻、久保正彰訳、岩波文庫、二三〇頁。

(4) Hannah Arendt, *The Human Condition*, op. cit., p. 197. 邦訳は前掲書、三一八頁。

(5) Ibid., p. 198. 邦訳は同、三一九頁。

(6) Ibid. 同。邦訳は同、三二〇頁。

(7) Ibid., p. 198. 邦訳は前掲書、三二〇八頁。

(8) J. Peter Euban, 'Arendt's Hellenism,' *The Cambridge Companion to Hannah Arendt*, Cambridge University Press, p. 152.

(9) ゴーハムは古代のギリシアのディオニュソス劇場をモデルに、アレントのこの舞台の概念をさらに掘り下げていて興味深い。Eric B. Gorham, *The Theater of Politics, Hannah Arendt, Political Science and Higher Education*, Lexington Books を参照されたい。

(10) Hannah Arendt, *The Life of Mind*, vol.1, p. 21. 邦訳はアレント『精神の生活　上』佐藤和夫訳、岩波書店、二六頁。

(11) Hannah Arendt, *The Human Condition*, op. cit., p. 199. 邦訳は前掲書、三二一頁。この現われの空間と公的な領域との違いについては、石田雅樹『公共性の冒険――ハンナ・アレントと「祝祭」の政治学』(勁草書房) 一九三頁を参照されたい。

(12) Max Weber, *Wirtschaft und Gesellschaft*, J. C. B. Mohr, p. 28. 邦訳はマックス・ウェーバー『社会学の根本概念』清水幾太郎訳、岩波文庫、八六頁。

(13) Hannah Arendt, *The Human Condition*, op. cit., p. 200. 邦訳は前掲書、三二二頁。

(14) Ibid. 邦訳は同、三二三頁。

(15) Ibid., p. 202. 邦訳は同、三二四頁。

(16) Ibid., p. 201. 邦訳は同。

(17) Ibid. 邦訳は同。

(18) Ibid., p. 200. 邦訳は同、三二三頁。

(19) Ibid., p. 201. 邦訳は同、三二四頁。

(20) Hannah Arendt, *Karl Marx and the Tradition of Western Political Thought*, Second Drafts, Third Folder, p. 41. 邦訳はアレント『カール・マルクスと西欧政治思想の伝統』佐藤和夫編、アーレント研究会訳、大月書店、二一四頁。

(21) Ibid. 邦訳は同。

(22) Ibid. 邦訳は同、二一四―二一五頁。

(23) Hannah Arendt, *The Human Condition*, op. cit., p. 189. 邦訳は前掲書、三〇五頁。

(24) Hannah Arendt, *Karl Marx and the Tradition of Western Political Thought*, Second Drafts, Third Folder, p. 41. 邦訳は前掲書、二一五頁。

(25) Ibid., p. 42. 邦訳は同、二一六頁。

(26) Ibid., p. 44. 邦訳は同、二一八頁。

(27) Ibid. 邦訳は同。

(28) Ibid., p. 43. 邦訳は同、二一六頁。

(29) Hannah Arendt, *The Human Condition*, op. cit., p. 30. 邦訳は前掲書、五一頁。

(30) アレントの『人間の条件』には、女性たちはこのように消極的な形でしか姿を現わさず、フェミニストたちから最初は激しく攻撃されたものだった。それでも男性中心主義的な社会観にたいする批判の視点として、この書物が「啓発的な」ものとなりうることについては、Mary G. Dietz, "Hannah Arendt and Feminist Politics", *Hannah Arendt, Critical Essays*, edited by Lewis P. Hinchman and Sandra K. Hinchman, State University of New York Press）を参照されたい。ディーツの著書（Mary G. Diez, *Turning operations : feminism, Arendt, and policitcs*, Routledge）では、ボーヴォワールの『第二の性』との比較を交えながら、アレントのこの書物がフェミニズムにとって豊かなものとなりうることを力説している。ホーニックの著書（Bonnie Honig, *Feminist Interpretation of Hannah Arendt*, Pennsylvania State University Press）も、この書物がフェミニズム理論にもたらしうる豊饒さに焦点を合わせている。

(31) Hannah Arendt, *The Human Condition*, op. cit., p. 30. 邦訳は前掲書、五一頁。

(32) Ibid., p. 194. 邦訳は同、三一四頁。

(33) アリストテレス『政治学』一巻五章。邦訳は『アリストテレス全集』第一五巻、山本光雄訳、岩波書店、一四頁。ただし邦訳は「国民としての生活」である。なお、アレントは活動の理論を展開するためにアリストテレスに大きく依拠している。「アリストテレスの影響こそ、アレントによる完全に政治的である政治の探究を理解する一つの鍵である」（ヴィラ『アレントとハイデガー』前掲書、二七頁）と言えるだろう。

(34) Hannah Arendt, *The Human Condition*, op. cit., p. 32. 邦訳は前掲書、五三頁。

(35) Ibid. 邦訳は同、五三―五四頁。

(36) ヘロドトス『歴史』三巻八三。邦訳は松平千秋訳、岩波文庫、上巻、三四二頁。

(37) クセノポーン『ソークラテースの思い出』佐々木理訳、岩波文庫、一一二頁。

(38) 同、一一二―一一三頁。

(39) 同、一一六頁。

(40) 同。

(41) 同。

(42) Hannah Arendt, *The Human Condition*, op. cit., p. 37. 邦訳は前掲書、五八頁。

(43) Ibid., p. 36. 邦訳は同、五七頁。

(44) Ibid., p. 26. 邦訳は同、四七頁。

(45) Ibid., p. 27. 邦訳は同。

(46) プラトン『法律』七二〇C。邦訳は『プラトン全集』第一三巻、森進一・池田美恵・加来彰俊訳、岩波書店、二八四頁。

(47) 同。

(48) Hannah Arendt, *The Human Condition*, op. cit., p. 49. 邦訳は前掲書、七三頁。

(49) アリストテレス『政治学』三巻九章。邦訳は前掲書、一一四頁。

(50) トゥキュディデース『戦史』巻二。久保正彰訳、岩波書店、上巻、二三〇頁。

(51) 同。

(52) Hannah Arendt, *The Human Condition*, op. cit., p. 232. 邦訳は前掲書、三六五頁。

(53) アリストテレス『ニコマコス倫理学』一〇巻八章。邦訳は高田三郎訳、岩波文庫、下巻、一七六頁。

(54) 同。

(55) Hannah Arendt, *The Human Condition*, op. cit., p. 41. 邦訳は前掲書、六五頁

(56) Ibid., p. 50. 邦訳は同、七五頁。

(57) Ibid. 邦訳は同。

(58) Ibid., p. 53. 邦訳は同、七八―七九頁。

(59) Ibid., p. 57. 邦訳は同、八五頁。

(60) Ibid. 邦訳は同。

(61) Ibid., p. 58. 邦訳は同、八七頁。

(62) Ibid., p. 183. 邦訳は同、二九七頁。

(63) Ibid. 邦訳は同、二九八頁。

(64) アレントのこの網の目の比喩を、プラトン的な外部からのまなざしと権力の概念を批判するための武器とみなしているのが、Lisa Jane Disch, *Hannah Arendt and the Limits of Philosophy*, Cornell University Press である。とくに p. 403 以下を参照されたい（ディシュはこのまなざしをアルキメデス・モデルと呼ぶ）。

(65) Hannah Arendt, *The Human Condition*, op. cit., p. 58. 邦訳は前掲書、八七頁。

(66) Ibid. 邦訳は同。

(67) Ibid., p. 62. 邦訳は同、九二頁。

(68) Ibid., p. 64. 邦訳は同、九三頁。

(69) Ibid., p. 62. 邦訳は同、九二頁。ヴィラが指摘するように、公的な活動が重視されるからといって、私的な領域の重要性が低くなるわけではない。「むしろ根本的に重要視されている」（ヴィラ『アレントとハイデガー』前掲書、二四四頁）のである。

(70) Ibid., pp. 64-65. 邦訳は同、九四頁。

第四節

(1) エウリピデス『救いを求める女たち』四三八行。邦訳は『エウリピデス』中山恒夫訳、筑摩書房、一七三頁。

(2) この裁判についてはクセノポン『ギリシア史』一巻七章に詳しく述べられている。クセノポン『ギリシア史1』根本英世訳、京都大学学術出版会、四九頁以下を参照されたい。

(3) プラトン『弁明』三二B。『プラトン全集1』山本光雄訳、角川書店、七五頁

(4) ソクラテスのパレーシアについては、中山元『賢者と羊飼い』筑摩書房、を参照されたい。

(5) トゥキュディデース『戦史』巻二。邦訳は前掲書、二二六頁。

(6) Heidegger, "Platons Lehre von der Wahrheit", *Wegmarken*,

Vittorio Klostermann, p. 215. 邦訳はハイデガー「真性についてのプラトンの教説」『ハイデガー全集』第三巻『道標』辻村公一、ハルトムート・ブフナー訳、創文社、二六五頁。

（7）Ibid. 邦訳は同。

（8）Hanna Arendt, *The Promise of Politics*, Schocken Books, p. 14. 邦訳はアレント『政治の約束』高橋勇夫訳、筑摩書房、四四頁。

（9）Ibid., p. 13. 邦訳は同、四三頁。

（10）Ibid., p. 15. 邦訳は同、四四頁。

（11）Ibid. 邦訳は同。

（12）Ibid. 邦訳は同、四四―四五頁。

（13）プラトン『テアイテトス』一四九B。邦訳は『プラトン全集』第四巻、戸塚七郎訳、角川書店、二五頁。

（14）同、一四九C。邦訳は同、二六頁。

（15）同、一四九D。邦訳は同。

（16）Hannah Arendt, *The Life of Mind*, vol. 1, op. cit., p. 172. 邦訳は『精神の生活　上』前掲書、二〇〇頁。

（17）Hannah Arendt, *The Promise of Politics*, op. cit., p. 15. 邦訳は前掲の『政治の約束』四五頁。

（18）Ibid. 邦訳は同。

（19）Ibid. 邦訳は同。

（20）Ibid. 邦訳は同。

（21）Ibid. 邦訳は同。

（22）Ibid. 邦訳は同。

（23）このフーコーのパレーシア論については、前掲の中山元『賢者と羊飼い』を参照されたい。

（24）フーコー『真理とディスクール』。邦訳は中山元訳、筑摩書房、一四一頁。

（25）プラトン『ラケス』一八八A。邦訳は『プラトン全集』第四巻、山本光雄訳、角川書店、二五三頁。

（26）中山元『賢者と羊飼い』前掲書、八六頁。

（27）Hannah Arendt, *The Promise of Politics*, op. cit., p. 14. 邦訳は前掲の『政治の約束』四四頁。

（28）Ibid. 邦訳は同。

（29）Ibid., p. 13. 邦訳は同、四三頁。

（30）Ibid., p. 7. 邦訳は同、三七頁。

（31）プラトン『パイドン』一一三E。邦訳は『プラトン全集』第一巻、村治能就訳、角川書店、二四一頁。

（32）同、一一四B。邦訳は同、二四二頁。

（33）Hannah Arendt, *The Promise of Politics*, op. cit., p. 7. 邦訳は前掲書、三七頁。

（34）アリストパネス『雲』田中美知太郎訳、『アリストパネス』世界古典文学全集第一二巻、筑摩書房、一一一頁。

（35）同、九八頁。

（36）Hannah Arendt, *Responsibility and Judgment*, Payot, p. 176. 邦訳は『責任と判断』筑摩書房、中山元訳、二二八頁。

（37）Ibid. 邦訳は同。

（38）Ibid., p. 188. 邦訳は同、二四二頁。

（39）Ibid. 邦訳は同。

（40）Ibid. 邦訳は同。

(41) カント『判断力批判』序論。邦訳は原佑訳、『カント全集』第八巻、理想社、三九頁。

(42) Hannah Arendt, *Responsibility and Judgment*, op. cit., p. 189. 邦訳は前掲書、二四二頁。

(43) Ibid. 邦訳は同。

(44) Ibid., p. 78. 邦訳は同九六頁。

(45) Ibid., p. 187. 邦訳は前掲書、二四二―二四三頁。

(46) ソクラテスの置かれた状況が、道徳が崩壊したナチス時代のドイツと同じ意味をもつことは、アレントがこの講義で繰り返し確認していることである。また Dana R. Villa, *Politics, Philosophy, Terror, Essays on the thought of Hannah Arendt*, Princeton University Press, p. 100 も参照されたい。邦訳はデーナ・リチャード・ヴィラ『政治・哲学・恐怖――ハンナ・アレントの思想』伊藤誓・磯山甚一訳、法政大学出版局、一五五頁。

第五節

(1) Hannah Arendt, *The Human Condition*, op. cit., p. 76. 邦訳は前掲『人間の条件』一〇七頁。

(2) Hannah Arendt, *Responsibility and Judgment*, Payot, p. 98. 邦訳は前掲の『責任と判断』一一九頁。

(3) プラトン『ゴルギアス』四八二C。邦訳は『プラトン全集』第五巻、内藤純郎訳、角川書店、一九三頁。

(4) 同。

(5) Hannah Arendt, *Responsibility and Judgment*, op. cit., p. 90. 邦訳は前掲書、一〇九頁。

(6) Hannah Arendt, *The Human Condition*, op. cit., p. 76. 邦訳は前掲書、一〇七頁。

(7) Hannah Arendt, *Responsibility and Judgment*, op. cit., p. 98. 邦訳は前掲の『責任と判断』一一九頁。

(8) Ibid., pp. 98-99. 邦訳は同、一二〇頁。

(9) Ibid., p. 99. 邦訳は同。

(10) Ibid. 邦訳は同。

(11) プラトン『国家』五〇〇C。邦訳は『プラトン全集』第七巻、山本光雄訳、角川書店、三五三頁。

(12) Hannah Arendt, *The Life of Mind*, vol. 1, op. cit., pp. 84-85. 邦訳は前掲『精神の生活　上』九九頁。

(13) プラトン『国家』五一四A。邦訳は前掲書、三七八頁。

(14) 同、五一五C。邦訳は同、三七九頁。

(15) 同、五一八C。邦訳は同、三八五頁。

(16) 同、五一六A。邦訳は同、三八〇―三八一頁。

(17) 同、五一六C。邦訳は同、三八一頁。

(18) 同、五一七A。邦訳は同、三八二頁。

(19) 同。邦訳は同、三八三頁。

(20) Hannah Arendt, *The Human Condition*, op. cit., p. 185. 邦訳は前掲書、三〇〇頁。

(21) プラトン『法律』六四四D。邦訳は前掲書、一〇一頁。

(22) 同、八〇三C。邦訳は同、四二四頁。

(23) Hannah Arendt, *The Human Condition*, op. cit., p. 185. 邦訳は前掲書、三〇〇頁。

(24) プラトン『国家』五一六C。邦訳は同、三八一—三八二頁。

(25) 同、四九四A。邦訳は同、三四一頁。

(26) 同。

(27) 同、五二〇C。邦訳は同、三八九頁。

(28) 同、五一九C。邦訳は同、三八七頁。

(29) 同、五二〇D。邦訳は同、三八九頁。

(30) 同、四七三D。邦訳は同、三〇四頁。

(31) Hannah Arendt, *The Human Condition*, op. cit., p. 220. 邦訳は前掲書、三四八頁。

(32) Ibid. 邦訳は同、三四九頁。

(33) Ibid., p. 221. 邦訳は同。

(34) Ibid. 邦訳は同。

(35) Ibid. 邦訳は同、三五〇頁。

(36) Ibid., p. 220. 邦訳は同、三四九頁。

(37) プラトン『政治家』三〇五D。邦訳は『プラトン全集』第二巻、副島民雄訳、角川書店、四一八頁。

(38) Hannah Arendt, *The Human Condition*, op. cit., p. 223. 邦訳は前掲書、三五二頁。

(39) Ibid. 邦訳は同。

(40) プラトン『政治家』二五八E。邦訳は前掲書、三二〇頁。

(41) 同、二五九B。邦訳は同、三二一頁。

(42) プラトン『国家』三六八D。邦訳は前掲書、九一—九二頁。

(43) Hannah Arendt, *The Human Condition*, op. cit., p. 224. 邦訳は前掲書、三五三頁。

(44) プラトン「第一アルキビアデス」一三二A。邦訳は『プラトン全集』第四巻、山本光雄訳、角川書店、五六—五七頁。

(45) Hannah Arendt, *The Human Condition*, op. cit., p. 224. 邦訳は前掲書、三五四頁。

(46) Ibid., p. 225. 邦訳は同、三五五頁。

(47) Ibid. 邦訳は同。

(48) Ibid. 邦訳は同。

(49) Ibid. 邦訳は同。

(50) プラトン『国家』四七五E。邦訳は前掲書、三〇九頁。

(51) 同、四七六D。邦訳は同、三一〇頁。

(52) 同、四七六C。邦訳は同。

(53) Hannah Arendt, The Human Condition, op. cit., p. 225. 邦訳は前掲書、三五五頁。

(54) Ibid., p. 226. 邦訳は同、三五六頁。

(55) Ibid., p. 230. 邦訳は同、三六一頁。

(56) プラトン『国家』四八八B。邦訳は前掲書、三三〇頁。

第六節

(1) Hannah Arendt, *Karl Marx and the Tradition of Western Political Thought*, Second Drafts, Third Folder, p. 44. 邦訳は前掲の『カール・マルクスと西欧政治思想の伝統』二一九頁。

(2) Ibid., p. 47. 邦訳は同、二二二頁。

(3) トゥキュディデース『戦史』。邦訳は前掲書、中巻、三五三—三五四頁。

(4) 同、三五五頁。

(5) 同。

(6) 同、三六四頁。
(7) Hannah Arendt, *Karl Marx and the Tradition of Western Political Thought*, Second Drafts, Third Folder, p.47. 邦訳は前掲書、二二二頁。
(8) Ibid. 邦訳は同。
(9) Hannah Arendt, *The Promise of Politics*, Schocken Books, p.173. 邦訳は前掲の『政治の約束』二〇四頁。
(10) ウェルギリウス『アエネーイス』一巻。邦訳は泉井久之助訳、岩波文庫、一二頁。
(11) リーウィウス『ローマ建国史』鈴木一州訳、岩波文庫、上巻、一四頁。
(12) Hannah Arendt, *The Promise of Politics*, op. cit., p.173. 邦訳は前掲書、二〇四頁。
(13) トゥキュディデース『戦史』一巻二二章。邦訳は前掲の岩波文庫、上巻、七五頁。
(14) Hannah Arendt, *The Promise of Politics*, op. cit., p.173. 邦訳は前掲書、二〇四頁。
(15) Ibid., p.175. 邦訳は同、二〇六頁。
(16) Ibid. 邦訳は同、二〇七頁。
(17) Hannah Arendt, *The Human Condition*, p.7. 邦訳は前掲書、二〇頁。
(18) Hannah Arendt, *Karl Marx and the Tradition of Western Political Thought*, Second Drafts, Third Folder, p.44. 邦訳は前掲書、二一九頁。
(19) Hannah Arendt, *The Promise of Politics*, op. cit., p.178. 邦訳は前掲書、二〇九頁。
(20) Ibid., p.176. 邦訳は同、二〇八頁。
(21) Ibid., p.178. 邦訳は同、二〇九頁。
(22) Ibid., p.175. 邦訳は同、二〇七頁。
(23) Ibid., pp.175-176. 邦訳は同。
(24) Ibid. 邦訳は同。
(25) Ibid., pp.180-181. 邦訳は同、二一二頁。
(26) Ibid., p.181. 邦訳は同。
(27) Ibid. 邦訳は同。
(28) Ibid., p.179. 邦訳は同、二一〇頁。
(29) Ibid. 邦訳は同。
(30) Ibid. 邦訳は同。
(31) Ibid. 邦訳は同。
(32) Ibid., p.180. 邦訳は同、二一一頁。
(33) Ibid., p.187. 邦訳は同、二一八頁。
(34) Ibid. 邦訳は同、二一九頁。
(35) Ibid. 邦訳は同。
(36) Ibid. 邦訳は同。
(37) Ibid. 邦訳は同。

第二章

第一節

(1) Hannah Arendt, *The Human Condition*, op. cit., p.237. 邦訳は前掲の『人間の条件』三七二頁。

(2)「マタイによる福音書」一〇章二二節。以下、聖書からの引用は新共同訳による。
(3) Hannah Arendt, *The Human Condition*, op. cit., p. 245. 邦訳は前掲書、三八三頁。
(4) Friedrich Nietzsche, *Zorn Genealogie der Moral*, *Nietzsche Werke, Kritische Gesamtausgabe*, VI-2, Walter de Gruyter & Co., p. 307. 邦訳はニーチェ『道徳の系譜学』中山元訳、光文社古典新訳文庫、九七頁。
(5) Ibid., p. 309. 邦訳は同、一〇一頁。
(6) Hannah Arendt, *The Human Condition*, op. cit., p. 237. 邦訳は前掲書、三七二頁。
(7) Ibid., p. 244. 邦訳は同、三八一頁。
(8) Ibid. 邦訳は同。
(9) Ibid. 邦訳は同。
(10) Ibid. 邦訳は同。
(11) Ibid. 邦訳は同。
(12) Ibid. p. 237. 邦訳は同、三七二頁。
(13)「マタイによる福音書」九章二節。
(14) Hannah Arendt, *The Human Condition*, op. cit., p. 239. 邦訳は前掲書、三七四―三七五頁。
(15) Ibid., pp. 238―239. 邦訳は同、三七五頁。
(16) アレントはイエスには強い親しみをみせる。それはイエスが使徒たちと築いた共同体が、「イスラエルの公的な権威に挑戦的な態度をとっていた」(Ibid., p. 239. 邦訳は同、三七四―三七五頁)からであり、イエスとこの共同体の経験が「真の政治的な経験の一つであった」(Ibid. 邦訳は同、三七五頁)からである。まだキリスト教徒というものが存在しなかったイエスの時代には、イエスたちは既存の権威に抵抗するユダヤ人であり、第七章で考察するアレントの後の分類では「意識的なパーリア」とみることができるからである。
(17) Hannah Arendt, *The Human Condition*, op. cit., p. 237. 邦訳は前掲書、三七二頁。
(18) Ibid., p. 239 邦訳は同、三七五頁。
(19)「マタイによる福音書」一八章二一節。
(20) 同、一八章二二節。
(21) 同、一八章三五節。
(22) 同、七章一―三節。
(23) Hannah Arendt, *The Human Condition*, op. cit., p. 240. 邦訳は前掲書、三七六頁。
(24)「マタイによる福音書」六章一節。
(25) Hannah Arendt, *The Human Condition*, op. cit., p. 74. 邦訳は前掲書、一〇五頁。
(26) Ibid. 邦訳は同。
(27)「マタイによる福音書」六章三―四節。
(28) Hannah Arendt, *The Human Condition*, op. cit., p. 74. 邦訳は前掲書、一〇五頁。
(29) デリダ「時間を―与える」。邦訳は『他者の言語』高橋允昭編訳、法政大学出版局、七四頁。
(30)「マタイによる福音書」六章二節。
(31) Hannah Arendt, *The Human Condition*, op. cit., p. 76. 邦訳

は前掲書、一〇七頁。
(32) Ibid. 邦訳は同。
(33) Ibid., p. 75. 邦訳は同。
(34) Ibid., p. 77. 邦訳は同、一〇九頁。
(35) テルトゥリアヌス『護教論』三八章。金井寿男訳、水府出版、一一五頁。
(36) 同。邦訳は同、一一四―一一五頁。
(37) Hannah Arendt, *The Human Condition*, op. cit., p. 74. 邦訳は前掲書、一〇五頁。

第二節

(1) Hannah Arendt, *The Human Condition*, op. cit., p. 76. 邦訳は前掲の『人間の条件』一〇八頁。
(2) Ibid., p. 75. 邦訳は同、一〇六頁。
(3) Ibid., p. 77. 邦訳は同、一〇九頁。
(4) Ibid. 邦訳は同。
(5) プラトン『饗宴』二〇〇E。邦訳は『プラトン全集』第三巻、山本光雄訳、角川書店、一九八頁。
(6) プラトン『パイドロス』二五〇B―C。邦訳は前掲の『プラトン全集』第三巻、副島民雄訳、二八三頁。
(7) 同、二五〇C。邦訳は同。
(8) 同、二五〇E。邦訳は同、二八四頁。
(9) 同。
(10) 同、二五〇E―二五一A。邦訳は同。
(11) 同、二五一A。邦訳は同。
(12) プラトン『饗宴』二一〇A。邦訳は前掲書、二一六頁。
(13) 同。邦訳は同。
(14) 同、二一〇B。邦訳は同、二一七頁。
(15) 同。
(16) 同、二一〇C。邦訳は同。
(17) 同、二一〇D。邦訳は同。
(18) 同、二一一C。邦訳は同、二一九頁。
(19) アンデルス・ニーグレン『アガペーとエロース』第一巻、岸千年・大内弘助訳、新教出版社、一四七頁。
(20) プラトン『饗宴』二一一B。邦訳は前掲書、二一八頁。
(21) 同、二〇三A。邦訳は同、二〇四頁。
(22) 同、二〇五A。邦訳は同、二〇七頁。
(23) 「申命記」七章六―八節。
(24) 「マタイによる福音書」六章二八―三〇節。
(25) ニーグレン『アガペーとエロース』第一巻、前掲書、四四頁。
(26) 「マタイによる福音書」五章四六―四七節。
(27) 「ローマの信徒への手紙」七章一四―一五節。
(28) 同、八章三三―三四節。
(29) 同、八章三一節。
(30) 「マタイによる福音書」九章一一節。
(31) 同、九章一二節。
(32) 同、五章四五節。
(33) 同、一一章三六―三七節。
(34) 同、二二章三七―三八節。

第三節

(1) アウグスティヌス『告白』三巻四章。邦訳は服部英次郎訳、岩波文庫、上巻、七一頁。
(2) 同。
(3) 同。
(4) 同、八巻七章。邦訳は同、二六六―二六七頁。
(5) 同、七巻一七章。邦訳は同、二三三頁。
(6) 同。
(7) 同。
(8) 同、一〇巻二〇章。邦訳は同、下巻、三九頁。
(9) 同、一〇巻二二章。邦訳は同、四四頁。
(10) アウグスティヌス『キリスト教の教え』二巻七章。加藤武訳、『アウグスティヌス著作集』第六巻、教文館、八七頁。
(11) 同。
(12) 同。邦訳は同、八八頁。
(13) 同。
(14) 同。
(15) 同。邦訳は同、八九頁。
(16) 同。
(17) 同。
(18) 同。邦訳は同、九〇頁。
(19) アウグスティヌス『恩恵と自由意志』一八章。邦訳は小池三郎・金子晴勇・片柳栄一訳、『アウグスティヌス著作集』第一〇巻、教文館、七二頁。
(20) ニーグレン『アガペーとエロース』第三巻、前掲書、九三頁。

第四節

(1) Hannah Arendt, *Der Liebesbegriff bei Augustin*, Philo, p. 36. 邦訳は『アウグスティヌスの愛の概念』千葉眞訳、みすず書房、二四頁。
(2) Ibid. 邦訳は同。
(3) Ibid. 邦訳は同。
(4) Ibid. 邦訳は同。
(5) Ibid. 邦訳は同、二五頁。
(6) Ibid., p. 43. 邦訳は同、三七頁。
(7) Ibid., p. 36. 邦訳は同、二五頁。
(8) Ibid., p. 37. 邦訳は同、二六頁。
(9) Ibid. 邦訳は同。
(10) Ibid. 邦訳は同、二七頁。
(11) Ibid., p. 36. 邦訳は同、二五頁。
(12) Ibid., p. 37. 邦訳は同、二六頁。
(13) Ibid. 邦訳は同。
(14) Ibid. 邦訳は同、二七頁。
(15) Ibid. 邦訳は同。
(16) Ibid., p. 38. 邦訳は同、二八頁。
(17) Ibid. 邦訳は同、二九頁。
(18) Ibid., p. 39. 邦訳は同、三〇頁。
(19) Ibid. 邦訳は同。
(20) Ibid., p. 41. 邦訳は同、三四―三五頁。

(21) Ibid. 邦訳は同、三五頁。

(22) Ibid., p. 39. 邦訳は同、二九頁。

(23) Ibid. 邦訳は同。

(24) Ibid., p. 40. 邦訳は三三頁。

(25) Ibid., p. 39. 邦訳は同、三〇頁。

(26) アウグスティヌス『告白』七巻一〇章。邦訳は前掲書、二二四頁。

(27) Hannah Arendt, *Der Liebesbegriff bei Augustin*, op. cit., p. 43. 邦訳は前掲書、三七頁。

(28) Ibid., p. 39. 邦訳は同、三一頁。

(29) アウグスティヌス『告白』一〇巻六章。邦訳は前掲書、下巻、一四頁。

(30) Hannah Arendt, *Der Liebesbegriff bei Augustin*, op. cit., p. 40. 邦訳は前掲書、三二頁。

(31) Ibid. 邦訳は同。

(32) Ibid. 邦訳は同。

(33) Ibid. 邦訳は同、三三頁。

(34) Ibid. 邦訳は同。

(35) Ibid. 邦訳は同、三二頁。

(36) Ibid., p. 36. 邦訳は同、二四頁。

(37) Ibid., p. 47. 邦訳は同、四五頁。

(38) Ibid., p. 38. 邦訳は同、二八頁。

(39) Ibid., p. 37. 邦訳は同、二六頁。

(40) Ibid. 邦訳は同。

(41) Ibid., p. 47. 邦訳は同、四五頁

(42) Ibid. 邦訳は同、四五—四六頁。

(43) Ibid. 邦訳は同、四五頁。

(44) Ibid., p. 38. 邦訳は同、二八頁。

(45) Ibid., p. 40. 邦訳同、三二頁。

(46) アウグスティヌス『キリスト教の教え』一巻三章。邦訳は前掲書、三〇頁。

(47) ニーグレン『アガペーとエロース』第三巻、前掲書、六七頁。

(48) Hannah Arendt, *Der Liebesbegriff bei Augustin*, op. cit., p. 46. 邦訳は前掲書、四四頁。

(49) Ibid. 邦訳は同、四三頁。

(50) Ibid. 邦訳は同。

(51) アウグスティヌス『キリスト教の教え』一巻二六章。邦訳は前掲書、五七頁。

(52) 同、一巻二七章。邦訳は同、五八頁。

(53) 同。

(54) 同。邦訳は同、五九頁。

(55) Hannah Arendt, *Der Liebesbegriff bei Augustin*, op. cit, p. 52. 邦訳は前掲書、五二頁。

(56) Ibid. 邦訳は同。

(57) Ibid., p. 43. 邦訳は同、三八頁。

(58) Ibid., p. 42. 邦訳同、三五頁。

(59) Ibid. 邦訳は同。

(60) Ibid. 邦訳は同。

(61) Ibid. 邦訳は同、三六頁。

(62) Ibid. 邦訳は同、三七頁。
(63) Ibid., p. 43. 邦訳は同。
(64) Ibid. 邦訳は同、三八頁。
(65) Ibid. 邦訳は同。
(66) Ibid., p. 44. 同、三九頁。
(67) Ibid. 邦訳は同。
(68) Ibid. 邦訳は同。
(69) Ibid. 邦訳は同、四〇頁。
(70) Ibid., p. 46. 邦訳は同、四三頁。
(71) Ibid. 邦訳は同、五〇頁。
(72) Ibid., p. 51. 邦訳は同、五一頁。
(73) Ibid.
(74) Ibid., p. 52. 邦訳は同、五二頁。
(75) Ibid. 邦訳は同、五三頁。
(76) Ibid. 邦訳は同。
(77) Ibid. 邦訳は同。
(78) Ibid. 邦訳は同。
(79) Ibid.
(80) Ibid. 邦訳は同、五二頁。
(81) Ibid., p.58. 邦訳は同、六四頁。
(82) Ibid., p. 59. 邦訳は同。
(83) Ibid., p. 60. 邦訳は同、六六頁。
(84) Ibid., pp. 59–60. 邦訳は同、六五頁。
(85) Ibid., p. 60. 邦訳は同、六六頁。
(86) Ibid. 邦訳は同、六七頁。
(87) Ibid. 邦訳は同。
(88) Ibid., p. 61. 邦訳は同、六八頁。
(89) Ibid., p. 62. 邦訳は同、六九頁。
(90) Ibid. 邦訳は同。
(91) Ibid. 邦訳は同。
(92) Ibid., p.63. 邦訳は同、七〇頁。
(93) Ibid. 邦訳は同。
(94) Ibid., p. 64. 邦訳は同、七二頁。
(95) Ibid. 邦訳は同。
(96) アレントのこの論文での時間論と、その後の著作の時間論との関係の深さについては、Stephan Kampowski, *Arendt, Augustine, and the New Beginning*, Eerdmans, op. cit., p. 188以下を参照されたい。この書物はThe Action Theory and Moral Thoughts of Hannah Arendt in the light of Her Dissertation on St. Augustineというサブタイトルが示すように、アレントのこの博士論文とその後の思想の深いつながりを詳細に考察した好著である。
(97) Hannah Arendt, *Der Liebesbegriff bei Augustin*, op. cit., p. 64. 邦訳は前掲の『アウグスティヌスの愛の概念』七三頁。
(98) Ibid. 邦訳は同。
(99) Ibid. 邦訳は同。
(100) Ibid., p. 65. 邦訳は同、七四頁。
(101) Ibid., p. 67. 邦訳は同、七七頁。
(102) Ibid. 邦訳は同。
(103) Ibid., p. 69. 邦訳は同、七九頁。

(104) Ibid. 邦訳は同。

(105) Ibid., p. 67. 邦訳は同、七六頁。

(106) Ibid. 邦訳は同、七七頁。

(107) プラトン『ティマイオス』三七D。邦訳は泉治典訳、『プラトン全集』第六巻、角川書店、二〇一頁。

(108) 同、三七E。邦訳は同。

(109) 同、三八A。邦訳は同、二〇二頁。

(110) アリストテレス『自然学』二一九B。邦訳は出隆・岩崎允胤訳、『アリストテレス全集』第三巻、一七〇頁。

(111) 同、二一九A。邦訳は同。

(112) 同、二二〇B。邦訳は同、一七五頁。

(113) Hannah Arendt, *Der Liebesbegriff bei Augustin*, op. cit, p. 67. 邦訳は前掲書、七七頁。

(114) Ibid. 邦訳は同。

(115) Ibid., p. 66. 邦訳は同、七五頁。

(116) Ibid. 邦訳は同、七六頁。

(117) Ibid., p. 35. 邦訳は同、二三頁。

(118) Ibid., p. 66. 邦訳は同、七五頁。

(119) Ibid., p. 35. 邦訳は同、二三頁。

(120) Ibid., p. 66. 邦訳は同、七五頁。

(121) Ibid. 邦訳は同、七六頁。

(122) Ibid. 邦訳は同。

(123) Ibid., p. 70. 邦訳は同、八一頁。

(124) Ibid. 邦訳は同。なおアレントは、ここで脚注をつけ、ハイデガーを批判する。ハイデガーは論文『根拠の本質について』で、アウグスティヌスの世界の概念には二つの意味があることを指摘している。一つは「それ自体によって作られた世界」（Martin Heidegger, *Vom Wesen des Grundes*, Vittorio Klostermann, p. 25）であり、「天であり、地であり、海であり、そこに住むすべてのもの」（ibid.）であり、「被造物《エンス・クレアトゥム》」（ibid.）である。もう一つは、「心において世界に住み、世界を愛する」（ibid.）人々である。アレントが指摘するようにハイデガーはこの考察では、第一の「天と地」としての世界ではなく、「人間的な現存在にしたがって、存在者へと立ち向かい、存在者でありつづける、その決定的に自由な様態」（ibid.）を重視する存在者だけに注目している。アレントは、ハイデガーが第一の宇宙としての世界の概念を無視したために「世界の二重性の意味づけの課題が、不明瞭なままにとどまってしまう」（Hannah Arendt, *Der Liebesbegriff bei Augustin*, op. cit, p. 70. 邦訳は前掲書、一九六頁）と指摘する。アウグスティヌスのギリシア的な存在論と世界論を無視すると、アウグスティヌスの愛の概念の二重性も理解できなくなるからである。

(125) Hannah Arendt, *Der Liebesbegriff bei Augustin*, op. cit, p. 70. 邦訳は同、八二頁。

(126) Ibid. 邦訳は同。

(127) Ibid., p. 71. 邦訳は同。

(128) Ibid., p. 70. 邦訳は同。

(129) Ibid., pp. 74-75. 邦訳は同、八九頁。

(130) Ibid., p. 75. 邦訳は同。

(131) Ibid. 邦訳は同。

(132) Ibid. 邦訳は同。
(133) Ibid. 邦訳は同。
(134) Ibid., p. 77. 邦訳は同、九二―九三頁。
(135) Ibid., p. 81. 邦訳は同、九九頁。
(136) Ibid., p. 77. 邦訳は同、九三頁。
(137) Ibid., p. 81. 邦訳は同、九九頁。
(138) Ibid., p. 79. 邦訳は同、九四頁。
(139) Ibid., p. 81. 邦訳は同、九九頁。
(140) Ibid. 邦訳は同。
(141) Ibid., p. 82. 邦訳は同、一〇一頁。
(142) Ibid. 邦訳は同、一〇〇頁。
(143) Ibid., pp. 83-84. 邦訳は同、一〇四頁。
(144) Ibid., p. 84. 邦訳は同。
(145) Ibid. 邦訳は同、一〇五頁。
(146) Ibid. 邦訳は同。
(147) Ibid., p. 89. 邦訳は同、一一二―一一三頁。
(148) Ibid. 邦訳は同、一一二頁。
(149) Ibid., p. 84. 邦訳は同、一〇四頁。
(150) Ibid. 邦訳は同。
(151) Ibid. 邦訳は同、一〇五頁。
(152) Ibid. 邦訳は同、一〇四頁。
(153) Ibid. 邦訳は同、一〇五頁。
(154) Ibid., p. 83. 邦訳は同、一〇四頁。
(155) Ibid. 邦訳は同、一〇三頁。
(156) Ibid., p. 84. 邦訳は同、一〇五頁。
(157) Ibid., p. 82. 邦訳は同、一〇二頁。
(158) Ibid., p. 84. 邦訳は同。
(159) Ibid. 邦訳は同、一〇五頁。
(160) Ibid. 邦訳は同。
(161) Ibid., p. 88. 邦訳は同、一一一頁。
(162) Ibid. 邦訳は同、一一二頁。
(163) Ibid. 邦訳は同。
(164) Ibid., p. 90. 邦訳は同、一一三頁。
(165) Ibid. 邦訳は同。
(166) Ibid.
(167) Ibid., pp. 90-91. 邦訳は同、一一五頁。
(168) Ibid., p. 91. 邦訳は同、一一六頁。
(169) Ibid., p. 98. 邦訳は同、一二六頁。
(170) Ibid., p. 99. 邦訳は同、一二七頁。
(171) Ibid., pp. 93-94. 邦訳は同、一一九頁。
(172) Ibid., p. 39. 邦訳は同、二九頁。
(173) Ibid. 邦訳は同。
(174) Ibid. 邦訳は同。
(175) Ibid., p. 43. 邦訳は同、三八頁。
(176) Ibid. 邦訳は同。
(177) Ibid., p. 44. 邦訳は同、三九頁。
(178) Ibid. 邦訳は同。
(179) Ibid. 邦訳は同。
(180) Ibid., p. 99. 邦訳は同、一二八頁。
(181) Ibid. 邦訳は同。

(182) Ibid., p. 98. 邦訳は同、一二六―一二七頁。
(183) Ibid. 邦訳は同、一二七頁。
(184) Ibid., p. 72. 邦訳は同、八四頁。
(185) Ibid. 邦訳は同。
(186) Ibid., p. 100. 邦訳は同、一二九頁。
(187) Ibid., p. 90. 邦訳は同、一一四頁。
(188) Ibid., p. 38. 邦訳は同、二九頁。
(189) Ibid., p. 39. 邦訳は同。
(190) Ibid., pp. 39-40. 邦訳は同、三一頁。
(191) Ibid., p. 46. 邦訳は同、四四頁。
(192) Ibid. 邦訳は同。なお、この言葉は完全にハイデガーのものである。
(193) Ibid., p. 51. 邦訳は同、五一頁。
(194) Ibid. 邦訳は同。
(195) Ibid., pp. 96-97. 邦訳は同、一二四頁。
(196) Ibid., p. 97. 邦訳は同。
(197) Ibid., p. 98. 邦訳は同、一二六頁。
(198) Ibid., p. 100. 邦訳は同、一三〇頁。
(199) Ibid. 邦訳は同。
(200) Ibid. 邦訳は同。
(201) Ibid., p. 102. 邦訳は同、一三三―一三四頁。
(202) Ibid., p. 103. 邦訳は同、一三五頁。
(203) Ibid. 邦訳は同。
(204) Ibid. 邦訳は同、一三六頁。
(205) Ibid., p. 24. 邦訳は同、三頁。
(206) Ibid., p. 107. 邦訳は同、一四〇頁。
(207) Ibid. 邦訳は同、一四一頁。
(208) Ibid., p. 108. 邦訳は同、一四二頁。
(209) Ibid., p. 109. 邦訳は同、一四三頁。
(210) Ibid. 邦訳は同。
(211) Ibid. 邦訳は同、一四四頁。
(212) Ibid. 邦訳は同。
(213) Ibid. 邦訳は同。
(214) Ibid. 邦訳は同、一四三頁。
(215) Ibid. 邦訳は同、一四四頁。
(216) Ibid., p. 112. 邦訳は同、一四八頁。
(217) Ibid. 邦訳は同。
(218) Ibid. 邦訳は同、一四七頁。
(219) Ibid. 邦訳は同。
(220) Ibid., p. 110. 邦訳は同、一四五頁。
(221) Ibid. 邦訳は同。
(222) Ibid. 邦訳は同。
(223) Ibid. 邦訳は同。
(224) Ibid., p. 112. 邦訳は同、一四七頁。
(225) Ibid. 邦訳は同、一四八頁。
(226) Ibid. 邦訳は同。
(227) Ibid., p. 115. 邦訳は同、一五二頁。
(228) Ibid., p. 116. 邦訳は同、一五四頁。
(229) Ibid., p. 117. 邦訳は同、一五五頁。
(230) Ibid. 邦訳は同。

(231) Ibid., p. 118. 邦訳は同、一五六頁。
(232) Ibid. 邦訳は同、一五七頁。
(233) Ibid., p. 119. 邦訳は同、一五八頁。
(234) Ibid. 邦訳は同、一五九頁。
(235) Ibid. 邦訳は同。
(236) Ibid. 邦訳は同。
(237) Ibid., p. 120. 邦訳は同、一六〇頁。
(238) Ibid. 邦訳は同。
(239) アレント『アウグスティヌスの愛の概念』の「訳者解説」（二四一頁）を参照されたい。
(240) Ronald Beiner, “Love and Worldliness : Hannah Arendt's Reading of Saint Augustine”, Hannah *Arendt Twenty Years Later*, edited by Larry May and Jerome Kohn, MIT Press, p. 272.

第五節

(1) Hannah Arendt, *The Human Condition*, op. cit., p. 53. 邦訳は前掲のアレント『人間の条件』七九頁。
(2) Ibid. 邦訳は同、八〇頁。
(3) Ibid. 邦訳は同。
(4) Ibid., p. 54. 邦訳は同、八一頁。
(5) ibid. 邦訳は同。
(6) ヌルシアのベネディクトス「戒律」五七章。邦訳は古田暁訳、『中世思想原典集成』第五巻、平凡社、三〇八―三〇九頁。
(7) アウグスティヌス『神の国』一九巻一三章。邦訳は服部英次郎・藤本雄三訳、岩波文庫、第五巻、六七頁。
(8) 同、一九巻一四章。邦訳は同、六九頁。
(9) 同、一九巻一三章。邦訳は同、六七頁。
(10) 同。邦訳は同。
(11) 同、一九巻一一章。邦訳は同、五五頁。
(12) 同、一九巻一七章。邦訳は同、七七頁。
(13) 同。邦訳は同。
(14) 同、一九巻一六章。邦訳は同、七六頁。
(15) 同。邦訳は同。
(16) 同、一九巻一三章。邦訳は同、六四頁。
(17) 同。邦訳は同。
(18) 同、一九巻一七章。邦訳は同、七七頁。
(19) 同。邦訳は同。
(20) 同。邦訳は同、七九頁。
(21) 同、一九巻一九節。邦訳は同、八二頁。
(22) 同。邦訳は同。
(23) 同。邦訳は同、八三頁。
(24) 同。
(25) 同。邦訳は同、八四頁。
(26) 同、一九巻二一章。邦訳は同、八七頁。
(27) 同。邦訳は同。
(28) 同。邦訳は同。
(29) 同、一九巻二四章。邦訳は同、一〇五頁。
(30) Hannah Arendt, *Der Liebesbegriff bei Augustin*, op. cit., p. 114. 邦訳は前掲の『アウグスティヌスの愛の概念』一五〇

頁。
(31) Ibid. 邦訳は同。
(32) Ibid. 邦訳は同。
(33) Ibid., p. 119. 邦訳は同、一五九頁。
(34) Ibid. 邦訳は同。
(35) Hannah Arendt, *Between Past and Future*, Penguin Books, p. 73. 邦訳は『過去と未来の間』引田隆也・齋藤純一訳、みすず書房、九七頁。

第三章

第一節

(1) Hannah Arendt, *Between Past and Future*, op. cit., p. 126. 邦訳は前掲の『過去と未来の間』一七一頁。
(2) Ibid. 邦訳は前掲書、一七二頁。
(3) Ibid. 邦訳は前掲書、一七一頁。
(4) Ibid. 邦訳は同。
(5)「ローマの信徒への手紙」一三章一―二節。
(6)「コロサイの信徒への手紙」一章一六節。
(7) Hannah Arendt, *Between Past and Future*, op. cit., pp. 126–127. 邦訳は前掲書、一七二頁。
(8) Ibid., p. 127. 邦訳は同。
(9) Ibid. 邦訳は同。
(10) Ibid. 邦訳は同、一七三頁。
(11) Ibid. 邦訳は同、一七四頁。
(12) Ibid., p. 129. 邦訳は同、一七五頁。
(13) Ibid. 邦訳は同。
(14) Ibid., p. 128. 邦訳は同、一七四頁。
(15) プラトン『国家』六一四C。邦訳は前掲の『プラトン全集』第八巻、一五三頁。
(16) 同、六一五B。邦訳は同、一五四頁。
(17) 同、六一六A。邦訳は同、一五五頁。
(18) Hannah Arendt, *Between Past and Future*, op. cit., p. 131. 邦訳は前掲書、一七九頁。
(19) Ibid. 邦訳は同、一七八頁。
(20)「ルカによる福音書」一六章二二―二三節。
(21) 同、一六章二四節。
(22) 同、一六章二六節。
(23) ジャック・ル・ゴフ『煉獄の誕生』渡辺香根夫・内田洋訳、法政大学出版局、六六頁。
(24) 同。邦訳は同。
(25) アウグスティヌス『信仰・希望・愛』一〇九節。邦訳は赤城善光訳、『アウグスティヌス著作集』第四巻、教文館、三一四頁。
(26) 同、一一〇節。邦訳は同。
(27) 同。邦訳は同。
(28) 同。邦訳は同。
(29) 同。邦訳は同。
(30) 同。邦訳は同、三一五頁。
(31) アウグスティヌス『神の国』二一巻四章。邦訳は前掲書第五巻、二六七頁。
(32) 同、二二巻七章。邦訳は同、二八二―二八三頁。
(33) 同、二二巻二六章。邦訳は同、三五一頁。
(34) 同。邦訳は同、三五〇頁。
(35) 同。邦訳は同。
(36) Hannah Arendt, *Between Past and Future*, op. cit., p. 132. 邦訳は前掲書、一八〇頁。
(37) Ibid. 邦訳は同。

第二節

(1) トマス・アクィナス『神学大全』第一部第九六問第四項。邦訳は山田晶訳、創文社、第七巻、一三六頁。
(2) トマス・アクィナス『君主の統治について』第一巻第一章。邦訳は柴田平三郎訳、慶応義塾大学出版会、一二頁。
(3) Hannah Arendt, *Der Liebesbegriff bei Augustin*, op. cit., p. 115. 邦訳は前掲の『アウグスティヌスの愛の概念』一五九頁。
(4) Hannah Arendt, *The Human Condition*, op. cit., p. 23. 邦訳は前掲の『人間の条件』四四頁。
(5) アクィナス『神学大全』第一部第九六問第四項。邦訳は前掲書、一三六頁。
(6) トマス・アクィナス『君主の統治について』第一巻第一章。邦訳は前掲書、一七頁。
(7) 同、第二章。邦訳は同、二二頁。
(8) 同、第一巻第一四章。邦訳は同、七七―七八頁。
(9) 同。邦訳は同、七八頁。
(10) 同。邦訳は同。
(11) 同、第一巻第一五章。邦訳は同、八二頁。
(12) 同。邦訳は同、八三頁。

第三節

(1) マキアヴェッリ『君主論』一五章。邦訳は池田廉訳、『マキアヴェッリ全集』第一巻、筑摩書房、五二頁。
(2) Hannah Arendt, *On Revolution*, Penguin Books, p. 26. アレント『革命について』第一章。邦訳は志水速雄訳、ちくま学芸文庫、四九頁。
(3) Ibid. 邦訳は同。
(4) マキアヴェッリ『君主論』一五章。邦訳は前掲書、五一頁。
(5) 同。邦訳は同、五一―五二頁。
(6) マキアヴェッリ『ローマ史論』一巻五章。邦訳は大岩誠訳、岩波文庫、第一巻、四一頁。
(7) 同。邦訳は同。
(8) 同。邦訳は同。
(9) 同、一巻三七章。邦訳は同、一五九頁。
(10) 同。
(11) マキアヴェッリ『君主論』一八章。邦訳は前掲書、五九頁。
(12) 同。邦訳は同。
(13) 同、八章。邦訳は同、三〇頁。
(14) 同。邦訳は同、三一頁。
(15) マキアヴェッリ『フィレンツェ史』五巻。邦訳は大岩誠訳、岩波文庫、下巻、七頁。
(16)同。邦訳は同。
(17)マキアヴェッリ『ローマ史論』三巻一章。邦訳は前掲書、第三巻、一八頁。
(18)佐々木毅『マキアヴェッリの政治思想』岩波書店、九六頁。
(19)マキアヴェッリ『君主論』七章。邦訳は前掲書、二八頁。
(20)同。邦訳は同、二六頁。
(21)同。邦訳は同。
(22)同。邦訳は同。
(23)Hannah Arendt, *On Revolution*, op. cit., p. 25. 邦訳は前掲の『革命について』四七頁。
(24)Ibid., p. 28. 邦訳は同、五二頁。
(25)Ibid.
(26)マキアヴェッリ『ローマ史論』一巻九章。邦訳は前掲書、第一巻、六一頁。
(27)マキアヴェッリ『君主論』二六章。邦訳は前掲書、八五頁。
(28)Hannah Arendt, *On Revolution*, op. cit., p. 27. 邦訳は前掲書、五〇頁。
(29)マキアヴェッリ『ローマ史論』一巻一章。邦訳は前掲書、第一巻、一五頁。
(30)Hannah Arendt, *On Revolution*, op. cit., p. 30. 邦訳は前掲書、五四頁。
(31)マキアヴェッリ『君主論』二章。邦訳は前掲書、七頁。
(32)マキアヴェッリ『フィレンツェ史』七巻二。邦訳は前掲書、下巻、一七〇頁。訳文をそのまま写すと、「損をしたのがコシモではなく自分たちだったと悟った」である。
(33)マキアヴェッリ『君主論』一八章。邦訳は前掲書、六〇頁。
(34)同。邦訳は同、五八頁。
(35)佐々木毅『マキアヴェッリの政治思想』前掲書、一三一頁。
(36)マキアヴェッリ『君主論』献辞。邦訳は前掲書、六頁。
(37)マキアヴェッリ『ローマ史論』一巻一八章。邦訳は前掲書、第一巻、一〇六頁。
(38)同。邦訳は同、一〇六—一〇七頁。
(39)同、一巻二章。邦訳は同、三三頁。
(40)同。邦訳は同、三一頁。
(41)同、一巻三章。邦訳は同、三六頁。
(42)同、一巻一一章。邦訳は同、七三頁。
(43)同。邦訳は同、七四頁。
(44)Hannah Arendt, *On Revolution*, op. cit., p. 29. 邦訳は前掲書、五二—五三頁。
(45)同。邦訳は同、五三頁。
(46)マキアヴェッリ『フィレンツェ史』三巻七節。邦訳は前掲書、上巻、二二五頁。
(47)マキアヴェッリの一五二七年四月一六日付けのフランチェスコ・ヴェットーリ宛て書簡。『マキアヴェッリ全集』第六巻、松本典昭・和栗珠里訳、筑摩書房、三四五頁。
(48)マキアヴェッリ『ローマ史論』一巻一二章。邦訳は前掲書、第一巻、八〇頁。
(49)マキアヴェッリ『ローマ史論』三巻一章。邦訳は前掲書、第三巻、一一〇頁。

(50) 同。
(51) 同。
(52) 同。
(53) Hannah Arendt, *The Human Condition*, op. cit., p. 77. 邦訳は前掲の『人間の条件』一一〇頁。

第四章

第一節

(1) Hannah Arendt, *The Human Condition*, op. cit., p. 38. 邦訳は前掲の『人間の条件』五九頁。
(2) Ibid., p. 45. 邦訳は同、六九頁。
(3) Ibid., p. 61. 邦訳は同、九一頁。
(4) Ibid. 邦訳は同。
(5) Ibid., p. 62. 邦訳は同、九二頁。
(6) Ibid., p. 63. 邦訳は同、九三頁。
(7) Ibid., pp. 64-65. 邦訳は同、九四頁。
(8) Ibid., p. 248. 邦訳は同、四〇三―四〇四頁。
(9) ホッブズ『リヴァイアサン』第一部一三章。邦訳は水田洋訳、岩波文庫、第一巻、一九九頁。
(10) Hannah Arendt, *Elemente und Ursprunge totaler Herrschaft*, Piper, p. 320. 邦訳はアレント『全体主義の起原』第二部第一章。邦訳は大島通義・大島かおり訳、みすず書房、第二巻、三一頁。
(11) ホッブズ『リヴァイアサン』第一部一三章。邦訳は前掲書、第一巻、二〇二頁。
(12) 同。邦訳は同、二〇三頁。
(13) 同、第二部一七章。邦訳は第二巻、二七頁。
(14) 同。邦訳は同、三三―三四頁。
(15) 同、第二部一八章。邦訳は同、三八頁。
(16) 同、序。邦訳は第一巻、三七頁。
(17) Hannah Arendt, *Elemente und Ursprunge totaler Herrschaft*, op. cit., p. 321. 邦訳は前掲書、第二巻、三二頁。
(18) Ibid. 邦訳は同。
(19) ホッブズ『リヴァイアサン』第一部一〇章。邦訳は第一巻、一四八頁。
(20) Hannah Arendt, *The Human Condition*, op. cit., p. 49. 邦訳は前掲書、七四頁。
(21) Ibid., pp. 165-166. 邦訳は同、二六一―二六二頁。
(22) Ibid., p. 166. 邦訳は同、二六二頁。アレントは一九五〇年代の頃から、商品となった価値《ヴァリュー》の概念を批判してきたことについては、Elizabeth M. Meade, "The Commoditization of Values," *Hannah Arendt Twenty Years Later*, edited by Larry May and Jerome Kohn, MIT Press, p. 107 を参照されたい。
(23) Immanuel Kant, *Grundlegung zur Metaphysik der Sitten*, Suhrkamp, Werkausgabe Band VII, p. 68. 邦訳はカント『道徳形而上学の基礎づけ』中山元訳、光文社古典新訳文庫、一五四頁。
(24) なお Elizabeth M. Meade, "The Commoditization of Values", *Hannah Arendt Twenty Years Later*, edited by Larry May

and Jerome Kohn, MIT Press, p. 119 も参照されたい。
（25）Hannah Arendt, *Elemente und Ursprunge totaler Herrschaft*, op. cit., p. 318. 邦訳は前掲書、第三巻、三〇頁。
（26）Hannah Arendt, *The Human Condition*, op. cit., p. 38. 邦訳は前掲書、五九頁。
（27）Hannah Arendt, *Elemente und Ursprunge totaler Herrschaft*, op. cit., p. 319. 邦訳は前掲書、第三巻、三一頁。
（28）Ibid. 邦訳は同。
（29）ホッブズ『リヴァイアサン』第二部二八章。邦訳は第二巻、二四二頁。
（30）同、第一部一四章。邦訳は第一巻、二〇九頁。
（31）Hannah Arendt, *Elemente und Ursprunge totaler Herrschaft*, op. cit., p. 322. 邦訳は前掲書、第三巻、三三頁。
（32）Ibid., p. 322-323. 邦訳は同、三四頁。
（33）Ibid., p. 323. 邦訳は同。
（34）Ibid. 邦訳は同。
（35）Ibid. 邦訳は同。
（36）Hannah Arendt, *The Human Condition*, op. cit., p. 39. 邦訳は前掲書、六一頁。
（37）Ibid., p. 69. 邦訳は同、九八頁。
（38）Hannah Arendt, *Elemente und Ursprunge totaler Herrschaft*, op. cit., p. 321. 邦訳は前掲書、第三巻、三二頁。
（39）Ibid. 邦訳は同。
（40）Ibid., p. 322. 邦訳は同、三三頁。
（41）Ibid. 邦訳は同。
（42）Hannah Arendt, *The Human Condition*, op. cit., p. 39. 邦訳は前掲書、六二頁。
（43）Hannah Arendt, *Elemente und Ursprunge totaler Herrschaft*, op. cit., p. 323. 邦訳は前掲書、第三巻、三四頁。
（44）Ibid., p. 324. 邦訳は同、三五頁。
（45）Ibid., p. 325. 邦訳は同。
（46）Ibid. 邦訳は同。
（47）Ibid. 邦訳は同。
（48）Ibid., p. 326. 邦訳は同、三六頁。
（49）Ibid. 邦訳は同。
（50）Ibid., p. 327. 邦訳は同、三八頁。
（51）Ibid., p. 328. 邦訳は同。
（52）Ibid. 邦訳は同。
（53）Ibid. 邦訳は同。
（54）Max Weber, *Gesammelte Aufsätze zur Religionssoziologie I*, Mohr Siebeck, p. 31. 邦訳はマックス・ウェーバー『資本主義の精神とプロテスタンティズムの倫理』。邦訳は中山元訳、日経BP、四五頁。
（55）Ibid. 邦訳は同、四六頁。
（56）Hannah Arendt, *Elemente und Ursprunge totaler Herrschaft*, op. cit., p. 328. 邦訳は前掲書、第三巻、三九頁。
（57）Ibid. 邦訳は同。
（58）Ibid. 邦訳は同。
（59）ibid. 邦訳は同。
（60）ホッブズ『リヴァイアサン』第二部一九章。邦訳は前掲の第二巻、五八頁。

(61) Hannah Arendt, *Elemente und Ursprunge totaler Herrschaft*, op. cit., p. 329. 邦訳は前掲書、第二巻、四〇頁。

(62) Ibid., p. 330. 邦訳は同。

(63) ホッブズ『リヴァイアサン』第二部三〇章。邦訳は前掲の第二巻、二七五頁。

(64) Hannah Arendt, *Elemente und Ursprunge totaler Herrschaft*, op. cit., p. 331. 邦訳は前掲書、第二巻、四一頁。

(65) 同。邦訳は同。

(66) Kant, *Zum ewigen Frieden*, Werkausgabe, Band XI, Suhrkamp, pp. 208-209. 邦訳はカント『永遠平和のために／啓蒙とは何か』中山元訳、光文社古典新訳文庫、一七五頁。

(67) Hannah Arendt, *Elemente und Ursprunge totaler Herrschaft*, op. cit., p. 324. 邦訳は前掲書、第二巻、三五頁。

(68) Hannah Arendt, *The Human Condition*, op. cit., p. 257. 邦訳は前掲書、四一四頁。

(69) Georges Bataille, *La Part maudite*, *Oeuvres Complètes*, tom VII, Gallimard, p. 29. 邦訳は『呪われた部分』生田耕作訳、二見書房、二五頁。

(70) Hannah Arendt, *Elemente und Ursprunge totaler Herrschaft*, op. cit., p. 331. 邦訳は前掲書、第二巻、四一頁。

(71) Ibid. 邦訳は同。

(72) Ibid. 邦訳は同。

(73) Ibid. 邦訳は同。

(74) ホッブズ『リヴァイアサン』序説。邦訳は前掲の第一巻、三九頁。

(75) 同。邦訳は同、四〇頁。

(76) Hannah Arendt, *The Human Condition*, op. cit., p. 299. 邦訳は前掲書、四六九頁。

(77) Ibid., p. 257. 邦訳は前掲書、四一五頁。

(78) Ibid., p. 260. 邦訳は同、四一八頁。

(79) Ibid., p. 274. 邦訳は同、四三七頁。

(80) Ibid. 邦訳は同、四三八頁。

(81) Ibid. 邦訳は同。

(82) Ibid., p. 275. 邦訳は同、四三九頁。

(83) デカルト『省察』一。邦訳は所雄章訳、『デカルト著作集』第二巻、白水社、三〇頁。

(84) 同。邦訳は同、三五頁。

(85) 同、二。邦訳は同、三八頁。

(86) 同。

(87) Hannah Arendt, *The Human Condition*, op. cit., p. 277. 邦訳は前掲書、四四〇頁。

(88) Ibid. 邦訳は同、四四一頁。

(89) Ibid., p. 280. 邦訳は同、四四五頁。

(90) Ibid., p. 282. 邦訳は同、四四八頁。

(91) Ibid., p. 283. 邦訳は同、四四九頁。

(92) Ibid., p. 299. 邦訳は同、四七〇頁。

(93) Ibid. 邦訳は同。

(94) ホッブズ『リヴァイアサン』序説。邦訳は前掲の第一巻、三七―三八頁。

(95) Hannah Arendt, *The Human Condition*, op. cit., p. 300. 邦訳は前掲書、四七一頁。

(96) Ibid. 邦訳は同。

(97) Ibid., p. 301. 邦訳は同、四七二頁。

第二節

(1) Hannah Arendt, *The Human Condition*, op. cit., p. 79. 邦訳は前掲の『人間の条件』一三三頁。

(2) たとえばカノヴァンもこの二つの書物のモチーフの共通性を指摘し、「『人間の条件』が『全体主義の起原』に見かけ以上に密接に関連しているだけでなく、実際にアレントの政治思想全体の重要課題は、二十世紀半ばの政治的破局についての彼女の考察によって提示された」と指摘している。Margaret Canovan, *Hannah Arendt: A Reinterpretation of Her Political Thought*, Sage Publication, p. 7. 邦訳はマーガレット・カノヴァン『アレント政治思想の再解釈』寺島俊穂・伊藤洋典訳、未来社、一六頁参照。ディーツもまた『人間の条件』は「ホロコーストのトラウマへの対処」(Mary G. Dietz, "Arendt and the Holocaust," *The Cambridge Companion to Hannah Arendt*, Cambridge University Press, p. 91) として書かれたことを指摘している。

(3) Hannah Arendt, *The Human Condition*, op. cit., p. 5. 邦訳は前掲書、一五頁。ただし志水訳は「私たちの最も新しい経験と最も現代的な不安を背景にして」である。原文は "from the vantage point of our newest experiences and our most recent fears" であり、「最も現代的な不安を背景にして」という訳は不適切だろう。

(4) Hannah Arendt, *Karl Marx and the Tradition of Western Political Thought*, First Drafts, First Folder, p. 2. 邦訳はアレント『カール・マルクスと西欧政治思想の伝統』。邦訳は前掲書、八頁。

(5) Ibid., p. 3 邦訳は同、一〇頁。

(6) アレントがナチズムの全体主義を批判する際に、それをマルクスと西洋の哲学の伝統と結びつけることは、ある意味ではナチズムを免罪するという意味をもつことは避けがたい。これについては前掲のカノヴァン『アレント政治思想の再解釈』の第二章、とくに三一頁以下を参照されたい。

(7) Ibid., p. 6. 邦訳は同、一五頁。

(8) Hannah Arendt, "On the Nature of Totalitarianism", *Essays in Understanding*, op. cit., p. 349. 邦訳は『アーレント政治思想集成2』齋藤純一・山田正行・矢野久美子訳、みすず書房、一七五頁。

(9) Ibid., pp. 349-350. 邦訳は同。

(10) Ibid., p. 349. 邦訳は同。

(11) Ibid. 邦訳は同、一七四頁。

(12) Hannah Arendt, *Karl Marx and the Tradition, of Westen Political Thought, Second Drafts*, Preface, p. 2 同。邦訳は同、一一八頁。

(13) Ibid., *First Drafts*, Second Folder, p. 6. 邦訳は同、三三六頁。

(14) Hannah Arendt, *Denktagebuch*, Zweiter Band, Piper,

pp. 1012-1013. 邦訳はアレント『思索日記Ⅰ』青木隆嘉訳、法政大学出版局、四五二頁、ノート一五の項目一五の編者注を参照されたい。編者はアレントが二次文献からとったのではないかと考えている。

(15) Karl Marx, *Das Kapital*, Erster Band, Karl Dietz, p. 192. 邦訳はマルクス『資本論第一巻』第二分冊、中山元訳、日経BP、一四頁。

(16) Ibid. 邦訳は同。

(17) G. W. F. Hegel, *Phanomenologie des Gesites*, Felix Meiner, p. 146. 邦訳は金子武蔵訳『精神現象学』上巻、岩波書店、一九一頁。

(18) Ibid., p. 149. 邦訳は同、一九五頁。

(19) Ibid. 邦訳は同。

(20) Ibid. 邦訳は同。

(21) Ibid. 邦訳は同。

(22) Alexandre Kojeve, *Introduction a la lecture de Hegel*, Gallimard, p. 176. 邦訳はアレクサンドル・コジェーヴ『ヘーゲル読解入門』上妻精・今野雅方訳、国文社、六四頁。

(23) Ibid. 邦訳は同。

(24) Ibid., p. 179. 邦訳は前掲書、六七頁。

(25) G. W. F. Hegel, *Phanomenologie des Gesites*, op. cit., p. 148. 邦訳は前掲書、一九四頁。

(26) ヘーゲル『イェーナ体系構想』加藤尚武監訳、法政大学出版局、九四頁。

(27) エンゲルス「猿が人間化するにあたっての労働の役割」。『マルクス・エンゲルス全集』第二〇巻、大内兵衛・細川嘉六監訳、大月書店、四八二頁。

(28) 同。邦訳は同、四九一頁。

(29) マルクス『経済学・哲学草稿』。邦訳は村岡晋一訳、『マルクス・コレクション』第一巻、筑摩書房、三一七頁。

(30) 同。

(31) 同。邦訳は同、三一四頁。

(32) 同。

(33) 同。邦訳は同、三一八頁。

(34) 同。

(35) Hannah Arendt, *Karl Marx and the Tradition of Western Political Thought*, First Drafts, First Folder, p. 7. 邦訳は前掲書、一七頁。

(36) アレントがマルクスとヘーゲルの労働の弁証法を切断してしまうことについては、Mildred Bakan, "Hannah Arendt's concepts of labor and work," *Hannah Arendt: The Recovery of the Public World*", edited by Melvyn A. Hill, St. Martin's Press, pp. 53-54 を参照されたい。

(37) Hannah Arendt, *Karl Marx and the Tradition of Western Political Thought*, First Drafts, First Folder, p. 6. 邦訳は前掲書、一六頁。

(38) Ibid., p. 7. 邦訳は同、一七頁。

(39) Ibid. 邦訳は同。

(40) アリストテレス『政治学』一巻二章。アリストテレスの定義は、「人間は自然に国的動物《ゾーオン・ポリティコン》である」。邦訳は前掲の『アリストテレス全集』第一五巻、七頁。

（41）同。「動物のうちで言葉をもって《ロゴン・エケイ》いるのはただ人間だけだからである」。邦訳は同。

（42）Hannah Arendt, *Karl Marx and the Tradition of Western Political Thought*, First Drafts, First Folder, p. 8. 邦訳は前掲書、二一一頁。

（43）Ibid., Second Drafts, Part One, p. 4. 邦訳は同、一三二頁。

（44）Hannah Arendt, *Denktagebuch*, Erster Band, Piper, p. 454. 邦訳は前掲の『思索日記Ⅱ』青木隆嘉訳、法政大学出版局、七頁。

（45）Ibid. 邦訳は同。

（46）Karl Marx, *Das Kapital*, Erster Band, op. cit., p. 54. 邦訳はマルクス『資本論第一巻』第一分冊、中山元訳、三五頁。

（47）Ibid., p. 185. 邦訳は同、三七五頁。

（48）Ibid. 邦訳は同、三七六頁。

（49）Ibid. 邦訳は同。

（50）Ibid., p. 86. 邦訳は同。

（51）皮肉なことに、アレントはマルクスのこの側面に同意することで、マルクスの労働の概念のもっていたヘーゲル的なふくらみを完全にそぎ落としてしまう。活動と製作を労働から分離するためには不可避的な手続きではあるが、労働がもたらす認識をまったく無視して、たんに生理学的な側面だけに限定してしまうのである。アレントがこのように単純化することで取り落としたものについては、尾関周二「エコロジーとコミュニケーション」（『アーレントとマルクス』大月書店）を参照されたい。

（52）Hannah Arendt, *The Human Condition*, op. cit., p. 7. 邦訳は前掲書、一九頁。

（53）Hannah Arendt, *Karl Marx and the Tradition of Western Political Thought*, Second Drafts, Part Five, p. 20. 邦訳は前掲書、二五五頁。

（54）Ibid., p. 24. 邦訳は同、二六〇頁。

（55）Ibid. 邦訳は同、二六一頁。

（56）Ibid., First Drafts, Second Folder, p. 27. 邦訳は同、六四頁。

（57）Ibid., p. 1. 邦訳は同、二五頁。

（58）Hannah Arendt, *The Human Condition*, op. cit., p. 7. 邦訳は前掲書、一九頁。

（59）Ibid. 邦訳は同、一九―二〇頁。

（60）Hannah Arendt, *Karl Marx and the Tradition of Western Political Thought*, Second Drafts, Part Five, p. 29. 邦訳は前掲書、二六八頁。

（61）Ibid. 邦訳は同。

（62）Ibid., p. 30. 邦訳は同、二六九頁。

（63）Ibid., p. 28. 邦訳は同、二六七頁。

（64）Ibid., p. 29. 邦訳は同、二六八頁。

（65）Ibid. 邦訳は同。

（66）Ibid. 邦訳は同。

（67）Ibid., p. 30. 邦訳は同、二六九頁。

（68）Ibid., p. 33. 邦訳は同、二七三頁。

（69）Hannah Arendt, *The Human Condition*, op. cit., p. 7. 邦訳

は前掲書、二〇頁。

（70）Hannah Arendt, *Karl Marx and the Tradition of Western Political Thought*, Second Drafts, Part Five, p. 30. 邦訳は前掲書、二七〇頁。

（71）Ibid. 邦訳は同。

（72）レーニン『国家と革命』宇高基輔訳、岩波文庫、一八頁。

（73）エンゲルス『反デューリング論』。邦訳は大月書店版の『マルクス・エンゲルス全集』第二〇巻、二八九―二九〇頁。

（74）レーニン『国家と革命』前掲書、七二頁。

（75）Hannah Arendt, *Karl Marx and the Tradition of Western Political Thought*, Second Drafts, Part Five, p. 32. 邦訳は前掲書、二七二頁。

（76）Ibid. 邦訳は同。

（77）Ibid. 邦訳は同、二七三頁。

（78）Ibid. 邦訳は同、二七二頁。

（79）マルクス『資本論第一巻』第一巻、二四章六節。邦訳は中山元訳、第四分冊、四五二頁。

（80）同。邦訳は同。

（81）同。邦訳は同。

（82）Hannah Arendt, *Karl Marx and the Tradition of Western Political Thought*, Second Drafts, Preface, p. 2. 邦訳は前掲書、一一九頁。

（83）Hannah Arendt, *On Violence*, Harcourt Brace & Company, p. 44. 邦訳はアレント『暴力について』山田正行訳、みすず書房、一三三頁。

（84）Ibid. 邦訳は同。

（85）マルクスが暴力を手段としてしか考えておらず、「ヴァーグナーやバクーニンのように、存在論的な特性を認めることも、ブランキやソレルのように、認識論的な特性を認めることも、ファノンやサルトルのように、道徳的な特性を認めることもなかった」ことについては、Bikhu Parekh, "Hannah Arendt's Critique of Marx", *Hannah Arendt: The Recovery of the Public World*, edited by Melvyn A. Hill, St. Martin's Press, p. 91を参照されたい。またアレントの権力の理論と比較すると、現代の政治学の理論は、「政治という概念を権力競争と権力分配の諸現象へと狭め、権力創出という独自の現象を正当に評価していない」という問題があることについては、ハーバマス「ハンナ・アレント」（邦訳は『哲学的・政治的プロフィール』下巻、小牧治・村上隆夫訳、未来社、三四七頁）を参照されたい。

（86）マルクス『フランスの内乱』。邦訳は辰巳伸知訳、『マルクス・コレクション』第六巻、筑摩書房、二九頁。

（87）Hannah Arendt, *On Violence*, op. cit., p. 44. 邦訳は前掲書、一三四頁。

（88）Ibid., p. 45. 邦訳は同。

（89）Ibid. 邦訳は同、一三五頁。

（90）Ibid., p. 4. 邦訳は同、九八頁。

（91）Ibid. 邦訳は同。

（92）Hannah Arendt, *Karl Marx and the Tradition of Western Political Thought*, First Drafts, Second Folder, p. 45b. 邦訳は

前掲書、八六頁。
(93) Ibid., p. 44. 邦訳は同、八〇頁。
(94) Ibid., p. 45. 邦訳は同、八〇―八一頁。
(95) Ibid. 邦訳は同、八一頁。
(96) Ibid., p. 2a. 邦訳は同、二九頁。
(97) Ibid., p. 45a. 邦訳は同、八二頁。
(98) Ibid. 邦訳は同。
(99) Ibid. 邦訳は同、八二―八三頁。
(100) Ibid. 邦訳は同、八四頁。
(101) プラトン『政治家』三一一C。邦訳は前掲の『プラトン全集』第三巻、四三〇頁。
(102) Hannah Arendt, *Karl Marx and the Tradition of Western Political Thought*, First Drafts, Second Folder, p. 34. 邦訳は前掲書、八五頁。
(103) Ibid., p. 5 邦訳は同、三四頁。
(104) Ibid., p. 41. 邦訳は同、七六頁。
(105) Ibid., p. 42. 邦訳は同。
(106) Ibid., p. 43. 邦訳は同、七九頁。
(107) Ibid., p. 44. 邦訳は同、八〇頁。
(108) Ibid., p. 45a. 邦訳は同、八三頁。
(109) Ibid., p. 42. 邦訳は同、七七頁。
(110) Kant, *Zum ewigen Frieden*, in *Werkausgabe*, Band XI, Suhrkamp, pp. 206-207. 邦訳は前掲の『永遠平和のために／啓蒙とは何か　他3篇』一七一頁。
(111) Hannah Arendt, *Karl Marx and the Tradition of Western Political Thought*, First Drafts, Second Folder, p. 42. 邦訳は前掲書、七七頁。
(112) Ibid., pp. 42-43. 邦訳は同、七八頁。
(113) Ibid., p. 54. 邦訳は同、九一頁。
(114) Ibid., p. 55. 邦訳は同、九二頁。
(115) コジェーヴは前掲の『ヘーゲル読解入門』のある注で、「ヘーゲルやマルクスの語る歴史の終末は来たるべき将来のことではなく、すでに現在となっていることを把握した」と語っている。Alexandre Kojève, *Introduction à la lecture de Hegel*, op. cit., p. 436. 邦訳は前掲書、二四五―二四六頁。
(116) Ibid. 邦訳は同、二四六頁。
(117) Ibid. 邦訳は同、二四五頁。
(118) Hannah Arendt, *Karl Marx and the Tradition of Western Political Thought*, Second Drafts, Part One, p. 6. 邦訳は前掲書、一三三―一三四頁。
(119) マルクス『ドイツ・イデオロギー』第八部「フォイアーバハに関するテーゼ」。邦訳は麻生博之訳、『マルクス・コレクション』第二巻、筑摩書房、一六一頁。
(120) Hannah Arendt, *Karl Marx and the Tradition of Western Political Thought*, Second Drafts, Part One, p. 12. 邦訳は前掲書、一四二頁。
(121) アリストテレス『ニコマコス倫理学』一巻五章。邦訳は前掲書、上巻、二二頁。
(122) 同。
(123) 同。

(124) 同。
(125) 同、一〇巻八章。邦訳は前掲書、下巻、一七六頁。
(126) 同。
(127) Hannah Arendt, *Karl Marx and the Tradition of Western Political Thought*, Second Drafts, Part One, p. 21. 邦訳は前掲書、一五六頁。
(128) Ibid. 邦訳は同、一五七頁。
(129) Ibid.
(130) Hanna Arendt, *The Promise of Politics*, op. cit., pp. 75-76. 邦訳はアレント『政治の約束』前掲書、一〇五頁。
(131) Ibid., p. 76. 邦訳は同。
(132) Hannah Arendt, *Denktagebuch*, Erster Band, Piper, p. 72. 邦訳は前掲の『思索日記Ⅰ』前掲書、一〇二頁。
(133) Op. cit, Zweiter Band, pp. 686-687. 邦訳は前掲の『思索日記Ⅱ』三〇九頁。
(134) Ibid., p. 132. 邦訳は前掲の『思索日記Ⅰ』一七三頁。
(135) Ibid. 邦訳は同。
(136) Ibid. 邦訳は同。
(137) Ibid., p. 133. 邦訳は同。
(138) Ibid. 邦訳は同。
(139) Ibid., p. 264. 邦訳は同、三四一頁。
(140) Ibid. 邦訳は同。
(141) Hannah Arendt, "The Ex-Communists", *Essays in Understanding*, op. cit., p. 396. 邦訳は前掲の『アーレント政治思想集成2』二三六頁。
(142) Hannah Arendt, *Denktagebuch*, Erster Band, op. cit., p. 253-254. 邦訳は前掲の『思索日記Ⅰ』三二三頁。
(143) Ibid., p. 254. 邦訳は同、三二四頁。
(144) Elisabeth Young-Bruehl, Hannah Arendt, *For Love of World*, op. cit., payable University Press, p. 276. 邦訳は前掲のエリザベス・ヤング=ブルーエル『ハンナ・アーレント伝』三七四頁に引用。
(145) Ibid. 邦訳は同。

第五章

第一節

(1) Hannah Arendt, *Elemente und Ursprunge totaler Herrschaft*, op. cit., p. 560. 邦訳は前掲の『全体主義の起原』第二巻、二三六頁。
(2) Ibid., p. 487. 邦訳は同、一七四頁。
(3) Ibid., p. 488. 邦訳は同、一七五頁。
(4) Ibid., p. 294. 邦訳は同、一〇頁。
(5) Ibid. 邦訳は同。
(6) 世界歴史体系『ドイツ史2』山川書房、二一二—二一三頁。
(7) ヘーゲル「ドイツ憲法論」。金子武蔵訳、『政治論文集上』岩波文庫、五〇頁。
(8) 世界歴史体系『ドイツ史2』山川書房、三九〇頁。
(9) Hannah Arendt, *Elemente und Ursprunge totaler Herrschaft*, op. cit., p. 488. 邦訳は前掲書、第二巻、一七五頁。

(10) Ibid., p. 584. 邦訳は同、二五六頁。
(11) 一七八九年のフランスの「人および市民の権利」第一条。邦訳は高木八尺・末延三次・宮沢俊義編『人権宣言集』岩波文庫、一三二頁。
(12) 同、第三条。邦訳は同。
(13) 同、第二条。邦訳は同。この二重の性格の含む問題については、川原彰『現代市民社会論の新地平』有信堂、四七頁以下を参照されたい。
(14) Hannah Arendt, *Elemente und Ursprunge totaler Herrschaft*, op. cit., p. 488. 邦訳は前掲の『全体主義の起原』第二巻、一七五頁。
(15) Ibid. 邦訳は同。
(16) Ibid. 邦訳は同。
(17) 柴宜弘編『バルカン史』山川出版社、二四四頁。
(18) Hannah Arendt, *Elemente und Ursprunge totaler Herrschaft*, op. cit., p. 568. 邦訳は前掲書、第二巻、二四二頁。
(19) Ibid., p. 570. 邦訳は同、二四四頁。
(20) Ibid., pp. 574—575. 邦訳は同、二四八—二四九頁。
(21) Ibid., p. 575. 邦訳は同、二四九頁
(22) Ibid., p. 578. 邦訳は同、二五一頁。
(23) Ibid. 邦訳は同。
(24) Ibid., p. 580. 邦訳は同、二五三頁。
(25) Ibid., p. 581. 邦訳は同、二五四頁。
(26) Ibid. 邦訳は同。
(27) Ibid. 邦訳は同。
(28) Ibid., p. 582. 邦訳は同。
(29) Ibid., p. 587. 邦訳は同、二五八頁。
(30) Ibid. 邦訳は同。
(31) Ibid. 邦訳は同。
(32) Ibid. 邦訳は同。
(33) Ibid., p. 588. 邦訳は同、二五九頁。
(34) Ibid. 邦訳は同。
(35) Ibid. 邦訳は同、二六〇頁。
(36) Ibid., pp. 592-593. 邦訳は同、二六三頁。
(37) Ibid., p. 592. 邦訳は同、二六二頁。
(38) Ibid., pp. 594-595. 邦訳は同、二六五頁。
(39) Ibid., p. 595. 邦訳は同。
(40) Ibid. 邦訳は同、二六五—二六六頁。
(41) Ibid., p. 607. 邦訳は同、二七五頁。
(42) Ibid., p. 608. 邦訳は同、二七六頁。
(43) Ibid., p. 609. 邦訳は同。
(44) Ibid., p. 610. 邦訳は同、二七七頁。
(45) Ibid. 邦訳は同。
(46) 「人および市民の権利宣言」序文。邦訳は前掲の『人権宣言集』一三〇頁。
(47) 「ヴァージニアの権利章典」。邦訳は同、一〇九頁。
(48) Hannah Arendt, *Elemente und Ursprunge totaler Herrschaft*, op. cit., p. 612. 邦訳は前掲書、第二巻、二七九頁。
(49) アガンベンは、「人権の運命を近代国民国家の命運と結びつけるアーレントのテーゼ、近代国民国家の衰退と危機は必然的

に人権が使いものにならなくなっていることを含意しているとするテーゼを真剣にうけとらなければならない」（ジョルジョ・アガンベン『ホモ・サケル』高桑和巳訳、以文社、一八五頁）と指摘している。

(50) マルティーヌ・レイボヴィッチ『ユダヤ女ハンナ・アーレント』合田正人訳、法政大学出版局、二二六頁。なおこの「ごまかし」は、アメリカ憲法の制定の際の正統性の確立と深い関係がある。これについては後に詳しく考察する。

(51) Hannah Arendt, *Elemente und Ursprunge totaler Herrschaft*, op. cit., p. 600. 邦訳は前掲書、第二巻、二六九頁。

(52) Ibid., p. 564. 邦訳は同、二三九頁。

(53) Ibid. 邦訳は同。

(54) Ibid. 邦訳は同。

(55) Ibid., p. 612. 邦訳は同、二七九頁。

(56) Ibid., p. 564. 邦訳は同、二三九頁。

(57) Ibid.,pp. 600–601. 邦訳は同、二六九―二七〇頁。

(58) Ibid., p. 601. 邦訳は同、二七〇頁。

(59) Ibid. 邦訳は同。

(60) Ibid. 邦訳は同。

第二節

(1) Hannah Arendt, *Elemente und Ursprunge totaler Herrschaft*, op. cit., p. 489. 邦訳は前掲の『全体主義の起原』第二巻、一七六頁

(2) Ibid. 邦訳は同。

(3) アレントがナショナリズムをこのように肯定的に捉え、その問題を重視しなかったことには、ローザ・ルクセンブルクの影響があると考えるのは、Stephen J. Whitfield, *Into the Dark, Hannah Arendt and the Totalitarianism*, Temple, pp. 77–78である。

(4) Hannah Arendt, *Elemente und Ursprunge totaler Herrschaft*, op. cit., p. 491. 邦訳は前掲書、第二巻、一七七頁。

(5) Ibid., p. 356. 邦訳は同、六二頁。

(6) Ibid., p. 357. 邦訳は同、六三頁。

(7) Ibid. 邦訳は同。

(8) Ibid., p. 358. 邦訳は同、六四頁。

(9) Ibid. 邦訳は同。

(10) Michel Foucault, *Il fault defender la société*, Gallimard, p. 127. 邦訳はフーコー『社会は防衛しなければならない』石田英敬・小野正嗣訳、筑摩書房、一四五頁。

(11) Ibid. 邦訳は同。

(12) Ibid. 邦訳は同。

(13) Ibid. 邦訳は同。

(14) Hannah Arendt, *Elemente und Ursprunge totaler Herrschaft*, op. cit., p. 359. 邦訳は前掲書、第二巻、六五頁。

(15) Ibid. 邦訳は同。

(16) 川出良枝『貴族の徳、商業の精神』東京大学出版会、一〇四―一〇五頁。

(17) Hannah Arendt, *Elemente und Ursprunge totaler Herrschaft*, op. cit., p. 362. 邦訳は前掲書、第二巻、六七頁。

（18）シィエス『第三身分とは何か』稲本・伊藤・川出・松本訳、岩波文庫、二四頁。
（19）Michel Foucault, *Il faut defendre la société*, op. cit., 195. 邦訳は前掲書、二一七頁。
（20）シィエス『第三身分とは何か』前掲書、二五頁。
（21）同、二三頁。
（22）同、二九頁。
（23）Hannah Arendt, *Elemente und Ursprunge totaler Herrschaft*, op. cit., p. 368. 邦訳は前掲書、第二巻、七二頁。
（24）Ibid., p. 361. 邦訳は同、六六頁。
（25）Ibid., p. 378. 邦訳は同、八一頁。
（26）Ibid., p. 376. 邦訳は同、七九頁。
（27）Ibid. 邦訳は同、八〇頁。
（28）Comte de Gobineau, *Essais sur l'inégalité des Races Humaines*, Librairie de Firmin Didor et Cie., pp. 214
（29）Ibid.
（30）Ibid., p. 216.
（31）Ibid.
（32）Ibid., p. 219.
（33）Ibid.
（34）Ibid.
（35）寺田和夫『人種とは何か』岩波新書、一六六頁。
（36）同。
（37）Hannah Arendt, *Elemente und Ursprunge totaler Herrschaft*, op. cit., p. 381. 邦訳は前掲書、第二巻、八三頁。
（38）Ibid. 邦訳は同。
（39）Ibid. 邦訳は同。
（40）Comte de Gobineau, *Essais sur l'inégalité des Races Humaines*, op. cit., p. 1. なお寺崎章二「ゴビノーの影響と彼の『反ユダヤ主義』」（『東海大学紀要・文学部』第三五号、一九八一年）で指摘するように、この書物のタイトルをアレントの『全体主義の起原』の邦訳のように『人種不平等起源論』と訳すのは（前掲書、七九頁）、不適切だろう。またこの論文ではアレントが批判されているが、それはアレントには「歴史的感覚の遠近法が欠如している」（四二頁）というにすぎない。
（41）Hannah Arendt, *Elemente und Ursprunge totaler Herrschaft*, op. cit, p. 376. 邦訳は同、第二巻、七九頁。
（42）Ibid., p. 365. 邦訳は同、七〇頁。
（43）Ibid. 邦訳は同。
（44）Ibid., p. 368. 邦訳は同、七二頁。
（45）Ibid., p. 367. 邦訳は同、七一頁。
（46）Ibid. 邦訳は同、七二頁。
（47）Ibid., p. 375. 邦訳は同、七八頁。
（48）Ibid. 邦訳は同。
（49）寺崎章二「ゴビノーと『人種不平等論』の思想」（『東海大学紀要・文学部』第三四号、一九八〇年）、二七頁。
（50）同、二七―二八頁。
（51）エドマンド・バーク『フランス革命についての省察』第一部。邦訳は中野好之訳、岩波文庫、上巻、六三頁。
（52）同。邦訳は同、六四頁。

(53) Hannah Arendt, *Elemente und Ursprunge totaler Herrschaft*, op. cit., p. 386. 邦訳は前掲書、第二巻、八八頁。

(54) Ibid., p. 397. 邦訳は同、九六頁。

(55) Ibid., p. 390. 邦訳は同、九一頁。

(56) Ibid. 邦訳は同。

(57) Ibid. キプリングの詩「東と西のバラード」の冒頭部分である。

(58) Ibid., p. 391. 邦訳は同、九二頁。

(59) Ibid., p. 391-392. 邦訳は同。

(60) Ibid., p. 393. 邦訳は同、九四頁。

(61) Ibid., p. 396, Footnote 46. 邦訳は同、九七頁。

(62) Ibid., p. 401. 邦訳は同、一〇〇頁。

(63) Ibid. 邦訳は同。

(64) Ibid. 邦訳は同。

(65) Ibid., p. 402. 邦訳は同、一〇一頁。バークはこのようなことにならない限り、議会の下院が真の偉大さを維持できると主張している。邦訳は前掲の『フランス革命についての省察』上巻、八五頁。

(66) Ibid., p. 403. 邦訳は同、一〇二頁。

(67) Ibid., p. 426. 邦訳は同、一二一頁。

(68) Ibid. 邦訳は同。

(69) 寺田和夫『人種とは何か』前掲書、三頁。

(70) Hannah Arendt, *Elemente und Ursprunge totaler Herrschaft*, op. cit., p. 425. 邦訳は前掲書、第二巻、一二一頁。

(71) Ibid. 邦訳は同。

(72) Ibid. 邦訳は同。

(73) Ibid. 邦訳は同。

(74) Ibid., p. 420. 邦訳は同、一一七頁。

(75) Ibid. 邦訳は同。

(76) Ibid., p. 426. 邦訳は同、一二一—一二二頁。

(77) Ibid. 邦訳は同、一二二頁。

(78) Ibid. 邦訳は同。

(79) Ibid., p. 427. 邦訳は同。

(80) Ibid., p. 426. 邦訳は同、一二一頁。

(81) ただし、アレントはこのように、考察しようとする人々の心の中にはいりこんで考えるという方法論を、好んで駆使している。そのため、ときに自分の思いとまったく異なることを、あたかも自分の思いであるかのように語ることがあるので、注意が必要である。アレントが「彼女を恐怖をもって」満たす相手にたいしても、このような共感の方法を採用することについては、"George Kateb, "Fiction, as Poison," *Thinking in dark times, Hannah Arendt on ethics and politics*, Edited by Roger Berkowitz, Jeffrey Katz, and Thomas Keenan, Fordham University Press, p. 33 を参照されたい。

(82) この問題については、高橋哲哉『記憶のエチカ』岩波書店、第二章「闇の奥の記憶」が詳細な批判を展開している。

(83) Hannah Arendt, *Elemente und Ursprunge totaler Herrschaft*, op. cit., p. 491. 邦訳は前掲書、第二巻、一七七頁。

(84) ジョージ・モッセ『フェルキッシュ革命』植村和秀ほか訳、柏書房、三三頁。

(85) Hannah Arendt, *Elemente und Ursprunge totaler Herrschaft*, op. cit., p. 493. 邦訳は前掲書、第二巻、一七八―一七九頁。
(86) Ibid. 邦訳は同、一七九頁。
(87) Ibid. 邦訳は同。
(87) Ibid., p. 494. 邦訳は同、一八〇頁。
(89) Ibid. 邦訳は同。
(90) Ibid. 邦訳は同。
(91) Ibid. 邦訳は同。
(92) Ibid., p. 495. 邦訳は同、一八一頁。
(93) Ibid., p. 496. 邦訳は同。
(94) Ibid., p. 498. 邦訳は同、一八三頁。
(95) Ibid. 邦訳は同、一八四頁。
(96) Ibid., p. 499. 邦訳は同。
(97) Ibid. 邦訳は同。
(98) Ibid., p. 507. 邦訳は同、一九一頁。
(99) Ibid., p. 494. 邦訳は同、一八〇頁。
(100) Ibid. 邦訳は同。
(101) Ibid., p. 508. 邦訳は同、一九二頁。
(102) Ibid., p. 512. 邦訳は同、一九五頁。
(103) Ibid., p. 513. 邦訳は同、一九六頁。
(104) Ibid., p. 515. 邦訳は同、一九七頁。

第三節

(1) Hannah Arendt, *Elemente und Ursprunge totaler Herrschaft*, op. cit., pp. 290-291. 邦訳は前掲書、第二巻、七頁。
(2) Ibid., p. 333. 邦訳は同、四二頁。
(3) Ibid., p. 334. 邦訳は同、四三頁。
(4) Ibid., p. 335. 邦訳は同、四四頁。
(5) Ibid., p. 337. 邦訳は同、四六頁。
(6) Ibid., p. 335. 邦訳は同、四四頁。
(7) Ibid., p. 338. 邦訳は同、四六頁。
(8) Ibid., p. 339. 邦訳は同、四七頁。なお、アレントの批判の要点であるモッブ、官僚制、人種論などについて、アレントの理論とホブスンの『帝国主義』（岩波文庫）に顕著な類似性があることについては、川崎修『ハンナ・アレントと現代思想』岩波書店、一七六頁以下を参照されたい。
(9) Ibid., pp. 338-339. 邦訳は同。
(10) Ibid., p. 339. 邦訳は同、四七頁。
(11) Ibid., p. 703. 邦訳は前掲の『全体主義の起原』第三巻、四一頁
(12) Ibid., p. 345. 邦訳は前掲の『全体主義の起原』第二巻、五二頁。
(13) Ibid. 邦訳は同。
(14) Ibid. 邦訳は同、五三頁。
(15) Ibid., p. 313. 邦訳は同、二六頁。
(16) Ibid., p. 356. 邦訳は同、六二頁。
(17) Ibid., p. 357. 邦訳は同、六三頁。
(18) Ibid. 邦訳は同。
(19) Hannah Arendt, *Elemente und Ursprunge totaler*

Herrschaft, op. cit., pp. 327. 邦訳は前掲書、第二巻、三七頁。
(20) Ibid., p. 413. 邦訳は同、一一一頁。
(21) Ibid. 邦訳は同。
(22) Ibid., p. 414. 邦訳は同、一一二頁。
(23) Ibid. 邦訳は同。
(24) Ibid., p. 453. 邦訳は同、一四四頁。
(25) Ibid., p. 515. 邦訳は同、一九七頁。
(26) Ibid., p. 342. 邦訳は同、五〇頁。
(27) Ibid., p. 341. 邦訳は同、四八頁。
(28) Ibid., p. 343. 邦訳は同、五一頁。
(29) Ibid. 邦訳は同。
(30) Ibid., p. 492. 邦訳は同、一七八頁。
(31) Ibid., p. 442. 邦訳は同、一三五頁。
(32) Ibid., p. 470. 邦訳は同、一五九頁。
(33) Ibid., pp. 470–471. 邦訳は同。
(34) Ibid., p. 471. 邦訳は同、一五九―一六〇頁。
(35) Ibid. 邦訳は同、一六〇頁。
(36) Ibid., p. 343. 邦訳は同、五一頁。

第六章

第一節

(1) Hannah Arendt, *Elemente und Ursprunge totaler Herrschaft*, op. cit., p. 543. 邦訳は前掲の『全体主義の起原』第二巻、二三〇頁。
(2) Ibid., p. 663. 邦訳は前掲の『全体主義の起原』第三巻、六頁。
(3) Ibid., p. 658. 邦訳は同、二頁。
(4) これについては、Bernard Crick, "On reading 'The Origins of totalitarianism'", *Hannah Arendt: The Recovery of the Public World*", edited by Melvyn A. Hill, St. Martin's Press, pp. 28–29を参照されたい。
　また一九七〇年代には、この全体主義という概念が嫌われ、政治学から追放されるべきだとされたことについてはJohn L. Stanley, "Is Totalitarianism a New Phenomenon? Reflections on Hannah Arendt's Origins of Totalitarianism," *Hannah Arendt, Critical Essays*, edited by Lewis P. Hinchman and Sandra K. Hinchman, State University of New York Press, p. 7を参照されたい。この論文ではアレントの全体主義の概念へのさまざまな批判が列挙されている。
(5) 山口定『ファシズム』岩波現代文庫、三一〇頁。
(6) このアレントの方法が、伝統的な政治学の概念がもはや通用しなくなった「暗い時代」には不可欠なものであることについては、David Luban, "Explaining Dark Times: Hannah Arendt's Theory of Theory's", Hannah Arendt, *Critical Essays*, op. citが興味深い。同じ書物のベンハビブの論文は、この方法がベンヤミンの「真珠拾い」にならったものであることを指摘する(Seyla Benhabib, "Hannah Arendt and the Redemptive Power of Narrative," *Hannah Arendt, Critical Essays*, op. cit.)。

（7）エンツォ・トラヴェルソ『全体主義』柱本元彦訳、平凡社新書、一七頁。

（8）Hannah Arendt, *Elemente und Ursprunge totaler Herrschaft*, op. cit., p. 664. 邦訳は前掲書、第三巻、七頁。

（9）アレントはこの引用文の脚注で、「イタリアのファシスト独裁が全体主義的な性格をもたなかったことは、政治的理由による逮捕の件数が少なかったこと、政治上の敵に対する刑罰が軽かったことからもすでに明らかである」と指摘している。

（10）Hannah Arendt, *Elemente und Ursprunge totaler Herrschaft*, op. cit., p. 531. 邦訳は前掲の『全体主義の起原』第二巻、二一一頁。

（11）Ibid., p. 546. 邦訳は同、二二二頁。

（12）Ibid. 邦訳は同。

（13）Ibid. 邦訳は同、二二三頁。

（14）Ibid., p. 547. 邦訳は同、二二四頁。

（15）Ibid. 邦訳は同。

（16）Ibid. 邦訳は同。

（17）森川輝一はモッブを『人間の条件』で語られた仕事に従事する工作者とみなし、大衆を労働する者とみなした上で、この「二つの人間像から、全体主義という新しい暴力支配の起源と要素を明らかにしていく」と指摘するが、歴史的な概念と人間像をそのまま一致させることには疑問を感じる。森川輝一『〈始まり〉のアーレント』岩波書店、一五一—一五二頁参照。ただし、広い意味では活動が中心的な位置を占めていたのは古代のギリシアであり、仕事が中心的な地位を占めていたのは近代であり、労働が中心的な位置を占めるのが大衆社会の登場した現代であるという歴史的な対応が存在するのは明らかである。これについては伊藤洋典『ハンナ・アレントと国民国家の世紀』（木鐸社）の一二八頁、一四九—一五〇頁を参照されたい。

（18）Hannah Arendt, *Elemente und Ursprunge totaler Herrschaft*, op. cit., pp. 347-348. 邦訳は前掲書、第二巻、五五頁。

（19）Ibid., p. 504. 邦訳は同、一八八頁。

（20）Ibid. 邦訳は同、一八八—一八九頁。

（21）Ibid., p. 348. 邦訳は同、五五頁。

（22）Ibid. 邦訳は同。

（23）Ibid., p. 429. 邦訳は同、一二四頁。

（24）Ibid., p. 414. 邦訳は同、一一二頁。

（25）Ibid. 邦訳は同。

（26）Ibid. 邦訳は同。

（27）Ibid., p. 412. 邦訳は同、一一〇頁。

（28）Ibid., cit., p. 674. 邦訳は前掲の『全体主義の起原』第三巻、一六頁。

（29）Michel Foucault, *Surveiller et punir*, Gallimard, p. 289. 邦訳はフーコー『監獄の誕生』田村俶訳、新潮社、二八〇頁。

（30）Hannah Arendt, *Elemente und Ursprunge totaler Herrschaft*, op. cit., p. 415. 邦訳は前掲の『全体主義の起原』第二巻、一一二頁。

（31）Ibid. 邦訳は同、一一三頁。

(32) Ibid., p. 660. 邦訳は前掲の『全体主義の起原』第三巻、四頁。
(33) Ibid. 邦訳は同。
(34) Ibid., p. 661. 邦訳は同、五頁。
(35) Ibid., pp. 667-668. 邦訳は同、一〇頁。
(36) Ibid., p. 669. 邦訳は同、一二頁。
(37) Ibid., pp. 674-675. 邦訳は同、一六頁。
(38) Ibid., p. 675. 邦訳は同。
(39) Ibid., p. 677. 邦訳は同、一八頁。
(40) Ibid.
(41) Ibid., p. 678. 邦訳は同、一九頁。
(42) Ibid., p. 679. 邦訳は同、二〇頁。
(43) アレントの大衆社会における大衆の孤立と共通世界への関心の欠如にかんして、ハイデガーの存在論よりもヤスパースの大衆社会論が強く影響しているとみられることについては、Lewis P. Hinchman and Sandra K. Hinchman, "Existentialism Politicized: Arendt's Debt to Jaspers", *Hannah Arendt, Critical Essays*, op. cit., p. 157 参照。
(44) Hannah Arendt, *Elemente und Ursprunge totaler Herrschaft*, op. cit., p. 679. 邦訳は前掲書、第三巻、二〇頁。
(45) Ibid., p. 685. 邦訳は同、二四頁。
(46) Ibid., p. 680. 邦訳は同、二一頁。
(47) Ibid.
(48) Ibid., p. 682. 邦訳は同、二三頁。
(49) Ibid., p. 707. 邦訳は同、四五頁。

第二節

(1) Hannah Arendt, *Elemente und Ursprunge totaler Herrschaft*, op. cit. 703. 邦訳は前掲書、第三巻、四一頁。
(2) Ibid. 邦訳は同。
(3) Ibid., pp. 703-704. 邦訳は同。
(4) Ibid., p. 706. 邦訳は同、四四頁。
(5) ハイデガー「ドイツ的大学の自己主張」。邦訳は清水多吉・手川誠士郎編訳『30年代の危機と哲学』平凡社ライブラリー、一一五頁。
(6) 同、一一八頁。
(7) カール・シュミット『政治的なものの概念』田中浩・原田武雄訳、未来社、五四頁。
(8) クリスティアン・グラーフ・フォン・クロコウ『決断――ユンガー、シュミット、ハイデガー』富田珠樹訳、柏書房、六一頁。
(9) レイボヴィッチは、ハイデガーたちの第一世代につづくアーレントの世代を第二世代と呼び、「大量失業、インフレーション、革命的喧騒によって不安定にした世界に生きていた」世代と呼ぶ。さらにこれに第三世代がつづく。一九二〇年代に生まれ、「スペイン戦争、モスクワ裁判、ナチの強制収容所によって世界に参入した世代」である。マルティーヌ・レイボヴィッチ『ユダヤ女ハンナ・アーレント』前掲書、三一六頁参照。
(10) Hannah Arendt, *Elemente und Ursprunge totaler Herrschaft*, op. cit., p. 706. 邦訳は前掲の『全体主義の起原』第三巻、四三頁。

(11) Ibid. 邦訳は同。
(12) Ibid. 邦訳は同、四四頁。
(13) Ibid., p. 709. 邦訳は同、四七頁。
(14) Ibid. 邦訳は同。
(15) Ibid., p. 710. 邦訳は同、四八頁。
(16) Ibid., p. 711. 邦訳は同、四九頁。
(17) Ibid. 邦訳は同。
(18) Hannah Arendt, *The Origins of Totalitarianism*, Harcourt Brace & Company, p. 332. これは英語版だけの記述である。邦訳は同、五一頁。
(19) Hannah Arendt, *Elemente und Ursprunge totaler Herrschaft*, op. cit., p. 712. 邦訳は同、五〇頁。
(20) Ibid., p. 714. 邦訳は同、五一頁。
(21) Ibid., p. 717. 邦訳は同、五五頁。
(22) Ibid. 邦訳は同。
(23) Ibid., p. 726. 邦訳は同、六三頁。
(24) Ibid., p. 727. 邦訳は同、六四頁。
(25) Ibid., p. 784. 邦訳は同、一一六頁。
(26) Ibid., p. 787. 邦訳は同、一一八頁。
(27) Ibid. 邦訳は同。
(28) Ibid., p. 774. 邦訳は同、一〇七頁。
(29) Ibid. 邦訳は同。
(30) Ibid., p. 769. 邦訳は同、一〇二頁。
(31) Ibid., p. 774. 邦訳は同、一〇七頁。
(32) Ibid., p. 769. 邦訳は同、一〇二頁。
(33) Ibid. 邦訳は同。
(34) Ibid. 邦訳は同。
(35) Ibid. 邦訳は同。
(36) Ibid., pp. 769-770. 邦訳は同。
(37) Ibid., p. 770. 邦訳は同。
(38) Ibid. 邦訳は同、一〇三頁。
(39) Ibid. 邦訳は同。
(40) Ibid., pp. 770-771. 同。邦訳は同、一〇四頁。
(41) Ibid., p. 771. 邦訳は同。
(42) Ibid., p. 801. 邦訳は同、一三〇頁。
(43) Ibid. 邦訳は同。
(44) Ibid., p. 803. 邦訳は同、一三二頁
(45) Ibid. 邦訳は同。
(46) Ibid. 邦訳は同。
(47) Ibid. 邦訳は同。
(48) Ibid., pp. 803-804. 邦訳は同。
(49) Ibid., p. 804. 邦訳は同、一三三頁。
(50) Ibid., p. 805. 邦訳は同、一三三―一三四頁。
(51) Ibid. 邦訳は同、一三四頁。
(52) Ibid., p. 807. 同。邦訳は同、一三六頁。
(53) Ibid., p. 828. 邦訳は同、一五四頁。
(54) Ibid. 邦訳は同。
(55) Ibid., p. 830. 同。邦訳は同、一五六頁。
(56) Ibid., p. 833. 同。邦訳は同、一五八―一五九頁。
(57) Ibid., p. 838. 邦訳は同、一六三頁。

(58) Ibid. 邦訳は同。
(59) Ibid. 邦訳は同、一六四頁。
(60) Ibid., p. 840. 邦訳は同、一六六頁。
(61) Ibid. 邦訳は同。
(62) Ibid., p. 844. 邦訳は同、一六八―一六九頁。なおアレントはこの命令の絶対性に関連して、マックス・ホルクハイマーの現代資本主義論である『権威主義的国家』を批判する。ホルクハイマーは、「私的資本の一切の従属から、自己を解放した権威主義的国家のもっとも矛盾のない様式は、統合された国家主義か、あるいはまた国家社会主義である」（ホルクハイマー『権威主義的国家』清水多吉編訳、紀伊國屋書店、二〇頁）と語っている。ボルシェヴィズムもファシズムも権威主義的国家とみなされているのである。アレントは権威の概念をこのように考えることには反対である。「権威の原理は、すべての決定的な点において、全体的支配の原理とは正反対である」（op. cit., p. 842. 邦訳は同、一六七頁）からである。権威は、それにしたがう者の自由を前提とする。しかしナチスの指導者原理は、「自由の廃絶、人間の自発性一般の除去」（op. cit., p. 843. 邦訳は前掲書、第三巻、一六八頁）を目指すからである。
(63) Ibid., p. 849. 邦訳は同、一七四頁。
(64) Ibid. 邦訳は同。
(65) Hannah Arendt, *The Origins of Totalitarianism*, op. cit., p. 407. これも英語版の記述である。邦訳は『全体主義の起原』第二巻、一七〇―一七一頁。
(66) Hannah Arendt, *Elemente und Ursprunge totaler Herrschaft*, op. cit., p. 848. 邦訳は『全体主義の起原』第三巻、一七三頁。
(67) Ibid. 邦訳は同。
(68) Ibid., p. 849. 邦訳は同、一七四頁。
(69) Ibid., p. 850. 邦訳は同、一七六頁。
(70) Ibid., p. 851. 邦訳は同。
(71) Ibid., pp. 864-865. 邦訳は同、一九〇頁。
(72) Ibid., p. 863. 邦訳は同、一八八頁。
(73) Ibid. 邦訳は同。
(74) Hannah Arendt, *The Origins of Totalitarianism*, Op. cit., p. 416. これも英語版の記述である。邦訳は同、一八八頁。
(75) Hannah Arendt, *Elemente und Ursprunge totaler Herrschaft*, op. cit., p. 864. 邦訳は同、一八九頁。
(76) Ibid. 邦訳は同。
(77) Ibid., p. 874. 邦訳は同、一九八頁。
(78) Ibid. 邦訳は同。
(79) Ibid. 邦訳は同。
(80) Ibid., p. 877. 邦訳は同、二〇一頁。
(81) Ibid., p. 879. 邦訳は同、二〇三頁。
(82) Ibid., p. 877. 邦訳は同、二〇二頁。
(83) Ibid. 邦訳は同。
(84) Ibid. 邦訳は同。
(85) Ibid., p. 880. 邦訳は同、二〇四頁。
(86) Ibid., p. 879. 邦訳は同、二〇三頁。
(87) Ibid., p. 869. 邦訳は同、一九四頁。

(88) Ibid. 邦訳は同。
(89) Ibid., p. 870. 邦訳は同。
(90) Ibid. 邦訳は同。
(91) Ibid. 邦訳は同。
(92) Ibid., p. 873. 邦訳は同、一九七頁。
(93) Ibid., p. 876, note 83. 邦訳は同、二〇一頁。
(94) Ibid., p. 881. 邦訳は同、二〇五頁。
(95) Ibid., p. 874. 邦訳は同、一九八頁。
(96) Ibid., p. 884. 邦訳は同、二〇八頁。
(97) Ibid., p. 882. 邦訳は同、二〇六頁。
(98) Ibid., p. 892. 邦訳は同、二一六頁。
(99) Ibid. 邦訳は同。
(100) Ibid. 邦訳は同、二一七頁。
(101) Ibid. 邦訳は同。
(102) Ibid., p. 893. 邦訳は同、二一八頁。
(103) Ibid., p. 894. 邦訳は同、二一九頁。
(104) Ibid., p. 895. 邦訳は同。
(105) Ibid. 邦訳は同。
(106) ラリー・メイは下記の論文で、ごくふつうの堅実な社会人が、ナチスの官僚体制のもとで、悪を自主的に犯すにいたるプロセスを「経済的な危うさの増大」「自律の喪失」「制度への忠誠」「制度の求める義務を超えたところまで自主的に行なう姿勢の涵養」の四つの段階に分けて詳細に考察している。Larry May, "Socialization and Institutional Evil," *Hannah Arendt Twenty Years Later*, edited by Larry May and Jerome Kohn, MIT Press, pp. 85-89.

第三節

(1) Hannah Arendt, *Elemente und Ursprunge totaler Herrschaft*, op. cit., p. 941. 邦訳は前掲の『全体主義の起原』第三巻、二六六頁。
(2) Ibid. 邦訳は同。
(3) カント「たんなる理性の限界内における宗教」。邦訳は『カント全集』第九巻、飯島宗享・宇都宮芳明訳、理想社、五八頁。
(4) Hannah Arendt, *Elemente und Ursprunge totaler Herrschaft*, op. cit., p. 864. 邦訳は前掲、第三巻、二六六頁。
(5) Ibid. 邦訳は同。
(6) Ibid. 邦訳は同。
(7) Ibid., p. 898. 邦訳は同、二二二頁。
(8) Ibid., p. 899. 邦訳は同、二二三頁。
(9) Ibid., p. 900. 邦訳は同、二二四頁。
(10) Ibid., p. 901. 邦訳は同、二二五頁。
(11) Hannah Arendt, *The Human Condition*, op. cit., p. 197. 邦訳は前掲書、三二八頁。
(12) Ibid., p. 232. 邦訳は同、三六五頁。
(13) ただしアレントは『イェルサレムのアイヒマン』において、この忘却の穴について、「忘却の穴などというものは存在しない。人間のすることはそれほど完璧ではないのだ」(Hannah Arendt, *Eichmann in Jerusalem*, Penguin Books, pp. 232-233.

邦訳はアレント『イェルサレムのアイヒマン』大久保和郎訳、みすず書房、一八〇頁）と語って、この夢の実現可能性を否定することになる。アレントは完璧な記憶の抹消は不可能であり、上手の指から水がこぼれるように、事実は明らかになるものだと、みずからを慰めたのだろう。それでもこの言葉からは「記憶しなければならないという要請の切迫」（高橋哲也『記憶のエチカ』一五頁）が薄れていることは間違いない。

(14) アガンベンはフーコーの生政治の理論とアレントの全体主義の理論を対比させながら、この二つの理論が結びつけられなかったことは残念であると指摘し、アレントは強制収容所が生政治の理論の現場であったことを見抜けなかったと、次のように語っている。「むき出しの生の空間（つまり強制収容所）へと政治が根源的に変容したことのほうが、全体的支配に対して正当性を認め、これを必要とするのである」（ジョルジョ・アガンベン『ホモ・サケル』高桑和巳訳、以文社、一六六頁）。また、全体主義が理解しがたいのは、「われわれが全体主義という現象を生政治の地平における複合のうちに位置づけるのを怠ってきたからだ」（同、二〇四頁）とも。

(15) Hannah Arendt, *Elemente und Ursprunge totaler Herrschaft*, op. cit., p. 908. 邦訳は前掲の『全体主義の起原』第三巻、二三一頁。

(16) Ibid., p. 918. 邦訳は同、二四二頁。

(17) Ibid. 邦訳は同。

(18) Ibid. 邦訳は同。

(19) Ibid., p. 909. 邦訳は同、二三二頁。

(20) Ibid. 邦訳は同。

(21) Ibid. 邦訳は同、二三三頁。

(22) Hannah Arendt, *The Origins of Totalitarianism*, op. cit., p. 444. 邦訳は同、二四〇頁。

(23) Hannah Arendt, *Elemente und Ursprunge totaler Herrschaft*, op. cit., p. 920. 邦訳は同、二四三頁。

(24) Ibid., p. 921. 邦訳は同、二四五頁。

(25) 高橋哲哉『記憶のエチカ』前掲書、二三頁。

(26) Hannah Arendt, *Elemente und Ursprunge totaler Herrschaft*, op. cit., p. 923. 邦訳は同、二四六頁。

(27) Ibid. 邦訳は同。

(28) Ibid. 邦訳は同。

(29) Ibid., p. 924. 邦訳は同、二四七—二四八頁。

(30) Hannah Arendt, *The Origins of Totalitarianism*, op. cit., p. 449, Note 145. 邦訳は前掲の『全体主義の起原』第三巻、二四九頁。

(31) Ibid.

(32) Hannah Arendt, *Elemente und Ursprunge totaler Herrschaft*, op. cit., p. 927. 邦訳は前掲書、第三巻、二五一頁。

(33) Ibid. 邦訳は同。

(34) Ibid. 邦訳は同、二五二頁。

(35) Ibid., p. 929. 邦訳は同、二五三頁。

(36) Ibid. 邦訳は同、二五三—二五四頁。

(37) Ibid., pp. 929-930. 邦訳は同、二五四頁。

(38) Ibid., p. 930. 邦訳は同。

（39）Hannah Arendt, *The Origins of Totalitarianism*, op. cit., p. 453, Note 156. 邦訳は同、二五五頁。

（40）Hannah Arendt, *Elemente und Ursprunge totaler Herrschaft*, op. cit., p. 931. 邦訳は前掲書、第三巻、二五四頁。

（41）Ibid., p. 907. 邦訳は同、二三一頁。なおアガンベンはアレントのこの言葉を引用しながら、「収容所は例外空間であり、そこでは法は全面的に宙づりにされているだけではなく、事実と法権利が余すところなく混同されてしまう。そこで本当にすべてが可能なのだ」（ジョルジョ・アガンベン『ホモ・サケル』前掲書、二三三頁）と指摘している。

（42）Hannah Arendt, *Elemente und Ursprunge totaler Herrschaft*, op. cit., p. 931. 邦訳は前掲書、第三巻、二五六頁。

（43）Ibid., p. 934. 邦訳は同、二五七—二五八頁。

（44）Hannah Arendt, *The Life of the Mind*, vol. 1, Thinking, p. 37. 邦訳は『精神の生活　上』佐藤和夫訳、岩波書店、四四頁。

（45）Ibid. 邦訳は同。

（46）Ibid. 邦訳は同。アレントの「自己」の概念を考察した Suzanne Duvall Jocobitti, "Thinking about the self", *Hannah Arendt Twenty Years Later*, op. cit. では、これらの三つの要素について詳しく検討している。

（47）Hannah Arendt, *Elemente und Ursprunge totaler Herrschaft*, op. cit., p. 929. 邦訳は前掲書、第三巻、二五三頁。

（48）Ibid., p. 933. 邦訳は同、二五八頁。

（49）Ibid. 邦訳は同。

（50）プリーモ・レーヴィ『アウシュヴィッツは終わらない』竹山博英訳、朝日新聞社、一〇六—一〇七頁。

（51）同、一〇六頁。

（52）Ibid.

（53）Ibid.

（54）Hannah Arendt, *Elemente und Ursprunge totaler Herrschaft*, op. cit., p. 937. 邦訳は前掲書、第三巻、二六二頁。

（55）ジョルジョ・アガンベンの『アウシュヴィッツの残りのもの』（上村忠男・廣石正和訳、月曜社）の第二章「回教徒」が、このプロセスについて詳しく説明している。

（56）Hannah Arendt, *Elemente und Ursprunge totaler Herrschaft*, op. cit., p. 935. 邦訳は前掲書、第三巻、二五八頁。

（57）Ibid., p. 941. 邦訳は同、二六五頁。

（58）Ibid., pp. 940-941. 邦訳は同。

（59）Ibid. 邦訳は同。

第七章

第一節

（1）Hannah Arendt, *Men in dark times*, p. 17. 邦訳はアレント『暗い時代の人々』阿部齊訳、ちくま学芸文庫、三五頁。

（2）Elizabeth Young-bruehl, *Hannah Arendt*, op. cit., p. 8. 邦訳は前掲の『ハンナ・アーレント伝』三八頁。

（3）Ibid. 邦訳は同。

（4）Ibid. 邦訳は同。

(5) Arendt, "What remains ?, the language remains", *Essays in Understanding*, 1930–1954, Harcourt Brace & Company, p. 6. 邦訳は前掲の『アーレント政治思想集成1』九頁。
(6) Elizabeth Young-bruehl, *Hannah Arendt*, op. cit., p. 9. 邦訳は前掲の『ハンナ・アーレント伝』四〇頁。
(7) Ibid., pp. 9–10. 邦訳は同、四二頁。
(8) Ibid., p. 10. 邦訳は同。
(9) Arendt, "What remains ?, the language remains", *Essays in Understanding*, op. cit., p. 8. 邦訳は前掲書、一一頁。
(10) Ibid., p. 7. 邦訳は同、一〇頁。
(11) Ibid. 邦訳は同。

第二節

(1) Hannah Arendt, *Elemente und Ursprunge totaler Herrschaft*, op. cit., p. 42. 邦訳はアレント『全体主義の起原』第一巻、大久保和郎訳、みすず書房、一三頁。
(2) Ibid. 邦訳は同。
(3) Ibid., p. 45. 邦訳は同、一六頁。
(4) Ibid., p. 46. 邦訳は同、一七頁。
(5) Ibid., p. 55. 邦訳は同、二五頁。
(6) Ibid., p. 61. 邦訳は同、三〇頁。
(7) Ibid., pp. 61–62. 邦訳は同、三〇―三一頁。
(8) Ibid., p. 62. 邦訳は同、三一頁。
(9) Ibid., p. 47. 邦訳は同、一八頁。
(10) Ibid., p. 49. 邦訳は同、二〇頁。
(11) Ibid. 邦訳は同。
(12) Ibid. 邦訳は同。
(13) Ibid. 邦訳は同。
(14) Ibid. 邦訳は同。
(15) Ibid., p. 50. 邦訳は同、二一頁。
(16) Ibid., p. 51, Note 4. 邦訳は同。
(17) Ibid., p. 52. 邦訳は同、二二頁。
(18) Ibid. 邦訳は同。
(19) Ibid., p. 62. 邦訳は同、三一頁。
(20) Ibid., p. 67. 邦訳は同、三五頁。
(21) Ibid., p. 68. 邦訳は同、三六頁。
(22) Ibid., p. 67. 邦訳は同、三五―三六頁。
(23) Ibid., pp. 63–64. 邦訳は同、三二頁。
(24) Ibid., p. 64. 邦訳は同。
(25) Ibid., p. 69. 邦訳は同、三七頁。
(26) Ibid., p. 70. 邦訳は同、三八頁。
(27) Ibid. 邦訳は同。
(28) Ibid. 邦訳は同。
(29) Ibid. 邦訳は同。

第三節

(1) レオン・ポリアコフ『反ユダヤ主義の歴史』第三巻、菅野賢治訳、筑摩書房、三三〇頁。
(2) 前掲の『ドイツ史2』二〇三頁。
(3) ポリアコフの前掲書、第三巻、三二八頁。

（4）同、三二五頁。
（5）Hannah Arendt, *Elemente und Ursprunge totaler Herrschaft*, op. cit., p. 88. 邦訳は前掲の『全体主義の起原』第一巻、五五頁。
（6）Ibid., p. 87. 邦訳は同、五四頁。
（7）Ibid., p. 91. 邦訳は同、五八頁。
（8）Ibid., p. 92. 邦訳は同、五八―五九頁。
（9）Ibid. 邦訳は同、五九頁。
（10）Ibid. 邦訳は同。
（11）ポリアコフの前掲書、第三巻、三九八頁。
（12）同。
（13）同、四〇一頁。
（14）Hannah Arendt, *Elemente und Ursprunge totaler Herrschaft*, op. cit., p. 94. 邦訳は前掲書、第一巻、六〇頁。
（15）Ibid. 邦訳は同。
（16）Ibid., p. 122. 邦訳は同、八六頁。
（17）Ibid., p. 123. 邦訳は同。
（18）Ibid., p. 124. 邦訳は同、八七―八八頁。
（19）Ibid., p. 128. 邦訳は同、九一頁。
（20）Ibid., p. 127. 邦訳は同。
（21）Ibid., p. 128. 邦訳は同、九二頁。
（22）Ibid., p. 98. 邦訳は同、六四―六五頁。
（23）Ibid., pp. 100-101. 邦訳は同、六六頁。
（24）マルクス「ユダヤ人問題について」。邦訳は徳永恂訳、『マルクス・コレクションI』筑摩書房、一三二頁。
（25）Hannah Arendt, *Elemente und Ursprunge totaler Herrschaft*, op. cit., p. 102. 邦訳は前掲書、第一巻、六八頁。
（26）Ibid., p. 104. 邦訳は同、七〇頁。
（27）Ibid. 邦訳は同、六九頁。
（28）Ibid. 邦訳は同、七〇頁。
（29）Ibid. 邦訳は同。
（30）Ibid., p. 105. 邦訳は同。
（31）Ibid. 邦訳は同、七一頁。
（32）Ibid., p. 106. 邦訳は同。
（33）Ibid., p. 108. 邦訳は同、七三頁。
（34）Ibid., pp. 107-108. 邦訳は同。
（35）Ibid., pp. 52-53. 邦訳は同、一二一頁。
（36）Ibid. 邦訳は同。
（37）Ibid., p. 507. 邦訳は前掲の『全体主義の起原』第二巻、一九一頁。
（38）Ibid., p. 508. 邦訳は同、一九二頁。
（39）Ibid., p. 509. 邦訳は同。
（40）Ibid. 邦訳は同。
（41）Ibid., p. 513. 邦訳は同、一九六頁。
（42）Ibid., p. 105. 邦訳は前掲の『全体主義の起原』第一巻、七一頁。
（43）Ibid., p. 118. 邦訳は同、七六頁。
（44）ヒトラー『わが闘争』。邦訳は平野一郎・将積茂訳、角川文庫、下巻、三二四頁。
（45）Hannah Arendt, *Elemente und Ursprunge totaler*

Herrschaft, op. cit., p. 113. 邦訳は前掲書、第一巻、七八頁。
(46) Ibid. 邦訳は同。
(47) Ibid., p. 114. 邦訳は同、七九頁。
(48) Ibid., p. 115. 邦訳は同、八〇頁。
(49) Ibid., p. 119. 邦訳は同、八三頁。

第四節

(1) Hannah Arendt, *Elemente und Ursprunge totaler Herrschaft*, op. cit., p. 140. 邦訳は前掲の『全体主義の起原』第一巻、一〇三頁。
(2) Ibid., p. 141. 邦訳は同、一〇五頁。
(3) Ibid., p. 142. 邦訳は同。
(4) Ibid. 邦訳は同、一〇六頁。
(5) 前掲のポリアコフ『反ユダヤ主義の歴史』第三巻、二三三頁。
(6) 同。
(7) 同、二三二頁。
(8) 同、二三三頁。
(9) 同。
(10) 同、二三四—二三五頁。
(11) 同、二三五頁。
(12) Hannah Arendt, *Elemente und Ursprunge totaler Herrschaft*, op. cit., p. 144. 邦訳は前掲書、第一巻、一〇七頁。
(13) 前掲のポリアコフ『反ユダヤ主義の歴史』第三巻、二三八頁。
(14) 同。
(15) シーセル・モセ『ユダヤ人の歴史』長谷川真・安積鋭二訳、みすず書房、二二九頁。
(16) Hannah Arendt, "Antisemitism", *The Jewish Writings*, Schocken, p. 62.
(17) Ibid.
(18) Ibid.
(19) Ibid.
(20) Ibid.
(21) Ibid., pp. 62-63. このメンデルスゾーンの文章は、ドームの提案の第二版の付属文書として添付された。
(22) フランスの「人および市民の権利」。邦訳は『人権宣言集』二三一頁。
(23) 前掲のポリアコフ『反ユダヤ主義の歴史』第三巻、三〇三頁。
(24) 同、三〇四頁。
(25) 同、三〇三頁。
(26) 前掲のモセ『ユダヤ人の歴史』二三〇頁。
(27) Hannah Arendt, "Antisemitism", *The Jewish Writings*, op. cit., p. 63.
(28) 前掲のポリアコフ『反ユダヤ主義の歴史』第三巻、二七六頁。
(29) 同、二七七頁。
(30) 同、二七六頁。
(31) Stephen Tree, *Moses Mendelssohn*, Rowohlt Taschenbuch,

p. 133. なおモーゼスの子供たちの改宗の情報は、この書物の一三四頁による。
（32）前掲のポリアコフ『反ユダヤ主義の歴史』第三巻、二七七頁。
（33）同、二七八頁。
（34）同。
（35）Hannah Arendt, *Elemente und Ursprunge totaler Herrschaft*, op. cit., p. 148. 邦訳は前掲書、第一巻、一一一頁。
（36）Ibid. 邦訳は同。
（37）前掲のポリアコフ『反ユダヤ主義の歴史』第三巻、二七八頁。
（38）同。
（39）Hannah Arendt, *Elemente und Ursprunge totaler Herrschaft*, op. cit., p. 148. 邦訳は前掲書、第一巻、一一二頁。
（40）Ibid. 邦訳は同、一一二頁。
（41）Op. cit., p. 89. 邦訳は同、五六頁。
（42）Ibid., p. 90. 邦訳は同、五七頁。
（43）Ibid., p. 194. 邦訳は同、一五五頁。
（44）このパーリアの概念は、アレントがおそらくヤスパースに薦められて読んだウェーバーの書物（『古代ユダヤ教』）から手にいれたものらしい。ウェーバーのパーリアの概念には、反ユダヤ主義的な傾向が含まれているのだが、アレントはあえてこのパーリアという概念と名称を選びとったのだった。この問題については、Hans Derks, *Jew, Nomad or Pariah, studies of Hannah Arendt's Choice*, Aksant を参照されたい。
（45）Hannah Arendt, *Elemente und Ursprunge totaler Herrschaft*, op. cit., p. 166. 邦訳は前掲書、第一巻、一二八頁。
（46）Ibid. 邦訳は同。
（47）Hannah Arendt, "The Jew as Pariah, a hidden traditionh *The Jew as Pariah, a hidden tradition*, Grove Press, p. 68. 邦訳はアレント『パーリアとしてのユダヤ人』寺島俊穂・藤原隆裕宜訳、未来社、三三頁。ただし本文のテクストが異なるため、邦訳とはかなり違う文になっている。
（48）Ibid., p. 69. 邦訳は同、三四頁。
（49）Lisa Jane Disch, *Hannah Arendt and the Limits of Philosophy*, Cornell University Press, p. 178.
（50）ヘルムート・キルヒャー『ハイネとユダヤ主義』小川真一訳、みすず書房、九〇頁。
（51）同、九七頁。
（52）同。
（53）同。
（54）同、九八頁。
（55）同、一〇二頁。
（56）同、一〇八頁。
（57）同、一一六頁。
（58）同、一三三頁。
（59）ハイネ『冬物語』第一章。邦訳は井汲越次訳、岩波文庫、一五―一六頁。
（60）同。邦訳は同、一七頁。
（61）Hannah Arendt, "The Jew as Pariah, a hidden tradition",

The Jew as Pariah, a hidden tradition, op. cit., p. 71. 邦訳は前掲の『パーリアとしてのユダヤ人』三九頁。

(62) Hannah Arendt, *Elemente und Ursprunge totaler Herrschaft*, op. cit., p. 166. 邦訳は前掲書、一二八頁。

(63) Hannah Arendt, *Rahel Varnhagen*, op. cit., p. 102. 邦訳は『ラーヘル・ファルンハーゲン』寺島俊穂訳、未来社、九四頁。

(64) Hannah Arendt, “The Jew as Pariah, a hidden tradition”, *The Jew as Pariah, a hidden tradition*, Op. cit., p. 71. 邦訳は前掲書、四一頁。

(65) Ibid., p. 72. 邦訳は同。

(66) このようにパーリアは自然という立場から社会を批判する視点を可能にする。パーリアの視点は「一つの批判装置」の役割を果たすのである。前掲のレイボヴィッチ『ユダヤ女ハンナ・アーレント』二七〇頁を参照されたい。

(67) Hannah Arendt, “The Jew as Pariah, a hidden tradition”, *The Jew as Pariah, a hidden tradition*, op. cit., p. 72. 邦訳は前掲書、四二頁。

(68) Richard J. Bernstein, *Hannah Arendt and the Jewish Problem*, MIT Press, p. 34.

(69) Hannah Arendt, “The Jew as Pariah, a hidden tradition,” *The Jew as Pariah, a hidden tradition*, op. cit., p. 75. 邦訳は前掲書、四六頁。

(70) Ibid., p. 73. 邦訳は同、四三頁。

(71) キルヒャー『ハイネとユダヤ主義』前掲書、一四二頁。

(72) 同、一四四頁。

(73) 同。

(74) ハイネ『アッタ・トロル』。邦訳は井上正蔵訳『アッタ・トロル（夏の夜の夢）』岩波書店、五五頁。

(75) キルヒャー『ハイネとユダヤ主義』前掲書、九頁。

(76) Hannah Arendt, “The Jew as Pariah, a hidden tradition,” *The Jew as Pariah, a hidden tradition*, op. cit., p. 72. 邦訳は前掲書、四二頁。

(77) Ibid., p. 70. 邦訳は同、三八頁。

(78) Ibid., p. 75. 邦訳は同、四六頁。

(79) Hannah Arendt, *Elemente und Ursprunge totaler Herrschaft*, op. cit., p. 145. 邦訳は前掲書、第一巻、一〇八頁。

(80) Ibid. 邦訳は同。

(81) Ibid. 邦訳は同、一〇九頁。

(82) キルヒャー『ハイネとユダヤ主義』前掲書、一四五頁。

(83) Bernard Lazare, *Job's Dungheap*, Schocken, translated by Harry Lorin Binsse, p. 5. これはアレントの文章で、この書物の冒頭に紹介文として掲載された。記載はないが、この書物はアレントがショッケンの依頼で編集したものだろう。

(84) Ibid., p. 6.

(85) 菅野健治「試論ベルナール・ラザール（上）」『一橋大学研究年報　人文科学研究』第三五号、二三七頁。

(86) 同。

(87) Bernard Lazare, *Job's Dungheap*, op. cit., p. 9.

(88) Ibid.

(89) Hannah Arendt, “The Jew as Pariah, a hidden tradition”,

The Jew as Pariah, a hidden tradition, Op. cit., p. 76. 邦訳は前掲書、四七頁。

（90）Ibid. ただしこの文は邦訳のものを借りた。

（91）Charles Peguy, *A portrait of Bernard Lazare, Bernard Lazare, Job's Dungheap*, op. cit., p. 39.

（92）Bernard Lazare, *Job's Dungheap*, op. cit., p. 10.

（93）菅野健治「試論ベルナール・ラザール（下）」『一橋大学研究年報　人文科学研究』第二六号、二六〇頁。

（94）同、二六一頁。

（95）Bernard Lazare, *Job's Dungheap*, op. cit., p. 40.

（96）Hannah Arendt, "The Jew as Pariah, a hidden tradition," *The Jew as Pariah, a hidden tradition*, op. cit., p. 77. 邦訳は前掲書、五〇頁。

（97）Bernard Lazare, *Job's Dungheap*, op. cit., cit., p. 66.

（98）Hannah Arendt, *The Jew as Pariah, a hidden tradition*, op. cit., p. 79. 邦訳は前掲書、五二頁。

（99）Ibid., p. 69. 邦訳は同、三五頁。

（100）Ibid., p. 79. 邦訳は同、五三頁。

（101）Ibid., p. 80. 邦訳は同、五六頁。

（102）Ibid.

（103）Ibid.

（104）Ibid., p. 83. 邦訳は同、六二頁。

（105）邦訳は同、六三頁。この注の文章は、書物化された *The Jew as Pariah, a hidden tradition* にはない。ただし「フランツ・カフカ　再評価」に同じ趣旨の文章がある。「カフカは労働者障害保険協会の職員であり、また彼がこの国での滞在許可をとってやらなければならない多くの東方ユダヤ人の忠実なる友であったので、自国の政治状況にはよく通じていた」（Hannah Arendt, "Franz Kafka : a revaluation," *Essays in Understandings*, op. cit., p. 71. 邦訳は前掲の『アーレント政治思想集成1』九九頁。

（106）Ibid., p. 84. 邦訳は同。

（107）Ibid. 邦訳は同、六四頁。

（108）Ibid.

（109）Ibid., p. 85. 邦訳は同。

（110）Ibid. 邦訳は同、六五頁。

（111）Ibid. 邦訳は同。

（112）Ibid., p. 82. 邦訳は同、六〇頁。注（80）と（81）の文章を参照。

（113）Ibid., p. 83. 邦訳は同、六一頁。

（114）ここは英語版では採用されていない。ドイツ語版の邦訳は同、六二頁。

（115）Ibid., p. 83. 邦訳は同。

（116）Ibid. ドイツ語版の邦訳には該当する箇所はない。この思考の営みにたいするアレントの信頼は、『イェルサレムのアイヒマン』における思考の欠如の批判にまでつながるものである。アレントのこの「武器としての思考」の概念の重要性については、Richard J. Bernstein, "Arendt on thinking", *The Cambridge Companion to Hannah Arendt*, Cambridge University Press も参照されたい。

(117) Ibid., p. 90. 邦訳は同、七四頁。

(118) Ibid., p. 83. 邦訳は同、六二頁。ただしドイツ語版の邦訳は「目的意識をもって社会に立ち向かう」である。

(119) Ibid., p. 84. 邦訳は同、六四頁。

(120) Ibid., p. 85. 邦訳は同。

(121) Ibid., p. 90. 邦訳は同、七四頁。

(122) Ibid. 邦訳は同。

(123) Ibid. 邦訳は同。

(124) Richard J. Bernstein, *Hannah Arendt and the Jewish Problem*, MIT Press, p. 44.

(125) Hannah Arendt, "The Jew as Pariah, a hidden tradition", *The Jew as Pariah, a hidden tradition*, op. cit., p. 90. 邦訳は同、七四—七五頁。

(126) アレントの一九五九年八月一〇日付けのブルーメンフェルト宛ての書簡。Hannah Arendt/Kurt Blumenfeld, *Die Korrespondenz*, Rotbuch Verlag, p. 241.

第五節

(1) Hannah Arendt, Rahel Varnhagen, *Lebensgeschichte einer deutchen judin aus der Romantik*, Piper, p. 14. 邦訳は前掲のアレント『ラーエル・ファルンハーゲン』一一頁。

(2) 前掲のレイボヴィッチ『ユダヤ女ハンナ・アーレント』一八頁。

(3) ヤスパースのアレント宛ての一九三〇年三月二〇日付けの書簡。*Hannah Arendt, Karl Jaspers Briefuechsel*, 1926–1969, Piper, p. 46. 邦訳は前掲の『アーレント＝ヤスパース往復書簡1』一一頁。

(4) アレントのヤスパース宛ての一九三〇年三月二四日付けの書簡。Ibid., p. 47. 邦訳は同、一二—一三頁。

(5) Ibid., p. 48. 邦訳は同、一三頁。

(6) Ibid. 邦訳は同。

(7) Ibid. 邦訳は同。

(8) ヤスパースのアレント宛ての一九五二年八月二三日付けの書簡。Ibid., p. 228. 邦訳は前掲の『アーレント＝ヤスパース往復書簡1』二二三頁。

(9) Ibid., p. 229. 邦訳は同、二二三—二二四頁。

(10) このヤスパースの無理解と、ヤスパースとアレントの見解の対立についてはDagmar Barnouw, *Visible Spaces: Hannah Arendt and the German-Jewish Experience*, The John Hopkins University Press, p. 60 以下を参照されたい。

(11) *Hannah Arendt, Karl Jaspers Briefuechsel*, 1926–1969, op. cit., p. 230. 邦訳は前掲の『アーレント＝ヤスパース往復書簡1』二二四—二二五頁。

(12) Ibid. 邦訳は同、二二六頁。

(13) アレントのヤスパース宛ての一九三〇年三月二四日付けの書簡。Ibid., p. 234. 邦訳は同、二三〇頁。

(14) Ibid., p. 235. 邦訳は同、二三一頁。

(15) Hannah Arendt, *Rahel Varnhagen*, op. cit., p. 17. 邦訳は前掲の『ラーエル・ファルンハーゲン』一四頁。

(16) Ibid., p. 235. 邦訳は同、二一六頁。

（17）アレントのヤスパース宛ての一九三〇年三月二四日付けの書簡。*Hannah Arendt, Karl Jaspers Briefwechsel*, 1926–1969, op. cit., p. 236. 邦訳は前掲の『アーレント＝ヤスパース往復書簡1』二三二頁。
（18）Ibid. 邦訳は同。
（19）Ibid. 邦訳は同、二三三頁。
（20）Hannah Arendt, *Rahel Varnhagen*, op. cit., p. 19. 邦訳は前掲の『ラーエル・ファルンハーゲン』一六頁。
（21）Ibid. 邦訳は同。
（22）Ibid., p. 20. 邦訳は同、一七頁。
（23）Ibid., p. 23. 邦訳は同、一九頁。
（24）Ibid. 邦訳は同、二〇頁。
（25）Ibid., p. 24. 邦訳は同。
（26）Ibid. 邦訳は同。
（27）Ibid., p. 25. 邦訳は同、二一頁。
（28）Ibid. 邦訳は同。
（29）Ibid., p. 36. 邦訳は同、三一頁。
（30）Ibid. 邦訳は同、三二頁。
（31）Ibid. 邦訳は同。
（32）Ibid., p. 49. 邦訳は同、四三頁。
（33）Ibid. 邦訳は同。
（34）Ibid., p. 52. 邦訳は同、四六頁。
（35）Ibid., p. 53. 邦訳は同。
（36）Ibid., p. 54. 邦訳は同、四八頁。
（37）Ibid., p. 69. 邦訳は同、六二頁。
（38）Ibid. 邦訳は同、六三頁。
（39）Ibid., p. 70. 邦訳は同。
（40）Ibid., p. 37. 邦訳は同、三二頁。
（41）Ibid., p. 76. 邦訳は同、六九頁。
（42）Ibid., p. 81. 邦訳は同、七三―七四頁。
（43）Ibid. 邦訳は同、七四頁。
（44）Ibid., p. 82. 邦訳は同。
（45）Ibid., p. 133. 邦訳は同、一二二頁。
（46）Ibid., p. 134. 邦訳は同、一二四頁。
（47）Ibid., p. 135. 邦訳は同。
（48）Ibid. 邦訳は同。
（49）Ibid., p. 138. 邦訳は同、一二七頁。
（50）Ibid., p. 158. 邦訳は同、一四六頁。
（51）Ibid., p. 213. 邦訳は同、一九七頁。
（52）Ibid. 邦訳は同。
（53）Ibid., p. 220. 邦訳は同、二〇三頁。
（54）Ibid., p. 222. 邦訳は同、二〇五頁。
（55）Ibid., p. 224. 邦訳は同、二〇七頁。
（56）Ibid. 邦訳は同。
（57）ただしラーエルは成り上がり者になることだけを夢見ていた。それもまたラーエルの「欠点」だったのである。これについてはアレントのラーエル論の執筆の動機を細部まで探っているDagmar Barnouw, *Visible Spaces: Hannah Arendt and the German-Jewish Experience*, The John Hopkins University Pressを参照されたい。

(58) Hannah Arendt, *Rahel Varnhagen*, op. cit., p. 226. 邦訳は前掲の『ラーエル・ファルンハーゲン』二〇八頁。

(59) Ibid., pp. 228-229. 邦訳は同、二一一頁。

(60) Ibid., p. 232. 邦訳は同、二一四頁。

(61) Ibid., p. 234. 邦訳は同、二一五頁。

(62) アレントがまだ出会ったばかりの（いずれ夫となる）ハインリヒ・ブリュッヒャーに送った手紙で、ラーエルを紹介した言葉。一九三六年八月一二日のアレントのブリュッヒャー宛て書簡。Hannah Arendt, Heinrich Blücher *Briefe*, Piper, p. 45.

なお、アレントはハイデガーと別れた後、一九二五年にマールブルクでハイデガーのゼミで会ったことのあるギュンター・シュテルンと、一九二九年に結婚した。シュテルンもアレントと同じ同化ユダヤ人の家庭に生まれた中産階級の青年だった。後にギュンタヘ・アンデルスいう筆名で、ハイデガーの技術論に近い雰囲気の多数の書籍を刊行している。邦訳には『時代おくれの人間』『橋の上の男』『われらはみな、アイヒマンの息子』などがある。ただしあまり幸福な結婚ではなかったらしく、結婚生活はやがて破綻する。一九三六年にアレントはハインリヒ・ブルユッヒャーと出会う。ブリュッヒャーは熱心な共産主義者だったが、やがて鋭いマルクス主義の批判者となっていた。アレントはブリュッヒャーの政治的なまなざしの鋭さを高く評価している。アレントが政治の問題にかんして彼が学んだことは多かったのである。

第六節

(1) Hannah Arendt, "Original Assimilation," *The Jewish Writings*, op. cit., p. 22.

(2) Elizabeth Young-bruehl, *Hannah Arendt*, op. cit., p. 99. 邦訳は前掲の『ハンナ・アーレント伝』一五四頁。

(3) Hannah Arendt, "What remains?, the language remains," *Essays in Understanding*, op. cit., p. 12. 邦訳は前掲の『アーレント政治思想集成1』一七頁。

(4) Ibid. 邦訳は同、一七—一八頁。

(5) Elizabeth Young-bruehl, *Hannah Arendt*, op. cit., p. 169. 邦訳は前掲の『ハンナ・アーレント伝』二四三頁。

(6) Hannah Arendt, "Die judische Armee——der Beginn einer judischen Politik ?," Hannah Arendt, *Vor Antisemitismus ist man nur noch auf dem Monde sicher*, Piper, p. 22. 同書に収録されたドイツ語原文の英訳が前掲の *The Jewish Writings* の pp. 134-240 に掲載されている。

(7) Ibid., p. 20.

(8) Ibid., p. 21.

(9) Ibid., p. 23.

(10) Hannah Arendt, "Active Geduld," op. cit., p. 28.

(11) Ibid.

(12) Ibid.

(13) Hannah Arendt, "Ein erster Schritt," op. cit., p. 35.

(14) Ibid., p. 36.

(15) Ibid.

（16）Ibid., p. 37.

（17）Ibid., p. 36.

（18）Hannah Arendt, “Papier und Wirklichkeit,” op. cit., pp. 50–51.

（19）ウォルター・ラカー『ユダヤ人問題とシオニズムの歴史』高坂誠訳、第三書館、七七二頁。

（20）同。

（21）同。

（22）Hannah Arendt, “Die ‘sogennate Judische Armee,’” *Vor Antisemitismus ist man nur noch auf dem Monde sicher*, op. cit., p. 56.

（23）ウォルター・ラカー『ユダヤ人問題とシオニズムの歴史』前掲書、七七二頁。

（24）Hannah Arendt, “Die ‘sogennate Judische Armee’”, op. cit., p. 62.

（25）Ibid., p. 56.

（26）Hannah Arendt, “Zionism Reconsidered,” Hannah Arendt, *The Jewish Writings*, op. cit., p. 361. 邦訳は前掲の『パーリアとしてのユダヤ人』一六三頁。

（27）Ibid. 邦訳は同。

（28）Hannah Arendt, “Ceterum Censeo...,” *Vor Antisemitismus ist man nor noch auf dem Monde sicher*, op. cit., p. 32.

（29）Ibid.

（30）アレントのシオニズム批判のさまざまな側面については、Richard J. Bernstein, *Hannah Arendt and the Jewish Problem*, MIT Press の第五章「シオニズム――ユダヤ人のホームランドかユダヤ人国家か」が詳しい。この問題については、とくに p. 109 以下を参照されたい。なおナショナリズムという観点からアレントのシオニズム批判を考察した Ronald Beiner, “Arendt and Nationalism,” *The Cambridge Companion to Hannah Arendt*, Cambridge University Press も参考になる。

（31）Hannah Arendt, “Ceterum Censeo...”, Hannah Arendt, *Vor Antisemitismus ist man nor noch auf dem Monde sicher*, op. cit., p. 31.

（32）Hannah Arendt, “Wenn man dem kleineren übel nicht widersteht,” *Vor Antisemitismus ist man nor noch auf dem Monde sicher*, op. cit., p. 73.

（33）Ibid.

（34）Ibid.

（35）Hannah Arendt, “Mit dem Rucken an der Wand,” *Vor Antisemitismus ist man nor noch auf dem Monde sicher*, op. cit., p. 69.

（36）Hannah Arendt, “Zionism Reconsidered”, *The Jewish Writings*, op. cit., p. 343. 邦訳は前掲の『パーリアとしてのユダヤ人』一三〇頁。なおアレントのシオニズム批判については、早尾貴紀『ユダヤとイスラエルの間』（青土社）の第二章「ユダヤ人国家か民族共生か」を参照されたい。

（37）Ibid. 邦訳は同。

（38）Ibid. 邦訳は同。

（39）Ibid., p. 345. 邦訳は同、一三四頁。

(40) Ibid., p. 369. 邦訳は同、一六九頁。
(41) Ibid., p. 346. 邦訳は同、一三六頁。
(42) Ibid., p. 347. 邦訳は同、一三七頁。
(43) Ibid., p. 349. 邦訳は同、一四一頁。
(44) Ibid., p. 349. 邦訳は同、一四二頁。
(45) Ibid. 邦訳は同。
(46) Ibid., p. 350. 邦訳は同、一四四頁。
(47) Ibid. 邦訳は同。
(48) Ibid. 邦訳は同。
(49) Ibid., p. 351. 邦訳は同、一四六頁。
(50) Hannah Arendt, "Völkerverständigung im Nahen Osten: eine Basis jüdischer Politik", Hannah Arendt, *Vor Antisemitismus ist man nor noch auf dem Monde sicher*, op. cit., p. 177.
(51) Hannah Arendt, "To Save the Jewish Homeland," *The Jewish Writings*, op. cit., p. 389. 邦訳は山田正行訳「ユダヤ人の郷土を救うために」『思想』二〇〇四年二月号、岩波書店、六一頁。
(52) Ibid., p. 390. 邦訳は同、六二頁。
(53) Ibid., pp. 391-392. 邦訳は同、六四頁。
(54) Ibid., p. 391. 邦訳は同、六三頁。
(55) ibid. 邦訳は同。
(56) Ibid., p. 393. 邦訳は同、六五頁。
(57) Ibid. 邦訳は同。
(58) Ibid. 邦訳は同。
(59) アレントはシオニズムが「イデオロギー」に堕していることを指摘しながら（Hannah Arendt, "Zionism Reconsidered," *The Jewish Writings*, op. cit., p. 353. 邦訳は前掲の『パーリアとしてのユダヤ人』一四八頁）、イスラエルの建国にこだわることで、「ユダヤ人がいずれもつかもしれぬ唯一の文化的、歴史的な郷土をも奪おうとした」（Ibid., p. 366. 邦訳は同、一七三頁）と非難している。
(60) *The Jewish Writings*, op. cit., p. 391. 邦訳は前掲の「ユダヤ人の郷土を救うために」六三頁。
(61) Ibid. 邦訳は同。
(62) Ibid. 邦訳は同。
(63) Ibid., p. 392. 邦訳は同、六四頁。
(64) Ibid. 邦訳は同。
(65) Ibid., p. 394. 邦訳は同、六七ページ。
(66) Ibid. 邦訳は同。
(67) Ibid., p. 395. 邦訳は同。
(68) Hannah Arendt, "Zionism Reconsidered", Hannah Arendt, *The Jewish Writings*, op. cit., p. 349. 邦訳は前掲の『パーリアとしてのユダヤ人』一四二頁。
(69) Ibid., p. 350. 邦訳は同、一四三頁。
(70) Hannah Arendt, "To Save the Jewish Homeland", Hannah Arendt, *The Jewish Writings*, op. cit., p. 395. 邦訳は前掲の「ユダヤ人の郷土を救うために」六八頁。
(71) Ibid., pp. 395-396. 邦訳は同。
(72) Ibid., p. 397. 邦訳は同、七〇頁。

(73) Ibid. 邦訳は同、六九頁。

(74) Ibid., p. 401. 邦訳は同、七三頁。

(75) Hannah Arendt, "Wenn man dim kleineren Ubel nicht widersteht," *Vor Antisemitismus ist man nor noch auf dem Monde sicher*, op. cit., p. 73.

(76) Hannah Arendt, "To Save the Jewish Homeland", Hannah Arendt, *The Jewish Writings*, op. cit., p. 401. 邦訳は前掲の「ユダヤ人の郷土を救うために」七四頁。

(77) Ibid.

(78) これはこの論文のサブタイトルである。

(79) Elizabeth Young-bruehl, *Hannah Arendt*, op. cit., p. 225. 邦訳は前掲の『ハンナ・アーレント伝』三一二頁。

(80) Ibid., p. 230. 邦訳は同、三一八頁。

(81) Ibid., p. 233. 邦訳は同、三二二頁。

(82) Ibid. 邦訳は同。

第七節

(1) この論争にかんする文献は数多いが、ここでは「アレントが使わなかった詳細な資料によって」、「アイヒマンがヒトラーを上回るほど狡猾だったことを示した」（宣伝文より）書物として、Jacob Robinson, *And the crooked shall be made straight: A new look at the Eichmann Trial*, The Macmillan Company を挙げておく。著者はユダヤ人問題と国際法の専門家で、ニュルンベルク裁判でアメリカ合衆国の判事の特別顧問をつとめたという。事実の誤認はあるとしても、アレントのこの書物の説得力は揺るがないし、ベンハビブが指摘するように、「アレントがナチス体制とホロコーストの事実をその赤裸々な恐怖とともに直面するように促した最初の一人である」（Seyla Benhabib, "Arendt's Eichmann in Jerusalem", *The Cambridge Companion to Hannah Arendt*, Cambridge University Press, p. 71）ことはたしかだろう。ベンハビブはその裏付けとして、ホロコースト研究史の著書（Michael R. Marrus, *The Holobaust in History*, Lester and Orpen Dennys, 1987）で、アレントのこの書物が歴史界でこの問題への議論を促した書として指摘されていることを挙げている（op. cit., p. 83）。

(2) 思考の欠如がもたらした害悪の巨大さを語るこの書物が、このように誤解されることは、「信じがたい」（Dagmar Barnouw, *Visible Spaces: Hannah Arendt and the German-Jewish Experience*, op. cit., p. 241）ものであると、バーナウとともに考えざるをえない。

(3) Hannah Arendt, *Elemente und Ursprunge totaler Herrschaft*, op. cit., p. 945. 邦訳は前掲の『全体主義の起原』第三巻、二六九頁。

(4) アレントが考えを変えたのかどうかについて、「探偵作業」（p. 129）を遂行している論文として、Richard J. Bernstein, "Did Hannah Arendt Change Her Mind? From Radical Evil to the Banality of Evil", *Hannah Arendt Twenty Years Later*, op. cit. を参照されたい。バーンスタインも、「根源的な悪」の概念と「悪の凡庸さ」の概念は矛盾も対立もしないと考えている（op. cit., p. 142）。

(5) Hannah Arendt, *Eichmann in Jerusalem, A Report on the Banality of Evil*, Penguin books, p. 21. 邦訳はアレント『イェルサレムのアイヒマン』大久保和郎訳、みすず書房、一六頁。
(6) Ibid., p. 22. 邦訳は同、一七頁。
(7) Ibid., p. 41. 邦訳は同、三一頁。
(8) Ibid., p. 44. 邦訳は同、三四頁。
(9) Ibid. 邦訳は同。
(10) Ibid., p. 45. 邦訳は同、三五頁。
(11) Ibid., p. 190. 邦訳は同、一四七頁。
(12) Ibid., p. 210. 邦訳は同、一六三頁。
(13) Ibid., p. 215. 邦訳は同、一六六頁。
(14) Ibid. 邦訳は同。
(15) Ibid., p. 26. 邦訳は同、二〇頁。
(16) Ibid. 邦訳は同。
(17) Ibid. 邦訳は同。
(18) Ibid., p. 24. 邦訳は同、一九頁。
(19) Ibid., p. 21. 邦訳は同、一六頁。
(20) Ibid., p. 103. 邦訳は同、八二頁。
(21) Ibid. 邦訳は同。
(22) Ibid., p. 104. 邦訳は同、八二—八三頁。
(23) Ibid. 邦訳は同、八三頁。
(24) Ibid., p. 123. 邦訳は同、九七頁。
(25) Ibid., p. 116. 邦訳は同、九二頁。
(26) Ibid., p. 127. 邦訳は同、一〇〇頁。
(27) Ibid. 邦訳は同。
(28) Ibid. 邦訳は同。
(29) Ibid. 邦訳は同。
(30) Ibid. 邦訳は同。
(31) Ibid., p. 126. 邦訳は同、九九頁。
(32) Ibid. 邦訳は同、一〇〇頁。
(33) Ibid., p. 118. 邦訳は同、九三頁。
(34) Ibid. 邦訳は同。
(35) Ibid. 邦訳は同、九四頁。
(36) Ibid., p. 117. 邦訳は同、九二頁。
(37) Ibid., p. 106. 邦訳は同、八四頁。
(38) Ibid. 邦訳は同。
(39) Ibid., p. 108. 邦訳は同、八六頁。
(40) Ibid., p. 109. 邦訳は同。
(41) Ibid. 邦訳は同。
(42) Ibid., p. 136. 邦訳は同、一〇七頁。
(43) Ibid. 邦訳は同、一〇八頁。
(44) Ibid. 邦訳は同。
(45) Michael Denneny, "The Privilege of ourselves," *Hannah Arendt : The Recovery of the Public World*, edited by Melvyn A. Hill, St. Martin's Press, p. 255.
(46) Hannah Arendt, *Eichmann in Jerusalem, A Report on the Banality of Evil*, op. cit., p. 137. 邦訳は前掲書、一〇八頁。
(47) Ibid., p. 150. 邦訳は同、一一八頁。
(48) Ibid. 邦訳は同。
(49) Ibid. 邦訳は同。

(50) Ibid., p. 146. 邦訳は同、一一五頁。
(51) Hannah Arendt, *Responsibility and Judgment*, Schocken, p. 238. 邦訳は前掲のアレント『責任と判断』三〇五頁。
(52) Ibid. 邦訳は同。
(53) Ibid., p. 252. 邦訳は同、三一九頁。
(54) Ibid., p. 57. 邦訳は同、七二頁。
(55) Ibid. 邦訳は同。
(56) Ibid., p. 58. 邦訳は同、七三頁。
(57) Ibid., p. 252. 邦訳は同、三一九頁。
(58) Ibid., p. 78. 邦訳は同、九五—九六頁。
(59) Ibid. 邦訳は同、九六頁。
(60) Ibid. 邦訳は同。
(61) Ibid. 邦訳は同。
(62) Ibid. 邦訳は同。
(63) プラトン『ゴルギアス』四八二C。邦訳は内藤純郎訳、『プラトン全集』第五巻、角川書店、一九三頁。
(64) Hannah Arendt., *Responsibility and Judgment*, op. cit., p. 184. 邦訳は前掲書、二三七頁。
(65) プラトン『大ヒッピアス』三〇四D。邦訳は山本光雄訳、『プラトン全集』第六巻、角川書店、六六頁。
(66) Hannah Arendt., *Responsibility and Judgment*, op. cit., p. 185. 邦訳は前掲書、二三八頁。
(67) Ibid., p. 142. 邦訳は同、一六六頁。
(68) シェイクスピア『リチャード三世』第五幕第三場。邦訳は『シェイクスピア全集』第五巻、大山俊一訳、筑摩書房、二八六—二八七頁。
(69) Hannah Arendt, *Responsibility and Judgment*, op. cit., p. 44. 邦訳は前掲書、五五頁。
(70) Ibid. 邦訳は同。
(71) Ibid. 邦訳は同。
(72) Hannah Arendt, *Eichmann in Jerusalem*, op. cit., p. 279. 邦訳は前掲書、二二五頁。
(73) Hannah Arendt, *The Human Condition*, op. cit., p. 237. 邦訳は前掲の『人間の条件』三七二頁。
(74) Ibid. 邦訳は同。
(75) 人間の複数性を破壊する行為が赦しえないものであることについては、Stephan Kampowski, *Arendt, Augustine, and the New Beginning*, Eerdmans, p. 40 を参照されたい。ただしアレントは『人間の条件』を執筆した時点では、全体主義のテロルを担ったような行為は、「根源的な悪」であり、これは「罰することも赦すこともできない」と指摘し、「それがあらわれるところでは、人間事象の領域と人間の潜在的な力がともに根本的に破壊されてしまう」のであり、イエスとともに「むしろ挽臼を首にかけられて海に投げ入れられたほうがましである」と繰りかえすしかないと語っていた（Hannah Arendt, *The Human Condition*, op. cit. p. 241. 邦訳は前掲書、三七七—三七八頁）。
(76) Hannah Arend, *Responsibility and Judgment*, op. cit., p. 159. 邦訳は前掲書、二〇九頁。
(77) Hannah Arendt, *Eichmann in Jerusalem*, op. cit., p. 54. 邦訳

は前掲書、四二頁。

(78) なお、アレントの書物に触発されて、多くの人が自分でも同じ状況ではアイヒマンと同じように行動したのではないかと考えて、「わたしのうちにもアイヒマンがいる」とか「すべての人のうちにアイヒマンがいる」と述べたのだった。アレントが参加したある討論会でも「アイヒマンはわたしたちすべてのうちにいるのだということを、はっきりとさせたのです。これは政治教育にとってとても重要なことだと思います」と語った人がいた。これにたいしてアレントはこうした考え方を鋭く批判する。「アイヒマンはあなたのうちにも、わたしのうちにもいません」。誰のうちにでもいるのであれば、アイヒマンの罪は許されてしまうことになるからだ。この考え方は、「アイヒマンは誰のうちにもいないという言葉と同じように間違いです」という (*Hannah Arendt: The Recovery of the Public World*", op. cit., p. 308)。

(79) Hannah Arendt, *Responsibility and Judgment*, op. cit., p. 159. 邦訳は前掲書、二〇九頁。

(80) Seyla Benhabib, "Arendt's Eichmann in Jerusalem," *The Cambridge Companion to Hannah Arendt*, op. cit., p. 74.

(81) Hannah Arendt, *Eichmann in Jerusalem*, op. cit., p. 48. 邦訳は前掲書、三八頁。

(82) Ibid., p. 49. 邦訳は同。

(83) Ibid. ただしドイツ語版からの補足を含む。

(84) Hannah Arendt, *Responsibility and Judgment*, op. cit., pp. 159-160. 邦訳は前掲書、二一〇頁。

(85) Ibid., p. 160. 邦訳は同。

(86) Hannah Arendt, *Eichmann in Jerusalem*, op. cit., p. 252. 邦訳は前掲書、一九五頁。

(87) バーナウはこれについて「政治的なモラルのほぼ完全な倒錯は、言語がほぼ崩壊した枠組みのうちでしか起こりえない」と指摘している (Dagmar Barnouw, *Visible Spaces: Hannah Arendt and the German-Jewish Experience*, op. cit., p. 238)。

(88) Hannah Arendt, *Eichmann in Jerusalem*, op. cit., pp. 287-288. 邦訳は前掲書、二二一頁。

(89) ヴィラはアレントが根源悪という表現を利用しなくなったのは、「この概念がどうしようもなく神学的なもの」であるためだと指摘しているが、これは正しいだろう。アレントは一九六九年にロックフェラー財団の幹部に宛てた書簡において、何よりも重要なのは、「わたしたちが悪の問題にどのようにして世俗的な状況から取り組むことができるかです」と語っているのである (Dana R. Villa, *Politics, Philosophy, Terror, Essays on the thought of Hannah Arendt*, Princeton University Press, p. 57. 邦訳は前掲のヴィラ『政治・哲学・恐怖』八七頁参照)。

(90) アイヒマンの動機のない悪については、Stephan Kampowski, *Arendt, Augustine, and the New Beginning*, Eerdmans, p. 84 を参照されたい。

(91) Hannah Arendt, *Eichmann in Jerusalem*, op. cit., p. 288. 邦訳は前掲書、二二一―二二二頁。

(92) もちろん思考の欠如だけが問題なのではない。アイヒマンが全体主義の体制のもとで、ヒトラーに仕える定言命法のもとで働いていたからこそ、この思考の欠如という凡庸な悪から巨大な悪が生じえたのである。この悪の凡庸さと全体主義の関係についてはベレル・ロング「ハンナ・アレントと悪の政治学」(Berel Long, "Hannah Arendt and the Politics of Evil," *Hannah Arendt, Critical Essays*, edited by Lewis P. Hinchman and Sandra K. Hinchman, State University of New York Press 特にpp. 48-49) を参照されたい。また思考するだけで、人間が悪を犯すのを防ぐことができるわけでもない。悪を防ぐには意志が必要であるからである。また、悪を犯した後の自分を思い描き、そのときに自分のうちのもう一人の自分との関係を思い描くことも必要である。このソクラテス的な道徳律と悪の凡庸さについては、ビーティの興味深い分析を参照されたい (Joseph Beatty, *Thinking and Moral Considerations, Socrates and Arendt's Eichmann*, Critical Essays, op. cit.)。

(93) Hannah Arendt, *The Life of Mind*, vol. 1, p. 180. 邦訳は前掲のアレント『精神の生活　上』二〇八頁。

第八節

(1) Hannah Arendt, *Nach Auschwitz*, Tiamat, p. 63. ゲルショーム・ショーレムのアレント宛ての一九六三年六月二三日付けの書簡。邦訳は「ショーレムからアーレントへ」矢野久美子訳、『現代思想』一九九七年七月号、六五頁

(2) Ibid., p. 64. 邦訳は同。

(3) Ibid. 邦訳は同。

(4) Ibid., p. 65. 邦訳は同、六六頁。

(5) Ibid. 邦訳は同。

(6) Ibid. 邦訳は同。

(7) Ibid. 邦訳は同。

(8) Ibid., p. 64. 邦訳は同、六五頁。

(9) アレントからショーレム宛ての一九六三年七月二四日付けの書簡。Op. cit., p. 71. 邦訳は「アーレントからショーレムへ」矢野久美子訳、『現代思想』一九九七年七月号、七一頁。

(10) Op. cit., p. 73. 邦訳は同、七二頁。

(11) ショーレムがこのように考えていたはずであることについては、Bernard J. Bergen, *The Banality of Evil, Hannah Arendt and "the Final Solution,"* Rowman & Littlefeild Publishers. Inc., pp. 55-56 参照。

(12) アレントのヤスパース宛ての一九四七年六月三〇日付けの書簡。*Hannah Arendt, Karl Jaspers Briefwechsel, 1926-1969*, op. cit.,pp. 127-128. 邦訳は前掲の『アーレント＝ヤスパース往復書簡1』一〇四頁。

(13) Hannah Arendt, *Nach Auschwitz*, op. cit., p. 73. 邦訳は前掲の「アーレントからショーレムへ」七二頁。

(14) Ibid. 邦訳は同。

(15) Ibid., p. 72. 邦訳は同、七一頁。

(16) Ibid. 邦訳は同。

(17) Ibid., p. 74. 邦訳は同、七三頁。

(18) Ibid., p. 66. 邦訳は前掲の「ショーレムからアーレントへ」、同、六七頁。

(19) Ibid. 邦訳は同。

(20) Ibid., p. 75. 邦訳は前掲の「アーレントからショーレムへ」、同、七四頁。
(21) Ibid.
(22) この部分はドイツ語版にない。邦訳は同、七六頁。
(23) Ibid. 邦訳は同。
(24) Ibid., p. 75. 邦訳は同、七四頁。
(25) Ibid. 邦訳は同。アレントは後年、一九三六年になってある編集者の質問状への回答で、評議会は「わたしたちはもはや協力しません。わたしたちはただ消え去るようにします」と答えるべき瞬間が訪れたはずだと指摘している。抵抗が不可能であるならば、尊厳をもって死ぬことを選べたはずだと。アレントのこの文章は Seyla Benhabib, "Arendt's Eichmann in Jerusalem", *The Cambridge Companion to Hannah Arendt*, Cambridge University Press, pp. 70-71 に引用されている。
(26) Hannah Arendt, *Nach Auschwitz*, op. cit., p. 76. 邦訳は前掲の「アーレントからショーレムへ」七四頁。
(27) Ibid., p. 70. 邦訳は前掲の「ショーレムからアーレントへ」七〇頁。
(28) Ibid., p. 78. 邦訳は前掲の「アーレントからショーレムへ」七六頁。
(29) Ibid. 邦訳は同、七七頁。
(30) Dana R. Villa, *Politics, Philosophy, Terror, Essays on the thought of Hannah Arendt*, op. cit., p. 58. 邦訳は前掲のヴィラ『政治・哲学・恐怖』八八頁。
(31) Hannah Arendt, Nach Auschwitz, op. cit., p. 78. 邦訳は前掲書、七七頁。
(32) Ibid. 邦訳は同。
(33) Ibid. 邦訳は同。

第八章

(1) Elizabeth Young-bruehl, Hannah Arendt, op. cit., p. 291. 邦訳は前掲の『ハンナ・アーレント伝』三九三頁。
(2) Ibid. 邦訳は同。
(3) Ibid. 邦訳は同。
(4) Ibid., p. 294. 邦訳は同、三九七頁。
(5) アレントがこの書物を構想するきっかけとなったのは、「自発的な革命」の概念を提起したローザ・ルクセンブルクの『ロシア革命論』を読んだことだったことは示唆的である。前掲の『ハンナ・アーレント伝』三九六頁（Elizabeth Young-bruehl, Hannah Arendt, op. cit., p. 291）を参照されたい。

第一節

(1) Hannah Arendt, *On revolution*, op. cit., p. 22. 邦訳は前掲の『革命について』四二頁。
(2) Ibid., p. 19. 邦訳は同、三八頁。
(3) Ibid., p. 22. 邦訳は同、四三頁。
(4) Ibid. 邦訳は同。
(5) Ibid., p. 13. 邦訳は同、三〇頁。
(6) Ibid. 邦訳は同。

（7）Ibid. 邦訳は同。
（8）Ibid., p. 15. 邦訳は同、三二頁。
（9）Ibid., p. 38. 邦訳は同、六七頁。
（10）Ibid., p. 81. 邦訳は同、一三五頁。
（11）Ibid. 邦訳は同。
（12）Ibid. 邦訳は同。
（13）Ibid., p. 39. 邦訳は同、六八頁。
（14）Ibid., p. 44. 邦訳は同、七五頁。
（15）Ibid., p. 46. 邦訳は同、七八頁。
（16）Ibid., p. 81. 邦訳は同、一三六頁。
（17）Ibid., p. 82. 邦訳は同、一三七頁。
（18）Ibid., p. 46. 邦訳は同、七八頁。
（19）Ibid. 邦訳は同、七七頁。
（20）Ibid., p. 81. 邦訳は同、一三六頁。
（21）Ibid., p. 82. 邦訳は同。
（22）Ibid. 邦訳は同。
（23）Ibid., p. 65. 邦訳は同、一一三頁。
（24）Ibid. 邦訳は同。
（25）ルソー『社会契約論』二篇三章。邦訳は中山元訳、光文社古典新訳文庫、六五頁。
（26）Hannah Arendt, *On revolution*, op. cit., p. 69. 邦訳は前掲書、一一八頁。
（27）ルソー『社会契約論』二篇三章。邦訳は前掲書、六六頁。
（28）Hannah Arendt, *On revolution*, op. cit., p. 67. 邦訳は同、一一六頁。
（29）Ibid., p. 69. 邦訳は同、一一七頁。
（30）ルソー『社会契約論』二篇三章。邦訳は前掲書、六七頁。
（31）Hannah Arendt, *On revolution*, op. cit., p. 67. 邦訳は前掲書、一一七頁。
（32）Immanuel Kant, *Die Metaphysik der Sitten*, Suhrkamp, Band VIII, p. 574. 邦訳はカント『人倫の形而上学』吉澤傳三郎・尾田幸雄訳、『カント全集』第一一巻、理想社、三五四頁。
（33）アレントはルソーの一般意志の理論をこのように否定的な側面だけから読みとる。しかしルソーの一般意志の理論は、共同体のうちで市民が自由であるための方策を考えたものであり、カントの共和制の理論もルソーのこの理論を受容して生まれたものであることを忘れるべきではないだろう。ルソーの理論の民主主義的な意味あいについては、前掲の『社会契約論』の訳者解説を参照されたい。全体的にアレントのルソー理解は、「ロベスピエールからの逆算でなりたっている」という古茂田宏の指摘があたっているように思う。古茂田宏「ハンナ・アーレントの革命論」（『アーレントとマルクス』大月書店、四五頁）を参照されたい。
（34）Hannah Arendt, *On revolution*, op. cit., p. 65. 邦訳は前掲書、一一三頁。
（35）ルソー『人間不平等起源論』。邦訳は前掲書、一〇二頁。
（36）同。邦訳は同、一〇八頁。
（37）同。邦訳は同、一〇三頁。
（38）Hannah Arendt, *On revolution*, op. cit., p. 71. 邦訳は前掲書、一二〇—一二一頁。

(39) Ibid. 邦訳は同、一二二頁。
(40) Ibid., p. 76. 邦訳は同、一二九頁。なお、アレントにとってこの距離の概念は、人間の自由を作りだす重要な役割をはたす概念である。アレントの距離の概念の興味深さについては、「自由は距離によって作りだされる」ことを説明した伊藤洋典『ハンナ・アレントと国民国家の世紀』木鐸社、四〇頁を参照されたい。
(41) Ibid., p. 77. 邦訳は同。
(42) Ibid., p. 73. 邦訳は同、一二四頁。
(43) Ibid. 邦訳は同。
(44) Ibid., p. 74. 邦訳は同、一二六頁。
(45) メルヴィル『ビリー・バッド』序文。邦訳は坂下昇訳、岩波文庫、一八五頁。
(46) Hannah Arendt, *On revolution*, op. cit., p. 78. 邦訳は前掲書、一三〇頁。
(47) Ibid., 79. 邦訳は同、一三二頁。
(48) Ibid. 邦訳は同。
(49) Ibid. 邦訳は同、一三三頁。
(50) Ibid. 訳は同、一三二頁。
(51) Ibid. 邦訳は同、一三三頁。
(52) Ibid. 邦訳は同。
(53) Ibid. 邦訳は同。
(54) Ibid. 邦訳は同。
(55) Ibid., p. 84. 邦訳は同、一四〇頁。
(56) Ibid., p. 102. 邦訳は同、一六五頁。
(57) ibid. 邦訳は同、一六六頁。
(58) Ibid. 邦訳は同。

第二節

(1) A・トクヴィル『アメリカのデモクラシー』第一部二章。邦訳は松本礼二訳、第一巻（上）、岩波文庫、六五頁。
(2) 同。邦訳は同。
(3) 同。邦訳は同、六六頁。
(4) Hannah Arendt, *On revolution*, op. cit., p. 110. 邦訳は前掲の『革命について』一八三頁。
(5) Ibid., p. 111. 邦訳は同、一八四頁。
(6) Ibid., p. 132. 邦訳は同、二二一頁。
(7) Ibid., p. 140. 邦訳は同、二三二頁。
(8) Ibid., p. 139. 邦訳は同。
(9) トマス・ペイン『人間の権利』西川正身訳、岩波文庫、二六六頁。
(10) Hannah Arendt, *On revolution*, op. cit., p. 143. 邦訳は前掲書、二三六頁。
(11) モンテスキュー『法の精神』第二部九篇一章。邦訳は野田良之ほか訳、岩波文庫、上巻、二五一頁。
(12) 同。
(13) 『ザ・フェデリスト』第一〇篇。斎藤眞・中野勝郎訳、岩波文庫、六三頁。
(14) 同。邦訳は同、六三―六四頁。
(15) 同。邦訳は同、六四頁。

(16) Hannah Arendt, *On revolution*, op. cit., p. 145. 邦訳は前掲書、二四〇頁。
(17) Ibid. 邦訳は同。
(18) Ibid., p. 144. 邦訳は同、二三九頁。
(19) トクヴィル『アメリカのデモクラシー』第一部第五章。邦訳は前掲書、一〇二頁。
(20) 同。邦訳は同、一〇八頁。
(21) 同。邦訳は同、一一五頁。
(22) 同。邦訳は同。
(23) 同。邦訳は同。
(24) Hannah Arendt, *On revolution*, op. cit., p. 83. 邦訳は前掲書、一三八頁。
(25) Ibid., p. 84. 邦訳は同、一三九頁。なお、『帝国』でムルティテュードの概念を展開したネグリは、このムルティテュードの概念に依拠した構成的な権力の概念について、「ハンナ・アレントはこの構成的権力の真の姿をよく理解していた」と称賛している。アントニオ・ネグリ『構成的権力』（杉村昌昭・斉藤悦則訳、松籟社）三九頁参照。
(26) この正統性の二つのパラドックスの表現は、David Ingram, "Novus Ordo Seclorum "The Trial of (Post) Modernity or the Tale of Two Revolutions," *Hannah Arendt Twenty Years Later*, edited by Larry May and Jerome Kohn, MIT Press, pp. 221-223による。
(27) シィエス『第三身分とは何か』第五章。邦訳は稲本洋之助・伊藤洋一・川出良枝・松本英実訳、岩波文庫、一〇一頁。
(28) 同。邦訳は同、一〇二頁。
(29) 同。邦訳は同、一〇七頁。
(30) 同。邦訳は同。
(31) 同。邦訳は同、一〇六頁。
(32) 同。邦訳は同。
(33) 同。邦訳は同、一〇九頁。
(34) 同。邦訳は同。
(35) Hannah Arendt, *On revolution*, op. cit., p. 155. 邦訳は前掲書、二五四頁。
(36) Jacques Derrida, *Force de loi*, Galilee, p. 88. 邦訳はデリダ『法の力』堅田研一訳、法政大学出版局、一一〇頁。
(37) Hannah Arendt, *On revolution*, op. cit., p. 156. 邦訳は前掲書、二五五頁。
(38) Ibid. 邦訳は同、二五六頁。
(39) Ibid., p. 157. 邦訳は同。
(40) Ibid., p. 196. 邦訳は同、三二六頁。
(41) 「独立宣言」。『人権宣言集』前掲書、一一四頁。
(42) 同。
(43) Hannah Arendt, *On revolution*, op. cit., p. 182. 邦訳は前掲書、三〇六頁。
(44) Ibid., p. 183. 邦訳は同、三〇七頁。
(45) Ibid., p. 187. 邦訳は同、三一三頁。
(46) Ibid., p. 187. 邦訳は同、三一三頁。
(47) Ibid. 邦訳は同。
(48) Ibid. 邦訳は同、三一三―三一四頁。

(49) Ibid., p. 191. 邦訳は同、三一八―三一九頁。

(50) Ibid., p. 196. 邦訳は同、三二七頁。

(51) Ibid. 邦訳は同、三二六頁。イングラムが指摘するように、ここがアレントのデリダと異なるところである。David Ingram, "Novus Ordo Seclorum : The Trial of (Post) Modernity or the Tale of Two Revolutions," *Hannah Arendt Twenty Years Later*, op. cit., p. 234 参照。なお、アレントはこの創設の行為を行為遂行的に解読するが、デリダは事実確認的に解読するという議論については、前掲の伊藤洋典『ハンナ・アレントと国民国家の世紀』一六〇―一六一頁を参照されたい。

(52) Ibid., p. 157. 邦訳は同、二五七頁。

(53) Ibid. 邦訳は同。

(54) 河原は「ムルティテュードという概念を使用してアメリカ革命における人民概念の意味を明らかにした点に、アレントの革命論の決定的な重要性があった」と評価する。川原彰『現代市民社会論の新地平』有信堂、一二頁参照。

(55) アウグスティヌス『神の国』一二巻二一章（アレントの準拠している版では一二巻二〇章）。邦訳は服部英次郎訳、岩波文庫、第三巻、一五六―一五七頁。

(56) Hannah Arendt, *On revolution*, op. cit., p. 203. 邦訳は前掲書、三三六頁。アレントは "Initium ergo esset, creatus est homo" とラテン語で書くのが通例である。

(57) Hannah Arendt, *Elemente und Ursprunge totaler Herrschaft*, op. cit., p. 979. 邦訳は前掲の『全体主義の起原』第三巻、三二四頁。なおカノヴァンはアレントの博士論文ではこの文章が書かれておらず、アレントが後年に改訂して英語版を刊行するために加筆したところで、この文章を引用していることを指摘し、「彼女が元の論文にどうしてもこれをつけ加えたいと思ったことは特筆に値する」（カノヴァン『アレント政治思想の再解釈』前掲訳書、一八頁）と指摘している。ただしカンポウスキーはアレントの博士論文にこの引用はないが、第二章が人間の起原と時間性に関する問題を考察するものであり、始まりの概念も検討されていることから、アレントは引用しなかっただけで、この時期にすでにこのアウグスティヌスの言葉は知っていたはずだと考えている。Stephan Kampowski, *Arendt, Augustine, and the New Beginning*, Eerdmans, pp. 191-192 を参照されたい。

(58) Hannah Arendt, *The Human Condition*, op. cit., p. 177. 邦訳は前掲書、二八八頁。

(59) アレントはここでは「始まりが存在せんがために人間はつくられた、それまでは誰もいなかった」（Initium [Hoc] ergo ut esset, creatus est homo, antequam nullus fuit）と元の形で示している。

(60) Ibid., p. 179. 邦訳は同、二八九頁。

(61) この始まりの概念が、一九五二年のメサイア体験によるものだという森川の説明は興味深い。森川輝一の前掲の『〈始まり〉のアーレント』二九八頁以下参照。森川はこの体験のために、アレントは『アウグスティヌスの愛の概念』の改訂作業をつづけることができなくなり、出版を放棄したと考えている。同書の三〇四頁以下の興味深い考察を参照されたい。

(62) Hannah Arendt, *The Human Condition*, op. cit., p. 179. 邦訳は前掲書、二八九頁。

(63) Hannah Arendt, *Denktagebuch*, erster Band, op. cit., pp. 549-550. 邦訳は前掲の『思索日記Ⅱ』二二六頁。

(64) Hannah Arendt, *On revolution*, op. cit., p. 205. 邦訳は前掲書、三三九頁。

(65) Ibid., p. 206. 邦訳は同、三四〇頁。アレントにとっては、法や正義などよりも、こうした相互の約束のほうが重要なものだった。「アレントにとっては政治的な共同体の絆であるのは、正義ではなく、相互の約束である。約束こそが正義の条件」(J. M. Bernstein, "Promising and Civil Disobedience", *Thinking in dark times, Hannah Arendt on ethics and politics*, op. cit. p. 121) なのである。

第三節

(1) Hannah Arendt, *On revolution*, op. cit., p. 211. 邦訳は前掲書、三五七頁。

(2) Ibid. 邦訳は同。

(3) Ibid., p. 208. 邦訳は同、三五三頁。

(4) Ibid., p. 212. 邦訳は同、三五七頁。

(5) Ibid. 邦訳は同、三五八頁。

(6) Ibid. 邦訳は同。

(7) Ibid., p. 220. 邦訳は同、三六九頁。

(8)『ザ・フェデラリスト』第五一篇。邦訳は前掲書、二四三頁。

(9) 同。邦訳は同。

(10) 同。邦訳は同、二四二頁。

(11) 同、第六〇篇。邦訳は前掲書、二六八頁。

(12) 同、第六三篇。邦訳は前掲書、二八九頁。

(13) 同。邦訳は同、二九二頁。

(14) 同。邦訳は同。

(15) Hannah Arendt, *On revolution*, op. cit., p. 217. アレント『革命について』第六章。邦訳は前掲書、三六六頁。

(16) Ibid., p. 218. 邦訳は同。

(17) Ibid. 邦訳は同。

(18) Ibid., p. 219. 邦訳は前掲書、三六八頁。

(19) Ibid., 220. 邦訳は同、三七〇頁。

(20) Ibid. 邦訳は同。

(21) Ibid. 邦訳は同。

(22) Ibid., p. 192. 邦訳は同、三三〇頁。

(23) Ibid., p. 191. 邦訳は同、三一八―三一九頁。なおアメリカ憲法の権威と権力の関係については、石田雅樹『公共性の冒険――ハンナ・アレントと「祝祭」の政治学』(勁草書房) 一六三頁以下を参照されたい。

(24) Ibid., p. 224. 邦訳は同、三七六頁。

(25) Ibid. 邦訳は同頁。

(26) Ibid., p. 225. 邦訳は同、三七七頁。

(27) Ibid. 邦訳は同。

(28) Ibid., p. 227. 邦訳は同、三七九頁。

(29) Ibid., p. 309 Note. 29. 邦訳は同、四四八頁。

(30) Ibid., p. 227. 邦訳は同、三八〇頁。
(31) Ibid. 邦訳は同。
(32) Ibid., p. 229. 邦訳は同、三八二頁。
(33) Ibid., p. 230. 邦訳は同、三八四頁。
(34) Ibid. 邦訳は同。
(35) Ibid. 邦訳は同。
(36) Ibid. 邦訳は同、三八五頁。
(37) Ibid., p. 232. 邦訳は前掲書、三八七頁。
(38) Ibid. 邦訳は同。
(39) Ibid., p. 233. 邦訳は同。
(40) Ibid., p. 235. 邦訳は同、三九一頁。
(41) Ibid., p. 236. 邦訳は同。
(42) Ibid., p. 237. 邦訳は同、三九一―三九二頁。
(43) Ibid., pp. 230-231. 邦訳は同、三八五頁。
(44) Ibid., p. 237. 邦訳は同、三九三頁。
(45) Ibid., p. 238. 邦訳は同、三九五頁。
(46) Ibid. 邦訳は同。
(47) Ibid., pp. 238-239. 邦訳は同。
(48) Ibid., p. 239. 邦訳は同、三九六―三九七頁。
(49) Ibid., p. 241. 邦訳は同、三九九頁。
(50) Ibid., p. 247. 邦訳は同、四〇七頁。
(51) Ibid., p. 243. 邦訳は同、四〇二頁。
(52) Ibid., p. 253. 邦訳は同、四一六頁。
(53) Ibid., p. 250. 邦訳は同、四一二頁。
(54) Helmut Dubiel, "Hannah Arendt and the Theory of Democracy," *Hannah Arendt and Leo Straus*, Cambridge University Press, p. 20.
(55) Hannah Arendt, *On revolution*, op. cit., p. 256. 邦訳は前掲書、四二〇頁。
(56) Ibid., pp. 256-257. 邦訳は同、四二一頁。

第四節

(1) Hannah Arendt, *On revolution*, op. cit., pp. 248-249. 邦訳は前掲書、四〇九頁。
(2) Ibid., p. 249. 邦訳は同、四一〇頁。ただしマルクスにも、パリ・コミューンにみられた評議会的な制度の重要性の認識がみられることについては、石井伸男「社会的解放か、政治的解放か」(『アーレントとマルクス』大月書店)を参照されたい。
(3) Ibid., p. 250. 邦訳は同、四一一頁。
(4) Hannah Arendt, "Thoughts on politics and revolution," *Crises of the Republic*, Harcourt Brace & Company, p. 231. 邦訳はアレント「政治と革命についての考察」『暴力について』前掲書、二三一頁。
(5) Ibid. 邦訳は同。
(6) Ibid., p. 233. 邦訳は同、二三四頁。
(7) Ibid., p. 232. 邦訳は同、二三三頁。
(8) Hannah Arendt, *On revolution*, op. cit., p. 254. 邦訳は前掲書、四一八頁。
(9) Ibid., p. 256. 邦訳は同、四二〇頁。
(10) Ibid., p. 255. 邦訳は同、四一八頁。

（11）Ibid., p. 256. 邦訳は同、四二〇頁。
（12）Ibid., p. 255. 邦訳は同、四一八頁。
（13）Ibid., p. 258. 邦訳は同、四二三頁。
（14）Ibid., p. 259. 邦訳は同、四二四頁。
（15）Ibid. 邦訳は同。
（16）Ibid. 邦訳は同。
（17）Ibid. 邦訳は同。
（18）Ibid. 邦訳は同、四二五頁。
（19）Ibid. 邦訳は同。
（20）Ibid., p. 260. 邦訳は同。
（21）Ibid. 邦訳は同。
（22）Ibid. 邦訳は同。
（23）Ibid. 邦訳は同、四二五―四二六頁。
（24）ルソー『社会契約論』。邦訳は前掲書、一九二頁。
（25）Hannah Arendt, *On revolution*, op. cit., p. 261. 邦訳は前掲書、四二六頁。
（26）Ibid. 邦訳は同、四二七頁。
（27）Ibid. 邦訳は同。
（28）Ibid., pp. 268-269. 邦訳は同、四三七頁。
（29）Ibid., p. 269. 邦訳は同。
（30）Ibid., p. 268. 邦訳は同、四三六頁。
（31）Ibid., p. 269. 邦訳は同、四三七頁。
（32）Ibid., pp. 269-270. 邦訳は同、四三八―四三九頁。
（33）Ibid., p. 270. 邦訳は同、四三九頁。
（34）Ibid. 邦訳は同。
（35）Ibid. 邦訳は同。
（36）ibid. 邦訳は同。
（37）Ibid. 邦訳は同、四四〇頁
（38）Ibid., p. 271. 邦訳は同、四四一頁。
（39）Ibid. 邦訳は同。
（40）Ibid. 邦訳は同。
（41）Ibid., p. 272. 邦訳は同。
（42）Ibid. 邦訳は同、四四二頁。
（43）Ibid., p. 264. 邦訳は同、四三〇頁。
（44）Ibid. 邦訳は同、四三一頁。
（45）Ibid., p. 265. 邦訳は同、四三二―四三三頁。
（46）Ibid., pp. 265-266. 邦訳は同、四三三頁。
（47）Ibid., 267. 邦訳は同、四三四頁。

第五節

（1）Albrecht Wellmer, "Arendt on revolution", *The Cambridge Companion to Hannah Arendt*, op. cit., p. 224.
（2）この「公的なもの」の三つの次元については、ピトキン「正義――私的なものと公的なものの関係について」（Hanna Fenichel Pitkin, "Justice : On Relating Private and Public", *Hannah Arendt, Critical Essays*, op. cit.）を参考にしている。
（3）Hannah Arendt, *On revolution*, op. cit., p. 210. 邦訳は前掲書、三五六頁。
（4）Ibid., pp. 261-262. 邦訳は同、四二六頁。
（5）Ibid. 邦訳は同。

(6) Ibid. 邦訳は同。

(7) Ibid., p. 265. 邦訳は同、四三三頁。

(8) Ibid., p. 255. 邦訳は同、四一八頁。

(9) Hannah Arendt, "Reflections on Little Rock", *Responsibility and Judgment*, op. cit., p. 205. 邦訳は前掲の『責任と判断』二六六頁

(10) Ibid., p. 207. 邦訳は同、二六九頁

(11) Ibid., p. 212. 邦訳は同、二七三頁

(12) James Bohman, "The Moral Costs of Political Pluralism : The Dilemma of Difference and Equality in Arendt's 'Reflection on Little Rock,'" Hannah Arendt, *Twenty Years Later*, edited by Larry May and Jerome Kohn, MIT Press, p. 55. なおこの論文によると、かつては批判されるばかりだったアレントのこの論文に、現代ではコミュニタリアズムやマルチカルチュアリズムの理論の展開とともに、見直しが進められているという。このボーマンの論文は、アレントのこの論文に対する三種類の批判と、その誤解について詳細に検討している。

(13) アレントは公的な権力が社会的な問題や家庭の内部での問題に介入するようになることの危険性を、たとえば、ナチスのやり方などから熟知していた。そこに、この文章が「ヨーロッパにおけるユダヤ人の政治とアメリカ合衆国における人種の分断の新たな現実についての彼女の理解を結びつける橋となる」(Seyla Benhabib, "Hannah Arendt's Political Engagements," *Thinking in dark times, Hannah Arendt on ethics and politics,* Edited by Roger Berkowitz, Jeffrey Katz, and Thomas Keenan, Fordham University Press, p. 59) 意味をそなえているのである。

(14) *Hannah Arendt : The Recovery of the Public World*, edited by Melvyn A. Hill, St. Martin's Press, pp. 318.

(15) Ibid., p. 316. なおアレントの社会的なものと政治的なものという概念にまつわる問題点については、James Miller, "The pathos of novelty : Hannah Arendt's image of freedom in the modern world", *Hannah Arendt : The Recovery of the Public World*", op. cit. pp. 200-201 を参照されたい。

(16) 逆にいえば、公的な問題にかかわることを望まず、私的な生活を楽しみたいと考える人は、政治の領域からは排除されるということである。すでに指摘したようにアレントは普通選挙制を廃止すべきだとまで考えるのである。そのために、多くの人々から批判をうけたのだった。たとえば George Kateb, "The questionable Influence of Arendt (and) Strauss," *Hannah Arendt and Leo Strauss*, op. cit. は、こうした見地からアレントの影響を「厄介なもの」と呼んでいる (p. 29)。いずれにしても、公的な活動の喜びと重要性を称えるアレントの理論は、私的な生の喜びを価値の低いものとみなす傾向がある。これがアレントの理論の別の「裏側」である。

(17) Hannah Arendt, "Thoughts on politics and revolution", *Crises of the Republic*, op. cit., p. 232. 邦訳は「政治と革命についての考察」『暴力について』前掲書、二三二頁。

(18) Ibid. 邦訳は同、二三三頁。

(33) Ibid. p. 233. 邦訳は同、二三四頁。

(34) アレントは初期のころには民主主義的ではなく、一九六〇年代に「ラジカルになった」(Sheldon Wolin, "Hannah Arendt: Democracy and the Political", Hannah Arendt, *Critical Essays*, op. cit., p. 290) という見解もあるが、イソノミアとパレーシアの原則の支配するポリスでの民主主義をモデルにして、公的な領域の活動を重視した初期にあっても、民主主義的な自由への信頼は確固としたものだったはずである。

第九章

第一節

(1) カール・レーヴィット『ナチズムとわたしの生活』秋間実訳、法政大学出版局、四五頁。

(2) アレント「八〇歳になったハイデガー」。Hannah Arendt, Martin Heidegger, *Briefe, 1925–1975*, Vittorio Klostermann, pp. 179–180. 『アレント=ハイデガー往復書簡』大島かおり・木田元訳、みすず書房、一四七頁。

(3) Ibid., p. 182. 邦訳は同、一四九頁。

(4) 一九二五年五月一三日のハイデガーのアレント宛て書簡。Op. cit, p. 31. 邦訳は同、二二頁。

(5) Hannah Arendt, *Der Liebesbegriff bei Augustin*, op. cit., p. 102. 邦訳は前掲の『アウグスティヌスの愛の概念』一三四頁。

(6) Ibid. 邦訳は同。

(19) Ibid. 邦訳は同。

(20) Ibid., p. 233. 邦訳は同。

(21) Ibid., p. 203. 邦訳は同、一九八頁。

(22) Hannah Arendt, "Civil disobedience," *Crises of the Republic*, op. cit, p. 55. 邦訳は同、五一頁。

(23) Hannah Arendt, "Thoughts on politics and revolution", *Crises of the Republic*, op. cit., pp. 201–202. 邦訳は同、一九六頁。

(24) Ibid. 邦訳は同。

(25) Ibid. 邦訳は同。

(26) Ibid., p. 203. 邦訳は同、一九八頁。

(27) Ibid. 邦訳は同。

(28) Ibid. 邦訳は同。

(29) Helmut Dubiel, "Hannah Arendt and the Theory of Democracy," *Hannah Arendt and Leo Straus*, op. cit., p. 21.

(30) Hannah Arendt, "Civil disobedience", *Crises of the Republic*, op. cit, p. 96. 邦訳は前掲の『暴力について』八八頁。

(31) スミスが指摘するように、アレントは市民的不服従の活動を、「憲法の解釈の新たなプロセスであり、修正のためのメカニズム」(Verity Smith, "Dissent in Dark Times", *Thinking in dark times, Hannah Arendt on ethics and politics*, op. cit. p. 112) となりうると考えていた。

(32) Hannah Arendt, "Thoughts on politics and revolution", *Crises of the Republic*, op. cit., p. 232. 邦訳は前掲の『暴力について』二二二頁。

（7）Hannah Arendt, *The Life of Mind*, vol. 2, op. cit., p. 104. 邦訳は『精神の生活　下』佐藤和夫訳、岩波書店、一二七頁。

（8）Hannah Arendt, *Responsibility and Judgment*, op. cit., p. 146. 邦訳は前掲のアレント『責任と判断』一九三頁。

（9）Elzbieta Ettinger, *Hannah Arendt Martin Heidegger*, Yale University Press, p. 15. エルジビェータ・エティンガー『アーレントとハイデガー』大島かおり訳、みすず書房、二五頁。

（10）Ibid. 邦訳は同。

（11）Ibid. 邦訳は同、二五―二六頁。

（12）アレントからヤスパース宛ての一九六一年一一月一日付けの手紙。*Hannah Arendt, Karl Jaspers Briefwechsel, 1926-1969*, op. cit., p. 494. 邦訳は前掲の『アーレント＝ヤスパース往復書簡2』二六六頁。

第二節

（1）Hannah Arendt, *Der Liebesbegriff bei Augustin*, op. cit., p. 49. 邦訳は前掲の『アウグスティヌスの愛の概念』四九頁。

（2）Ibid., p. 73. 邦訳は同、八六頁。

（3）Ibid., p. 26. 邦訳は同、八頁。

（4）Ibid., p. 39. 邦訳は同、三〇頁。

（5）Ibid. 邦訳は同、二九頁。

（6）Ibid. 邦訳は同、三〇頁。

（7）Martin Heidegger, *Sein und Zeit*, ハイデガー『存在と時間』第三六節。邦訳は原佑・渡辺二郎訳、中央公論社、三〇五頁。

（8）同、三八節。邦訳は同、三二四頁。

（9）Hannah Arendt, *Love and Saint Augustine*, University of Chicago Press, p. 55.

（10）Ibid.

（11）Ibid.

（12）Ibid.

（13）Ibid., p. 56.

（14）Ibid.

（15）Hannah Arendt, *Die Liebesbegriff bei Augustin*, op. cit., p. 81. 邦訳は前掲書、九九頁。

（16）レイボヴィッチが「アーレントのアウグスティヌスについての最初の読みはハイデガー的なものである」と言うとおりである（マルティーヌ・レイボヴィッチ『ユダヤ女ハンナ・アーレント』前掲書、五九頁）。

（17）Hannah Arendt, *Love and Saint Augustine*, University of Chicago Press, p. 57.

（18）Ibid.

（19）Hannah Arendt, *Die Liebesbegriff bei Augustin*, op. cit., p. 65. 邦訳は前掲書、七四頁。

（20）Hannah Arendt, *Love and Saint Augustine*, op. cit., p. 57.

（21）Ibid., p. 47.

（22）Ibid.

（23）Ibid.

（24）Ibid., p. 49.

（25）アレントがハイデガーを批判しながら「時間性を主軸とし

た実存構成の転倒」を進めていることについては、前掲の石田雅樹『公共性の冒険――ハンナ・アレントと「祝祭」の政治学』五〇頁以下を参照されたい。

第三節

（1）Hannah Arendt, "What is existential philosophy?", *Essays in Understanding*, op. cit., p. 187. 邦訳は前掲の『アーレント政治思想集成1』二五四頁。

（2）Ibid. 邦訳は同。

（3）一九四六年七月九日付けのアレントのヤスパース宛て書簡。Hannah Arendt, Karl Jaspers Briefwechsel, 1926―1969, op. cit., p. 84. 邦訳は、前掲の『アーレント＝ヤスパース往復書簡1』五五頁。

（4）Ibid. 邦訳は同。

（5）Hannah Arendt, "What is existential philosophy ?", *Essays in Understanding*, op. cit., p. 168. 邦訳は前掲書、二二八頁。

（6）Ibid. 邦訳は同。

（7）Ibid., p. 169. 邦訳は同、二三〇頁。

（8）Ibid., p. 176. 邦訳は同、二三八頁。

（9）Ibid., p. 177. 邦訳は同、二四〇頁。

（10）Ibid., p. 178. 邦訳は同、二四一頁。

（11）Ibid., p. 180. 邦訳は同、二四四頁。

（12）Ibid., p. 181. 邦訳は同、二四五頁。

（13）Ibid. 邦訳は同、二四六頁。

（14）Ibid., p. 183. 邦訳は同、二四九頁。

（15）Ibid., p. 186. 邦訳は同、二五三頁。

（16）Ibid. 邦訳は同。

（17）Ibid. 邦訳は同。

（18）ただしアレントはヤスパースの理論体系について、それが究極的には公的な領域の活動ではなく、「真理」を目指すものであるとして、批判していた。これについては前掲の川崎修『ハンナ・アレントと現代思想』一四二頁以下を参照されたい。

（19）アレントからヤスパース宛ての一九五一年三月四日付けの書簡。*Hannah Arendt, Karl Jaspers Briefwechsel, 1926-1969*, op. cit., p. 203. 邦訳は前掲の『アーレント＝ヤスパース往復書簡1』一九二頁。

（20）Martin Heidegger, *Sein und Zeit*, op. cit., p. 384. 邦訳は前掲の『存在と時間』五九三頁。

（21）ヴィクトル・ファリアス『ハイデガーとナチズム』山本尤訳、名古屋大学出版会、九五頁。

（22）Hannah Arendt, "What is existential philosophy?", *Essays in Understanding*, op. cit., p. 187. 邦訳は前掲の『アーレント政治思想集成1』二五四頁。

（23）Hannah Arendt, *Elemente und Ursprunge totaler Herrschaft*, op. cit., p. 369. 邦訳は前掲の『全体主義の起原』第二巻、みすず書房、七三頁。

（24）カール・シュミット『政治的ロマン主義』大久保和郎訳、みすず書房、一六〇頁。

（25）川崎修『ハンナ・アレントと現代思想』二二二頁。

第四節

(1) フーゴ・オット『マルティン・ハイデガー――伝記への途上で』北川東子・藤澤賢一郎・忽那敬三訳、未来社、四三六頁。
(2) 同、四三五頁。
(3) 同、四五〇頁。
(4) 同、四六六頁。
(5) 同。
(6) 同、四六六―四六七頁。
(7) 同、四六八頁。
(8) 同、四八三頁。
(9) 同、四八四頁。
(10) 同、四九一頁。
(11) 同、四九二頁。
(12) 同、四九七頁。
(13) 同、五〇二頁。
(14) 同、五〇六頁。
(15) ヤスパースのハイデガー宛ての一九四九年二月六日付けの書簡。邦訳は『ハイデッガー＝ヤスパース往復書簡』渡邊二郎訳、名古屋大学出版会、二六八頁。なおハイデガーがバウムガルテンについて作成した所見とは、ハイデガーの助手職に応募していたエードゥアルト・バウムガルテンについて、ハイデガーがナチ大学教師連盟に送った鑑定書である。この鑑定書でハイデガーは、バウムガルテンはユダヤ人と「活発な連絡をとっている」ことを指摘し、「ナチ党への加入を許可する前に、しかるべき保護観察期間が設けられるべきである」と述べたのである。これでバウムガルテンは学者としての道を塞がれたのだった（オット前掲書、二八〇頁）。それまではヤスパースは「ハイデガーの政治的活動をまったくの素朴さに帰していた」が、この所見は「決定的な形でヤスパースの目を開いた」（同、二八一頁）のだった。
(16) ハイデガーのヤスパース宛ての一九四九年六月二二日付けの書簡。邦訳は前掲書、二七〇頁。
(17) ハイデガーのヤスパース宛ての一九四九年七月五日付けの書簡。邦訳は同、二七三頁。
(18) ヤスパースのハイデガー宛ての一九五二年七月二四日付けの書簡。邦訳は同、三二二頁。
(19) 同。邦訳は同、三二五頁。
(20) 同。邦訳は同、三二六頁。
(21) ヤスパースのハイデガー宛ての一九五九年九月二二日付けの書簡。邦訳は同、三四五頁。
(22) 一九四九年九月一日付けのヤスパースのアレント宛て書簡。*Hannah Arendt, Karl Jaspers Briefwechsel, 1926-1969*, op. cit., p. 177. 邦訳は前掲の『アーレント＝ヤスパース往復書簡1』一六二頁。
(23) 一九四九年九月二九日付けのアレントのヤスパース宛て書簡。op. cit., p. 178. 邦訳は同、一六三頁。
(24) Ibid. 邦訳は同。
(25) アレントのブルッヒャー宛ての一九四九年一二月一八日付けの書簡。Hannah Arendt, Heirich Brucher, *Briefe, 1936-*

1968, Piper, p. 179.

（26）Ibid., p. 180.

（27）Ibid.

（28）アレントのブルッヒャー宛ての一九五〇年一月一一日付けの書簡。Ibid., p. 190.

（29）Ibid.

（30）アレントのブルッヒャー宛ての一九五〇年二月五日付けの書簡。Ibid., p. 206.

（31）アレントのハイデガー宛ての一九五〇年二月九日付けの書簡。Hannah Arendt, Martin Heidegger, *Briefe, 1925-1975*, Vittorio Klostermann, pp. 75-76. 邦訳は『アーレント＝ハイデガー往復書簡』大島かおり・木田元訳、みすず書房、五八頁。その前のアレント宛てのハイデガーの八日付けの書簡から、二人は親しい間柄の二人称「ドゥー」に変えている。

（32）Elzbieta Ettinger, *Hannah Arendt Martin Heidegger*, Yale University Press, p. 74. 邦訳は前掲のエティンガー『アーレントとハイデガー』一〇二頁。

（33）ハイデガーのアレント宛ての一九五二年六月五日付けの書簡。Hannah Arendt, Martin Heidegger, *Briefe, 1925-1975*, op. cit., p. 136. 邦訳は前掲の『アーレント＝ハイデガー往復書簡』一一〇頁。妻のいない別荘のメスキルヒからの短い手紙である。

（34）アレントからハイデガー宛ての一九五四年五月八日付けの書簡。op. cit., p. 146. 邦訳は同、一一八頁。

（35）ハイデガーのアレント宛ての一九五四年一〇月一〇日付けの書簡。op. cit., p. 147. 邦訳は同、一二〇頁。

（36）Martin Heidegger, *Sein und Zeit*, op. cit., p. 376. 邦訳は前掲書、五八三頁。

（37）Ibid., p. 384. 邦訳は同、五九三頁。

（38）Martin Heidegger, "Das Ding", *Vorträge und Aufsätze*, Gunther Neske Pfullingen, p. 180.

（39）Hannah Arendt, "Concern with politics in recent European philosophical thought," *Essays in Understanding*, op. ,cit., p. 432. 邦訳は前掲の『アーレント政治思想集成2』二八三頁。

（40）Ibid., p. 433. 邦訳は同、二八四頁。

（41）Ibid. 邦訳は同、二八四―二八五頁。

（42）Ibid., p. 447. 邦訳は同、三〇四頁。なおこれは草稿で書かれていて、最終的には省略された文である。

（43）この指摘は、アレントが『人間の条件』で強調する人間の複数性の概念の「哲学的な先例をみいだそうとするアレントの苦闘」を示しているのかもしれない。Dana R. Villa, *Politics, Philosophy, Terror, Essays on the thought of Hannah Arendt*, op. cit., p. 74 を参照されたい（邦訳は前掲のヴィラ『政治・哲学・恐怖』一一四頁）。

（44）Hannah Arendt, Martin Heidegger, *Briefe, 1925-1975*, op. cit., p. 149. アレントのハイデガー宛ての一九六〇年一〇月二八日付けの書簡。邦訳は前掲の『アーレント＝ハイデガー往復書簡』一二一―一二二頁。

（45）Dana R. Villa, *Politics, Philosophy, Terror, Essays on the thought of Hannah Arendt*, op. cit., pp. 76-77. ヴィラは三つに

まとめているが、自由論は独立して考えるべきだと思う（邦訳は前掲のヴィラ『政治・哲学・恐怖』一一六―一一八頁）。

（46）アレントがこの書物で提起した活動についての理論は、アレントが受講した一九二八年のハイデガーの講義『ソフィスト』を、世界、個人化、公共性の三つのテーマで批判することによって確立されたという、タミニオーの議論は興味深い。Jacques Taminiaux, *The Thracian Maid and the Professional Thinker, Arendt and Heidegger*, translated by Michael Gendre, State University of New York Press, pp. 13-17を参照されたい。

（47）Albrecht Wellmer, "Arendt on revolution," *The Cambridge Companion to Hannah Arendt*, op. cit., p. 220.

（48）Elzbieta Ettinger, *Hannah Arendt Martin Heidegger*, op. cit., p. 114. 邦訳は前掲の『アーレントとハイデガー』一五四頁。

（49）Hannah Arendt, Martin Heidegger, *Briefe, 1925-1975*, op. cit., p. 319. 邦訳は前掲の『アーレント＝ハイデガー往復書簡』二七〇頁。

（50）エティンガーはハイデガーが激怒した理由として、次のように説明している。「どう見ても彼は、アーレントが彼への献辞を載せなかったことも、それについて彼女の説明も、不遜の行為であり非難であると解釈したのである。もっとまずいのは、彼ら双方にかかわることなのにアーレントがひとりで決めたという点だった。そのようなことはこれまでいちどとしてなかった。激怒した彼は、独立した人間として考え、行動した彼女の大胆さを、遠慮会釈なく公然と罰したのである」（ibid. p. 116. 邦訳は同、一五五頁）。しかしアレントの説明には不遜なところは感じられないし、手紙を書くのをやめたことが公然と（publicly）罰したことになるかどうか、疑問である。これは私信なのだから。

（51）ヴィラはハイデガーが怒ったのは、この書物で「自分の思想の歪曲に近い継承と暗黙的な批判」（Dana R. Villa, *Politics, Philosophy, Terror, Essays on the thought of Hannah Arendt*, op. cit., p. 81. 邦訳は前掲のヴィラ『政治・哲学・恐怖』一二五頁）が行なわれたからだと考えている。わたしは第二の暗黙的な批判の要因が大きいと考えている。

（52）Hannah Arendt, Martin Heidegger, *Briefe, 1925-1975*, op. cit., p. 166. アレントのハイデガー宛ての一九六六年一〇月一九日付けの書簡。邦訳は前掲の『アーレント＝ハイデガー往復書簡』一二五頁。

（53）Ibid, p. 322. 邦訳は同、二七二頁。

（54）Ibid., p. 156. 邦訳は同、一二六頁。ハイデガーのアレント宛ての一九六七年八月一〇日付けの書簡。

（55）Ibid., p. 157. アレントのハイデガー宛ての一九六七年八月一一日付けの書簡。邦訳は同、一二七頁。

（56）Ibid., p. 165. アレントのハイデガー宛ての一九六八年三月一七日付けの書簡。邦訳は同、一三四頁。

（57）Ibid. p. 178. アレントのハイデガー宛ての一九六九年八月八日付けの書簡。邦訳は同、一四五頁。

第五節

（1）ヤスパースのハイデガー宛ての一九五〇年三月一九日付けの書簡。邦訳は前掲の『ハイデッガー＝ヤスパース往復書簡』三一三頁。

（2）アレントのヤスパース宛ての一九六六年二月一九日付けの書簡。*Hannah Arendt, Karl Jaspers Briefwechsel*, 1926-1969, op. cit., p. 663. 邦訳は前掲の『アーレント＝ヤスパース往復書簡3』一九〇頁。

（3）ヤスパースのアレント宛ての一九六六年三月九日付けの書簡。Op. cit., p. 664. 邦訳は同、一九一―一九二頁。

（4）Hannah Arendt, Martin Heidegger, *Briefe, 1925-1975*, op. cit., p. 182.「アーレントがハイデガーに捧げる」。邦訳は前掲の『アーレント＝ハイデガー往復書簡』一四九頁。

（5）Ibid. 邦訳は同。

（6）Ibid., p. 183. 邦訳は同、一五〇頁。もちろんこれはハイデガーの著書のタイトルである。邦訳は『杣道』。

（7）Ibid. 邦訳は同。

（8）Ibid., p. 184. 邦訳は同、一五一頁。

（9）Ibid. 邦訳は同。

（10）Ibid. 邦訳は同。

（11）Ibid. 邦訳は同。

（12）Ibid., p. 183. 邦訳は同、一五〇頁。

（13）Ibid. 邦訳は同。

（14）Ibid. 邦訳は同。

（15）Ibid., p. 184. 邦訳は同。

（16）Ibid. 邦訳は同。

（17）Ibid. 邦訳は同。

（18）Ibid., p. 185. 邦訳は同、一五一頁。

（19）Ibid. 邦訳は同、一五二頁。

（20）Ibid., p. 186. 邦訳は同。

（21）Ibid. 邦訳は同。

（22）Ibid., p. 187. 邦訳は同、一五三頁。

（23）Ibid. 邦訳は同。

（24）Ibid. 邦訳は同。

（25）Ibid., p. 189. 邦訳は同、一五五頁。

（26）Ibid. 邦訳は同。

（27）Ibid. 邦訳は同。

（28）Ibid., p. 190. 邦訳は同、一五六頁。

（29）Ibid., p. 187. 邦訳は同、一五三頁。

（30）Ibid. 邦訳は同。

（31）Ibid., p. 189. 邦訳は同、一五五頁。

（32）Hannah Arendt, "Philosophy and Politics", *Social Research*, Vol. 57. No. 1 (Spring 1990). 邦訳は「哲学と政治」千葉真訳、『現代思想』一九九七年七月号、八八―一一〇頁。

（33）Hannah Arendt, Martin Heidegger, *Briefe, 1925-1975*, op. cit., p. 190. 邦訳は前掲の『アーレント＝ハイデガー往復書簡』一五六頁。

（34）プラトンのシケリアでのこのいきさつについては、中山元『賢者と羊飼い』（筑摩書房）を参照されたい。

（35）Hannah Arendt, Martin Heidegger, *Briefe, 1925-1975*, op.

cit., p. 191. 邦訳は前掲書、一五六頁。

(36) Ibid., p. 332. 邦訳は同、二七八頁。

(37) Ibid. 邦訳は同。またハイデガーは『形而上学入門』において、ナチスの運動の内的な真理と偉大さは「地球全体の惑星的本質から規定されている技術と近代的人間の出会い」（河原榮峰訳、理想社、二五二頁）と語っている。

(38) Ibid. 邦訳は同。

(39) Ibid. 邦訳は同。

(40) Ibid. 邦訳は同。

(41) Ibid. 邦訳は同。

(42) Ibid. 邦訳は同。

(43) Ibid. 邦訳は同、二七九頁。

(44) 川崎修『ハンナ・アレントと現代思想』前掲書、三七頁。

(45) Hannah Arendt, Martin Heidegger, *Briefe, 1925–1975*, op. cit., p. 191. 邦訳は前掲書、一五六頁。

(46) Ibid. 邦訳は同。

第六節

(1) Martin Heidegger, "Brief über den 'Humanismus'", M. Heidegger, *Wegmarken*, Gesamtausgabe *Band* 9, Vittorio Klostermann, p. 328. ハイデガー『ヒューマニズムについて』渡邊二郎訳、ちくま学芸文庫、五〇頁。

(2) Ibid. 邦訳は同。

(3) Ibid. 邦訳は同。

(4) Hannah Arendt, *The Life of Mind*, vol. 2, op. cit., p. 173. 邦訳は前掲の『精神の生活　下』二〇七頁。

(5) Martin Heidegger, "Brief uber den 'Humanismus,'" op. cit., p. 327. 邦訳は前掲の『ヒューマニズムについて』四九頁。

(6) Hannah Arendt, *The Life of Mind*, vol. 2, op. cit., p. 173. 邦訳は前掲書、二〇八頁。

(7) Ibid., p. 174. 邦訳は同。

(8) Ibid. 邦訳は同。

(9) Martin Heidegger, "Brief über den 'Humanismus,'" op. cit., p. 331. 邦訳は前掲の『ヒューマニズムについて』五七頁。

(10) Hannah Arendt, *The Life of Mind*, vol. 2, op. cit., p. 174. 邦訳は前掲書、二〇八―二〇九頁。

(11) Ibid. 邦訳は同、二〇九頁。

(12) Martin Heidegger, "Brief über den 'Humanismus'", op. cit., p. 331. 邦訳は前掲の『ヒューマニズムについて』五七頁。

(13) Hannah Arendt, *The Life of Mind*, vol. 2, op. cit., p. 174. 邦訳は前掲書、二〇九頁。

(14) Ibid., p.173. 邦訳は同、二〇七頁。

(15) Ibid. 邦訳は同。

(16) Martin Heidegger, *Nietzsche*, I, Neske, p. 154. 邦訳は『ニーチェI』細谷貞雄監訳、平凡社、一八三頁。

(17) Hannah Arendt, *The Life of Mind*, vol. 2, op. cit., p. 176. 邦訳は同、二一一頁。

(18) Martin Heidegger, *Nietzsche*, I, op. cit., p. 51. 邦訳は前掲の『ニーチェI』六二頁。

(19) Ibid. 邦訳は同。

(20) Ibid. 邦訳は同。
(21) Hannah Arendt, *The Life of Mind*, vol. 2, op. cit., p. 172. 邦訳は同、二〇七頁。
(22) Martin Heidegger, *Nietzsche*, II, op. cit., p. 39. 邦訳は『ニーチェⅡ』細谷貞雄監訳、平凡社、二七四頁。
(23) Ibid., p. 98. 邦訳は同、三四四頁。
(24) Ibid., p. 104. 邦訳は同、三五〇頁。
(25) Ibid., p. 102. 邦訳は同、三四八頁。
(26) Ibid., p. 165. 邦訳は同、四二二頁。
(27) Ibid. 邦訳は同。
(28) Ibid., pp. 165-166. 邦訳は同、四二三頁。
(29) Ibid., p. 166. 邦訳は同。
(30) Martin Heidegger, *Nietzsche*, I, op. cit., p. 241. 邦訳は前掲の『ニーチェⅠ』二八六頁。
(31) Ibid., p. 254. 邦訳は同、三〇二頁。
(32) Ibid. 邦訳は同。
(33) ハイデガー『形而上学入門』前掲書、三二三頁。
(34) 同。
(35) ハイデガー「シュピーゲル対談」。邦訳は前掲の『形而上学入門』三八三頁。
(36) 同。
(37) 同。
(38) Hannah Arendt, *The Life of Mind*, vol. 2, op. cit., p. 177. 邦訳は前掲の『精神の生活　下』二一二頁。
(39) Ibid. 邦訳は同。
(40) Ibid., p. 178. 邦訳は同、二一三頁。
(41) Ibid. 邦訳は同。
(42) Ibid. 邦訳は同、二一三―二一四頁。
(43) Ibid. 邦訳は同、二一四頁。
(44) Ibid., p. 179. 邦訳は同。
(45) Ibid., p. 181. 邦訳は同、二一七頁。
(46) Martin Heidegger, "Brief über den 'Humanismus'", op. cit., p. 352. 邦訳はハイデガー『ヒューマニズムについて』前掲書、七一頁。
(47) Ibid., p. 350. 邦訳は同、六九頁。
(48) Hannah Arendt, *The Life of Mind*, vol. 2, op. cit., p. 179. 邦訳は前掲の『精神の生活　下』二一四頁。
(49) Martin Heidegger, "Brief über den 'Humanismus'", op. cit., p. 331. 邦訳は前掲の『ヒューマニズムについて』五七頁。
(50) 同。邦訳は同。
(51) Hannah Arendt, *The Life of Mind*, vol. 2, op. cit., p. 179. 邦訳は前掲書、二一五頁。
(52) Martin Heidegger, "Brief über den 'Humanismus'", op. cit., p. 330. 邦訳は前掲の『ヒューマニズムについて』五七頁。
(53) Hannah Arendt, *The Life of Mind*, vol. 2, op. cit., p. 187. 邦訳は前掲の『精神の生活　下』二二四頁。
(54) Ibid., p. 186. 邦訳は同。
(55) Ibid. 邦訳は同、二二三頁。
(56) Martin Heidegger, "Brief über den 'Humanismus'", op. cit., p. 317. 邦訳は前掲の『ヒューマニズムについて』二六頁。

(57) Ibid. 邦訳は同。
(58) Ibid. 邦訳は同。
(59) Ibid., p. 311. 邦訳は同、一八頁。
(60) Ibid., p. 318. 邦訳は同、二八頁。
(61) Ibid., p. 317. 邦訳は同、二六頁。
(62) Ibid., p. 318. 邦訳は同、二七頁。
(63) なお、アレントとハイデガーの思想的な対決については、前掲の川崎修『ハンナ・アレントと現代思想』の第一章で詳細に検討されているので参照されたい。
(64) ハイデガー「シュピーゲル対談」。邦訳は前掲のハイデガー『形而上学入門』三九七頁。
(65) Dana R. Villa, "The Banality of Philosophy: Arendt on Heidegger and Eichmann," *Hannah Arendt Twenty Years Later*, op. cit., p. 182. ハイデガーがその哲学において政治についての考察を転回しなかったことが、アレントのいうハイデガーの「素朴さ」を生んだのである。バラシュが指摘するように、ハイデガーが「政治的な経験の価値を低く評価したことが、少なくとも、ナチスに同調したことと、間接的な関係がある」(Jeffrey Andrew Barash, "The Political Dimension of the Public World: On Hannah Arendt's Interpretation of Martin Heidegger," *Hannah Arendt Twenty Years Later*, op. cit., p. 252) のは確かだろう。
(66) Dana R. Villa, *Politics, Philosophy, Terror, Essays on the thought of Hannah Arendt*, op. cit., p. 85. 邦訳は前掲のヴィラ『政治・哲学・恐怖』一三一頁。
(67) Ibid. 邦訳は同。

終わりに

(1) Hanna Arendt, *The Human Condition*, op. cit., p. 41. 邦訳は前掲の『人間の条件』六五頁。
(2) Hannah Arendt, *Karl Marx and the Tradition of Western Political Thought*, Second Drafts, Third Folder, p. 44. 邦訳は前掲の『カール・マルクスと西欧政治思想の伝統』二一九頁。
(3) Ibid. 邦訳は同、二二三頁。
(4) Ibid.
(5) Hannah Arendt, *On revolution*, op. cit., p. 111. 邦訳は前掲の『革命について』一八四頁。
(6) Hannah Arendt, "Home to Roost", *Responsibility and Judgment*, Schocken, p. 261. 邦訳は前掲の『責任と判断』三三三頁。
(7) アレントのブリュヒャー宛ての一九五六年一〇月三一日付けの書簡。Hannah Arendt, Heinrich Blucher, *Briefe*, Piper, p. 451.
(8) Hannah Arendt, "Thoughts on politics and revolution", *Crises of the Republic*, op. cit., p. 232. 邦訳は前掲の『暴力について』二三三頁。
(9) Ibid., p. 231. 邦訳は同、二三一頁。
(10) これについてはジェイムズ・ミラー「新奇さのパトス」(James Miller, "The pathos of novelty: Hannah Arendt's

image of freedom in the modern world", *Hannah Arendt : The Recovery of the Public World*", edited by Melvyn A. Hill, St. Martin's Press, p. 185）を参照されたい。

（11）これは『暴力について』の最終章のタイトルである。

（12）アレントは引用だけで作品を作ろうとするベンヤミンの試みを「それらの文脈から断片を引き裂き、それらが相互に例証しあうように、またいわば自由に浮遊している状態においてそれらの存在理由を証明できるように新たな仕方で配列する」方法だと要約している（Hannah Arendt, "Walter Benjamin", *Men in dark Times*, Harcourt Brace, p. 202. 邦訳はアレント『暗い時代の人々』阿部齊訳、ちくま学芸文庫、三一一頁）。アレントの『思索日記』も、ある意味ではこの方法を駆使したものだろう。

（13）Hannah, "Walter Benjamin," *Men in dark Times*, op. cit., p. 205. 邦訳は前掲の『暗い時代の人々』三一七頁。

（14）Hannah Arendt, *Crises of Republic*, op. cit., p. 231. 邦訳は前掲の『暴力について』一三一頁。

（15）Ibid., p. 232. 邦訳は同、一三三頁。

（16）アレントのヤスパース宛ての一九五五年八月六日付けの書簡。*Hannah Arendt, Karl Jaspers Briefwechsel*, 1926–1969, op. cit., p. 301. 邦訳は前掲の『アーレント＝ヤスパース往復書簡2』四一頁。

（17）世界への愛とアメリカへの愛の結びつきについては、Ernst Vollrath, "Hannah Arendt : A German-American Jewess Views the United-States and Looks Back to Germany, *Hannah Arendt and Leo Strauss*, op. cit., p. 54. を参照されたい。

（18）ハーバーマス「ハンナ・アレント」。邦訳は『哲学的・政治的プロフィール』小牧治・村上隆夫訳、未来社、上巻、三四〇頁。

（19）同。

（20）Hanna Arendt, *The Human Condition*, op. cit., p. 41. 邦訳は前掲書、六五頁。

（21）Ibid., p. 178. 邦訳は同、二八九頁。なお、活動がたんに人間の活動の一つの種類ではなく、ときに奇跡のような意味をもつものであることについては、Stephan Kampowski, *Arendt, Augustine, and the New Beginning*, Eerdmans, pp. 54–55 を参照されたい。

（22）Ibid., p. 177. 邦訳は同、二八八頁。

あとがき

本書は、タイトル『ハンナ・アレント〈世界への愛〉——その思想と生涯』からお分かりのように、アレントの「アモール・ムンディ」（世界への愛）と公共性の思想を軸に、アレントの思想と生涯を追跡したものである。

第一部では、アレントが魅惑されたギリシア古代のポリスにおける市民の公的な活動が、その後のプラトンとキケロ、アウグスティヌス、マキアヴェッリにおいて公共的な善の思想としてどのように展開されていったかを、アレントとともに追跡した。さらに無世界的なキリスト教の思想が、西洋の政治思想の伝統をどのように作り上げていったかを考察するアレントの思考の道筋をたどった。そしてアレントがホッブズに始まる近代の哲学とマルクスの労働の哲学にどのように問題点をみいだしていったか、また反ユダヤ主義、ナショナリズム、全体主義の問題点をどのように暴いていったかを考察した。

第二部では、ドイツに同化ユダヤ人として生まれたアレントが、幼い頃から反ユダヤ主義とどのように対決していったかを、ユダヤ人女性としての生き方と思想の問題として追跡した。ゲシュタポに逮捕されるという危機をのがれたアレントは、母親とともにフランスに難を避けた後、アメリカに亡命した。その後アレントが、最初はシオニズムに同調しながらも、ユダヤ人とイスラエルのために、シオニズムを批判しながらどのような議論を展開していったかを検討した。これにはイェルサレムでのアイヒマン裁判の傍聴と裁判の批判、その後で巻き込まれた激しい論争、アメリカの公的な教育における公権力批判の議論の考察も含まれる。そしてアレントが、古代ギリシアのポリスでの公的な空間の消滅の後に、どのような機会に公的な空間がふたたび立ち現われる可能性があると考えたかを、アメリカ革命とハンガリー革命についてのアレントの研究に基づいて確認した。

最後に、アレントが生涯にわたって愛し、批判しつづけたハイデガーとの深い関係を考察する章をつけ加えた。アレントのユダヤ人女性としての、そして思想家としてのアイデンティティがハイデガーとの対話と対決のうちに形成されたと考えるからである。

＊＊＊

この書物はくしくも、二〇一一年三月一一日、言葉に尽くしがたい出来事の光景に圧倒された東日本大震災の日の早朝に、筆を起こしている。文面には出ていないと思うが、この書物を書きつづけた日々の背後に、大津波と福島原子力発電所の崩壊の恐怖の光景が、そしてその後の無念の想いがひそんでいる。

五〇〇頁にも達する本書の刊行を快諾された新曜社の渦岡謙一さんに、心から感謝を申し上げる。

二〇一三年八月、

国籍を失うことなく、そのまま難民として生きることを強いられている人々に思いを馳せつつ……

中山　元

や 行

ら 行

わ 行

人名索引

ア 行

カ 行

サ 行

タ 行

ナ 行

ハ 行

マ 行

ヤ 行

ラ 行

事項索引

か　行

さ　行

た　行

な　行

は　行

ま　行

著者紹介

中山　元（なかやま　げん）

1949年生まれ。東京大学教養学部中退。哲学者、翻訳家。
主著：『思考のトポス』『フーコー 思想の考古学』（以上、新曜社）、『はじめて読むフーコー』（洋泉社）、『フーコー入門』『思考の用語事典』『賢者と羊飼い』（以上、筑摩書房）、『フーコー 生権力と統治性』（河出書房新社）など。
翻訳：アレント『責任と判断』、フーコー『真理とディスクール』（以上、筑摩書房）、バタイユ『呪われた部分　有用性の限界』、デリダ『パピエ・マシン』（以上、ちくま学芸文庫）、カント『永遠平和のために／啓蒙とは何か　他３編』『純粋理性批判』『判断力批判』、ルソー『人間不平等起源論』『社会契約論／ジュネーヴ草稿』、ニーチェ『道徳の系譜学』（以上、光文社古典新訳文庫）など多数。

ハンナ・アレント〈世界への愛〉
その思想と生涯

初版第１刷発行　2013年10月25日

著　者　中山　元

発行者　塩浦　暲

発行所　株式会社　新曜社
〒101-0051　東京都千代田区神田神保町 3-9
電　話(03)3264-4973・FAX(03)3239-2958
E-mail:info@shin-yo-sha.co.jp
URL　http://www.shin-yo-sha.co.jp/

印刷所　星野精版印刷

製本所　イマヰ製本所

ISBN978-4-7885-1341-9　C1010

好評関連書

中山 元 著
思考のトポス　現代哲学のアポリアから
僕たちの前に立ちふさがる多くの難問に挑戦し、「自分で考えるためのツール」を提供。
四六判２９０頁
本体２５００円

中山 元 著
フーコー 思想の考古学
思考し得ないものを思考する考古学の方法はいかに考え出されたか。初期代表作に探る。
四六判３７４頁
本体３４００円

ライダー・デュー 著／中山 元 訳
ドゥルーズ哲学のエッセンス　思考の逃走線を求めて
彼が一貫して追究したものを哲学史の中に位置づけ、その魅力を解き明かす恰好の再入門。
四六判３２８頁
本体３２００円

ポール・リクール 著／久米 博 訳
記憶・歴史・忘却　〈上〉〈下〉
アウシュヴィッツの後で歴史は可能か？　歴史叙述の現代的可能性にまで及ぶ記憶の政治学。
上巻Ａ５判４６２頁５３００円
下巻Ａ５判３６４頁４５００円

立川健二・山田広昭 著　〈ワードマップ〉
現代言語論　ソシュール、フロイト、ヴィトゲンシュタイン
現代思想の最前線を切りひらく言語論をその可能性の中心で読み、多方向に交通させる。
四六判２６４頁
本体１８００円

土田知則・青柳悦子・伊藤直哉 著　〈ワードマップ〉
現代文学理論　テクスト・読み・世界
ソシュール以来の現代文学理論が読みの理論にもたらした転回を斬新なキイワードで説く。
四六判２８８頁
本体２４００円

青柳悦子 著
デリダで読む『千夜一夜』　文学と範例性
デリダがこんなにわかっていいの!?　その明快な理解を通して『千夜一夜』の真髄に迫る。
Ａ５判６１０頁
本体６４００円

（表示価格は税別です）